최고의 나를 찾는 심리전략 35

트라우마와 중독을 넘어 치유와 성장으로!!!

KB093049

Recovery from Trauma,
Addiction, or Both:
Strategies for
Finding Your Best Self

최고의
나를 찾는
심리전략

리자 나자비츠(Lisa Najavits) 저
신인수, 이승민, 국혜조 역

씨
아이
알

"빼어난 책이다. … 트라우마와 중독의 노예 상태에서 회복으로 가는 길을
차근차근 보여주고 있다." —베셀 A. 반 데어 콜크, 의학박사

[일러두기]

1. 'trauma'는 '트라우마' 또는 '외상'으로 혼용하였고, 'counseling'과 'counselor'는 대체적으로 '심리상담' 및 '심리상담자'로, 'compassion'은 자비·연민·동정 등으로, 물질(substance)에 대한 'use'나 'using'은 문맥에 따라 '사용' 또는 '상용(賞用)'으로 번역하였다.

2. 남성/여성에 대하여 대명사로 받을 때는 모두 '그'로 받거나 이름을 사용하였다.

3. 각 장의 마지막에 실린 '회복의 목소리'에 실린 내담자/환자의 이름은 독자의 거리감을 줄이기 위하여 일부 한국식 이름으로 임의 변경하였다.

4. 원문의 이탤릭체는 상황에 따라 이탤릭체, 고딕체, 따옴표(' ')로, 대문자는 고딕으로 처리하였다.

5. 필요시 역자 주를 달고 '역주'라고 표기하였다.

저자 서문

최고의 나를 향해 나아가는 길잡이

우리 안에 있는 '최고의 나best self'는 때론 트라우마로 인해 또는 무언가에 대한 중독으로 인해 층층이 가려져 있을 때가 많습니다. 이 책은 가려져 있는 '최고의 나'를 찾는 데 길잡이가 되었으면 하는 바람을 담고 있습니다.

지난 25년 동안 이러한 이슈로 고군분투하는 사람들의 회복 작업에 귀를 기울이고, 격려도 하면서 지켜봐왔습니다. 각 장은 그분들에게서 배운 내용과 전문 분야에서 알려져 있는 사항들을 담고 있습니다.

상담에서처럼 독자 여러분과 함께 앉아서 이야기를 하나하나 직접 들을 수는 없기에, 직접적인 연결감을 느낄 수 있도록 다음 두 가지 사항에 주의를 기울였습니다.

첫째, 독자 여러분과 직접 소통하는 것에 버금가는 도움을 주기 위해 상담실에서 제가 던질 법한 질문들을 숙고 사항과 실습 과제로 만들었습니다. 실제 심리상담에서도 이 질문들에 내담자들은 때로는 대답하기도 하고 때로는 대답하지 않기도 합니다. 독자 여러분들도 마찬가지로 제가 하는 질문들에 대답할 수도, 대답하지 않을 수도 있습니다. 이 모든 과정은 어디까지나 여러분들이 스스로를 더 깊이 이해하고 공감하는 데 도움이 되고자 함입니다. 이 책을 읽는 여러분을 상상하면, 이 책 여기저기서 무언가에 자극을 받아 여러분의 마음이 움직이는 걸 떠올리게 됩니다. 그런 자극을 통해 한층 성장하거나 앞으로 다가올 힘든 순간을 이겨낼 수도 있습니다. 그러기 위해서는 머리와 아울러 가슴으로 - 그리고 영성을 믿는다면 여러분의 영을 통해서도 - 이 책을 읽으면서 적극적으로 참여할 필요가 있습니다. 그래서 단지 메마르고 추상적인 이야기로 남지 않도록 합시다.

둘째, 어떤 분들에게는 이 책에서 가장 중요하다고 할 수 있는 부분은 바로 트라우마나 중독에서 회복하고 있는 사람들의 경험담일 수 있습니다. 이 책을 집필하는 데에는 몇 년이 걸렸는데, 그 이유는 우선 책이 마무리되었다고 생각한 순간 미처 담지 못한 내용들이 있었기 때문입니다. (이 보완 작업은 3장에서 만나게 될 데이비드 그리고 길포드 출판사의 키티 무어가 조언해준 덕분인데, 여기서 감사를 표합니다.) 치유 과정에 있는 분들에게 각 장을 읽게 한 후 그들의 회복 경험과 어떻게 연결되는지 글이나 말로 반영을 받아서 책을 보다 생생하게 만들고자 했습니다. 그분들은 다양한 성장 배경, 나이, 성별, 민족, 지역 배경을 갖고 있지만, 하나같이 다른 이들에게 도움이 되고자 이 과정에 참여해주셨습니다.

따라서 이 책을 여러분을 지원하는 공동체로 여기십시오. 우리 모두는 여러분을 지지하고 있으므로 더 호전되도록 스스로 최선을 다하기를 바랍니다. 그리고 그분들의 말씀과 저의 이야기 전체에서 여러분이 귀담아 들어주셨으면 하는 부분은 여러분은 나아질 수 있다는 것입니다. 비록 그 목표가 마치 저 멀리 떨어져 있는 행성과 같이 도달할 수 없을 것처럼 보이더라도 말입니다.

여러분이 회복 과정을 가능한 쉽게 진행할 수 있도록 각 장은 짧게 되어 있고, 트라우마나 중독 또는 그 둘 다에서 여러분이 진전을 이룰 수 있는 방법을 하나씩 제시합니다. 각 장은 서로 독립적이기 때문에 순서나 분량에 상관없이 읽으셔도 무방합니다. 이 책에서 무엇을 작업할지는 여러분의 속도에 맞추어서 여러분에게 가용한 그 어떤 지원이나 치료든지 함께 결합하여 여러분이 결정할 수 있습니다. 회복은 창조적인 과정입니다. 회복은 여러 옵션을 시도하면서 여러분에게 맞는 것을 찾아내는 과정입니다. 회복은 여러분에게 좋은 것, 여러분의 재능과 능력을 취해서 지금 여러분의 삶 일부가 제대로 작동하지 않고 있는 것을 개선하도록 이끄는 과정입니다. 회복은 연속된 실험 과정으로서, 여러분을 조금씩 목표에 다가서게 해줍니다. 유일한 길은 없으므로, 효과가 있는 것은 지속하고 없는 것은 재껴두세요. 여러분에게 가장 심원하고 최선인 방법을 적용하십시오.

이 책은 트라우마 및 중독에 대한 건강 관리 분야에서의 변화도 반영하고 있습니다. 트라우마 및 중독 이슈는 전형적으로 별도로 분리해서 다루어져 왔습니다. 이 둘을 함께 겪고 있을 때 둘 다를 동시에 다루는, 작은 혁명과 같은 중대한 변화가 생겼습니다. 무수히 많은 심리상담자, 프로그램, 동료, 연구자, 정책입안자들이 트라우마와 중독을 함께 겪는 사람들에게 가까이 다가가 그들의 필요에 대해 귀를 기울임으로써 그러한 변화를 이끌어냈습니다. 이 책은 그렇게 중요한 성과에 뿌리를 두고 있습니다. 각 장은 증거에 기반을 둔 실행에서 도출된 내용들로서, 연구와 임상에서의 혁신이 결합되어 있습니다. 저는 영광스럽게도 이 분야에서 지난 25년간 하버드대 의학부와 매클린 병원에서, 12년간 보스턴대 의학부와 보스턴 퇴역군인 건강관리체계에서, 그리고 여타의 대학과 프로그램에서 여러 연구자들과 함께 수많은 연구를 해왔습니다. 제가 개발한 '안전기반치료Seeking Safety'라는 심리상담 접근법은 동반 발생하는 트라우마와 중독을 치유하기 위한 근거 기반 모델로 널리 활용되고 있습니다. 또한 미국을 비롯하여 전 세계에서 수만 명의 심리상담자를 훈련하는 팀의 일원으로 참여하는 특권을 누렸습니다. 그리고 무엇보다도 가정폭력, 전쟁, 노숙자 생활, 아동 학대, 테러, 자연재해, 범죄 등 매우 다양한 형태의 고통스러운 경험에서 오는 중독과 트라우마 문제들을 지닌 분들의 삶을 향상시키기 위하여 애쓰는 분들의 비범한 헌신에 저는 감동을 느끼곤 합니다.

저는 오랫동안 자기계발 도서를 하나 쓰기를 간절히 원했습니다. 영감과 실용적인 조언과 새로운 아이디어와 교육이 비록 작지만 충분히 주어진다면 사람들의 상태가 나아지는 것을 지켜봐왔기 때문입니다. 모든 분들께 뭔가 도움이 되리라는 희망에서 그러한 내용들을 골고루 담아보았습니다. 사람들로 하여금 스스로를 돕도록 도와주려는 엄청난 과제로서 한 권의 책을 세상에 내보내는 것은 결코 쉬운 일이 아닙니다. 이와 같은 한 권의 책이 트라우마와 중독이라는 거대한 문제 앞에서 상대적으로 작은 안전판에 불과하다는 것을 분명히 알고 있습니다.

보다 큰 맥락에서 겸손함이 필요합니다. 트라우마와 중독을 겪는 비율은 여전히 매우 높고 전 세계에 걸쳐 늘어나는 추세입니다. 하지만 트라우마와 중독을 겪는 사람들의 대부분은 전문적인 도움을 전혀 받지 못하고 있습니다. 회복을 성취하기 위해서는 개인적 차원에서뿐만 아니라 집단적 차원에서, 시간의 경과에 따라 계속해서 성장해가는 공중 보건이라는 사명의 일환으로서 지속적으로 분투할 필요가 있습니다. 이 분야는 여전히 초창기에 있기에 더욱 많은 연구를 해야 하고 그 성과를 나누어야 합니다.

이 글을 끝맺기 전에 집필 과정에 도움을 주신 많은 분들께 감사의 말씀을 전하고 싶습니다. 자신들의 회복 경험담을 나눠준 데이비드 C., 베브 P., 카트리나 Z., 제니퍼, 쇼시, 제니퍼 고든 그리고 익명으로 남길 선택한 분들께 깊은 감사를 표합니다. 이 분야에서 지속적인 영감을 주는 서머 크라우스Summer Krause, 브렌다 언더힐Brenda Underhill, 가브리엘라 그랜트Gabriella Grant, 케이 존슨Kay Johnson, 마사 슈미츠Martha Schmitz, 조니 어틀리Joni Utley, 사라 젠트리Sarah Gentry, 캐리 스미스Cary Smith, 데니스 히엔Denise Hien, 테레사 마쉬Teresa Marsh, 서미드 알카스Sermed Alkass, 릴리 아와드Lily Awad, 데이비드 다이취David Deitch, 하인 드 한Hein de Haan, 토니 데커Tony Dekker, 조앤 즈웨븐Joan Zweben과 마지 크레이머Marge Cramer 등에게도 감사를 표합니다. 그리고 이 책의 초고를 읽고 자세한 피드백을 주신 서두의 네 분과 더불어 제니퍼 펄먼Jennifer Perlman, 데이비드 C., 카트리나 Z., 쇼시 그리고 메리 B.에게는 특별한 감사를 표합니다.

매일 매일의 일상이 늘 즐거움과 놀라움으로 가득할 수 있도록 도와준 버크 네르세시안Burke Nersesian, 폴 루이스Paul Lewis, 주디 나자비츠Judy Najavits에게 영원한 사랑을 보냅니다.

그리고 다음의 인용구를 보내준 프랜 윌리엄스Fran Williams, 감사합니다.

"삶은 우리를 힘들게 해요. 그 누구도 그것을 막아줄 수 없고, 심지어 무인도에서 혼자 살아간다고 해도 그 사실은 변치 않을 거예요. 혼자서 살아갈 때는 고독이 우리를 힘들게 하니까요. 이걸 이겨내고 싶다면 마땅히 느낄 것

을 느끼고, 마땅히 사랑해야 할 것을 사랑해야 해요 그것이 우리가 세상에 온 이유가 아닐까요… 때로는 가슴이 아프도록 힘들기도 하고, 때로는 그 감정에 잠식되기도 할 거예요 그러다 어느 날 너무 지치거나 힘들 때 또는 누군가가 배신을 하거나 홀로 남겨질 때 또는 죽음이 가까워졌다고 느껴질 때, 조용히 사과나무 옆에 앉아서 떨어지는 사과들을 지켜보세요 자신의 달콤함을 포기하며 곤두박질치는 그 사과들을… 그리고 자신에게 속삭이세요 살아오면서 사과와 같은 달콤함도 땅에 부딪힐 때와 같은 아픔도 모두 원 없이 느껴보았다고"

– 『페인티드 드럼 *The Painted Drum*』, 루이스 어드리크 Louise Erdrich,

미국 원주민 작가이자 내셔널 북 어워드 수상자

『최고의 나를 찾는 심리전략 35』에 대한 찬사

"빼어난 책이다. 알기 쉽고 명료해서 매우 실용적이다. 나자비츠 박사가 삼십 년도 넘는 기간 동안 환자들에게 도움이 되는 것들에 대해 치료 현장과 연구실에서 체득한 것이 집약되어 있다. 각 페이지마다에서 당신의 내면에서 진행되는 것들을 마주하도록 도와주고 있다. 트라우마와 중독의 노예 상태에서 회복으로 가는 길을 차근차근 보여주고 있다. 당신의 멍해짐, 중독, 자기자신에게서조차 숨기고 싶은 비밀들 그리고 표면 밑에 깔려 있는 문제들을 다루는 안내서로서 당신 옆에 두고 거듭거듭 펼쳐보게 될 그런 책이다. 당신에게 이 책을 강력히 추천한다."

– 베셀 A. 반 데어 콜크, 의학박사, 『몸은 기억한다』의 저자

"AA(익명의 알코올중독자들 모임)에서 13년간 회복의 여정을 함께하면서 나는 종종 '삶의 지침서를 결코 찾아볼 수 없어.'라는 말을 반복해서 들었다. 자, 리자 나자비츠의 바로 이 책이 당신에게 꼭 필요한 회복으로 안내하는 최상의 책이 될 수 있다! 이 책은 신선한 관점, 전문용어 없는 글쓰기, 너도나도 한마디씩 하는 이 영역에서 생생한 개인적 영감으로 빛나고 있다."

– 프랭크 F., New York City

"이 놀랄 만한 책에서 나자비츠 박사는 다양한 독자층을 대상으로 명확하고 실용적이면서도 마음속으로 깊숙이 이끄는 방식으로 말하고 있다. 트라우마와 중독에 대한 치료작업의 과정에서 나타나는 여러 도전에 굴하지 않으면서 끊임없이 희망의 메시지를 전하고 있다. 트라우마와 중독의 어느 하나 또는 둘 다의 문제와 힘겨운 싸움을 하고 있는 사람들이 자신의 삶을 나아지게 하는 길을 찾게 될 것이다. 전문가들 역시 이 책을 치료의 동반자로 활용하면서 환자들로 하여금 유연하고 섬세하게 구성된 치유 과정을

함께하게 함으로써 환자 자신의 노력에 대한 더 나은 성과를 가져오도록 도울 수 있다."

　　－조앤 E. 즈웨븐 박사, 캘리포니아주 오클랜드 이스트 베이 공동체 회복 프로젝트의 책임자,

샌프란시스코 VA 의료센터 심리학자

"환영할 만한 기여다. 나자비츠 박사는 회복을 위한 포괄적인 틀을 제공하고 있다. 자신의 폭넓은 임상 경험을 회복 중에 있는 사람들의 목소리와 엮어서 이해하기 쉽고 풍부한 자원을 창조해내고 있다."

　　－스테파니 S. 커빙턴 박사, 사회복지사, 『12단계를 통한 여성의 길』의 저자

"AA(또는 '그 모임방')에서 누군가 '그건 가슴의 언어야. 가슴에서 나오는 건 가슴에 가닿기 마련이지.'라고 말하는 것을 수없이 들어보았다. 이 저서는 그러한 견해를 예증하면서도 중독자와 트라우마 생존자들을 위한 구성과 조언으로서 그 자체에 진실을 담고 있다. 하지만 회복의 단계들을 통과하는 것에 더하여, 나자비츠 박사는 당신이 어떻게 긍지와 자부심을 지니면서 회복의 단계들을 성취할지를 보여주고 있다. 이 책을 읽으면서 나는 결코 혼자가 아님을 알 수 있었다."

　　－데이비드 T., 워싱턴 D.C.

역자 서문

우리의 고통, 깊은 위로, 그리고 희망의 나침반

"상처 없는 영혼이 어디 있으랴."라고 어느 시인이 노래하듯 인간의 고통은 보편적 현상인 것 같습니다. 그리고 심리 상담/치료를 받아야 되는 분들의 고통은 더욱 클 것입니다. 여기에 그러한 분들을 위한, 그리고 그분들을 돌보는 가족, 친구, 후원자, 치유자들을 위한 소중한 선물이 있습니다. 우리가 겪는 고통에 대하여 깊고 따뜻한 위로를 전하면서 동시에 '최고의 나best self'로 회복할 수 있다는 희망의 메시지, 그리고 희망의 나침반을 전달하고 있습니다.

인류의 스승들은 이 세상에서 수고하고 짐 진 자들을 초대하며 고통의 바다에서 벗어나는 법을 가르쳐왔습니다. 예수와 싯달타, 그리고 많은 위대한 철학자, 성현들이 그러한 분들이겠지요. 이러한 위대한 '치유자들'과는 또 다른 방식으로, 그러나 본질적으로는 동일한 목적을 공유하는 치유의 과학을 연구하고 실천해온 학자들이 있습니다. 심리상담/심리치료는 프로이트S. Freud와 융C. G. Jung, 아들러A. Adler, 로저스C. Rogers 그리고 자네P. Janet 이래로 많은 진전을 이루어왔습니다. 여기에는 인간심리에 대한 과학적 접근, 끈기 있는 실험들, 트라우마와 중독에 대한 연구, 신체심리에 대한 신경과학적 이해 등 여러 분야에서 기여를 하였습니다. 여기에 반세기 전에 공식적으로 태동하였던 자아초월[자기초월·초개인] 심리학transpersonal psychology은 기존의 서구 심리학계가 대체로 무시해왔던 인간의 영성적 측면을 반영하였습니다. 매슬로우A. Maslow, 아사지올리R. Assagioli, 그로프S. Grof, 윌버K. Wilber 등이 대표적인 인물들입니다. '하나의 여정, 수많은 길들'이라는 표현도 있듯이 이러한 많은 길 중에서 우리에게 맞는 치유의 방법을 우리는 선택할 수 있습니다.

이 책의 저자인 리자 나자비츠는 이러한 거인들의 어깨 위에 올라 가장 최신의 연구 결과들을 반영하면서 트라우마와 중독으로 고통받는 이들과 그들을 돕는 이들을 위한 친절하면서도 매우 유용한 지도를 제공하고 있습니다. 특히 지금까지 트라우마와 중독을 별개의 것으로 간주하고 다뤄왔던 관행과 달리, 이 둘을 함께 다루는 것이 오히려 효과적이라는 연구 및 임상 결과를 반영하고 있는 점이 매우 소중하게 느껴집니다. 우리 모두는 '최고의 나'[참나]를 소유하고 있지만 우리가 짊어지고 있는 짐(예수) 또는 두카[고통](싯달타), 또는 트라우마나 중독이나 여타의 심리적 장애물들로 인하여 참나를 상당 부분 잊고 삽니다. 그래서 '최고의 나'를 회복하기 위해서는, 술, 마약, 성, 명상, 종교 등으로 회피 또는 도피할 것이 아니라 그러한 자신의 장애물들을 직시하고 치유해야 합니다. 이러한 치유 없는 '최고의 나'는 또 다른 환상, 일시적인 진통제에 불과할 것입니다.

본 서는 35개의 장과 4개의 부록으로 이루어졌는데, 각 장은 독립적으로 구성되어 있어서 어느 장을 먼저 읽든지 관계없고, 각 장의 분량도 많지 않아서 짧은 시간 읽고서 바로 적용해볼 수 있게 구성되어 있는 등 독자 여러분들에게 유익과 편의를 최대한 제공하고 있습니다.

트라우마와 중독의 개념과 둘 사이의 연관성에 대한 이해를 돕고자 한다면 1장 '앞으로 나아가기 – 트라우마, 중독 또는 그 둘 다를 넘어서'를, 여러분 자신의 현재 상태를 점검하고 그와 관련된 장들을 소개받고자 한다면 2장 '첫발을 내딛기'를, 아니면 목차를 보시면서 흥미를 느끼는 대목부터 먼저 펼쳐보셔도 괜찮습니다.

서구 심리치료가 사람들의 심리적 문제를 개인에게만 귀인한다는 비판이 있어 왔습니다. 정당한 비판이라고 생각합니다. 저자를 비롯한 여러 학자들이 지적하듯이 트라우마는 전쟁, 학살, 고문, 인종차별, 성(소수자)차별, 실업, 빈곤 등 다양한 정치·경제·사회·문화·종교·지리적 억압과 폭력에서 비롯되는 측면 역시 많습니다. 이러한 고통이 가계와 문화에서 대물림하는 경향도 많습니다. 이러한 측면에 대해서 저자는 13장 '사회적 고통'에서 다루고 있습니다. 돌이켜보면 양반권력과 남존

여비의 조선사회, 일본 제국주의의 강점과 수탈, 해방 이후 분단과 전쟁, 독재, 경제 위기 등 다양한 형태의 사회적 억압을 경험한 한국인들로서는 '사회적 고통'이라는 개념이 쉽게 수긍이 갈 것입니다. 이러한 고통들이 우리의 '밖'에서 주어진 것 같지만 사실은 우리 '안'의 '왜곡된' 집단적 무의식이 밖으로 투사投射, projection된 것이라고 할 수 있습니다. 따라서 이러한 사회적 고통을 줄이는 것은 결국 우리의 마음을 함께 내어야 하는 것, 개인적 치유와 사회적 치유가 함께 가야 함을 의미할 것입니다.

최근 상담자/치료자가 불미스러운 방식으로 내담자/환자client/patient에게 해를 끼치는 사례가 종종 보도되고 있습니다. 이에 대해 저자는 상담자/치료자의 어떠한 형태의 성적 접근 시도든 단호히 거부하고 그들이 가입한 학회나 자격위원회에 신고할 것을 권하고 있습니다(하지만 우리 사회 일부에서는 여전히 공적 제재가 충분히 이루어지지 못하는 점이 안타깝습니다. 이러한 차원에서 정신건강 서비스 분야에 대하여 국가가 보다 적극적으로 개입하여 국민들이 충분히 자격 있고 윤리적인 치유 서비스를 받도록 힘써야 한다고 봅니다). 도움이 절실히 필요한 분들에게 해를 끼치는 치유자들이 명심해야 할 오래된 금언이 있습니다. "의사여, 너희 자신을 치유하라." 사실 이 지상에 발 딛고 있는 자 중에서 완전한 사람이 얼마나 있겠습니까? 그래서 어느 심리영성의 고전에서는 우리 모두가 환자이자 치료자라고 말합니다. 그렇습니다. 우리는 불완전한 가운데 서로에게 도움을 주고 또 받습니다. 자신의 불완전함을 인식하면서 도움을 받는 분들에게 피해를 최소화하고자 노력하는 게 치유자들의 기본적인 윤리라고 생각합니다. 그리고 이러한 측면을 사회적으로 충분히 제도화할 필요가 절실하다고 봅니다. 특히 심리상담 분야는 거의 무정부 상태에 가깝게 방치되고 있는 분야라고 생각합니다. 국가기관에서는 법제화 등 이에 필요한 조치들을 마땅히 취해야 할 것이고, 이러한 서비스를 이용하는 시민들은 서비스의 제공자가 충분한 자격을 갖추었는지 잘 살펴야 할 것입니다.

해를 끼치는 상담자/치료자에 대한 제재와 더불어 여러분 자신에게 알맞은 '좋은 상담자/치료자'를 적극적으로 선택할 필요도 있습니다. 그래서 저자는 32장 '좋은 심리상담자를 찾아라'에서 '좋은 심리상담자'(여기에는 '여러분과 함께 정서적 문제 그리고 삶의 문제를 다루는 심리상담 회기를 갖는 그 어떤 상담자나 치료자나 기타 전문적 조력자 모두에 해당'하므로 정신과의사, 심리상담사, 정신보건 사회복지사나 간호사, 코치 등이 포함됩니다)는 어떤 사람들인지, 그리고 현재의 심리상담자와 여러분 자신의 조력[치료] 동맹이 어떠한지를(결과적으로 '심리상담자'를) 평가하는 도구를 제공하고 있습니다. 여러분은 심리상담자를 무조건 존경할 것이 아니라, 심리상담 서비스를 받는 '고객client'으로서 심리상담자가 여러분에게 적절한 서비스를 제공하고 있는지 평가할 필요와 권리가 있고, 이 또한 여러분 자신의 치유와 성장을 향한 첫걸음이라고 할 수 있습니다. 만약 현재의 심리상담자가 여러분에게 적절하지 않다면 그를 '해고'하고 새로운 심리상담자를 '채용'하십시오. 얼마든지 다양한 심리상담자를 만나보고 선택할 권리가 여러분에게 있습니다.

아울러 트라우마와 중독을 경험하면서 스스로에 대해 자비심/연민심을 갖는다는 게 쉬운 일은 아닐 것입니다. 하지만 크리스토퍼 거머 박사의 『오늘부터 나에게 친절하기로 했다[셀프컴패션(구판)] *The Mindful Path to Self-compassion*』라는 책 제목에서처럼 스스로에게 친절하게 대하는 것 자체가 치유의 핵심 중 하나라고 생각합니다. 트라우마나 중독 등과 관련하여 자신이 잘못한 것에 대해서 죄가 아니라 실수라고 생각하는 것이 중요합니다[물론 사회적 차원에서 합의된 형법상의 죄에 대해서는 당연히 처벌과 '교정'의 시간을 감내해야 할 것입니다]. 불교에서는 죄의 개념이 없고 탐진치貪瞋痴[탐욕·진애·우치 또는 욕심·성냄·어리석음]라는 삼독三毒이 우리의 고통의 근원이라고 언급합니다. 신학자들은 '죄罪'란 히브리어 어원상 '빗나가다'를 의미한다고 말합니다. 즉, 신에게서 벗어남을 의미합니다. 그리고 '회개하라'로 잘못 번역된 그리스어 '메타노이아'는 사실 '마음/생각을 바꾸어라'를 의미합니다. 그러므로 불교와 기독교의 가르침이 상통하는 측면이 있다고 할 수 있습니다. 삼독에서 벗어나는 메타노이아는 자비심/연민심과 함께 우리의 시선을 '밖'에서 '안'으로 거둘 때 가능합니다. 저자는 14장 '진정한 자기자비/자기연민'에서 그 길을 안내하고 있습니다. 아울러 기존의 심리치료 전통과 영성적 접근을 멋지게 통합해낸 내면가족체계치료IFS의 개발자 슈워츠R. C. Schwartz는 『IFS 모델 입문Introduction to Internal Famaily Systems Model』(국내 미발간)에서 "우리가 자비심/연민심을 느낄 때 그의 고통을 보면서 공감을 느끼지만, 또한 그에게 참나Self가 있음을 알고, 그 참나가 해방되면 그 자신의 고통에서 벗어날 수 있다."라고 설명하고 있습니다. 이것은 치유자들이 겪는 소진에 대한 하나의 답이 될 수도 있을 것입니다.

그리고 트라우마와 중독 등으로 고통받는 분들을 돕고 있는 주변에 계신 분들은 부록 A '주변에서 도울 수 있는 방법 – 가족, 친구, 부모, 후원자, 심리상담자'가 중요한 도움을 제공할 수 있다고 봅니다. 저자가 '조력자를 위한 조력'이라고 표현하듯, 이 부록은 여러분이 어떠한 형태의 조력자이든 매우 중요한 역할을 수행하고 있다고 강조하면서 두 가지 질문을 하고 있습니다. 첫째는, '여러분은 누군가를 도울 만큼 여러분의 삶에서 충분히 좋은 위치에 있습니까?'. 둘째는, '여러분이 돕고자 하는 사람과 충분히 좋은 관계에 있습니까?'. 이러한 중요한 질문과 함께 저자는 도움이 필요한 사람들을 어떻게 도울 것인지에 대해서 상세하고 친절하게 안내하고 있습니다.

본 서가 나오기까지 번역출판을 기꺼이 허락해주신 김성배 대표님, 꼼꼼하고 깔끔하게 책을 만들어주신 박영지 편집장님께 감사드립니다. 또한 바쁘신 가운데도 선뜻 번역작업에 동참해주신 두 분 선생님 – 번역문을 경청으로 하고 일부 사례의 경우 이름을 한국화하자는 훌륭한 제안을 해주신 이승민 선생님, 그리고 번역 모임을 하는 틈틈이 신체심리에 대한 풍부한 경험과 지식을 나누어주신 국혜조 선생님께도 감사드립니다. 함께 공부하던 시간들이 그립습니다. (참고로, 서문과 2~16장은 국혜조, 1장 및 16~29장은 이승민, 30~35장과 부록 A~D, 색인은 신인수가 번역하였습니다. 세 사람은 함께 모여서 전체 번역문을 검토하였고, 최종적인 윤문은 신인수가 담당하였으나 일부 용어의 경우 각 번역자의 의견을 존중하여 결정하였습니다.) 저 역시 저의 내담자들, 그리고 이 땅 위를 걷고 있는 모든 형제자매들과 마찬가지로 치유와 과보 해소의 길을 걷고 있기에 내담자/환자와 치유자가 함께 도움을 받을 수 있는 본 서의 번역 작업이 뜻깊게 느껴지고 감사한 마음이 올라옵니다.

"우리는 영적 경험을 하는 인간이 아니다. 우리는 인간적인 경험을 하는 영적 존재다."(자연과학자이자 신학자였던 샤르댕 신부의 말로 알려져 있습니다만, 그가 한 말인지는 명확하지 않습니다)라는 말이 의미하는 것이 곧 심리 치유와 영성이 만나는 곳이 아닌가 싶습니다. 이 땅에서의 삶이 비록 척박하고 고통스럽고 희망이 없어 보일지라도, 두껍고 어두운 먹구름 뒤에 여전히 해와 달과 별들이 반짝이고 있듯이 우리의 최고의 나 역시 우리 안에서 여전히 영롱하게 빛나며 우리를 기다리고 있음을 기억하시기를, 그리고 이 길을 함께 걸어가시기는 모든 독자 여러분들께 마음의 평화가 함께하기를 두 손 모아 기원합니다. 감사합니다.

인류애를 노래한 <환희의 송가>와 함께 머물며

신인수 삼가 씀

이 책은 트라우마와 중독을 치료하기 위해서 오랫동안 노력한 리자 나자비츠가 내담자들의 자기계발서로서 저술한 책입니다. 트라우마의 한 증상이 되어버린 중독을 치료하기 위한 저자의 애정이 담겨 있고, 중독으로 인해 발생하는 트라우마에도 도움이 될 것입니다.

트라우마와 중독의 치료에 통합적 시각으로 접근하며, 안정화기법을 기반으로 하여, 트라우마 치료를 위한 인지행동치료방법으로서 훌륭한 책입니다. 트라우마라는 힘든 주제를 독자가 비교적 쉽게 읽을 수 있도록 구성되어 있습니다. 치료 수기나 유용한 질문들은 스스로 회복을 찾아가기 위한 지침이 될 것 입니다. '탐사하기'라는 코너는 내담자가 연습할 수 있는 방안을 제시합니다. 그리고 심리상담사에게는 상담 중에 놓치지 말아야 할 구체적인 가이드가 될 것입니다. 이 책에는 나자비츠의 오랜 노하우가 담겨 있습니다. 이 책이 발간되어 트라우마와 중독으로 고통받는 많은 이들에게 길잡이가 되기를 희망합니다. 공동번역에 참여하신 신인수, 국혜조 선생님의 노고에 감사드립니다.

이승민

　이 책은 사람 그리고 사랑에 관한 것입니다. 사람에는 이 책을 읽으시는 당신과 이 책의 저자 리자 나자비츠 그리고 저도 이 책에 나와 있는 모든 생존자와 전문가도 포함됩니다.

　번역하는 1년여 기간 동안 내 안의 최고의 나를 저는 언제 어떻게 경험했는지 생각했습니다. 저 역시 상담자라는 역할을 하며 살아가지만 생로병사를 겪는 신체를 갖고 있고 사회문화적으로 저에게 주어지는 트라우마에 노출되며 인간으로서 희로애락을 겪고 있습니다.

　번역을 거듭해서 수정하는 과정에서 저는 문득 알게 되었습니다. 번역을 점검하고 더 경험이 많은 번역가의 조언을 들으면서 과거의 어느 순간에는 그 표현을 선택할 수밖에 없었던 이유가 있었습니다. 저에게는 조언을 요청하고 번역을 점검하여 나아지게 하는 이 모든 과정이 '최고의 나'를 만나는 과정과 비슷했습니다. 인생의 한순간에 그럴 수밖에 없는 이유가 있었지만 이제는 당신은 혼자가 아닙니다. 사람 그리고 우리이기에 할 수 있는 소박한 사랑, 연민, 동정, 이 모든 것들을 공유하는 '우리'에는 여러분도 포함되어 있습니다. 최고의 나는 이미 내 안에 있고 이 책은 경험해 보지 못했지만 이미 존재하는 또 다른 당신을 연결해줄 것입니다. 이 책을 번역하는 과정에서 저는 "최고의 나란 과연 어떤 걸까요? 선생님은 최고의 나를 찾으셨나요?

저도 찾을 수 있을까요?"라는 질문을 많이 받았습니다.

　저의 답은 "그렇습니다."입니다. 저자 리자 나자비츠는 안전하고 매우 섬세하게 여러분을 '최고의 나'로 인도할 것입니다. 최고의 나는, 삶을 '그럼에도 불구하고' 살 아온 나를 지금 이 책을 읽고 있는 지금 자비와 연민의 시선으로 바라봤을 때 가능합 니다. 지금의 당신이 이해할 수 없는 행동을 하고 있고 마치 과거와 비슷한 행동을 하 고 있다 해도 대답은 같습니다. 왜냐하면 여러분은 이 책을 펼쳤고 이미 우리가 함께 라는 것을 알고 계시니까요.

　당신의 최고의 나는 고정되어 있지 않습니다. 오늘 경험하는 나 그리고 내일 그 리고 1년 후 그리고 10년 후. 당신의 최고의 나는 계속 변화할 것입니다. 우리의 몸에 깃든 지혜가 여러분이 가는 길을 인도합니다. 우리는 누구나 다 실수를 할 수밖에 없 었고 아프고 늙고 죽을 것입니다. 그럼에도 불구하고 몸 안에 깃든 지혜는 우리를 성 숙하게 합니다. 여러분께서 우리 안에 있는 아직 접촉되지 않고 있는 최고의 나를 경 험하시길 응원합니다.

국 혜 조

목 차

실습 목록

최고의 나를 찾는 심리전략 35

트라우마
이겨내기
미움받을
용기
지수

1

앞으로 나아가기
– 트라우마, 중독 또는 그 둘 다를 넘어서

내 존재는 내게 일어난 사건들이 아니라, 내가 되기로 선택한 것으로 이루어집니다.
– 칼 구스타프 융, 20세기 스위스 정신과의사이자 저술가

트라우마와 중독에서 치유될 수 있습니다. 이미 치유된 사람들이 그렇게 말합니다.

중독[또는 트라우마]과 함께하는 생활은 "보트 위에서 성장하는 것과 유사합니다. 항상 움직이는 바닥 위에 서 있는 것입니다. 파도가 잔잔할 때면 바로 설 수 있습니다. 그러나 절대 불가능한 때가 있습니다. 어떤 때는 바닥에 누워서 죽을 힘을 다해 버텨야 할 때도 있습니다. 회복이란… 배에서 내려 뭍에 발을 디디는 것과 같습니다. 육지에 서 있어도 여전히 비틀거려서, 균형을 잡기에는 시간이 걸립니다. 왜냐하면 우리에겐 익숙하지 않은 상황이니까요. 육지에 사는 사람들은 우리를 지지대에 의지하려는 이상한 사람으로 여길지 모릅니다. 왜냐하면 그들은 항상 견고한 땅에 서 있어서, 왜 우리가 본의 아니게 비틀거리는지를 이해할 수 없기 때문입니다. 하지만 시간이 지나면서, 우리의 다리는 육지에 적응하고, 앞뒤로 비틀거리는 것을 멈추고 똑바로 서기 시작합니다. 그리고 나서 어느 날 일어나보니 육지에서 처음으로 일직선으로 걸을 수 있다는 것을 깨닫게 됩니다. 부자연스럽게 넘어지고 다시 일어서는 경험을 기억하지만, 우리는 육지에 익숙해지고 '육지 사람들' 사이에서 똑바르게 서고 걷게 됩니다."
– www.soberrecovery.com (맑은 정신 회복)에서 발췌

"회복 중인 생활은 악몽 가득한 긴 잠에서 점차 깨는 것과 같다. 그것은 활기 없는 나날이 점차 사라지고 기쁘고 의미 있는 시간으로 따스하고 생생하게 변화하는 것이다."

오랫동안 짊어지고 있던 감정적인 고통이 성장의 씨앗이 될 수 있습니다.

트라우마와 중독

외상과 중독은 전 세계적으로 많은 사람들이 흔하게 겪고 있고, 가장 해결하기 어려운 주제의 일부입니다.

트라우마란 '상처'를 의미한다

트라우마의 어원이 된 그리스 단어의 의미는 상처wound인데, 이것은 트라우마가 어떤 느낌인지 생생하게 묘사해줍니다. 그것은 지속적인 고통으로 이어질 수 있는 심각하면서, 원하지 않으며, 해로운 사건입니다. 상처는 신체적이거나 감정적이거나 두 가지 모두일 수 있습니다. 대부분의 사람들은 적어도 생애에 한 번은 경험하며 어떤 이들은 그것들을 심하게 겪습니다.

미국정신의학회(2013)의 트라우마에 대한 정의는 다음과 같은 물리적[신체적] 사건을 말합니다.

■ 교통사고 ■ 성폭행 ■ 전쟁 ■ 신체 폭행 ■ 화재 ■ 허리케인, 토네이도 또는 자연재해 ■ 테러 ■ 생명을 위협하는 질병이나 사고 ■ 가까운 사람의 갑작스러운 죽음 ■ 산업재해 ■ 가정폭력

"폭탄사고가 터진 후부터, 일상생활 중에 머릿속에서 그 상황의 소리와 장면이 24시간 재생되고 있어요."
  – 폴 히스, 오클라호마시 폭탄사건의 생존자, 케서린 폭스홀Kathryn Foxhall의 『1995년 4월 19일 오전 9시 2분을 넘어서 사는 걸 배워가기』중

트라우마는 물리적[신체적]이지 않더라도 매우 충격적인 경험을 의미하기도 합니다.

■ 정서적 학대 ■ 괴롭힘 ■ 정신적으로 병든 부모의 양육 ■ 방치 ■ 버려짐 ■ 주거 상실 ■ 크나큰 상실 ■ 심각한 사회적 거절 ■ 만성 고통, 가난, 차별과 같은 지속되는 심각한 스트레스

◇ 트라우마를 겪은 적이 있나요?

트라우마가 생기는 과정도 중요합니다. 트라우마는 이런 방식으로 일어날 수 있습니다.

» 개인이나 전체 지역 사회에서: 모든 문명들은 노예제나 집단학살의 형태로 트라우마를 겪을 수 있고, 이것은 정서적으로 다음 세대로 전달됩니다.
» 버팀 또는 잔인함 속에서: 굴욕, 침묵, 배신, 비난은 정신적 외상의 영향을 더 악화시킵니다.
» 직접 또는 위협당하거나 목격한 것: 예를 들어, 아이가 폭력에 희생되는 부모를 목격하는 경우일 수 있습니다.

» 일회성 또는 자주: 어떤 사람은 '기억하지 못할 만큼 여러 번'이라고 표현하기도 합니다.

우리의 트라우마 이력이 어떠했든지 간에, 우리는 트라우마에 대처하는 새로운 방법을 배울 수 있습니다.

중독은 '멈출 수 없음'을 의미한다

중독의 어원은 라틴어로 노예화enslavement란 단어에서 유래합니다. 이것은 심각한 중독이 어떤 의미인지 완벽하게 묘사합니다. 그러나 중독은 약한 정도이거나, 중간 정도이거나, 심각한 정도일 수 있습니다. 중독은 문제가 있어야만 한다고 획일화할 필요는 없습니다. 알아차리지 못하는 사이에 영향이 있을 수 있습니다. 다른 사람이 먼저 알아차릴 수도 있습니다. 또는 본격적인 중독이 아니더라도 문제가 있을 수 있습니다.

대략, 중독은 그것이 야기하는 해로움에도 불구하고 계속해서 그 행동에 빠져드는 것을 의미합니다. 의사가 그만 마시라고 말려도 계속 술을 마십니다. 빚이 있어도 도박을 계속합니다. 관계를 해치면서도 계속 바람을 피웁니다. 중독이 없는 사람이라면 그 행동을 멈추고 건강, 재정 또는 관계를 보호하려 합니다. 중독에 걸린 사람들은 계속해서 이런 행동을 반복합니다. 멈추고 싶을지는 모르지만 멈출 수가 없습니다. 점점 더 통제할 수 없다고 느낍니다. 또는 중독이 문제까지는 아니라고 간과할 수 있지만, 그것이 문제라는 건 사실입니다.

"최근 나를 가만히 되돌아보는 시간을 가져보니, 저녁이나 주말에 그저 앉아서 음란물을 보면서 몇 시간이고 보낸다는 걸 알아차릴 수 있습니다. 저는 '삶'을 실제로 살아가는 대신에, 귀중한 시간들, 여러 날, 여러 주, 여러 달, 심지어 몇 년의 시간을

잃어버리고 고립감과 외로움으로 보냈습니다. 거의 매일 집에 가서 볼 음란물 목록 생각에 일을 마칠 때까지 기다리기가 힘들었습니다. 이런 문제가 존재할 수 없다고 말하는 사람은 며칠 동안이라도 내 입장이 되어보면 좋겠습니다. … 저는 여태까지 웹캠과 음란물이 경험의 전부여서 진짜 관계를 갖는다는 게 어떤 건지 모르겠습니다."

– 로버트 웨이스와 제니퍼 P. 쉬나이더Robert Weiss and Jennifer P. Schneider의 『항상 켜져 있는: 디지털 시대의 성중독Always Turned On: Sex Addiction in the Digital Age』 중

알코올 또는 약물과 같은 물질 중독은 가장 흔한 중독의 일부이며 가장 많이 연구되는 중독 분야이기도 합니다. 공식적인 용어는 물질사용장애이며, 평생 동안 15%의 사람들이 빠져듭니다. 그것은 미국에서 우울증 다음 두 번째로 흔한 심리적 문제입니다. 현재 미국에서는 자동차나 총기사고보다 마약중독으로 더 많은 사람이 죽고 있습니다.

하지만 사람들은 도박, 음란물, 성관계, 일, 음식, 소비 또는 쇼핑, 전자기기(텔레비전, 인터넷, 문자 메시지, 게임), 분노, 폭력, 불과 칼로 자기손상, 성형수술 같은 신체 관련 행동, 문신, 태닝, 운동과 같은 모든 종류의 행위에 중독될 수 있습니다. 이러한 행동 중독은 물질 중독과 유사한 특징들이 많기 때문에 점점 주목받고 있습니다.

◇ 술, 마약, 도박, 음식, 소비 등 줄이고 싶은 행동이 있나요?

트라우마와 중독을 연결하는 새로운 관점

트라우마와 중독이 한 사람에게 동시에 발생되는 것이 매우 흔하다는 것을 이해하게 된 것은 최근 몇 년 사이의 매우 중요한 발견입니다. 때로는 트라우마가 중독으로 이어지고, 때로는 중독이 트라우마를 유발하고, 때로는 둘 다 동시에 발생합니다. 대

부분의 사람들에게 트라우마가 먼저 발생하고 그 다음에 중독이 발생하는데, 이는 주로 감정적 또는 육체적 고통에 대처하기 위한 시도이기도 합니다. 이러한 패턴은 역사에 일관되게 존재해왔으며, 19세기 유명한 작가의 묘사에서도 나타납니다.

"가끔은 미친 듯이 탐닉하는 흥분제에서 한 방울의 쾌락도 느껴지지 않는다. 내 인생과 평판과 이성을 위험에 빠지게 한 것은 쾌락을 쫓아서가 아니었다. 이는 고통스러운 기억에서 도망치기 위한 필사적인 노력이었다. … 견딜 수 없는 외로움과 어떤 닥쳐올 이상한 파멸에 대한 두려움에서 도망치고자 한 것이었다."
– 에드거 앨런 포의 편지에서

사람들이 고통스러울 때 기분이 나아지기 위해서 무엇인가를 애쓰는 것은 충분히 이해됩니다. 트라우마 생존자들은 정신적 고통을 가라앉히기 위해 폭식을 하거나, 악몽에 대처하기 위해 술을 마시기도 합니다. 사람들은 기분을 전환하고 싶어 하기 때문에 물질을 남용하고, 돈을 낭비하고, 폭식하고, 지나치게 열심히 일을 하고, 돈을 너무 많이 쓰기도 합니다. 그들은 에너지, 즐거움 또는 고요함과 같은 것을 더 많이 느끼고 싶어 하고, 분노, 상처, 자책 같은 것을 덜 느끼려 할 것입니다. 트라우마 때문에 감정의 균형을 잃습니다. 이 두 가지 사이에 아무런 느낌이 없거나(마비됨), 너무 많이 느끼거나(압도됨) 이 둘 사이를 왔다 갔다 할 수도 있습니다. 중독행동은 단기적으로는 트라우마 문제를 '완화'할 수 있지만 장기적으로는 파괴적일 수 있습니다.

이런 이해가 없는 사람들은, 중독행동을 더 깊은 수준에서 대처하려는 시도로 이해하기보다는 나쁜 행동으로 평가하는 경우가 많습니다. 중독행동이 문제를 일으킬지라도, 그 순간에는 다른 것보다 더 안전할 수도 있었다는 것이 진실입니다. 어떤 사람들은 피할 수 없었던 학대 속에서 물질 사용을 통해 자살하지 않고 살아남을 수 있게 안정이 되었다고 말합니다.

제니퍼: "만약 그 사고 - 그날 밤 어떤 유탄이 제 인생을 영원히 바꿔 놓았던 그 운명적인 순간 - 뒤에 대처하는 방법으로서 약물에 의존하지 않았다면 아마도 저는 자살했을 겁니다. 저는 트라우마적인 뇌 손상 이후에 저의 선택, 중독, 제정신이 아닌 위험행동, 그리고 공포에 대한 저의 완전한 무감각 등 제 삶에 대해 많이 생각했습니다. 저는 비행기를 타고 아무도 모르는 외국으로 이사 갔습니다. 왜냐하면 눈에 보이지 않는 강력한 힘이 내 귀에 '오늘 하루가 전부야.'라고 속삭이는 것처럼 느껴졌기 때문이죠."

이제 목표는 여러분이 중독적인 행동을 할 필요가 없도록 트라우마에 대처하는 새로운 방법을 찾는 것입니다. 하지만 여러분이 그동안 정서적으로 또는 육체적으로 살아남기 위해 중독을 사용해왔을 수도 있다고 존중을 표해도 됩니다.

회복을 시도하기 전 VS 후

회복을 시도하기 전과 후에 사람들이 뭐라고 하는지 보세요.

회복 전

■ "나는 기억에 쫓기고 있어요." ■ "밤에 잠을 자려고 술을 마십니다." ■ "스스로를 해치고 싶은 충동이 있어요." ■ "멍하게 느껴져요." ■ "나는 몸을 돌보지 않아요." ■ "나 자신이 싫어요." ■ "그걸 사용하면 분노가 줄어듭니다." ■ "저를 때리는 배우자와 함께 있어요." ■ "플래시백이 오면 마음을 가라앉히려고 카지노에 가요." ■ "코카인은 성적으로 느낄 수 있게 해줘요." ■ "나는 자살하지 않기 위해 술을 마셔요." ■ "헤로인은 나를 위로하는 유일한 방법이죠." ■ "술을 마시면, 제게 일어난 모든 일을 떠올리며 눈물을 쏟곤 합니다." ■ "제 행동을 멈출 수가 없어요." ■ "엄청 무서워요." ■ "마약을 하면 과거로 통하는 문을 닫

을 수 있어요.” ▪ “나는 실패한 것 같아요.” ▪ “폭식을 하면 기분이 나아져요.”

◇ 앞의 문장들 중에 친숙한 것이 있습니까?

회복 후

▪ “더 이상 기억들이 두렵지 않아요.” ▪ “제가 [물질을] 사용하고 싶은 갈망이 생길 때, 그냥 지나칠 수 있어요.” ▪ “저에게 잘 대해주는 사람을 선택하는 걸 보다 잘 하고 있어요.” ▪ “더 이상 화가 항상 나 있지는 않아요.” “예전에는 침대에 며칠 동안 우울하게 누워 있어야 했는데, 지금은 대처할 수 있어요.” ▪ “촉발되지 않고도 성적으로 느낄 수 있어요.” “남에게 드러나는 것을 거부할 필요가 없다는 것을 알았습니다.” ▪ “이제는 저의 중독을 의학적 질병으로 봅니다.” ▪ “처음으로 자신을 용서할 수 있어요. 말로만이 아니라 정말로 그것을 느낄 수 있어요.” ▪ “내가 누구인지 알아요. 더 이상 낯선 사람이 아니에요.” ▪ “이제 제 몸을 돌봅니다.” ▪ “점점 더 아이들에게 착한 엄마가 되어가고 있어요.” ▪ “비밀로 하는 걸 그만뒀어요.” ▪ “많이 힘들어하지 않아도 된다는 걸 알았습니다.” ▪ “오랫동안 침울해하고, 스스로를 미워한 뒤에 활기 있게 느끼는 기분을 당연하게 여기지 않아요. 감사하는 마음이 있어요.” ▪ “화를 내기보다는 제가 원하는 걸 말할 수 있어요.” ▪ “이제는 마약보다 다른 사람들이 더 중요해요.”

◇ 어떤 문구가 당신이 원하는 말처럼 들리나요?

오래된 길 - 갈라진 영역: 외상 또는 중독

어린 시절 신체적 · 성적 · 정서적 학대, 심각한 자동차 사고 또는 전투와 같은 고통스러운 트라우마의 경험을 동반한 중독행동에 대한 해결 방법을 찾는다고 가정해봅시다. 전통적인 중독치료에서는 "깨끗이 끊으라."라고 하거나 "중독 회복을 위해 노력하라."라고 말할 것입니다. 우리는 '아무도 무슨 일이 있었는지 듣고 싶어 하지 않는구나', '그 문제에 집중하기가 힘들어' 또는 '내가 겪은 일이 그리 중요하지 않을 수도 있을 거야'라고 생각할 수 있습니다. 돕고자 하는 의료진이 있을 수 있겠지만, 그들은 트라우마에 초점을 맞추지 않도록 훈련을 받았을 수도 있습니다.

그와 유사하게 여러분에게 트라우마 문제가 있는 경우, 중독이 심하지 않다면 중독에 대해 물어보지 않는 정신건강 프로그램에 참가했을 수도 있습니다. 심각한 중독인 경우에는 중독치유 프로그램으로 안내되었을 것입니다. 그들은 "중독행동을 조절할 수 있을 때, 트라우마 프로그램에 참가하라."라고 말할지도 모릅니다. 이런 메시지로 인해 당신은 이러지도 저러지도 못하고, 트라우마나 중독에 성공적으로 대처할 수 없게 됩니다. 젊은 여성인 찬드라 씨는 "트라우마 프로그램에 참가하려면 중독을 숨겨야만 했습니다. 제가 만약 PTSD에 대해 도움을 받지 못하면 물질 중독을 치유하지 못할 거라는 걸 알고 있었기에 저는 거짓말을 했습니다."라고 말했습니다.

트라우마 치료와 중독 치료의 영역은 오랫동안 분리되어 있었고, 오늘날에도 대부분 그렇습니다. 두 영역은 조직, 문화, 후원금이 분리되어 있습니다. 트라우마와 중독 문제가 둘 다 있는 사람들은 그 분리된 틈에서 길을 잃을 수 있고, 한쪽이 너무 심각하기 때문에 다른 영역의 치료에서는 거부될 수 있습니다.

이제 새로운 접근법으로서 트라우마 전문지식과 중독 전문지식 둘 다 포함된 프로그램에 참가한다고 상상해보세요. 시작부터 트라우마와 중독에 대해 질문을 하고, 인도자들은 하나의 문제가 다른 문제에 영향을 미치는 것을 이해하도록 훈련되었습니다. 두 가지 문제를 다룰 수 있고, 두 가지 모두에 유용한 기술을 여러분은 한 번에 배울 수 있습니다. 회복에 대해 더 많은 것을 이해하고 더 많은 의욕을 느낄 것입니다. "마치 퍼즐 조각 같아요. 빠진 부분이 있었는데, 이제는 완성했습니다." 그와 같은 프로그램에서 한 내담자가 한 말입니다.

이전 방식과 새로운 방식의 차이는 다음과 같습니다.

트라우마 또는 중독에 초점	중독과 트라우마에 초점
전통적인 접근	새로운 접근
중독이나 트라우마 둘 다가 아닌 둘 중 하나에 초점을 둡니다.	중독과 트라우마 둘 다 있다면 둘 다에 대해 도움을 받을 수 있습니다.
"프리 사이즈"－한 가지 방법으로만 치료된다고 봅니다.	"하나의 여행에도 다양한 길이 있습니다." － 치료를 할 수 있는 방법은 여러 가지입니다.
한 종류의 치료에 참여하세요.	가능한 한 모든 도움을 받으세요.
중독을 먼저 치료하고, 트라우마는 나중에 다루세요.	둘 다에 대해 동시에 치유작업을 하세요.
중독에서 회복되면서 기분이 점점 나아질 것입니다.	중독 회복과정에서 트라우마 문제가 발생할 수 있습니다. 이 점도 주의해야 합니다.
트라우마를 치료한다면 중독은 자연히 사라질 것입니다.	트라우마만 치료하는 것은 충분하지 않습니다.
트라우마와 중독을 동시에 다룬다면, 더 악화될 것입니다.	*어떻게* 다루느냐가 중요합니다. 치료가 잘 진행되면 두 가지 다 작업하는 게 긍정적인 결과를 보여줍니다.
중독은 단지 유전자(생물학적 요소) 때문입니다.	중독은 일반적으로 유전 및 환경(트라우마 포함)에 기인합니다.
성별이나 문화에 대한 관심 부족.	젠더와 문화가 트라우마와 중독에 영향을 미칩니다.
트라우마 기억을 *피하기* 위해서 중독행동을 시도합니다.	중독행동을 하는 데는 다양한 이유가 있습니다.

　　트라우마와 중독 두 가지 문제가 모두 있을 때 이 두 가지가 어떻게 연관되어 있는지 아는 것은 회복과정에서 매우 중요한 순간입니다. 마음을 열고 앞으로 나아갈 방법을 찾아봅시다. 내가 누구인지를 새롭게 써갑시다.

나선형 상승의 회복

트라우마와 중독이 연관된 것처럼, 회복과정도 연관되어 있습니다. 회복 기술을 두 가지 모두에 동시에 적용할 수 있으며, 각각 치료하는 것보다 효과가 좋습니다.

　나선형 상승곡선을 만들 수 있습니다. 하나를 개선하면 다른 하나를 개선하는 데 도움이 됩니다. 연구 결과에 따르면, 두 가지 문제를 모두 가지고 있는 사람들은 가능하다면 두 가지를 함께 작업하는 것을 더 선호한다고 합니다.

◇ 이 장 첫 줄의 인용문이 당신에게 어떤 의미가 있습니까?

◇ 지금 당신에게 희망적으로 느껴지는 것은 어떤 것입니까?

회복의 목소리

릴리 - "… 삶은 살 만한 가치가 있어요."

릴리는 아동 학대에서 살아남았지만, 30대까지 약물 중독에 지속적으로 시달렸습니다. "오랫동안 제가 겪은 일에 대해 생각해본 적이 없어요. 모든 것이 흐릿해요. 내가 살아가는 것은 잊어버리기 위함이었어요. 이제 저에게는 등불이 있어요. 중독물질에 대한 갈망이 일어날 때는 주의해야 할 일이 삶에서 발생하고 있고, 과거를 회상하게 하며, 자기를 돌보고 그 이야기를 변화시킬 때라는 것을 알려주는 신호입니다. 이렇게 생각할 수 있게 되기까지 오랜 시간이 걸렸어요. 저는 트라우마와 중독 사이의 연관성을 알지 못했어요. 이것과 살아가다 보니 알기가 힘들었어요. 트라우마가 일어날 때 피할 수가 없었어요. 그리고 물질 사용을 그만두려 하지 않았어요. 왜냐하면 그것이 당시로서는 제 생명을 구하는 거라고 생각했기 때문입니다. 결국 중독치료를 받게 되었고 도움이 되었지만, 트라우마에 대해서는 아무 말도 하지 않았어요. 그것에 대해서는 나중에 이야기하라고 하더군요. 그러나 그 '나중'은 오지 않았어요. 결국 저는 두 가지 모두를 다룰 수 있도록 도와주는 심리상담자를 찾았습니다. 그는 정말 친절했고, 이 책에 있는 것과 같이, 무엇을 시도해야 하는지에 대한 아이디어를 주었습니다. 저는 배울 수 있는 모든 것을 배워야겠다고 생각했습니다. 그 과정은 평탄한 길이 아니었습니다. 그래서 저는 여전히 비밀에 대해 입을 다물었습니다. 술은 끊었지만 약물을 사용하는 것에 대해서는 거짓말을 했습니다. 약물을 하지 않았다면 트라우마와 관련된 악몽을 꾸고 다시 술에 빠졌을 거예요. 하지만 시간이 지나면서 저는 더 강해졌고 더 정직해졌습니다. 이 장 첫 줄의 인용문은 회복이란 제게 어떤 의미인지를 보여줍니다. 인생에는 고통이 있는 것이 맞습니다. 하지만 제가 원하는 것들, 즉 사랑, 좋은 사람들, 맑은 정신 그리고 처해 있는 삶의 조건에서 삶의 모험을 더 많이 선택할 수 있어요. 제가 과거는 바꿀 수 없지만, 살 만한 가치가 있는 삶을 살고 있어요.

2

첫발을 내딛기

계단 전체를 다 쳐다봐야 할 필요는 없습니다. 우선 첫걸음을 내딛으십시오
– 마틴 루터 킹 주니어, 20세기 인권 운동가, 1964년 노벨평화상 수상자

회복은 도전적인 과정이지만 이 책의 내용은 어렵지 않습니다. 어느 장에서 시작해도 무방합니다. 목차를 보고 마음에 와닿는 부분을 보십시오. 처음부터 차례대로 읽어도 되고, 눈을 감은 채 자유롭게 책을 펼친 후 그 부분부터 읽어나가도 됩니다. 중간중간 건너뛰어도 되고, 읽는 속도도 원하는 대로 선택하십시오. 정독해도 되고 대강 훑으며 읽어도 됩니다. 주어진 과제들을 해도 되고 안 해도 됩니다. 혼자서 책을 읽어도 되고 누군가와 함께 읽어도 됩니다. 여러분은 스스로 회복 과정을 주도할 수 있습니다.

여러분이 회복의 과정 어디에 있는지 상관없이 이 책을 사용할 수 있습니다. 자신이 중독과 트라우마를 겪고 있는지 확신이 없는 채 아직 시작단계에 있을 수도 있습니다. 이미 몇 년에 걸쳐 꾸준한 회복을 하며 새로운 아이디어를 원하는 단계에 있을 수도 있습니다. 중독만 또는 트라우마만 겪고 있을 수도 있고, 둘 다 겪고 있지만 둘을 동시에 다루는 시도는 해보지 않았을 수도 있습니다. 낮은 수준의 문제를 겪으며 더 이상 나빠지지 않기를 원할 수도 있고, 중간 또는 심각한 정도의 문제를 겪고 있을 수도 있습니다.

이 책을 읽는 동안 자신만의 목표를 설정할 수 있습니다. 가령 중독을 겪고 있는 사람이라면 완전히 중독을 멈추는 것을 목표로 하거나(금단), 당장 멈추기는 어려워서 그 양을 조금씩 줄여나가거나(손상 감소), 안전한 정도로 절제하는 것(통제된 사용)을 목표로 할 수도 있습니다. 목표 설정 자체가 어려워서 도움을 원할 수도 있는데, 그런 경우 스스로의 삶의 역사를 바탕으로 가장 적합한 것이 무엇인지 솔직한 조언을 얻게 될 것입니다. 나아가 전문적인 관리와 자기치유 집단을 찾는 방법도 배울 수 있습니다. 가장 적합한 방법을 찾는 데 길잡이 역할을 할 수 있습니다. 잘 알려진 익명의 알코올중독자들 모임Alcoholics Anonymous(AA), 12단계 그룹, SMART 회복 모임 등은 이 책과 함께 병행하여 활용될 수 있다는 점을 염두에 두고 집필하였습니다. 다양한 방법을 많이 시도할수록 좋습니다.

이 책이 트라우마와 중독에 대한 내용을 전부 담고 있지 않다는 점 또한 중요합니다. 특히 트라우마와 중독을 시각적으로 상세히 묘사하는 등 회복의 첫걸음을 내딛는 독자들에게 부작용을 유발할 수 있는 부분들은 제외하였습니다. 대신 자기계발서라는 맥락 안에서 응용할 수 있는 내용들이 담겨 있습니다. 전반적으로 트라우마나 중독과 연결된 강렬한 감정을 유발할 수 있는 촉발요인들은 최소화했습니다.

이번 장은 스스로가 원하는 모습에 차츰 가까워질 수 있도록 책의 효율적인 사용법에 대한 자세한 제안을 담고 있습니다.

현재 나의 상태 고려하기

여러분은 어떤 장에서 시작할지 자유롭게 선택할 수 있습니다. 그렇지만 안내가 필요하다면, 다음에 제시된 질문들을 하나씩 살펴보십시오. 여러분에게 여러 내용이 해당될 수 있습니다.

현재 트라우마나 중독이 있는지 확실하지 않다면?
'의학적인 문제이지 미쳤거나 게으르거나 나빠서가 아니다'(제4장)와 '트라우마와 중독의 언어'(제11장)를 읽어보십시오.

트라우마나 중독 중 한 가지만 겪고 있다면?

트라우마를 겪고 있다면 트라우마 편을 살펴보고, 중독을 겪고 있다면 중독 편을 읽어보고 적용하십시오.

회복에 대한 확신이 들지 않는다면?

회복에의 열정을 불러일으키는 것들에 집중하십시오 : '가능성의 나－최고의 나, 최악의 나'(제10장), '성장하겠다는 결단'(제28장), '사람들은 어떻게 변화하는가?'(제5장), '세상은 학교다'(제6장), '동기: 한 문제를 지렛대 삼아 다른 문제를 해결하라'(제20장), '상상력을 펼치자'(제30장).

회복할 준비가 되어 있다면?

다음과 같이 아주 실용적인 내용부터 시작하십시오 : '안전한 대처 기술들'(제12장), '고요한 상태에 이르기: 안정화 작업 기술들'(제18장), '국면을 전환시키는 회복 계획'(제21장).

회복의 초기 단계에 있다면?

다음과 같이 회복의 길에 머물러 있는 데 초점을 맞추는 내용에 우선순위를 두십시오 : '치유의 심상을 창조하라'(제31장), '재발을 극복하는 방법'(제23장).

트라우마와 중독의 관계에 대해 보다 깊이 이해하고 싶다면?

'트라우마와 중독의 동반 이유'(제15장)와 '연결점 알기'(제24장)를 보십시오.

한층 더 깊은 회복으로 나아가고 싶다면?

'침묵을 강요하는 문화'(제19장), '사회적 고통'(제13장), '모든 아이는 탐정이다'(제22장), '정체성: 스스로를 어떻게 바라보는가'(제26장), '소망과 현실'(제8장), '인식: 사람들은 당신을 어떻게 보고 있는가'(제27장), '어두운 감정들: 격노, 증오, 원한, 비통'(제29장)을 살펴보십시오.

치유나 지지 모임에 관심이 있다면?

'좋은 심리상담자를 찾아라'(제32장), '그대의 길을 찾아라'(제9장), '트라우마 심리상담의 두 가지 형태'(제33장)를 보십시오.

주변에서 도움을 받고 있습니까?

도움을 주는 분들에게 '주변에서 도울 수 있는 방법 – 가족, 친구, 부모, 후원자, 심리상담자'(부록 A)에 실려 있는 내용을 전달해보십시오.

위 질문에 대한 여러분의 대답이 어떠하든 모든 장에 실려 있는 내용들은 적절한 의미가 있으므로 각 장을 적어도 간략히 살펴보시기 바랍니다.

마음에 와닿는 용어의 활용

언어는 큰 영향을 미칩니다. 적절한 언어를 사용하십시오. 이 책에서는 트라우마(외상) 문제trauma problems라는 용어가 쓰이지만 만약 외상 후 스트레스 장애posttraumatic stress disorder(PTSD)를 겪고 있다면 대신 사용해도 좋습니다. 감정적 고통이라는 일반적인 표현으로 대신해도 됩니다. 중독이라는 용어도 각자 겪고 있는 중독의 정도가 다르기 때문에 문제 행동, 과도한 행동, 안전하지 않은 행동 또는 중독행동이라는 용어를 대신 사용해도 좋습니다. 이 책에서 물질 중독뿐만 아니라 모든 종류의 중독에 초점을 맞추고 있는 만큼, 중독addiction과 사용하기using라는 말은 모두 중독행동(알코올 사용하기, 도박 사용하기, 음식 사용하기, 성 사용하기 등)과 연결될 수 있습니다. 이 책에서는 회복recovery이라고 통칭해서 부르지만 치유, 성장, 발전 또는 변화라고 표현해도 무방합니다. 언어에서 자유로워지는 게 중요합니다. 언어에 묶이게 되면 그 자체가 회복의 장애물이 될 수 있습니다("배우자는 나보고 중독자라고 하지만 난 아닌 걸 알아"). 단지 여러분이 바꾸길 바라는 행동과 느낌에 집중하십시오.

◇ 트라우마, 중독 또는 회복에 대하여 여러분이 선호하는 어떤 용어가 있나요?

스스로를 안전하게 지키기

트라우마나 중독을 겪고 있으면 안전하지 않은 사람들이나 환경에서 자신을 안전하게 지키는 데 어려움을 겪기 쉽습니다. 이런 어려움이 있다면 다음에 제시된 내용을 유념하십시오.

　주변에 신체적·정신적 또는 언어적 폭력을 행사하는 사람이 있다면 혼자서 그들과 맞서지 마세요. 그런 사람들에게 맞서는 것은 심각한 반격을 불러일으킬 수 있는데, 신체적 손상과 언어적 학대를 가할 수 있습니다. 상황을 피할 수 없다면 조심스럽게 대처하십시오. 이러한 상황을 어떻게 가장 잘 다룰 수 있는지 도움을 줄 수 있는 심리상담자 또는 변호사 등 주어진 상황에 대한 전문가를 찾아보십시오.

　과거에 자해를 하거나 주변 사람을 해친 경험이 있다면 그런 행동에서 자신을 보호하는 것도 중요합니다. 위험한 물건들(칼, 면도날)을 가능하면 주변에 두지 마십시오. 손이 닿기 쉬운 곳에 있으면 손이 갈 수 있는 가능성이 높아지기 때문입니다.

지역응급센터가 있는 곳과 가는 방법을 미리 알아두십시오. 이용할 일이 없으면 좋겠지만 급한 상황에서는 이러한 준비가 도움이 됩니다.

어두운 밤에 우범 지역을 혼자 걸어가는 일 등 위험과 마주할 수 있는 일은 되도록 피하십시오. 꼭 밤에 이동해야만 하는 상황이라면 되도록 동행자와 함께하십시오.

응급실이나 경찰서 등 비상연락망 번호를 찾기 쉽게 저장해둡니다. 도움이 필요하다면 '자원'(부록 B)을 참조하기 바랍니다. 부록 B에는 자살 방지를 포함하여 구체적인 선택안들이 수록되어 있습니다.

최대한 중독행동과 연결되지 않게 차단하십시오. 술을 집에 들이지 않고, 도박 사이트를 차단하고, 건강하지 않은 음식을 멀리 하십시오. 중독행동을 완전히 포기할 준비가 되지 않았더라도, 조금이라도 지연시키는 방법을 택하십시오.

어디에 가든지 늘 신분증을 소지하십시오. 그리고 응급상황에는 택시를 타거나 다른 도움을 구할 수 있도록 신용카드와 소량의 현금을 소지하는 것이 좋습니다.

주변에 도움을 청할 수 있는 사람들의 연락처를 저장해둡니다. '좋아하는 사람들/바로가기' 목록을 만들어서 지갑에 넣어 다니거나 핸드폰에 저장해 언제든지 쉽게 찾아볼 수 있도록 합니다.

◇ 자신을 안전하게 지키기 위해 무엇을 할 수 있을까요?

위기 대처 계획 만들기

위기 대처 계획은 어쩌면 필요 없을지도 모르지만 만약의 상황에 대비해서 마련해두는 보험과 같습니다. 자해를 하고 싶거나 다른 사람을 해칠지도 모른다는 충동을 억제하기 힘들다면 도움이 절대적으로 필요합니다. 우선 비상시 먼저 연락할 대상 (응급센터, 위기관리센터, 긴급전화, 비상연락망에 있는 사람, 심리상담자 또는 가까운 지인이나 친구), 그들의 휴대용 전화번호 같은 연락 정보, 기타 세부 사항들을 적어두는 것이 좋습니다. 주변에 상담자나 후원자가 있다면 위기 대처 계획을 만드는 데 조언을 구하십시오. 꼭 긴급한 상황이 아니더라도 평소에 미리 여러분이 강렬한 중독 갈망이나 여타 문제들을 어떻게 다룰지 파악해 위기 대처 계획에 반영하도록 합니다. 위기 대처 계획을 만들고 나면 주변에 믿을 만한 사람들과 공유하십시오.

◇ 당신의 위기 대처 계획은 무엇입니까?

목표를 높이 두지만 완벽하지 않아도 됩니다

치유를 위해 스스로 할 수 있는 것을 하고 진정으로 노력했다는 느낌으로 매일을 마무리하십시오. 치유에 우선순위를 두고 스스로를 우선시한다면 그만큼 빠른 회복이 가능합니다. 때로는 동기를 갖기 어렵기도 하고, 스스로에게 엄격하여 뭐든 충분하지 않게 느낄 수도 있습니다. 고통스러운 감정으로 인해 마비되는 것같이 느껴질 수도 있고, 무력감을 느낄 수도 있습니다. 시작은 좋았지만 차츰 그 기운을 잃을 수도 있습니다. 이러한 변덕은 자연스러운 일입니다. 특히 트라우마 또는 중독이 심할수록 그렇습니다. 자신의 속도를 유지하십시오. 완벽하지 않아도 되니, 한걸음씩 가면서 필요한 부분을 수정하십시오.

회복의 동반자

여러분의 회복을 지지해주는 다른 사람의 도움을 원할 수도 있습니다. 또는 함께할 만큼 믿음직스러운 사람이 나타날 때까지 기다리는 것도 좋습니다.

다른 이들과 연계하기를 원한다면, 심리상담자, 친구, 가족, 12단계 후원자, 멘토, 영적인 조언자, 동료 등을 고려해보세요. 정해진 시간에 규칙적으로 만나서 책의 한 장chapter을 함께 읽고 서로 느낀 소감을 나누거나, 이 책의 '주변에서 도울 수 있는 방법 – 가족, 친구, 부모, 후원자, 심리상담자'(부록 A)에 있는 내용을 전해주고 도움을 받는 형식으로 진행될 수 있습니다. 이미 회복 과정이 어느 정도 진행 중이라면 트라우마나 중독에서 회복 작업을 하고 있는 다른 사람들과 자조 모임self-help group을 만들 수도 있습니다.

도움이 되는 사람들과 관계를 형성하고자 한다면 '그대의 길을 찾아라'(제9장), '좋은 심리상담자를 찾아라'(제32장), '트라우마 심리상담의 두 가지 형태'(제33장) 를 보십시오.

> ✧ 이 책을 보는 동안 회복 과정을 함께 하고픈 사람이 있나요? 그렇다면 어떤 방식으로 함께 하기를 원하십니까?

강점을 최대한 활용하기

우리의 강점은 약점만큼 중요합니다. 강점을 발견하고 성장시킬수록 약점을 상쇄할 수 있습니다.

» 생존 기술: 세상 물정에 대한 이해, 일상생활의 지혜

» **호기심**: 새로운 생각과 경험에 열린 자세

» **믿음**: 어려움이 찾아올 때 지탱해주는 굳건한 신념

» **성공 경험**: 지금까지 이뤄낸 것에 대한 성취 사례들은 장래의 성공의 좋은 조짐

» **대인관계 기술**: 친근감, 유머, 매력 — 이러한 것들은 지지체계를 구축해주고 다른 사람들이 여러분을 돕도록 해줌

» **독립성**: 풍부한 자원, 마주한 상황에 대한 명료한 인식, 선택 사항에 대한 분별력

» **지성**: 배울 수 있는 능력

» **보살핌**: 타인을 사랑하고 그들에게 헌신하며 세상에 긍정적으로 기여하고자 하는 마음 자세

» **자기 자각**: 느낌을 있는 그대로 수용하고 내면의 경험들에 깨어 있기, 자기 성찰과 의식

» **책임감**: 일자리를 유지하고, 맡은 일을 해낼 수 있음. 잘 정리된 상태 유지

» **동기**: 에너지와 꾸준함, 의지력, 나아가고자 하는 열망

» **그 외 다른 강점들**: _____

◇ 앞의 목록에 있는 내용 중 여러분의 강점에 해당하는 부분에 체크해보십시오.

◇ 자신이 가진 강점들이 회복에 어떤 도움이 될까요?

트라우마가 중독행동을 설명해줄 수는 있지만 핑계로 삼을 수는 없습니다

이 책은 트라우마와 중독에 자비[연민·동정]compassion의 접근법을 사용합니다. 그

러나 트라우마가 중독의 이유는 될 수 있어도 핑계가 될 수는 없습니다. 트라우마가 중독을 이해하는 데 도움을 줄 수 있지만, 중독행동을 이어가는 데 핑계가 될 수는 없습니다. 현재 중독을 겪는 사람이라면 잘 알겠지만, '오늘 하루는 정말 힘들었어', '지난 며칠 동안 고생했어', '아내의 잔소리가 너무 심해서', '내가 응원하는 야구팀이 우승을 차지했으니까', '승진했으니까', '아이들을 돌보느라 정신없었으니까', '생일이니까' 등 무엇이든 중독물질을 접하는 이유가 될 수 있습니다. 트라우마 문제가 중독행동으로 이끄는 건 실제적이고 중요한 사실입니다. 그렇지만 과거에 겪은 트라우마를 중독행동을 이어가는 근거로 삼아서는 안 됩니다. 중독행동을 하지 않으면서 트라우마에 대응하는 방법을 배워야 합니다.

또한 트라우마를 해결하는 것이 과거의 중독적인 행동으로 돌아가도 된다는 것을 의미하지는 않습니다. 중독적인 행동은 여전히 조심스럽게 다뤄야 합니다.

희수는 트라우마로 심각한 알코올중독을 겪었습니다.

"술을 너무 많이 마셨을까요? 술을 마실수록 트라우마가 더 심해지고 술에 더 빠지게 된 걸까요? 어떠하든 이제 더 이상 중요하지 않아요. 술을 끊게 된 날에도 그건 중요하지 않았어요. 하지만 여전히 의문이 남아 있어요. '만약 트라우마 때문에 술을 마신 거라면, 트라우마를 극복한 다음에는 문제없이 술을 마실 수 있지 않을까?' 이 질문에 답은 항상 같아요. 그러니 저는 여전히 술을 찾는 중독자예요."

촉발요인에서 자신을 보호하기

촉발요인triggers은 트라우마나 중독과 연결된 강렬한 감정을 떠올리게 합니다. 이때 일어나는 감정은 분노나 슬픔과 같이 부정적일 수 있고 흥분이나 찬사와 같이 긍정적일 수도 있습니다. 중독의 촉발요인은 사람들이 술을 마시는 모습을 보거나, 주점이나 카지노 앞을 지나가는 일일 수 있습니다. 트라우마 촉발요인은 냄새나 소리일 수도 있습니다. 이 책에는 트라우마와 중독을 촉발할 수 있는 내용이 배제되었습니다. 중독의 선명한 묘사나 트라우마 이미지 등 불편할 수 있는 설명은 나오지 않습니다. 그렇지만 촉발은 언제든지 일어날 수 있고, 어떤 사람에게는 자극적이지 않은 부분이 다른 누군가에게는 자극적일 수 있습니다. 촉발요인에서 자신을 최대한 보호하십시오. 또한 회복을 위한 치유 과정에 있는 사람에게 촉발이 일어나는 것은 흔한 일이라는 것을 알고 계십시오. 트라우마나 중독이 떠오를 때 강하게 반응할 수 있습니다. 또는 반대로 마비된 느낌이 들거나 감정이 없어질 수 있습니다. 이는 촉발에 따른 동전의 또 다른 면인데, 너무 강한 감정이 일어날 때 감정의 전원을 내리는 일종의 안전장치입니다. 촉발된 걸 느낄 경우 그것에 따라 행동하지 말고 여러분이 안전하도록 해주는 것은 무엇이든 하십시오. 가능하다면 촉발요인에서 멀어지십시오. '고요한 상태에 이르기: 안정화 작업 기술들'(제18장) 또한 촉발요인에 대처하는 방법을 다룹니다.

참고: '"상황은 결국 잘 마무리된다"─데이비드의 경험'(제3장)은 트라우마와 중독을 극복한 데이비드의 고무적인 경험담입니다. 그의 경험담은 자세히 실려 있지만 이 책을 읽은 사람들은 자신들을 촉발하지는 않았다고 피드백을 했습니다.

이 책을 삶에 접목하기

책의 내용을 삶에 더 많이 접목할수록 이 책은 더욱 좋은 안내자의 역할을 합니다. 특히 마음에 많이 와닿는 부분은 따로 표시해두십시오. 일어나는 감정을 알아차려 보십시오. 여러분을 움직이는 것은 무엇입니까? 희망을 갖게 하는 것이 있나요? 보다 풍부하게 접목시킬 수 있는 기회들을 잡아보세요.

> » 다이아몬드 표시 '◇'에는 성찰할 만한 내용을 실었습니다. 주로 실제 심리상담
>   자나 도움이 되는 친구와 내담자가 주고받을 만한 대화를 실었습니다.
> » '★ 탐사하기'에서는 여러분의 현재 상태를 평가해볼 수 있는 간단한 퀴즈 또는
>   도구를 통해 직접 연습해볼 수 있도록 하였습니다.

　각 장은 인용구로 시작합니다. 마지막의 '회복의 목소리' 부분에는 그 장에서 다루는 내용을 경험한 사람의 이야기가 수록되어 있습니다.

　이 책은 다양한 배움의 방법들이 모여 있습니다. 정서(예: 인용구), 지성(지식, 아이디어), 경험(실습 과제 및 성찰)을 통해 배움이 이루어집니다. 이런 다양한 방법의 목표는 책의 내용과 여러분을 연결시키고자 함입니다. 책을 읽으며 생기는 통찰들을 기록해두는 것도 좋은 방법입니다.

회복 목표에 집중하기

여러분에게는 트라우마 플래시백 완화하기, 중독물질 및 행동 제한하기, 관계 개선하기, 거주지나 직업 찾기, 몸 잘 돌보기, 우울감 줄이기, 충동 자제하기, 과거의 상처에서 벗어나기 등 성취하고자 하는 목표가 있을 것입니다. 다양한 목표를 성취하는 데 이 책을 응용할 수 있습니다. 아직 구체적인 목표가 없을 수도 있습니다. 트라우마와 중독은 시야를 좁히고 능동적인 미래 설계를 방해하기 때문입니다. 책을 읽으면서 삶의 목표가 보다 명확해질 것입니다. 지금 이 순간 여러분의 목표는 무엇입니까?

자신의 필요에 대응하기

트라우마와 중독의 종류와 정도는 천차만별입니다. 회복하는 데 시간이 얼마나 필요할지, 회복에 무엇이 도움이 될지는 다음과 같은 요인들에 따라 차이가 납니다.

» 나이, 성별, 문화적 배경, 성격.
» 현재 겪고 있는 문제의 심각성: 트라우마 문제는 심하지만[중증] 중독 문제는 약한 경우[경미]가 있고, 반대로 나타나는 경우도 있습니다. 문제가 최근에 시작되었는지, 아니면 오랜 기간에 걸쳐 지속되었는지, 항상 나타나는지 또는 종종 나타나는지 살펴봅니다.
» 추가적인 어려움들: 트라우마 및 중독과 더불어, 가령 아이를 키우는 문제, 법적인 문제, 만성 통증이나 HIV와 같은 의학적인 문제, 분노, 우울, 또는 어떤 장애 등에 대해 도움이 필요할 수 있습니다.

무엇을 필요로 하든 거기에 주의를 기울이십시오. 가능한 많은 도움을 받으십시오. 트라우마와 중독뿐만 아니라 다른 문제들에도 이 책에 나오는 아이디어들을 적용해보십시오. 자신의 문제에 대해 보다 능동적으로 행동할수록 더 좋은 결과가 나올 것입니다.

이 책으로 치유작업을 하는 습관을 들이세요

혼란과 혼돈은 중독과 트라우마의 일부입니다. 이는 능동성, 계획성, 적절한 속도, 꾸준한 진전을 이루어내기 등 반대되는 회복 습관으로 극복할 수 있습니다. 다음 내용을 시도해보십시오.

읽을 분량을 정하세요. 하루에 한 쪽씩 또는 일주일에 한 장章씩? 어떤 계획이든 구체적이라면 상관없습니다.

매번 일정함을 유지하세요. 가능하면 매일 같은 시간, 같은 장소, 함께 읽는 사람들이 있다면 같은 사람들과 함께 이 책을 읽으십시오. 일관성을 유지하는 것은 회복 과정을 수월하게 해줍니다.

알림을 만드세요. 책 읽는 날들은 달력에 미리 표시를 해두십시오. 문자나 이메일 알림을 사용하십시오. 여러분의 회복은 다른 일정들만큼 중요합니다.

잘 보이는 데 두세요. 마루 가운데, 식탁 위 또는 열쇠 옆 등 매일 보는 곳에 책을 두세요.

읽기 싫은 날에도 읽으세요. 회복에서 커다란 미신은 변화를 향한 동기가 있어야 한다는 점입니다. 동기화된 상태가 아니어도 됩니다. 종종 동기는 천천히 찾아옵니다. 단지 올바른 방향으로 나아갈 필요가 있습니다. 양치하는 것처럼 회복을 자신의 삶의 일부로 만드십시오. 하고 싶든 하기 싫든 그냥 하십시오.

어떤 계획도 없는 것보다는 낫다는 점을 기억하십시오. 지금 괜찮아 보이는 계획으로 일단 시작하고, 해가면서 수정하십시오.

◇ 이 책을 읽기 위한 계획을 세울 뜻이 있습니까? 어떤 계획입니까?

자신의 진전을 평가하세요

인터넷에는 자기의 발전 정도를 기록하는 무료 도구들이 있습니다. 트라우마와 중독 회복에 대한 모바일 앱들도 있습니다. '자원'(부록 B)을 보십시오.

◇ 이 책의 목차 중 어떤 장에 눈길이 가장 먼저 갑니까?

◇ 오늘 당장 스스로를 도울 수 있는 일이 있습니까?

◇ 무엇이 회복에 대한 여러분의 동기를 증진시킵니까?

회복의 목소리

나희 – "인내심을 갖고 서두르지 않는 거야."

나희는 어릴 때 육체적, 정신적 학대를 당한 뒤, 청소년기를 거쳐 어른이 되면서 알코올중독이 되었습니다. "저는 회복을 혼자서 시작했습니다. 30년이 지난 지금은 과거에 꿈꿀 수 없을 정도로 좋아졌습니다. 저는 고등학교 중퇴자였는데, 지금은 박사 학위를 마치고 개인 사업체를 운영하고 있습니다. 30년 동안 금주를 하고 있고, 아주 좋은 친구들도 많이 사귀었습니다. 이 장은 나아지기 위해 가능한 모든 것을 다하는 것이 얼마나 중요한지를 다시금 알려줍니다. 회복은 어려운 일입니다. 특히 트라우마와 물질 남용에서의 회복은 극히 어렵습니다. 시작하는 사람에게 해주고 싶은 조언은 회복을 진지하게 받아들이되 매일 숨 쉬는 것을 잊지 말라 remember to breathe는 것입니다. 여유와 인내심을 가지세요. 남은 생 동안 매주 조금씩의 변화를 만든다면, 한 해에만 52개의 변화를 만들어낼 것입니다. 누군가와 회복 과정을 함께 걸어가십시오. 12단계 동료, 친구 또는 여러분의 모임에 소속된 사람들일 수 있습니다. 용감하게 그 길을 걸어가십시오. 변화는 놀라울 것입니다. 매일 매일은 완벽하지 않을 수 있지만 회복을 만들어가는 하루입니다. 나의 벗, 당신에게 평화가 있기를 기원합니다. 여러분은 이 여정에서 어떤 이를 만나게 될지 알지 못합니다."

3

"상황은 결국 잘 마무리된다."
– 데이비드의 경험

다음의 개인적인 이야기는 실제로 일어난 일입니다. 데이비드는 다른 사람들에게 도움이 되길 바라는 마음으로 자신의 경험담을 들려주었습니다.

상황은 결국 잘 마무리됩니다.

앞으로 제게 어떤 일이 일어날지 모르기에 아직 행복한 결말이 될 거라고 장담할 수는 없습니다. 하지만 예전에는 스스로를 미워하고 아무런 희망도 없었고 무력감을 느끼곤(그리고 스스로 아주 가치 없는 존재이고 어리석게 느꼈고, 잠깐이라도 어떻게든 기분을 좋게 하려고 중독물질이나 중독행동에 빠지곤) 했습니다. 그러나 상황은 시간이 지나면 결국에는 잘 마무리됩니다.

저는 14살 때 마약을 처음 시도했습니다. 흥미롭게도 기분을 좋게 하거나 자살을 하려고 한 것은 아니었습니다. 그때 당시 엄마의 약 진열장에 있던 발륨*Valium 한 통을 훔쳐서 모두 먹었는데, 당장은 아무런 문제가 없었습니다. 죽지도 않았고, 오히려 생애 처음으로 두려움, 화, 불안감, 절망감, 슬픔의 감정이 느껴지지 않는 순간이었습니다. 밤새 약이 주는 황홀감에 빠져 둥둥 떠다니는 기분을 느꼈습니다.

---

* 정신 안정제의 일종. – 역주

단순히 저를 지배했던 많은 부정적인 감정에서 자유로워진 것만이 아니라 실제로 기분도 좋았습니다. 이후 회복을 결심한 4년 반 전까지 지속적으로 술, 담배를 비롯하여 코로 흡입하거나 몸에 투여하는 마약에 이르기까지 무엇이든 구할 수 있는 물질로 기분을 좋게 하려고 했습니다. 발륨에 처음으로 손을 댄 그 특별한 밤에 저는 무척이나 화가 나 있었고, 무언가 압도된 느낌에 자살하는 것 외에는 방법이 없다고 생각했습니다. 사실 그러한 느낌이 변하기까지는 꽤 오랜 기간이 걸렸습니다.

마약이 주는 황홀한 탈출구를 알게 된 14세 이전에 저는 이미 좀 심한 트라우마를 경험했습니다. 6세가 되기 전에 성적 학대를 당했고, 그 후로도 신체적 학대와 정서적 학대가 있었습니다. 어릴 때 겪은 상황들은 저지 해안을 강타했던 태풍보다 심하게 저를 송두리째 흔들었고 삶의 안전감을 잃어버렸습니다. 저는 뉴저지 북부의 중산층 가정에서 태어나, 고등교육을 받은 부모님과 함께 살았습니다. 제가 13세가 되던 해에 부모님은 이혼하셨습니다. 부모님의 이혼은 당시에는 괜찮았습니다. 당시는 상처가 상처인 줄 모르고, 무언가 이상하게 느껴져도 그저 제가 정상적이지 않아서 그렇다고만 생각했습니다. 기분이 나쁘거나 절망감이 찾아오거나 또는 두려움이 지속적으로 괴롭혀도 이유를 알지 못했습니다. 그저 제가 정상이 아니라는 것만 알고 있었습니다. 어딜 가도 잘 어울리지 못하고, 특별히 잘하는 것도 없고, 어쩌다가 무언가 잘하게 되거나 좋은 성과를 거두어도 다른 사람에 비하면 못한 결과라는 생각이 들었습니다. 저를 정말로 사랑하거나 원하는 사람이 없다는 것을 알았고, 설령 누군가 잘해주어도 저에게 원하는 것이 있기 때문이라는 생각밖에 들지 않았습니다. 15세가 되면서 친척에게 보다 심한 성적 학대를 당했는데, 그때부터는 누군가 잘해주면 나를 성적인 대상으로 보기 때문이라고 느꼈습니다. (게다가 저는 절대로, 절대로, 절대로 '싫다'는 말을 할 수 없는 사람이었습니다.) 친구는 많은 편이었지만 진정으로 가깝거나 연대감을 느낀 친구는 없었습니다. 제가 스스로를 미워한다는 것도 알았습니다. 마치 마비가 된 듯 멍하게 있을 때가 많았고, 멍함의 정도가 점차 심해져서 빙하가 형성되듯 제 삶을 차지해갔지만 아주 천천히 진행돼서 무엇이 일어나는지도 알지 못했습니다. 14세가 되기 전부터 자살을 생각하였고 그 후로 25년 동안 마음에 품고 있으면서 여러 번 극단적인 행동을 했습니다. 18세 되던 해에 가장 심하게 저질렀는데, 그 결과 한동안 앞도 못 보고, 걸을 수도 심지어 말을 할 수도 없었고, 인지능력도 망가져서 1 더하기 1도 할 수 없었습니다.

알코올중독은 고등학교 때 많이 심해졌습니다. 당시 부정적인 감정과 기분을 전환시키는 데 도움이 된다면 뭐든지 서슴지 않고 시도했습니다. 특히 고등학교 때 술을 많이 마셨고, 벤조나 진통제도 시도해보고, 가끔 마리화나를 피우거나 다른 흡입제에도 손을 댔습니다. 술과 마약이 주는 야릇하고 몽롱한 기분을 즐겼습니다. 희미하면서도 뿌옇게 느껴지는 그 기분은 차츰 강박이 되어갔습니다. 오직 그런 기분을 느낄 때만 불안이 사라졌습니다. 고등학교 시절 자살 시도의 방법으로 마약 투여를 심하게 한 적도 몇 번 있었는데, 가족이나 친구들은 모릅니다.

완전히 홀로 있는 것처럼 느껴졌습니다. 내면 중심에는 늘 다른 사람들이 나보다 낫고, 제 자신은 수치심과 두려움, 그리고 고등학교를 거쳐 그 이후로도 계속된 학대로 인한 난처함으로 점철되어 있었습니다. 어딘가에 갇힌 것 같았고, 모든 것이 제 잘못처럼 느껴졌습니다. 도움을 요청하는 방법도 몰랐습니다. 제 행동은 점점 더 위험한 방향으로 흘러갔고, 결국 자동차 사고도 겪고 싸움에 휘말리기도 하고 또 과도한 마약 복용 등으로 응급실 신세도 여러 번 지게 되었습니다. 오직 고통만을 느낄 때에도 마음 놓고 울 수조차 없었습니다. 다만 누군가 봐주기를 바라고, 저의 고통을 알아주기를 바랐지만 저는 겉으로는 그저 좋은 동네에서 태어나 그럴듯한 가족과 지내는 부끄럼타는 조용한 아이였으니, 모든 것은 괜찮았어야 했습니다.

음주와 마약 사용 문제는 대학교에 들어가 코카인을 하면서 크게 악화되었습니다. 저의 트라우마 경험도 악화되었습니다. 할렘가와 뉴욕시의 서남쪽을 비롯하여 뉴저지 등지의 위험한 지역에도 스스럼없이 운전해가서 마약을 사오곤 했습니다. 그런 지역을 다니면서 총기를 이용한 폭력, 신체적 공격도 경험하고, 한 차례 살인 사건을 포함하여 여러 가지 끔찍한 일들도 목격하게 되었습니다. 어느새 안전감은 사라졌고, 제 일상은 무모함, 플래시백, 해리성 삽화, 우울감, 자살 시도 등으로 점철되었고 회복을 위해 수많은 정신병원과 마약치료센터를 찾아다녔습니다. 간혹 하루에서 몇 달(최대 1년 반)까지도 맑은 정신으로 지냈지만 안정된 삶을 세울 기반을 구축할 수 없었습니다. 금주를 하는 대신 폭식을 하거나, 술에 취하지 않는 대신 칼로 자해를 하고, 음란물을 하루 종일 보게 되었습니다. 다시 술을 마실 때면 모든 것이 수포로 돌아가고 스스로와 세상에 대한 분노가 파괴적인 에너지를 부추겨 너무 황폐해져서 이내 스스로 내 노력만으로는 안 된다고 되뇌며 익명의 알코올중독자들 모임AA이나 마약치료센터 또는 정신병원에 가서 치료받는 삶이 다시 시작되곤 했습니다.

연애 관계를 장기간 유지할 수도 없었습니다. 대학 다닐 때는 3년간 가까이 지낸 여자 친구가 있었는데, 어느 순간부터는 누군가와 3개월 동안 관계를 유지하는 것도 아주 어려워졌습니다. 아무도 마약중독, 알코올중독 그리고 사회보장 무자격에 심각한 해리성 장애를 겪는 실업자를 좋아할 리 없으니 그리 놀라운 일도 아니었습니다. 하지만 저 스스로에게는 "너 아직 괜찮아 보여."라고 말하곤 했습니다. 실제로 스테로이드를 남용하고 있는 동안에는 괜찮아보였을지도 모릅니다.

아주 오랫동안(어쩌면 제 삶 전체에 걸쳐) 세상을 향해 제가 잘 살고 있다는 것을 보여주기 위해 노력하였고 스스로도 그렇게 설득하려고 했습니다. 결국 그마저도 포기를 하게 되고, 중독과 트라우마만 재연하며 5년 가까이를 지냈습니다. 그때가 제 삶의 암흑기였습니다. 그 시절 느낀 무력감은 절대적이었고, 술이나 마약을 하지 않을 때는 자살에 대한 생각에 빠져 있었습니다. 제가 텅 빈 것처럼 느껴졌습니다. 즐거움, 행복, 희망, 에너지는 모두 멀어져갔고, 트라우마와 중독이 제 삶을 갉아먹고 있었습니다. 마치 앞서 일어난 선정적인 잔혹행위들이 제 삶을 내몰았던 것처럼, 결국 메스암페타민*으로 육체와 정신을 모두 괴롭히며 스스로를 죽음으로 내모는 지경에 이르렀습니다. 괴로움이 있어야 마약을 통해 기쁜 감정으로 나아가는 반대급부도 있을 수 있으니, 며칠에 걸쳐 잠을 자지 않는 것은 물론이고 음식도 거르며 겨우 연명할 정도의 물만 마신 채 스스로를 괴롭혔습니다. 제 몸을 끊임없이 약물에 노출시켜서 결국 균형이 무너지게 하는 것인데, 그토록 멀어지고자 한 마약에 필사적으로 돌아간 것입니다. 한동안 잠을 자지 않고 약물과 트라우마 재연을 반복하다가 결국 균형이 무너지면 아주 짧은 순간이지만 평온하고

---

* 마약 성분 중의 하나. - 역주

안정된 상태가 찾아옵니다. 그 순간만큼은 영혼까지 차분해지는 것처럼 느껴지고 지고, 스스로에게 "거봐, 그리 나쁘지 않잖아."라고 말하며 뭔가 정화되고 순수해지는 느낌마저 듭니다. 그 순간이 지나고 나면 그 기분을 다시 느끼기 위해 지난한 과정을 처음부터 반복하곤 했습니다. 당시 저는 제 자신을 마주할 용기가 전혀 없었고, 카멜레온처럼 어떻게든 살아남기 위해서 제 나름의 방식으로 변화를 시도했던 것입니다. 제가 누구인지, 어떻게 살아야 하는지 전혀 알지 못한 채 그저 스스로가 부족한 존재라는 생각에 빠진 채 말입니다.

이것이 트라우마와 중독에 대한 저의 경험입니다. 지금은 누구에게나 회복은 가능하다는 사실을 알려줄 수 있어서 행복합니다. 이제는 온전하고 행복한 삶을 살고 있습니다. 1년 전 좋은 사람을 만나 결혼도 하게 되었습니다. 금주를 실천한 지는 벌써 5년이 넘었고, 직장도 3년 넘게 다니고 있습니다. 친구들을 만나면 전에 느낄 수 없었던 연대감도 느끼고, 삶은 자연스레 고통을 수반하는 만큼 고통이 느껴질 때면 마음껏 울기도 합니다. 행복과 즐거움을 느끼니 제 자신과 타인에게도 친절하고 따뜻한 마음으로 대해주게 되었습니다. 점차 제가 누군지에 대해 알아가고 있고, 완벽하지 않지만 오늘의 제 자신을 사랑하게 되었습니다. 제게 효과가 있었던 게 모두에게 효과가 있지는 않을 것입니다. 그래도 좋습니다. 저의 **회복**은 정확히 그것 – '저의' **회복**이니까요. 제가 유일한 사례는 아닙니다. 그것은 인지행동치료의 기술들, 안전기반치료, 개인 치료, AA, 엄청난 양의 자비, 삶에의 헌신, 그리고 '젠장, 내 자신이 무척이나 싫지만 그렇다고 자살할 생각은 없잖아. 이대로 아무것도 하지 않으면 그냥 이렇게 평생을 지낼지도 몰라. 어떻게든 변화를 시도해보자'라고 변화를 갈망하는 순간이 모두 합쳐져 제가 무릎 꿇고 우주를 향해 도움의 손길을 청하게 되었습니다. 기공 연습과 기도 그리고 사람들을 위한 봉사로 매일 이루어지는 영적 연결감을 증진하려고 노력합니다. 앞으로도 괜찮을 것입니다. 당신도 마찬가지입니다. 트라우마와 중독을 경험하지 않은 사람들에게는 삶이 얼마나 불안정하고, 변화를 지속시키기가 얼마나 어려운지 이해하기 어렵겠지만, 당신은 결코 혼자가 아닙니다(그렇게 느껴지더라도 말입니다). 우리에게는 늘 희망이 있고, 회복은 누구나 가능합니다.

✧ 데이비드의 이야기에서 가장 고무적인 점은 무엇이었습니까?

✧ 데이비드의 이야기 중 어떤 부분이 여러분에게 의미 있게 느껴집니까?

✧ 만약 지금 데이비드와 마주하고 있다면 그에게 무엇을 말해주고 싶습니까?

✧ 당신을 포함하여 누구나 회복이 가능하다는 말에 믿음이 생겼습니까?

4

의학적인 문제이지
미쳤거나 게으르거나 나빠서가 아니다

당연한 것으로 오랫동안 받아들였던 것들에 대해
의문을 표하는 일은 건강한 행위다.
– 버트랜드 러셀Bertand Russell, 20세기 영국의 철학자

숨겨진 문제들

트라우마와 중독은 아주 흔하지만 때로는 종종 가장 많이 숨기는 문제이기도 합니다. 특히 가족들이 그들 중에 있는 트라우마와 중독을 알아차리지 못하거나, 직장 생활이나 인간관계에서 뚜렷한 증상이 나타나고 있음에도 불구하고 현실을 부인할 때가 그렇습니다. 자신이 겪는 문제에 대한 부끄러움을 느낄 수도 있고, 거부하거나 죄책감을 느낄 수도 있습니다. 현재 겪는 일을 털어놓을 수 있는 사람을 찾기가 쉽지 않을 수도 있습니다. 심지어 치유 프로그램에 참석을 해도 트라우마와 중독에 대해 함께 물어보는 것은 아주 드문 경우입니다.

✧ 다음에 나오는 이야기 중 왠지 익숙하게 느껴지는 부분이 있습니까?

트라우마

» "그냥 그것에 대해서는 생각하고 싶지 않아요."

» "겉으로는 강해 보이지만, 속으로는 힘들어요."

» "가족과 이런 이야기를 나누어본 적이 없어요."

» "뭐 그리 나쁜 일은 아닐 거예요."

» "만약 사람들이 나의 이런 모습을 알게 된다면, 어울리려고 하지 않을 거예요."

» "과거의 일에 대해 다른 사람에게 이야기를 해본 적이 없어요."

» "그냥 수치스럽게 느껴져요."

중독

» "이런 것(도박, 성관계, 쇼핑, 마약)을 사람들이 생각하는 것보다 많이 해요."

» "누군가 뭐라고 하지 않으면, 제가 굳이 숨기지 않을 거예요."

» "마음만 먹으면 내일이라도 당장 그만둘 수 있어요."

» "제가 지금 이러고 있는 건 모두 다른 사람들 책임이에요."

» "중독이 되었다고 해도 그게 남을 해치지는 않잖아요."

» "술을 많이 마시긴 하는데, 다른 사람들도 다 그래요."

» "만약 제 처지처럼 살게 되면 누구라도 역시 마약을 할 거예요."

새로운 시각과 이해

최근에야 트라우마와 중독이 의학적 장애로 간주되었고, 둘을 연관하여 함께 이해하게 된 것은 중요한 일입니다. 수십 년 전만 해도 이 둘은 크게 주목받지 못했고, 오늘날에도 여전히 그러한 곳들이 있습니다. 마치 카펫 아래 뭔가를 숨기듯 논의 대상에서 제외되는 것입니다. 이는 기관이나 공동체에서 흔히 목격되며, 심지어 치유 프로그램에서조차 이 둘은 깊이 다루어지지 않는 경우가 많습니다. 그런 점에서 최근 생겨난 시각은 커다란 발전입니다.

중독과 트라우마는 특정한 의학적 상태와 관련이 있습니다. 이 둘을 명확히 진단하는 것은 당뇨병이나 암과 같은 신체적 질병을 진단하는 것만큼이나 중요합니다. 이런 문제를 겪고 있더라도 그건 '미친' 게 아니라 다만 도움과 치료가 필요한 건강 상태에 놓여 있는 것입니다. 중독과 트라우마는 신체적인 원인으로 인해 발생할 수도 있는데, 심리상담, 약물 치료, 동료의 지원 등 다양한 형태의 도움을 받을 수 있습니다.

중독과 트라우마를 개인적인 실패가 아닌 의학적인 문제로 바라보는 시각이 중요합니다. 스스로 약하다거나, 노력이 충분하지 않았다거나, 잘하지 못한다고 믿고 있을 수 있습니다. 또는 그러한 감정에 맞서는 기제로 정반대의 믿음을 가지게 되었을 수도 있습니다. 즉, 자신은 괜찮은데 늘 다른 사람이 문제라는 식으로 생각이 흘러갔을 수 있습니다. 나아지고자 노력을 해도 한 발짝 앞으로 나아간다 싶을 때 다시 두 발짝 뒤로 물러서는 경험도 하고, 중독과 트라우마에 대한 이해가 없는 사람들이 자신을 비난하고 탓하는 경험을 할 수도 있습니다. 무언가 하긴 하지만 생각대로 진행되지 않을 때가 많습니다. 회복에는 노력이 필요합니다만, 정확한 의학적 지식과 함께 적절한 방향으로 집중하는 것이 중요합니다.

트라우마

"그는 어느 날 밤 집으로 운전해가는 중 자신의 주변이 붉은 조명으로 채워져 있는 가운데 차 안에 앉아 있었고, 어느 순간 무장한 마약중독자가 무턱대고 차 안으로 침입하였다. 적어도 8개월 동안, 매일 밤 잠자리에 들기 전에 그 장면이 떠올랐다. 쉽게 잠을 잘 수 없었고, 그럴 때면 일어나서 카페인이 없는 차를 마시고 TV를 틀어 이런 저런 싱거운 프로그램들을 보면서 그 생각을 떨쳐내곤 했다. 다음 날 아침이면 다시 누군가 내 머리에 총구를 겨누는 것 같은 느낌과 함께 눈을 뜨곤 했다."
-『잊기 위한 몸부림』(뉴욕 타임스, 2004)

"잊지 않기로 결정한 그 순간을 기억한다. 당시 여섯 살이었던 내게 든 생각은 '할아버지는 나를 해치지 않는 선량한 사람이야. 내가 꾸며내고 있는 게 분명해. 문제는 할아버지가 아니라 바로 내 자신이야.'라고 스스로 판결을 내렸다."

– 아동 학대 생존자

"생명을 위협하는 경험에서 살아남을 때 우리는 새로운 사람이 됩니다⋯. 저는 신체적으로 완전히 회복할 거라고 알고 있었는데, 여러 가지 의학적인 실수가 있었고, 제 몸도 제 의지를 따라주지 않고, 삶을 위협하는 뜻밖의 일들을 경험해야만 했습니다. 현실은 더 이상 안전하게 느껴지지 않았습니다."

– 미셸 로젠탈의 회고록, 『세상이 침입하기 전에: 과거를 정복하고 미래를 창조하기』

트라우마에 대한 인식은 과거 어느 때보다 맹렬해지고 있습니다. 아동 학대, 테러, 전쟁, 폭력, 군대 스트레스, 산업 재해, 태풍과 같은 자연재해를 포함한 여러 가지 종류의 트라우마에 대한 인식이 생겨났습니다. 스포츠 팀, 교회, 군부, 형사 사법부와 같은 기관에서 일어난 성추행 사건 등은 과거에 숨겼던 사건들을 다시 들여다보게 합니다. 트라우마는 이제 나이, 성별, 인종을 떠나 누구에게나 일어날 수 있는 것으로 인식되고 있습니다. 과거에는 폭파, 전투 피로와 전투 스트레스 등 전쟁을 겪는 남성에게만 일어나는 것으로 생각되었습니다.

비정상적인 사건에 대한 정상적인 반응

트라우마는 삶에 직접적이고 때로는 오랫동안 지속되는 영향을 줄 수 있습니다. 트라우마로 인한 문제는 다음과 같습니다.

　» 우울 또는 슬픔
　» 플래시백(머릿속에서 트라우마의 기억, 이미지를 지울 수 없음)

» 타인을 신뢰하기 어려움

» 실제적인 위협이 없는 경우에도 공격받을 것에 대한 두려움

» 분노

» 일이나 업무에 집중하지 못함

» 악몽

» 사람들과의 관계 문제

» 현실감 상실

» 의사가 설명할 수 없는 신체적인 문제, 예를 들어 급격한 심장 박동 또는 어지럼증

» 공황 또는 심한 신경과민증

» 자신이나 타인에게 해를 입히고자 하는 충동

» 죽기를 바람

» 만성 통증

» 편집증

» 절망, 포기

» 수치심, 죄책감

» 트라우마의 일부를 기억하기 어려움

» 자신의 트라우마에 대해 생각나게 하는 것들을 피함

» 머릿속에서 지울 수 없는 트라우마에 대한 지속적인 생각

» 해리: 스트레스에 대응하여 정신활동이 멈춤

만약 트라우마 문제를 겪고 있다면, 수치심이나 자기 비난 없이 문제를 있는 그대로 확인하는 것이 핵심입니다. 과거에는, 그리고 안타깝지만 오늘날까지도 때때로, 트라우마를 겪는 이들을 연약하게 보는 시선이 있었습니다. 이제는 트라우마로 인한 감정적인 고통, 때로는 '비정상적인 사건에 대한 정상적인 반응'이라고 부릅니다. 이에 대한 이해가 커졌습니다. 여러분이 잘못되거나 연약한 것이 아닙니다. 여러

분이 미친 것도 아닙니다.

어떤 사람들은 트라우마로 인해 지속적인 문제를 겪지만, 어떤 사람들은 그렇지 않습니다. 많은 사람들이 트라우마를 겪는 동안 그리고 그 후로 감정적인 고통을 경험하지만, 트라우마가 아주 심한 경우가 아니면 대개 1~3개월 내에 회복합니다. 상황에 따라 다르게 나타날 수 있습니다.

○ 트라우마의 심각성. 트라우마가 강렬할수록 더 심한 고통을 겪습니다. 특히 강간이나 폭행을 당하면, 예를 들어 거리에서 다른 이들의 싸움을 목격하는 것보다 더 심한 정서적 충격을 받습니다. 물론 둘 다 트라우마가 될 수 있습니다.

○ 다른 사람들의 반응. 트라우마를 겪는 동안 그리고 그 후에 정서적 지원을 받았습니까? 어떤 사람들은 가족, 지역 사회 또는 전문적인 조력자들로부터 정성스러운 보살핌을 받습니다. 어떤 사람들은 고립되거나, 비난받거나, 수치심에 휩싸이기도 합니다.

○ 트라우마를 겪기 전의 삶과 생활. 만약 트라우마를 겪기 전에 이미 다른 어려움을 겪고 있었다면 건강하고 행복한 삶을 살았던 경우보다 감정적 고통이 더 심할 수 있습니다.

○ 가족력: 가족 중에 이미 중독이나 다른 정신병을 앓는 사람이 있다면, 트라우마와 중독에 노출될 가능성이 더 많습니다. 문화도 영향을 미칠 수 있습니다. ('모든 아이는 탐정이다'(제22장)를 참조하십시오.)

심지어 같은 트라우마를 겪더라도 사람마다 다르게 영향을 미칠 수 있습니다. 가령 두 사람이 같은 교통사고를 당하더라도 어떤 사람은 다치긴 했지만 살아 있는 것에 감사하면서 본래의 생활로 돌아가는 반면 어떤 사람은 몇 달이 지나도록 사고로 인한 후유증에서 벗어나지 못하는 경우도 있습니다.

하지만 트라우마에 대한 여러분의 반응이 어떠하든, 회복하는 길은 있습니다.

의학적 상태

다음과 같은 몇 가지 의학적 상태들은 트라우마와 직접적인 관련이 있습니다.

○ 급성 스트레스 장애Acute stress disorder: 트라우마 후 최대 1개월까지 지속되는 중대한 고통

○ 외상 후 스트레스 장애Posttraumatic Stress Disorder, PTSD: 트라우마로 인한 정신적 고통으로 1개월 이상 지속되며 때로는 수년간 지속되기도 합니다. 트라우마로 고통받는 사람들의 약 20%가 PTSD를 겪게 되지만, 강간, 성적 학대, 심한 폭력이나 폭행, 집단 폭행과 같은 심각한 트라우마를 겪은 사람들 중 60~80%가 PTSD를 겪습니다.

○ 조절 장애Adjustment disorder: 스트레스를 주는 사건에 대처하는 데 어려움을 겪는 것으로서 우울한 기분, 불안 및 행동 문제로 이어질 수 있음. 조절 장애는 대개 신속하게 치유되는 편입니다.

○ 복합 트라우마 반응Complex trauma reactions: 널리 사용되는 용어이지만 공식적으로 분류되는 의학적 상태는 아닙니다. 때로는 '복합 PTSD'라고도 불리며, 아동 학대, 가정폭력 또는 고문과 같은 지속적인 트라우마를 겪은 사람들에게 발생할 수 있는 문제를 일컫습니다. 이러한 트라우마 경험은 정상적인 발달에서 벗어나 튼튼한 자아감의 부재, 분열된 느낌, 건강한 관계 형성의 어려움, 자기 또는 다른 사람에 대한 신체적 상해, 의학적 문제, 기억력 문제, 강렬한 불안감, 자신의 자각력에 대한 의심에 이르게 합니다.

○ 해리성 정체감 장애Dissociative identity disorder: 과거에는 다중 인격 장애라고 불리

곤 했습니다. 매우 드문 경우지만 아동기에 반복적으로 겪은 심한 트라우마로 인해 발생할 수 있습니다. 중요한 기억의 상실과 여러 갈래로 나눠진 정체성을 동시에 가지고 있으며, 다양한 정체성들은 각기 다른 나이와 성별에 따른 특성을 지니고 서로를 인식하지 못할 수도 있습니다.

참고: 아이들에게는 트라우마 문제가 말이 아닌 놀이로 표현될 수도 있습니다. 6세 미만의 어린이는 PTSD를 식별하는 기준이 다릅니다. 트라우마 관련 주제 및 기타 주제에 대해 자세히 알아보려면 '자원'(부록 B)을 참조하십시오.

★ 탐사하기 … 트라우마 문제를 겪고 있나요?

현재 트라우마 문제를 겪고 있는지 모르겠다면 다음 방법을 시도해보십시오.

- 선별검사 해보기. 무료로 손쉽게 할 수 있는 비교적 간단하고 익명으로 이루어지는 질문에 개인적으로 답을 하는 방식입니다. 선별검사 테스트를 찾는 방법은 '자원'(부록 B)을 참조하십시오.
- 전문가의 공식적인 테스트 받기. 이를 위해서는 트라우마 치료 교육을 정식으로 받고 관련된 테스트를 진행하는 믿을 만한 전문가를 찾는 것이 중요합니다.
- 트라우마에 대한 자료를 더 읽어보기. 이 책에 이어 시중에 나와 있는 다양한 책과 강의 자료들도 참조하십시오. 때로는 열린 마음으로 단지 자신의 속 이야기에 귀를 기울이는 것이 현재 상태 및 필요한 것을 파악하는 데 많은 도움이 됩니다. 추천 누리집 및 서적은 '자원'(부록 B)을 참조하십시오.

중독

"중독은 '주변의 모든 것을 태우고, 잿더미만 남기는 산불'과도 같았어요. 간단한
감기약으로 시작했을 뿐인데 그 끝은 술과 헤로인이었거든요."
－척 네그론의 『더 심하게 추락하는 이들: 유명인들이 들려주는 중독과 회복 이야기』 중에서

"저는 '그 요리를 하려면 와인이 필요해.'라는 말을 하곤 했는데 어느새 제 자신도
와인을 사는 이유가 요리 때문이라고 믿게 되었죠."
－알코올중독자 주부 '가림'의 이야기

"도박은 전쟁터에서나 겪던 흥분을 다시 느끼게 해주어요. 늘 그런 흥분이 필요해
요. 도시에서 사는 평범한 삶은 마치 컬러 TV 대신 흑백을 보는 듯 지루해요."
－베테랑 군인 출신의 루이

"이건 열정과 감각적인 즐거움, 깊숙한 끌어당김, 욕망, 두려움, 열망하는 갈망에
관한 것이에요. 너무 강렬해서 장애를 초래하는 욕구들이죠."
－캐롤린 냅의 『음주: 일종의 사랑 이야기』 중에서

사람들은 즐거움이나 안도감을 주는 것에 중독이 될 수 있습니다. 누구나 삶을 즐기
기를 원하지만, 만약 여러분이 자신의 행동을 멈출 수 없거나 문제를 일으킨다면 신
중히 살펴봐야 할 때입니다. 중독은 그저 즐거운 시간을 보내고 싶거나 의지력이 부
족해서 생기는 문제를 넘어서는 질병입니다. 중독을 과거에는 그저 나약함으로 인
해 또는 악귀가 몸에 들어서 나타나는 것으로 보기도 했지만, 점차 생물학적인 그리
고 사회적인 원인들('본성과 양육')에 의해 생긴다는 것이 밝혀지고 있습니다. 도박
중독, 성중독, 음식중독, 쇼핑중독 등에 대해서도 더 많이 이해하게 되었습니다.
　일반적으로 다음과 같은 증상이 나타나면 중독을 의심할 수 있습니다.

» 양量: 어떤 행동을 지나치게 많이 함

» 통제력 상실: 멈추기를 원하는데도 멈출 수 없다고 느낌

» 생활에 미치는 영향: 경제적, 의료적, 정서적, 법적, 가족 또는 사회적으로 중요
   한 문제 발생

» 다른 사람들의 의견: 다른 사람들이 나보다 먼저 내 문제를 알아차릴 수도 있음

» 충동성: 같은 행동을 하도록 반복적으로 촉발됨

중독을 겪는다는 것을 이미 알고 있지만 그 외 다른 증상들은 없는지 궁금해할 수 있습니다. 또는 다른 중독을 겪고 있는지 궁금해할 수도 있습니다. 또는 몇 가지 문제가 있지만 심각한 정도의 중독으로 발전할 위험이 있는지 불확실할 수도 있습니다. 이 장의 후반부에는 그 여부를 스스로 확인할 수 있도록 몇 가지 질문을 준비하였습니다.

중독은 다양한 수준의 증상으로 나타날 수 있다

당신은 항상 술에 취해 있는 사람, 노숙자, 범죄자, 실업자 또는 마약을 과다 복용하는 사람만 중독을 겪고 있다고 생각할지 모릅니다. 그러나 친절한 사람으로 품위 있게 지내고, 자기 관리도 잘하며 성공적인 생활을 영위한다고 해도, 또 자신을 포함하여 주변 아무도 알아차리지 못한다고 해도 여전히 문제가 있을 수 있습니다. 오히려 겉으로 멀쩡한 사람들, 특히 중산층 이상의 가정에서 태어나 학교생활을 잘하는 우등생이나 전문직에 종사하는 사람들은 중독을 겪고 있다는 것이 드러나지 않을 때가 많습니다. 가정과 일에서 정상적인 생활을 영위하는 이런 사람들을 가리켜 '기능하는 중독자functioning addicts'라고 부르기도 합니다.

중독 문제는 경미하거나 중간이거나 중증으로 나타날 수 있습니다. "호미로 막을 것을 가래로 막는다."라는 말처럼 악화되는 것을 최대한 빨리 방지하는 것이 최선

입니다. 예를 들어, '음주 다시 생각하기Rethinking Drinking'는 가벼운 음주 문제를 해결하여 알코올중독으로 나아가는 것을 막는 미국 정부의 무료 누리집입니다. 마찬가지로 도박의 경우 도박 조절 장애와 같이 더 심각해지기 전에 치유를 통해 문제를 완화시킬 수 있습니다. 관련된 정보는 '자원'(부록 B)을 참고하십시오.

현재 중독의 초기로서 경증에서 중증으로 나아가는 단계일 수도 있고, 심각한 중독을 앓다가 회복하면서 경증으로 되돌아온 단계일 수도 있습니다. 어느 단계에 있든지 자기의 상황 변화에 대해 정직하게 파악해야 시간이 지남에 따라 증상이 호전되는지 악화되는지 알 수 있습니다.

중독이 아무리 심각하더라도 회복하기에 늦은 때는 없습니다. 꾸준한 회복 경험을 한 중증 중독자의 실제 사례를 보려면 제3장에 소개된 '"상황은 결국 잘 마무리된다." – 데이비드의 경험'을 참조하십시오.

중독의 다양한 유형들

물질 중독

물질 중독은 흔한 형태이며 대부분의 사람들이 중독이라는 단어를 들을 때 떠올리는 것이기도 합니다. 중독성을 가진 물질에는 많은 종류가 있으며, 점점 더 다양해지는 추세입니다. 인류 역사 대부분에 걸쳐 소비되어온 것은 술[알코올]이지만, 19세기 중반 이후 화학 물질들이 본격적으로 발견되고 제조되면서 코카인, 헤로인, 아편 등의 물질이 많이 남용되기 시작했습니다.

술은 여전히 가장 흔히 접할 수 있는 중독성 물질이며, 합법적으로 허용된 측면이 있어 많은 모임 장소에서 음용되고 있습니다. 마리화나는 불법적 중독성 물질중 가장 많이 사용되고 있으며, 최근 들어 합법화하는 나라들이 늘어남에 따라 마리화나 중독 역시 증가하고 있습니다. 합법 또는 불법 여부를 떠나 지난 세기 동안 중독물질의 소비 성향에 커다란 변천사가 있었습니다. 가령 코카인은 1890년대와 1980년대에 가장 많이 소비된 중독물질로 기록되고 있고, 마리화나의 경우에는 1970년대에 많은 소비량을 보이다가 1990년대에 하향세에 거친 뒤 최근 들어 다시 소비량이 늘어나고 있는 추세입니다.

　　중독물질로 쓰이는 식물이나 화학약품에는 많은 종류가 있지만, 크게 보면 다음의 4가지 종류로 나뉠 수 있습니다. 오피오이드제opioids(예: 헤로인, 옥시콘틴), 자극제stimulants(예: 코카인, 엑스터시, 스피드, 메스암페타민), 환각제hallucinogens(예: LSD, 페요테, 환각성 버섯), 진정제depressants(예: 알코올, 발륨, 세코날) 그리고 마리화나와 같이 일부 혼합물들이 있습니다.

행동 중독

대부분의 경우 아직 의료 분야에서 공식적으로 인정되지는 않았지만, 뚜렷하게 드러나는 행동 중독이 있습니다. 그중 도박중독이 가장 많이 연구되고 있으며 이는 의학적 문제로도 인정된 증상 중 하나입니다. 현재 연구 중인 다른 행동 중독으로는 쇼핑중독 또는 소비중독, 성중독, 음란물중독, 전자기기중독(인터넷, 문자 메시지, 게임, 텔레비전), 일중독, 운동중독, 취미중독이 있습니다. 또한 일반적으로 덜 나타나지만 피부 태닝, 성형, 문신, 영매 방문 등에 대한 중독도 보도되고 있습니다. 먹는 행위도 극한적인 경우에는 행동 중독으로 간주되는데, 의학 용어로 폭식장애binge-eating disorder라고 합니다. 폭식 후에 구토 등을 통해 먹은 음식물을 제거하는 경우에는 폭식증bulimia이라고 부릅니다.

　　행동 중독은 지금까지 물질 중독보다는 덜 연구되었지만 점점 더 많이 연구되고 있는 분야입니다. 지금까지의 연구 결과를 보면 행동 중독과 물질 중독은 두뇌에 동일한 변화를 일으키는데, 아직은 더 많은 연구가 필요한 상황입니다. 또한 행동 중독은 물질 중독과 마찬가지로 갈망, 멈추기 어려움, 죄책감, 수치심 그리고 강박적인 행동 반복 등 유사한 증상을 수반합니다. ('과도한 행동 척도'(부록 C)를 참조하십시오.)

중독 문제의 신호

다음의 퀴즈에는 중독 여부를 파악하는 데 도움을 주는 질문들이 수록되어 있습니다. 문제가 있다고 해서 다음 질문에 대한 답이 모두 '예'일 필요는 없습니다. 또한 중독보다 이슈, 문제, 중독성 행동과 같은 다른 용어를 선호하는 경우에는 굳이 중독이라는 단어를 사용하실 필요가 없다는 점도 기억하십시오.

> ✧ 각 질문을 읽으면서 가치 판단이나 비난하는 마음 없이 어떻게 느껴지는지에만 집중해서 점검하십시오. 술이나 마약과 같은 물질 중독에 대한 질문으로 간주하고 답을 해도 되고, 같은 질문을 도박, 인터넷, 성, 일, 게임 등 행동 중독에 대한 질문으로 생각하고 답을 해도 됩니다. 만약 문제가 되는 행동이 둘 이상인 경우에는 각각의 행동을 떠올리며 질문 목록 1~11번을 반복하십시오.

당신은

1. 다른 사람과의 관계 문제를 야기하더라도 그 행동을 계속하게 됩니까?   예 / 약간 / 아니오

2. 줄이려고 노력하지만 잘 되지 않습니까?   예 / 약간 / 아니오

3. 그 행동을 하고자 하는 갈망이 있습니까?   예 / 약간 / 아니오

4. 의도한 것보다 더 심하게 또는 더 오랫동안 하게 됩니까?   예 / 약간 / 아니오

5. 그 행동을 하는 동안이나 멈추고 회복하는 데 많은 시간을 할애해야 합니까?   예 / 약간 / 아니오

6. 직장, 가정 또는 학교에서 해야 할 일들을 처리하지 않습니까?   예 / 약간 / 아니오

7. 그 행동을 하려고 다른 중요한 사회 활동, 업무 활동 또는 여가 활동을 포기하게 됩니까?   예 / 약간 / 아니오

8. 그 행동으로 위험에 빠지게 되어도 반복해서 하게 됩니까?   예 / 약간 / 아니오

9. 그 행동으로 신체적 또는 정신적 건강에 문제가 생긴다는 것을 알고 있음에도 계속하게 됩니까?   예 / 약간 / 아니오

10. 원하는 효과를 얻기 위해 점점 더 많이 하지 않으면 안 됩니까(내성耐性)?   예 / 약간 / 아니오

11. 그 행동을 한동안 멈출 경우 금단현상(불안, 초조, 두통, 우울, 발한, 심장 박동, 긴장 등)을 겪게 되고, 그 행동을 재개하면 그런 증상들이 사라지게 됩니까?   예 / 약간 / 아니오

> ✧ 이 중 얼마나 많은 질문에 '예' 또는 '약간은'이라고 대답을 했습니까? 만약 2~3개의 질문에 '예' 또는 '약간은'이라고 대답을 했다면 경미한 정도이고, 4~5개면 중간 정도이며, 6개 이상이면 중증이라고 볼 수 있습니다. 중독 여부를 보다 확실하게 알려면 다음 절을 참조하십시오.

★ 탐사하기 … 중독 문제를 겪고 있나요?

현재 중독 문제를 겪고 있는지 여부가 불확실하다면 다음 방법을 시도해보십시오.

- 선별검사 해보기. 무료로 손쉽게 할 수 있는 비교적 간단하고 익명으로 이루어지는 질문에 개인적으로 답을 하는 방식입니다. 이는 알코올중독, 약물 중독, 행동 중독 여부를 알아내는 데 이용할 수 있습니다. 선별검사를 찾는 방법은 '자원'(부록 B)을 참조하십시오.

- 전문가의 공식적인 검사 받기. 이를 위해서는 중독 치료 교육을 정식으로 받고 관련된 검사를 진행하는 믿을 만한 전문가를 찾는 것이 중요합니다.

- 중독에 대한 자료를 더 읽어보기. 추천 누리집 및 도서는 '자원'(부록 B)을 참조하십시오.

또한 열린 마음으로 자신의 행동을 자세히 관찰하는 것만으로도 자신의 현재 상태를 알고 필요한 도움을 파악하는 데 좋은 길잡이가 됩니다.

중독은 그 여부를 알아내는 것조차 까다로울 수 있습니다. 문제를 인정하지 않는 것도 중독의 일부이기 때문에 상태를 정확히 파악하기가 어려울 때가 많습니다. 의학 건강 분야 내에서도 중독에 대한 정의가 시간이 지남에 따라 조금씩 변화해왔고, 몇 가지 중독에 대한 이해가 다른 중독에 비해 깊은 것이 사실입니다. 대부분의 행동 중독은 아직 전문가들이 공식적으로 인정하지 않는 부분도 많습니다. 그렇지만 도박중독, 일중독, 성중독, 음식중독 그리고 소비중독에서는 대중에 의한 12단계 자조 모임이 널리 퍼져 있는데, 이 모임은 1935년부터 금주를 위해 사람들이 익명의 알코올중독자들 모임Alcoholics Anonymous(AA)에 참가하기 시작하여 그 후로 꾸준히 저변을 넓혀왔습니다. 중독과 관련된 지식이 계속 진화하고 있는 만큼 가능한 많은 정보를 접해보시기 바랍니다.

문어발식 관계: 다른 문제들과도 연관이 깊은 트라우마와 중독

트라우마와 중독은 큰 그림의 일부일 뿐입니다. 이 둘은 다른 심리적 문제들과 연결되어 있는 경우가 많고, 이들의 관계는 마치 문어발처럼 우리 삶의 여러 측면들을 건드리고 있습니다.

✧ 현재 삶에서 어떤 문제를 겪고 있는지 살펴보십시오.

» 사회적인 문제: 고립, 외로움, 다른 사람들과 잘 어울리지 못하는 문제 등
» 분노 문제: 분노가 너무 많거나 적음
» 재정적 문제

» 신체 건강 문제

» 과업 수행 곤란: 직업을 유지하거나 아이들 돌보기 등

» 법적 문제: 음주 운전으로 체포, 자녀 양육권 상실, 마약 혐의 및 기타 범죄 행위 등

» HIV 및 에이즈의 위험

» 자기 또는 타인 손상: 자살 충동이나 폭력 충동 등

» 노숙

» 가정폭력

많은 사람들이 이런 문제를 겪고 있지만 결코 트라우마나 중독과 연결해 생각하지 않습니다. 이 연결 고리는, 특히 심각한 트라우마나 중독을 겪는 경우 자신과 타인에 대한 자비로운 시각을 가지는 데 도움이 됩니다.

회복은 가능합니다

만약 트라우마와 중독을 오랫동안 겪어왔다면, "아무런 효과가 없을 거야.", "나는 충분히 강하지 않아.", "중독이 이미 너무 오래되어서 이제는 멈출 수가 없어."라고 하며 나아질 거라는 희망을 느끼지 못할 수도 있습니다. 치료를 받아도 여전히 문제가 지속되고 있을 수 있습니다. 그러나 트라우마와 중독은 둘 다 회복이 가능합니다. 의학 연구에 따르면 수년간 두 가지 증상을 겪었다고 해도 개선될 수 있습니다. 대부분의 사람들이 트라우마와 중독에서 동시에 회복하도록 설계된 치유를 받지 못하고 있는 것이 현실입니다. 그저 새로운 아이디어가 아니라 다른 종류의 회복입니다.

◇ 트라우마 문제를 의학적 문제로 보는 것을 어떻게 느낍니까?

◇ 중독을 의학적 문제로 보는 것을 어떻게 느낍니까?

회복의 목소리

자영 - "인류의 일부"

"처음으로 외상 후 스트레스 장애PTSD 진단을 받은 날을 기억합니다. 당시 코카인 중독 치료를 받고 있는 중이었는데, 그날 심리상담자와 어린 시절에 겪은 학대에 대한 이야기를 나누게 되었습니다. 심리상담이 끝나자 상담자는 제가 코카인 중독뿐만 아니라 PTSD도 앓고 있다고 알려주었습니다. 그 말을 처음 들었을 때 '아니, 이 두 증상을 동시에 겪을 순 없어' 하는 생각부터 들었습니다. 하지만 얼마 지나지 않아서 그래도 불치병이 아니라서 다행이라고 여겼습니다. 오랫동안 어떤 문제가 있다는 생각을 어렴풋이 했었지만, 구체적으로 문제가 무엇인지 모르니까 당연히 해결할 수도 없었습니다. 이제는 해결할 수 있게 되었습니다. 문제를 모를 때와는 전혀 달랐습니다. 마치 암에 걸린 환자가 어디에 암세포가 있는지 알아야 치료를 시작할 수 있는 것과 마찬가지였습니다. 이 장의 내용은 그날 이후로 제가 저 스스로를 어떻게 다르게 보게 되었는지 떠올리게 합니다. 그날 이후 비록 중독과 PTSD의 문제를 겪고 있지만 여전히 이 세상을 살아가는 사람이라는 인식이 생겼습니다. 그 전까지만 해도 왠지 모르게 제 자신이 부끄럽고, 이상하게 느껴지고, 아무것도 할 수 없는 사람처럼 느껴졌습니다. 이 새로운 관점 덕분에 희망이 생겼습니다. 이제는 무엇을 해야 할지 압니다."

5

사람들은 어떻게 변화하는가?

여느 때와 마찬가지로 지금이 가장 좋은 기회이다.
단, 무엇을 해야 하는지 안다면.
– 랄프 왈도 에머슨, 19세기 미국 작가

심리상담, 자조自助, 약물 치료, 영성 기법에는 여러 가지가 있는데, 종류가 너무 다양해서 '과연 사람들은 어떻게 변화하는가?'라는 핵심적인 질문에 대한 답을 찾기가 어렵습니다.

이 장은 여덟 가지 핵심 방법에 중점을 두고, 어떻게 변화가 일어나는지 보다 넓은 관점을 제공합니다. 변화 방법에는 여러 가지가 있고 이를 일컫는 다양한 이름들이 존재하지만 핵심요인들을 따져보면 결국 이 여덟 가지에 뿌리를 두고 있다는 것을 알 수 있습니다.

✧ 다음의 여덟 가지 방법 중 어떤 것이 여러분에게 가장 많이 와닿는지 순서대로 표시해보십시오.

---

* 이 장은 리자 M. 라자비츠의 『변화 창조하기 *Creating Change*』(길포드 출판사 근간)에서 허락하에 개작되었다.

1. 새로운 대처법 배우기

대처란 문제에 어떻게 반응하는지를 뜻합니다. 건강한 가족과 공동체 내에서는 좋은 대처법을 따로 배우지 않아도 주변 사람들의 반응을 보면서 '숨 쉬듯' 자연스럽게 익힐 수 있습니다. 건강한 사람들은 책임감 있게 행동하고, 마주한 일들을 긍정적으로 받아들이고 대처합니다. 반면 트라우마와 중독은 때때로 아주 심할 정도로 건강한 대처를 방해합니다. 이런 경우에는 '혼란스러울 때 자신을 진정시키기는 법', '촉발요인을 관리하는 법', '상황을 다시 생각해보는 법', '관계에서 서로의 영역을 구분하는 법', '몸을 관리하는 법', '중독행동 없이 즐거움을 느끼는 법' 등 삶에 필요한 대처법을 배워야 합니다. 보다 자세한 내용은 '안전한 대처 기술들'(제12장)을 참조하십시오.

새로운 대처법을 배운다는 것

성준 씨는 28살 때 악성 림프종 판정을 받았습니다. 15살 때부터 일주일에 서너 번씩 술과 마리화나를 했습니다. "암은 모든 것을 흔들어놓았습니다. 열심히 일하고 신나게 놀았을 뿐입니다. 술과 마리화나를 끊어야 한다는 의사 선생님의 말은 장기간의 항암치료보다 더 큰 충격이었습니다. 평소 직장 생활을 하는 데 큰 문제가 없었기 때문에 중독은 아니라고 제 스스로에게 말하곤 했습니다. 그런데 정작 멈추려니 더 이상 그걸 계속해낼 수 없다는 생각에 겁부터 났습니다. 바로 재활원에 들어갔습니다. 금주 훈련 외 가장 핵심 부분은 대처법을 배우는 것이었습니다. 대처 기술 훈련은 분노 조절법, 기분 관리법, 인지행동 기술, 재발 방지 기술 등 장시간에 걸쳐 이어졌습니다. 처음에는 은연 중 '재활원에서는 잘 되지만 막상 집에 돌아가면 원래대로 돌아갈 거야'라는 생각이 있었습니다. 하지만 저는 반복해서 암과 죽음이라는 말로 되돌아갔고, 어떻게든 노력해야 한다는 것을 알고 있었습니다. 대처 기술들이 도움이 된다는 것에 놀라기도 했습니다. 갈망을 어떻게 다루어야 하는지, 사람들을 어떻게 대해야 하는지, 또 파티 없이 즐거운 생활을 할 수 있는 방법 등 건강한 삶을 위해 꼭 필요한 내용들이었습니다. 처음에는 쉽지 않았지만 갈망이 생기거나 짜증이 나는 상황에 어떻게 대처해야 하는지 점차 배워나갔고, 그런 상황에서 행동을 통제할 수 있는 힘이 제게 있다는 것을 마침내 알게 되었습니다. 물론 암에 걸리기를 바랐을 리 없지만, 암 덕분에 많은 것을 배울 수 있어서 감사한 마음이 듭니다. 이제는 항암 치료도 모두 마쳤고, 중독물질 없이 지낸지도 벌써 2년이 넘었습니다."

✧ 여러분은 어떤 새로운 대처 기술을 배워보고 싶습니까?

2. 애도하기

트라우마나 상실은 애도할 수 있습니다. 자신에게 감정적인 고통을 느끼도록 허용할 수 있고, 그러면 새로운 이해가 생기고 마음의 안정이 찾아옵니다. 과거에 일어난 일은 바꿀 수가 없지만, 받아들이는 자세는 바꿀 수 있습니다. 특히 시간의 상실, 건강의 상실, 무구함의 상실 등 삶의 주요한 상실을 경험하고 있을 때 충분히 애도하는 것은 회복에 많은 도움이 됩니다. 그 과정은 사랑과 자비compassion 등 당시 부족했던 것들이 무엇인지 알게 해주고 상황에 대한 이해를 도와줍니다. 트라우마나 중독이 심한 경우에는 삶이 송두리째 흔들리는 것처럼 느껴질 수도 있습니다. 이 경우에도 충분히 애도할 필요가 있습니다. 사랑하는 사람을 잃은 경우에도 마찬가지입니다. 애도하는 작업은 감정적으로 버거울 수 있으니 시작하기에 앞서 이 책의 제33장 '트라우마 심리상담의 두 가지 형태' 편을 꼭 참조하시기 바랍니다. 준비가 되지 않은 상태에서 성급히 시작을 하거나 신중하게 접근하지 않으면 자칫 중독의 재발을 일으킬 수 있습니다.

애도한다는 것

외상과 중독에 대해 공개적으로 글을 쓴 작가 앤 라모트Anne Lamott는 아버지가 돌아가셨을 때의 애도 과정을 다음과 같이 묘사합니다. "아빠가 돌아가셨을 때 삶이 송두리째 멈추고 몇 달 동안 진흙탕 속에 누워 있는 것 같았습니다. 젊고 생동감 있던 아빠가 그렇게 갑자기 돌아가실 수 있다는 것은 저도 그럴 수 있다는 것을 의미했고, 세상이 더 이상 안전하지 않게 느껴졌습니다. 제 가슴은 처절하고 돌이킬 수 없을 정도로 부서졌고, 살면서 더 이상의 진정한 기쁨은 없을 것 같았습니다. 주변 사람들은 모두 제가 어려움을 딛고 일어서서, 부서진 조각들을 다시 맞추며 전처럼 앞으로 나아가기를 바랐습니다. 저도 그러고 싶었지만 맘대로 할 수 있는 것이 아니었고, 그저 두 팔로 제 자신을 감싼 채 두 눈을 감고 진흙탕 속에 누워 애도할 수밖에 없었습니다. 더 이상 누워 있지 않아도 될 만큼 회복하기까지는 달리 할 수 있는 게 없었습니다. 그 후 시간이 지나면서 차츰 기분이 나아지기 시작했습니다. 즐거움도 다시 느끼기 시작했고, 그 즐거움도 생각했던 것보다 훨씬 크게 다가옵니다. 어떤 때는 제 안에서 느껴지는 기분 좋음이 마치 누군가와 비밀리에 사랑을 나눌 때 느껴지는 터질 듯한 감정처럼 다가올 때도 있습니다."

-『싱글맘 분투기Operating Instructions』 중에서

✧ 상실을 애도하는 것이 회복에 도움이 됩니까? 만약 그렇다면 어떻게 애도하는 것이 좋을까요?

✧ 심리상담자나 가까운 친구로부터 받는 위로와 지원은 회복에 도움이 될까요?

3. 양자 변화 (개종)

소위 '개종conversion'이라고도 불리는 '양자 변화quantum change'는 갑작스럽고 극적이며 영구적으로 일어나는 변화를 뜻합니다. 혹자는 '빛을 보는 경험'이라고 말하기도 하는데, 회복 과정에서 기복은 있지만 보다 흔한 느리고 꾸준한 회복—교육적 또는 점진적 변화—과는 다른 종류의 변화입니다. 양자 변화는 오히려 급작스럽고, 계획에는 없지만 심오하고 긍정적이며 영구적인 삶의 변화를 만들 때가 많습니다. 중독 회복에 관한 글을 쓰는 작가 윌리엄 화이트에 따르면 도약적 변화를 경험하기 전과 후에 삶을 살아가는 태도가 판이하게 달리 나타난다고 합니다. 때로는 중독을 겪는 사람들이 '바닥을 치는 경험hitting bottom'을 할 때 어느 순간 도약적 변화가 일어나기도 합니다. 예를 들어, 중독으로 인해 하루아침에 직장에서 퇴출당하거나, 감옥에 가게 되거나 또는 큰 교통사고를 당하는 등 중독 현상을 더 이상 감당하기 어렵다는 자각이 생길 때 중독에서 벗어나고 절제를 위한 노력이 시작됩니다. 한편으로는 깊은 '절망의 순간'이기도 합니다. 그렇지만 윌리엄 화이트의 "… 새로운 자아가 태어나기 전에 죽어야만 했던 손상된 자아 안에 중독은 새겨져 있었다."(White, 2014)는 표현에서 알 수 있듯이 양자 변화는 새로 태어나는 것에 비유될 만큼 영적 변화를 수반하는 경우가 많습니다. 그리고 트라우마보다는 주로 중독 증상을 겪는 와중에 일어나는 경우가 많습니다.

양자 변화를 한다는 것

개종(전환)에 대한 역사적인 묘사는 윌리엄 제임스William James의 1902년 작 『종교적 경험의 다양성 Varieties of Religious Experience』에 나옵니다. 실제로 '익명의 알코올중독자들 모임Acoholic Anonymous(AA)'은 이 책에 나오는 개종 경험에 대한 설명을 토대로 개발되었기 때문에 AA의 설립자인 빌 윌슨Bill Wilson도 윌리엄 제임스가 공동 설립자로 간주되어야 한다고 말했을 정도입니다. 책에 묘사된 내용은 종교적인 색채를 띠지만 개종의 경험은 비종교적인 상황에서도 발생할 수 있는 일반적인 변화 현상입니다. "친구 하나 없는 노숙자이자 술주정뱅이였던 저는 어느 화요일 저녁, 할렘의 한 술집에 앉아 있었습니다. 평소 술을 마시기 위해 물건을 전당잡히거나 팔았고, 술에 만취하기 전에는 잠들 수조차 없었습니다. 그날은 며칠 동안 굶은 상태였는데, 문득 제리 몰리Jerry M'Auley 목사님의 예배에 참석해야겠다는 생각이 머리를 스쳤습니다. … 그날 교회에서 25명 내지 30명에 가까운 사람들의 간증을 들었습니다. 대부분 술독에서 구원받은 사람들이었습니다. 그날 그 자리에서 저도 목숨을 걸고 알코올중독에서 벗어나야겠다는 결심을 하게 되었습니다. … 술고래들과 나란히 무릎을 꿇었고 … 문득 가슴이 미어지며 '주여, 저를 구원해주시겠습니까?'라고 말했습니다. 차마 말로 그 순간을 설명할 수가 없습니다. 그때까지 내 영혼은 말로 표현할 수 없는 어둠으로 가득 차 있었지만, 그 순간 한낮의 태양이 내 마음 속으로 들어온 듯 영광의 빛이 느껴졌고 스스로 자유인이라고 느껴졌습니다. … 그 순간부터 오늘에 이르기까지 어떠한 술에도 손을 대지 않았고, 손을 대고 싶어 하지도 않았습니다."

✧ 양자 변화에 대해 더 배우고 싶으십니까? 12단계 모임의 사람들과 대화를 해보시고 『익명의 알코올중독자들』을 읽어보세요. 그리고 『양자 변화Quantum Change』라는 제목의 자기계발서도 있습니다. (참고문헌 참조)

4. 관계에 기반을 둔 변화

사랑이 깃든 관계는 가장 강력한 변화 방법 중의 하나입니다. 이런 관계는 가족, 친구, 심리상담자, 높은 곳의 권능higher power과 같은 영적 자원 또는 자조 모임self-help group 등과 맺을 수 있습니다. 관계를 잘 돌보는 것은 트라우마와 중독에서 회복하는

데 특히 중요합니다. 트라우마는 타인을 신뢰하는 것을 어렵게 만들 수 있으며, 중독
은 다른 사람들이 당신을 신뢰하기 어렵게 할 수 있습니다. 부모님, 익명의 알코올중
독자들 모임AA의 후원자* 또는 트라우마 생존자들을 돕는 동료 도우미 등과 함께
만들어가는 관계 속에서 자신의 회복 과정도 강화될 수 있습니다.

관계에 기반을 두어 변화한다는 것

시연 씨는 일곱 살에 부모를 잃고 그 뒤에 위탁 가정에서 양육될 때 방치와 학대를
당했습니다. 시연 씨는 자신의 딸이 일곱 살이 되었을 때 어린 시절 겪은 일들이 계
속 떠오르면서 결국 알코올중독을 겪게 되었습니다. "남편이 옆에 앉아 저와 이야
기를 나누었어요. 제가 술을 너무 많이 마셨죠. 심지어 술에 취한 채 운전을 하기도
했어요. 남편은 저를 많이 사랑했고 오로지 제 안전만을 생각했어요. 어느 날 남편
의 마음이 와닿았고, AA에 가입하기로 했어요. 8개월 전 금주를 처음 시작했을 때
와 지금을 비교해보면 그간 일어난 변화가 놀라워요. 처음에는 해낼 수 없을 것 같
았어요. 하지만 매번 모임에 참석해서 한 단계 한 단계 밟아나간 것이 여러 가지 복
잡한 감정들, 그리고 제 속에 있던 의심과 두려움을 이겨낼 수 있게 해주었어요. 지
금은 전보다 제 자신을 조금 더 믿게 되었고, 감정도 전에 비해 잘 조절하는 편이에
요. 아직 회복의 시작 단계에 있는 만큼 앞으로가 더 기대돼요. 5년 뒤 그리고 10년
뒤에는 어떤 모습일지 궁금해져요. 물론 아직 어린 시절의 트라우마로부터 벗어
나기 위해 더 많은 도움이 필요하다는 것도 알고 있지만요. 트라우마와 중독에 대
해 배우면서 왜 술에 의존하게 되었는지도 이해하게 되었어요. 남편의 사랑에 큰
빚을 지고 있고, 제가 변화할 수 있도록 솔직하게 말해준 것에 대해 너무나 감사해요."

---

* 일종의 멘토 역할을 한다. – 역주

✧ 여러분은 회복에 도움이 되는 관계를 맺고 있습니까? 그렇지 않다면 지금이라도
  관계를 구축할 누군가가 있을까요?

5. 신체 기반 변화

이러한 유형의 변화는 약물 치료, 신체 요법 또는 여타의 강력한 신체적 경험을 통해
서 발생합니다. 최근 마음과 몸의 관계가 치유에도 영향을 미친다는 인식이 점차 생
겨나고 있고, 심지어 어떤 사람들은 심리상담이나 대화를 통해 얻는 도움보다 신체
적인 활동으로 더 많은 치유 효과를 보기도 합니다. 요가, 마사지, 기공 등의 신체기
법을 통해 트라우마와 중독 문제에 도움을 받을 수도 있습니다. 정신과 약물 치료는
중독 문제(예: 중독물질에 대한 갈망 줄이기, 아편제를 대체하기)와 더불어 트라우
마 문제(예: 항우울제)에 대해서도 신체적 변화를 도모하는 가장 흔한 방법 중 하나
입니다.

신체 기반 변화의 느낌

미셸은 13세 때 치명적인 질병에 걸린 뒤로 10년 이상 외상 후 스트레스 장애PTSD를
경험했습니다. [치료자가 설명하기를] 뇌의 신경들은 경험을 인지하고 저장하는
데, 특히 생명을 위협하는 경험을 하는 경우에는 신경이 과잉반응을 보일 수 있다
고 합니다. 치료 목표는 제가 한 경험을 잘 '처리하고 소화해내는 것'이었습니다. …
이를 위해 정보 처리 기술을 사용합니다. 안구 운동 민감 소실 재처리를 하고, 사고
장요법thought field therapy, 정서적 자유법, 타파스 지압 기법 등 … 그렇게 하기를 몇
년, 완전히 끊어졌던 몸과 마음의 연결 고리가 조금씩 맞추어지면서 마치 기름칠
이 잘 된 기계축이 돌아가듯 몸과 마음이 작동하기 시작합니다. 동시에 제 안에 숨

쉬고 있는 본능적인 감각들이 살아나기 시작하고, 그 본능들이 몸의 반응 속에서 어떻게 나타나는지도 알아가기 시작합니다. 내면의 목소리를 듣고 그 힘을 조절하는 연습을 합니다. … 충동을 느끼고 반응하는 훈련도 받는데, 그러는 동안 스스로에게 따지는 듯한 질문은 하지 않습니다. 연습하는 것들은 점차 익숙해져서 어느 순간 자동적으로 일어나기 시작하고, 따뜻하고 사뭇 모호한 모든 느낌들을 답사하면서 어쩌면 병에 걸리기 전과 후의 내 자신을 서로 연결 짓고, 내 속의 두려움과 자신감도 결합할 수 있을 것 같다는 생각이 들기도 합니다.

– 미쉘 로젠탈의 회고록『세상이 침입하기 전에: 과거를 정복하고 미래를 창조하기』 중에서

✧ 신체적 회복 방법들을 시도해보는 것은 여러분의 치유에 도움을 줄 수 있을까요?

6. 강제 조치

강제 조치는 법적으로 요구되는 치료에 참여해야 하는 것과 같이 강제적인 변화를 의미합니다. 이 방법은 중독 문제에는 사용되지만 트라우마 문제에 사용되는 경우는 드뭅니다. 연구에 따르면, 치료에 억지로 참석하는 사람들도 자발적으로 참석하는 사람만큼 또는 그보다 더 잘 치료를 해나간다는 놀라운 결과도 있습니다. 어떤 사람들은 치료를 강요당하는 것이 그들에게 일어난 최고의 일이라고 말하기도 합니다. 정신과 의사인 캐슬린 브래디Kathleen Brady는 정식 강제 조치가 아니더라도 많은 사람들이 치료를 시작하는 데에는 일정 정도의 강압이 필요하다고 말합니다. "지금까지 많은 환자들을 만나왔지만 어느 날 갑자기 정신을 차리고 '저는 중독 현상을 겪고 있는데, 치료가 필요합니다.'라고 말하며 치료를 받으러 온 사람은 단 한 명도 없

었습니다. … 일반적으로 모든 중독자들은 꼭 무언가에 의해 그들의 팔이 등 뒤로 붙들려 있는 듯합니다. 그러다가 직장에서 어려움을 겪게 되거나, 아내가 꼭 치료 받으라고 떠밀거나, 아이들이 대항하게 됩니다. 그들이 치료를 시작하도록 설득하는 것이 전문가의 일입니다."

수지 씨의 이야기: 강제 조치에 의한 변화

"저는 평소에 마약중독자라고 하면 사회에서 동떨어진 냄새나는 곳에서 살아가는 사람일 거라고 생각했습니다. 적어도 마약중독에 걸리기 전까지는 그랬습니다. 물론 스스로 마약중독이라고 인지한 건 아니었습니다. 제 생각에 그런대로 잘 지내고 있었기 때문입니다. 번드르르한 집도 있었고, 고급차를 운전하며, 직장 생활을 하는 워킹맘이자 한 사람의 아내로 살아가고 있었습니다. 혹자는 그런 제 삶을 보며 아메리칸 드림이라고 말했을지도 모릅니다. 어디까지나 이는 진통제에 중독되어 삶이 송두리째 뒤엉키기 전까지의 일이지만 말입니다. 그러한 중독은 저를 법적 체제로 데려와 재활센터에 강제로 입소시켰습니다. 당시 처벌을 받는 듯 느꼈지만, 지금 보면 제 삶을 구해준 계기입니다. … 치료를 시작하면서 조금씩 보호받는다는 느낌을 받기 시작했고, 심리상담자를 통해 정서적인 고통이 신체적 고통 못지않다는 것도 알게 되었습니다. 솔직히 저를 꽉 조이고 있던 고통과 중독의 굴레에서 벗어날 수 있을 거라고는 감히 상상하지 못했습니다. 하지만 결국 해냈습니다. … 오늘에 이르러서는 제 삶을 통째로 앗아갈 수 있었던 중독에서의 회복을 진행하고 있습니다. 지금은 행복감, 즐거움, 자유로움을 느끼고 전보다 나아진 엄마이자 아내로 살아가고 있습니다. 심지어 저처럼 중독으로 힘들어 하는 사람들에게 도움이 되고자 중독상담자라는 새로운 직업도 준비하고 있습니다."

✧ 여러분이 회복에 들어서기 위해 어떤 강압이 필요하다고 느끼나요? 어떤 식으로 그런 강압이 일어날 수 있을까요?

7. 선택의 결과

"누구나 언젠가는 과거의 결과, 즉 과보[인과응보]consequences를 받아들게 된다."라고 작가 로버트 루이스 스티븐슨Robert Louis Stevenson은 말합니다. 삶에는 칭찬, 박수 또는 좋은 성적과 같이 기분 좋은 과보도 있고, 꾸짖음이나 빚에 빠지는 일 등 좋지 않은 과보도 있습니다. 중독에서는 '개입intervention'과 같이 과보에 대한 공식적인 방법들이 있습니다. 여기서 개입이란 "치료를 시작하지 않으면 더 이상의 경제적 지원은 없을 거야."처럼 가족이나 주변 지인들이 치료를 위해 중독자에게 조직적으로 맞서는 것을 뜻합니다. AA 칩*을 받는 것도 하나의 과보입니다. 약물 소변 검사의 경우 여러 가지 과보와 연관될 수 있습니다. 삶에서 접하는 과보가 늘 뚜렷하게 나타나지 않습니다. 가령 사람들이 나를 별로 좋아하지 않는 것 같은데 그 이유는 불분명해 보일 때도 있고, 때로는 마땅히 주어져야 하는 기회가 주어지지 않을 때도 있습니다. 트라우마와 중독도 여러 가지 많은 과보를 만들어냅니다. 어떤 것은 자신의 행동에 대한 공정한 결과로 받아들여지기도 하고, 어떤 것은 그렇지 않기도 합니다. 회복 과정에 최선을 다하는 사람들은 과보에 주의를 기울입니다. 현재 하는 행동이 어떤 결과를 가져다줄지를 늘 알아차리며 항상 좋은 과보를 만들고자 노력합니다. 그 노력의 결과로 스스로 달라지는 인생의 보람을 맛보게 됩니다.

---

* AA 또는 여타의 12단계 모임에서 일정 기간 맑은 정신을 유지한 구성원에게 제공됨(위키피디아). – 역주

과보와 결과를 감내한다는 것

안나는 사이버성관계에 중독되어 있었습니다. "언젠가 온라인에 접속하면서 갑자기 세상에서 가장 큰 독신자 클럽에 접속하게 되었습니다. … 디지털 세계에서는 관심 가는 사람들에게 접근하기가 수월했고, 관심 가지 않는 사람들에게서 멀어지는 것도 어렵지 않았습니다. … 다만 문제는 실생활에 대해 점차 잊게 되었다는 것입니다. 온라인 로맨스의 매력과 흥분은 직장에 나가고, 집세를 내고, 식료품을 사고, 나 자신을 돌보는 욕구보다 훨씬 더 강했습니다. 그렇게 시간이 지나면서 생활도 망가져가서 결국 홀로 남겨지고 자포자기하게 되었습니다. 그러던 어느날 가족들이 찾아왔습니다. … 돌이켜보면 참으로 고마운 일입니다. 시간이 지나 이제는 좋아하는 직업도 갖고, 괜찮은 집도 구했습니다. 게다가 데이트도 하기 시작했습니다. 아직 이상형을 만난 것은 아니지만 그래도 괜찮습니다. 아직은 진지한 연애를 하기 위한 준비가 되어 있지 않다고 느끼니까요. 회복 덕분에 언젠가 그런 날이 올 거라 믿어 의심치 않습니다."

– 로버트 와이스와 제니퍼 슈나이더의 『항상 켜져 있는: 디지털 시대의 성중독』 중에서

❖ 당신에게 더 강력한 회복을 촉진시킬 수 있는 과보는 무엇입니까?

8. 창조성

창조성과 치유는 직접적인 관련이 있습니다. 창조성은 평소 모르고 지내던 자신의 모습을 발견하게 해줍니다. 때로는 감정적인 고통을 진실하게 표현하여 다른 사람들을 고무하고 세상에 공헌하게 하기도 합니다. 창조성은 회화, 글쓰기, 연극과 같은 전통적인 예술을 통해 발현되기도 하고, 넓게는 지적인 작업, 영성 추구 또는 사회적

정의를 사명으로 삼는 것을 통해 나타나기도 합니다. 전시회나 콘서트에서 다른 사람의 창조성을 접하면서 생겨나기도 합니다. 이 모든 것들이 내면의 세계를 열어주고 다른 시각과 표현 방식을 접하는 기회를 제공해줍니다.

창조성과 만난다는 것

아동 학대와 알코올중독에서 살아남은 한 여성은 이렇게 말합니다. "예술은 훌륭한 해방구였습니다. 그건 마치 과거에 겪은 많은 트라우마와 광기에서 해방되어 제 자신을 표현하고 독창성을 보일 수 있는 안전한 구역으로 진입하는 것과 같았습니다. 캔버스 위에서는 제 자신을 오롯이 통제할 수 있었습니다. 스무 살 때 그린 어떤 누드 작품이 있었는데, 그 작품을 통해 여성의 몸은 아름다운 무언가이며, 있는 그대로 인정받고 존중되어야 한다는 생각이 들었습니다."
    - 비디오 '트라우마: 더 이상 숨기지 않는 이야기' 중에서

◇ 당신의 회복을 도울 수 있는 창조적인 활동은 무엇입니까?

가능한 많은 다양한 방법을 시도하기

더 많은 방법을 시도할수록 지속적인 변화의 가능성이 높아집니다. 꼭 동기가 있어야 한다거나 특정한 방법만이 효과가 있을 거라고 생각할 필요는 없습니다. 걸을 때 오른발을 내딛고 그 다음 왼발을 내딛는 과정을 반복하듯이, 지금 할 수 있는 것을 시도하고 꾸준히 나아가는 것이 중요합니다. 계획을 지금 한번 세워보세요. 한 달이면 한 달, 두 달이면 두 달 이렇게 스스로에게 합리적인 기간을 준 다음 스스로 변화하는

부분이 있는지 확인해보세요. 그런 다음 계획을 수정하고 다시 시도해보고, 한두 달 뒤에 다시 확인을 해봅니다. 효과가 나타나지 않는다고 회복 자체를 포기하지 마십시오. 시도했던 방법이 효과가 없으면 다른 방법을 시도해보는 것이 다음 단계입니다.

음식중독과 트라우마에 대한 기억으로 힘든 시간을 보내는 영미 씨는 변화를 위해 다양한 방법을 시도합니다. "저는 요즘 압도적인 감정들과 과거의 기억, 편두통, 악몽 등을 극복할 수 있는 방법을 배우고 있습니다. 부드러운 콧노래 소리를 들려주면, 속에서 일어나는 공포감이 줄어드는 것을 알게 되었고, 과도한 일과 활동을 줄이고 영양가 있는 음식을 섭취하면 편두통도 잘 관리할 수 있다는 것을 배웠습니다. 다른 증상들을 완화하는 약을 찾기 위해 정신과 의사와 신경과 의사에게도 도움을 구하고 있습니다. 또한 치료사와 함께 외상 후 스트레스 장애PTSD와 해리 증상을 다루고 있으며, 달리기와 운동도 정기적으로 하기 시작했습니다. 이제는 삶이 생생하게 느껴집니다!"

다양한 형식들 시도하기

이 장에서 다룬 여덟 가지 방법은 각기 핵심적인 변화 과정이며, 또한 각각 다양한 형식으로 가능합니다. 예를 들어, '새로운 대처법 배우기' 변화 과정에 관심이 있다면 다음 형식 중 하나를 시도해볼 수 있습니다.

  » 관련된 주제에 대해 읽어보기
  » 심리상담 받아보기
  » 관련된 수업에 참여하기
  » 자조 모임에 동참하기
  » 다른 사람들이 어떻게 하는지 관찰하기

◇ 여러분에게는 어떤 변화 방법이 가장 효과가 있을까요?

◇ 여러분이 새로운 변화 방식들을 실행하는 걸 도와줄 수 있는 사람이나 계기는 무
엇입니까? 온라인에서 접할 수 있는 자료들? 친구? 의사나 다른 전문가?

회복의 목소리

철민 – "스스로 자부심을 느끼게 되었습니다."

"저는 1968년 베트남에서 군복무를 하던 중 부상을 당했습니다. 부상으로 인해 손
을 더 이상 사용할 수 없게 되었고, 군부대 병원에서 12번에 걸쳐 대수술을 받았습
니다. 18개월 동안 환자 생활을 한 후에나 집에 돌아올 수 있었습니다. 사회인으로
다시 돌아가는 과정은 무척이나 힘들었습니다. 처음 2년 동안은 밤에 활동하고 잠
은 주로 낮에 자는 등 베트남에서처럼 지냈습니다. 거리를 걸으면서도 늘 과거에
겪은 트라우마를 재생하게 되었고, 아름답지 못한 사람들을 만나고, 가면 안 되는
부적절한 장소에 들락거리고, 술을 먹고 추태를 부리곤 했습니다. 그러던 제게 어
떤 변화가 생겼을까요? 그건 이 장에서 설명된 내용과 유사하게 여러 가지 많은 요
소들의 혼합이었습니다. 스스로 감정적인 고통을 충분히 느낄 수 있게 애도하는
것도 그중 일부였습니다. 특히 회복 초기 단계에서 접한 장기 입원 프로그램을 통
해 충분한 애도가 가능했습니다. 또한 거리를 걸으며 방황할 때 AA를 접하게 된 것
도 아주 운이 좋았습니다. 그 후로 많은 것이 좋아졌습니다. 이제 술을 끊은 지 20년
이 다 되어가고, 새로운 대처법과 제가 살아온 여정의 과보를 다루는 방법에 대해
서도 배우게 되었습니다. 사실 이 장의 내용은 아주 감명 깊게 다가왔습니다. 변화
는 아주 관심 많은 부분이면서도 쉽지 않은 내용입니다. 한 사람이 정말로 어떻게
변화하는 것일까요? 변화한다고 말하기는 쉬울지 모르지만 그 구체적인 방법이
나 현실에서의 실천은 녹록치 않습니다. 이 장의 내용은 변화의 과정에 대해 단계
별로 설명해주고 있습니다. 단계적 접근은 변화의 두려움을 걷어내는 데 커다란

도움을 줍니다. 누구나 변화를 시작하려고 하면, 익숙하지 않기 때문에 두려움이 생깁니다. 그래서 때론 스스로를 속이게 되고, 현실을 마주하는 것이 겁도 나고, 자신에게 대체 무슨 변화가 일어나는 것인지 파악하기 어려울 때도 있습니다. 제 경험에 비추어보면, 정말로 바뀌어야겠다고 결심을 하고 변화시키는 것에만 집중했을 때 그 두려움도 차츰 사라졌습니다. 그리고 제 자신에 대해 자부심을 느끼기 시작했습니다. 현재의 저를 한마디로 표현하자면 아직 회복 중이지만 감사함을 느끼는 알코올중독자라고 할 수 있습니다."

6

세상은 학교다

세상 어느 곳이든 나의 배움터이고, 모든 인류는 나의 선생님이다.
— 조지 휘트먼George Whitman, 20세기 미국 지성인, 프랑스 문예상 수상자

다른 사람들에게서 영감을 얻으십시오. 인터넷에 가면 다양한 웹사이트를 통해 사람들의 회복담을 직접 들을 수 있습니다. 다음에 소개하는 몇몇 추천 사이트는 모두 비영리로 운영되고 무료로 제공되며 평판이 좋은 자료들을 갖추고 있습니다. 이 외에도 '개인적인 이야기'와 '트라우마', 'PTSD(외상 후 스트레스 장애)', '중독', '노숙', '가정폭력'과 같은 키워드를 함께 검색해보면 더 많은 자료들을 접할 수 있습니다.

» 트라우마에서 회복 중인 참전 군인과 그 가족 및 심리상담자를 위한 자료

　　비디오 자료

　　www.ptsd.va.gov/apps/AboutFace

» 약물 남용, 정신건강 문제 또는 둘 다를 겪는 사람들을 위한 자료

　　간단한 안내 설명

　　www.heretohelp.bc.ca/personal-stories

» PTSD(외상 후 스트레스 장애)를 겪는 사람들을 위한 자료

　　간단한 안내 설명

　　www.adaa.org/living-with-anxiety/personal-stories

비디오 자료

www.pickingupthepeaces.org.au/ptsd-disorder/ptsd-symptoms/living-with-ptsd

» 중독 문제를 겪는 사람들을 위한 자료

간단한 안내 설명

www.storiesofrecovery.org.uk/index.php

비디오 자료

www.inexcess.tv

» 중독 그리고/또는 정신건강 문제를 겪는 사람들을 위한 자료

간단한 안내 설명

www.recoverymonth.gov/personal-stories/read

www.ncadd.org/people-in-recovery/recovery-stories

비디오 자료

www.youtube.com/playlist?list=PLAWzAhT15N-qurIyzUG8bI8OHA1w80utI

» 가정폭력 생존자

비디오 자료

www.upworthy.com/ever-tell-yourself-youre-in-love-with-a-deeply-difficult-person-
instead-of-facing-the-truth

◇ 비디오를 보면서 어떤 부분에서 영감을 얻었습니까?

◇ 비디오에 등장한 사람들에게서 얻은 지혜가 있다면 적어봅시다.

회복의 목소리

시온 – "고개를 돌려 빛이 있는 쪽을 바라봐."

"저는 치유와 회복 작업을 정말 좋아합니다. 아직 트라우마와 알코올 남용에서 초기 회복 단계이지만 이 작업은 제 자신을 긍정적으로 바라볼 수 있도록 도와주었습니다. 부정적인 시기에 갇혀 있는 자기자신을 긍정적인 시선으로 바라보는 것은 쉽지 않은 일이지만 다른 사람들이 어떻게 했는지 그 경험담을 통해 나도 할 수 있다는 용기를 얻을 수 있었습니다. 가끔 어려운 시기를 지날 때면 누군가 해주었던 말을 떠올리곤 합니다. '빛이 저기에 있어. 지금 이 순간 해야 할 일은 고개를 돌려서 빛이 있는 쪽을 바라보는 거야. 지금 당장 할 일은 그거야. 그걸로 충분해.' 이 짧은 몇 마디가 지금까지 걸어온 회복 과정에 대해 모든 것을 말해준다고 해도 과언이 아닙니다. 치유를 꾸준히 할 수 있었던 이유도 한 번에 아주 조금씩이라도 나아지는 쪽을 택했고, 또 그럴 때면 필요한 도움을 주는 이를 만나 해낼 수 있다는 믿음도 생겼기 때문입니다. 여전히 치유의 여정을 걷고 있지만 저는 그곳에 도달할 것입니다. 그것은 제 삶의 커다란 프로젝트입니다. 이 장에 실린 내용과 자료들은 밝은 쪽으로 고개를 돌릴 수 있는 길을 제시해줍니다. 다른 사람들의 경험담은 늘 고무적이고 저도 할 수 있다는 기분을 느끼게 해줍니다."

7

자신의 행동에 귀를 기울여라

정직은 지혜의 서書의 첫 장이다.
– 토마스 제퍼슨 18세기 정치가이자 미국 대통령

자신의 감정, 생각, 말보다 행동을 주의 깊게 관찰하십시오

여러분은 하루를 보내며 감정, 주변 사람들, 해야 할 일, 날씨, 실내 인테리어, 소음 등 많은 것들을 접하게 됩니다. 이는 실시간으로 끊임없이 일어나는 혼합된 경험입니다. 윌리엄 제임스William James는 이를 두고 '짜증나고 소란스러운 혼란'이라는 유명한 말을 남기기도 했습니다.

트라우마와 중독에서 벗어나기 위해서는 다른 무엇보다 '자신의 행동'에 우선순위를 두는 것이 중요합니다. 행동이 생활의 나침반이 되어야 합니다. 트라우마와 중독은 회오리바람과 같이 실제 상황을 흐릿하게 만드는 역할을 해서, 아무런 문제가 없다가 갑자기 우울한 감정에 빠지게 하기도 합니다.

그럴 때 대부분의 사람들은 자신의 느낌을 지침으로 삼을 때가 많습니다. 하지만 특히 중독과 트라우마 문제를 겪는 사람에게는 헷갈리기 쉽습니다. 실제로는 잘 지내고 있는데 기분은 그렇지 않을 때가 있습니다. 가령 직장을 다니고 아이들을 돌보는 등 필요한 일을 하고 있는데도 마치 그렇지 않은 것 같은 기분이 느껴질 때가 있습니다. 반대로 실제 생활은 그렇지 않은데 기분은 괜찮을 때도 있습니다. 막상 현실에 충실하지 않은데도 지나친 자신감과 낙관에 빠져 있을 때['분홍 구름'] 그렇게 느껴집니다. 반면 자신의 행동을 지침으로 삼으면 진정으로 중요한 것들에 초점을 맞추고 중심을 잘 잡으며 생활할 수 있습니다.

행동이 안전한지 안전하지 않은지 주의를 기울이십시오

귀를 기울여야 하는 많은 행동들이 있지만, 한 가지 핵심 원칙이 있습니다. 바로 안전한지 안전하지 않은지 확인하는 것입니다. 이를 다음과 같이 다른 단어를 사용하여 표현할 수도 있습니다.

> » 건강한 행동과 해로운 행동
> » 긍정적 행동과 부정적 행동
> » 청신호(실행)와 적신호(멈춤)

✧ 여러분은 어떤 표현을 선호합니까?

이는 여러분의 행동에 대한 것임을 기억하십시오. 여러분을 평가하거나 재단하고자 하는 것이 아닙니다. 이미 여러분은 자신의 상황과 다른 사람들로부터 배운 것을 고려하여 최선을 다하고 있습니다. 이것은 다만 행동과 선택에 대한 것이지, 칭찬이나 비난이 아닙니다.

★ 탐사하기 ⋯ 안전한가요, 안전하지 않은가요?

다음의 각 항목을 안전함safe(S) 또는 안전하지 않음unsafe(U)으로 표시하거나 잘 모르는 경우 물음표(?)로 표시하십시오. 제안된 해답은 이 장의 끝에 있습니다.

1. "우울할 때 전화기를 꺼두고 하루 종일 잠을 잔다."　_____

2. "헬스클럽에서 운동을 하면서 마음을 쉬게 한다."　_____

3. "의사 선생님이 내 말을 이해할 수 없을 거라 생각하여 거짓말을 한다."　_____

4. "이미 과체중이기 때문에 도넛을 먹는 것을 내버려둔다."　_____

5. "게임하는 것을 하루에 한 시간으로 제한한다."　_____

6. "술 마시는 곳이나 행사에는 참석하지 않는다."　_____

7. "얼마나 지출하고 있는지 숨긴다."　_____

8. "외출할 때 열 살 먹은 어린아이가 스스로를 돌보게 한다."　_____

9. "때때로 며칠 동안 밖에 나가지 않는다."　_____

10. "지금까지 미뤄온 치과에 진료 예약을 했다."　_____

11. "나를 경멸하거나 존중하지 않는 사람을 죽이겠다고 협박한 적이 있다."　_____

12. "흥분한 상태로 음란물을 몇 시간 동안 본다."　_____

13. "심리상담을 받는다."　_____

14. "초콜릿 케이크 대신 과일 샐러드를 먹는다."　_____

15. "안전하지 않은 성관계일 경우 콘돔을 사용한다."　_____

16. "악몽에서 깨어날 때면 자해를 한다."　_____

17. "학교에 돌아갈 복학신청서를 작성하고 있다."　_____

18. "이번 주에 자조 모임에 다녀왔다."　_____

19. "새로운 친구를 사귀려고 술집에 간다."　_____

20. "육아 수업에 등록했다."　_____

21. "담배를 끊기 위해 니코틴 패치를 붙이고 있다."　_____

행동이 안전하거나 안전하지 않은 경우를 어떻게 판단할 수 있습니까?

대부분의 사람들은 제한 속도 이상으로 운전을 하거나 과식, 과음과 같이 위험한 행동을 때때로 합니다. 문제가 되는 것은 얼마나 자주 하는지, 충동적으로 하는지(통제력의 결여를 나타냄) 여부, 그리고 얼마나 주요하게 또는 지속적으로 부정적인 영향을 미치는지의 여부에 달려 있습니다.

또한 자신에게 안전함과 안전하지 않음이 꼭 다른 사람의 안전함과 안전하지 않음을 뜻하지는 않습니다. 당신에게는 장시간 일하는 것이 건강에 도움이 되는 일일 수 있지만 일중독을 겪는 사람에게는 안전하지 않을 수 있습니다. 따라서 스스로에게 무엇이 안전하고 안전하지 않은지를 알아내기 위해서는 정직하게 자기를 성찰하면서 주변 사람들의 피드백을 받는 것이 필요합니다.

다음의 일반적인 지침은 여러분의 행동을 평가하는 데 도움이 될 수 있습니다.

안전하지 않음	안전함
수동적임, 되는 대로 내버려 둠	능동적으로 개선하려고 노력함
소리를 지름, 싸움	침착하게 대화함
비생산적(완수하는 것이 많지 않음)	생산적(일, 학교, 가사 등)
당신을 끌어 내리거나, 상처를 주거나, 중독을 장려하는 사람들과 시간을 보냄	안전하고 지지적인 사람들과 시간을 보냄
책임을 미룸	책임성 있게 필요한 일을 관리함
본인 또는 타인에게 신체적 상해를 입힘	신체적 상해를 입히지 않음
계획성이 없고 충동적임	계획을 세움
위험한 방법으로 재미를 추구함	건강한 방법으로 재미를 추구함
불필요하게 위험한 일들을 함(예: 음주운전)	위험으로부터 자신을 보호함(예: 택시 호출)
정직하지 않음	정직함
중독행동을 함	중독행동을 하지 않음

❖ 지난주에 안전한 행동과 안전하지 않은 행동 중 어느 쪽을 더 많이 했습니까?

✧ 당신이 하는 안전한 행동과 안전하지 않은 행동의 예는 무엇입니까?

여러분의 행동이 안전하기만 하다면,
어떠한 기분이든지 - 좋거나 나쁘거나 꺼림칙하거나 - 느껴도 괜찮습니다

"감정을 느끼는 게 싫습니다. 금주를 하는데 왜 이런 감정들을 느껴야 할까요? 잠시 흥분을 느꼈다가 이내 겁에 질리곤 합니다. 잠시 자유롭게 느끼다가도 곧 불행한 운명을 느낍니다."
– 오거스틴 버로우의 『건조한: 회고록』 중에서

여러분은 화, 슬픔, 두려움, 복수심 등 모든 종류의 감정을 느낄 수 있습니다. 누구나 그런 감정을 가지고 있으며 트라우마와 중독은 그 강도를 증가시킵니다. 그러나 우리가 느끼는 감정이 꼭 안전하지 않은 행동으로 이어질 필요는 없습니다. 감정은 생겼다가 사라집니다. 내면에 '검열자'를 두는 것과 마찬가지로 감정을 억제하는 것은 오히려 감정이 사라지지 않게 하고, 억제하려는 노력으로 인해 오히려 나쁜 감정이 하나 더 생기는 결과를 낳습니다. 따라서 항상 당신을 올바른 궤도 위에 올려두는 핵심적인 질문, 늘 제자리로 돌아가는 초석이 되어줄 수 있는 질문은 '나의 행동이 안전한가 안전하지 않은가?'입니다. 부정적인 감정을 느끼면서도 안전한 행동을 할 수 있습니다. 마찬가지로 긍정적인 감정을 느끼면서도 안전하지 않은 행동을 할 수도 있습니다. 감정이 일어날 때는 모든 것이 혼란스러울 수 있습니다. 그렇지만 늘 이 중요한 질문으로 돌아오는 것을 잊지 마십시오.

트라우마와 중독은 안전함을 유지하는 것을 어렵게 합니다

트라우마와 중독은 의도하지 않은 위험한 행동으로 우리를 이끌곤 합니다. 계획보다 많은 술을 마시게 하고, 지나쳐도 될 사람들에게 얽매이게 합니다. 자기 몸을 돌보지 않게 하고, 때로는 스스로를 소외시키고 격리시키기도 합니다. 심지어 완전히 차단하여 주변에서 어떤 일이 일어나는지 신경을 꺼놓기도 합니다.

그러나 학교에서 수학이나 스페인어와 같은 과목들을 배운 것처럼, 삶에서도 더 안전할 수 있는 방법을 배울 수 있습니다. 잘하기 위해 꼭 우등생일 필요는 없습니다. 다만 배우는 데 뜻을 두고 지속적으로 연습하십시오.

그 방법을 배우면서 우선 자신에게 친절하십시오. 어릴 때 방치, 위험, 트라우마 또는 중독이 있는 환경에서 자라면서 안전을 유지하는 방법을 배울 기회가 없었을 수 있습니다. 부모는 자신들이 모르는 것을 가르쳐주지 못합니다. 또한 친구나 내가 속한 커뮤니티 또는 문화에 일어나는 안전하지 않은 패턴을 따라 배울 수도 있습니다. 당신이 자란 환경과 역사가 어떠하든 이 장을 통해 현재 자신의 위치를 파악하고 실천 계획을 수립하십시오.

★ 탐사하기 … 안전 행동 척도

다음 제시된 척도는 사용하기 쉽습니다. 매주 한 번씩 점수를 매겨 시간에 따라 자신의 점수가 어떻게 변화하는지 볼 수 있습니다.

인내심을 가지십시오. 더 큰 안전을 확보하는 데는 시간이 걸릴 수 있습니다. 줄이기로 꼭 결심하는 경우가 아니라면 지금 당장 어떤 행동을 멈추거나 줄여야 할 필요는 없습니다. 첫 번째 단계는 정직함과 자기자각입니다. 이후의 장들에서 보다 진전된 행동을 취하는 것에 대해 도움을 받을 수 있습니다.

안전 행동 척도*

오늘 날짜: _____ 이름 또는 이니셜: _____

이 간단한 척도는 안전한 행동과 위험한 행동에 대해 인식하는 데 도움이 됩니다. 트라우마나 중독 문제가 있는 경우, 기분은 좋지만 위험한 행동을 할 수도 있고 반대로 기분은 좋지 않지만 안전한 행동을 할 수도 있습니다. 어떤 경우든 회복에 대한 정확한 피드백을 제공하는 데 행동이 감정보다 우선합니다.

지난 한 주를 생각하면서 각 행에 제시된 해당 문구에 '전혀 아님', '약간' 또는 '매우 많이' 중 하나에 동그라미를 표시하십시오. (아직은 그 숫자들에 의미를 두지 마십시오). 자신의 행동이 분명할 때도 있고, 때로는 불분명하거나 그저 부인하지 못하는 정도일 때도 있다는 점을 감안하여, 자신의 행동에 진정으로 귀 기울여 표시해보십시오.

자신의 행동	예시	전혀 아님	약간	매우 많이	간략히 묘사하기 (선택 사항)
1. 안전한 대처 방법	도움 요청, 회복 관련 자료 읽기, 분노 조절, 스트레스 감소 등과 같은 방법의 긍정적인 활용. 더 많은 예시는 '안전한 대처 기술들'(제12장)을 참조	0	1	2	

---

* 이 척도는 리자 M. 라자비츠의 『변화 창조하기 creating change』(길포트 출판사 근간)에서 허락하에 재인쇄되었다.

자신의 행동	예시	전혀 아님	약간	매우 많이	간략히 묘사하기 (선택 사항)
2. 치료/ 자조 모임/ 약물 치료	구조화된 도움(예: 정신건강, 약물 남용, 의료, 치과, 자조 모임)을 적극적으로 받음. 예정된 일정에 모두 참석하고 모든 의약품을 처방대로 복용함 ☐ 현재 이러한 사항들이 전혀 필요하지 않다면 이곳을 표시한 다음 이 항목의 '2'에 표시하십시오.	0	1	2	
3. 건강한 삶	적절한 식이요법, 수면, 운동, 일과 여가의 균형 등	0	1	2	
4. 주된 책임	직장, 학교, 가족 등 주요 직무를 수행함	0	1	2	
5. 매일 할 일	매일 해야 할 일들을 함(예: 집 청소, 자동차 관리, 음식 장만, 청구서 지불, 정리된 생활 유지)	0	1	2	
6. 사회적 지원	안전한 사람들과 시간을 보냄*(가족, 친구, 동료, 후원자, 자조 모임);긍정적이고 마음에서 우러나오는 교류	0	1	2	
7. 자신의 감정에 대처하기	감정을 인식하고 건강한 방식으로 대응함. 이는 모든 유형의 감정(예: 정서적 동요, 갈망, 신체 감각)을 포함	0	1	2	
8. 중독행동 관리하기	필수적인 또는 용인된 한도 내에서 유지함** 목표는 물질 중독의 경우 금단, 소비중독의 경우 예산 내에서의 소비 등이 될 수 있음	0	1	2	자신이 평가하고 있는 중독행동(들)을 열거하십시오. 만약 0 또는 1이라면 행동(들)이 얼마만큼 그리고 얼마나 자주 발생했는지도 적어보십시오.***

자신의 행동	예시	전혀 아님	약간	매우 많이	간략히 묘사하기 (선택 사항)
9. 자신이나 타인에게 끼치는 해	상해, 화상, 자살 행동, 폭력, 폭행, 고함치기, 언어폭력과 같은 행동	2	1	0	만약 1 또는 0 이라면 어떤 종류의 해를 입혔습니까? 어느 정도로 얼마나 자주 일어났습니까?
10. 촉발요인 피하기	가능한 한 트라우마 및 중독 촉발 요인(사람, 장소 및 안전하지 않은 물건)을 피하도록 함	0	1	2	
11. 노력의 정도	삶을 향상시키기 위해 적극적으로, 강하고 지속적으로 노력하고 있는 정도	0	1	2	
12. 기타 안전하지 않은 행동	그 외 안전하지 않은 다른 행동 (예: 무모한 운전, 안전하지 않은 성관계, 불법 활동, 안전하지 않은 사람들과 어울림*)	2	1	0	만약 1 또는 0이라면, 어떤 안전하지 않은 행동(들)을 하였습니까? 얼마나 많이, 얼마나 자주하였습니까?***

* 안전하지 않은 사람들은 중독행동을 부추기고, 여러분을 위축시키며, 해를 끼치거나 배신하거나 신체적으로 상처를 주거나 폭력을 행사합니다.

** 중독행동에 대한 안전한 한도는 중독의 유형 및 필요에 따라 다릅니다. 안전한 한도가 확실하지 않은 경우 주변에 믿을 만한 사람에게서 의견을 구하거나 잘 알려진 확인 방법을 시도해보십시오.

*** 중독행동을 얼마나 자주, 많이 했는지 열거하십시오. 예를 들어, 술을 마셨다면 얼마나 마셨는지 표시해보세요. 와인 한 병? 맥주 다섯 잔? 또 다른 예로, 도박을 했다면 얼마나 많은 돈을 잃었습니까? 음란물을 봤다면 얼마나 긴 시간 동안 보았습니까?

점수를 매기는 방법: 동그라미 표시를 한 번호를 모두 더하십시오(어떤 항목에 표시를 했는지에 대해서는 염려하지 마십시오). 점수가 높을수록 더 안전하고 건강하다는 뜻입니다. 매주 진행 상황을 점검하고 점점 더 좋아지거나 나빠지는지 확인하십시오. 그리고 점수를 꾸준히 올리려고 노력하십시오.

더 건강해지는 법

- 자신에게 친절하십시오. 가치 판단이나 비난 없이 솔직히 마주하십시오.
- 안전하고 지지적인 사람들과 교류하십시오. 심리상담자, 12단계 후원자, 돌봐주는 가족들 또는 친구들에게 점수를 보여주십시오. 또한 그들에게 나에 대하여 항목별로 점수를 매기도록 하고 내가 매긴 점수와 비교해보십시오.
- 재미있게 해보십시오. 각 항목에 색을 넣거나 그림을 그려넣거나 다양한 인용문, 활력을 주는 것은 무엇이든 추가해보세요.
- 꾸준히 하십시오. 잊지 않고 매주 점수를 매기고 확인해봅니다.
- 달력, 전화 또는 쉽게 눈에 띄는 곳에 점수를 전시하여 매주 변화를 관찰하십시오.
- 습관을 만듭니다. 매주 같은 시간에 점수를 매기도록 미리 알람을 맞추어두십시오.
- 매번 정직하게 답하십시오!

✧ 당신이 안전하게 지내는 데 도움이 되는 것은 무엇입니까?

✧ 매주 안전 행동 척도Safe Behavior Scale를 작성하도록 하기 위해 어떻게 자신을 격려할 수 있습니까?

회복의 목소리

민호 – "위험한 길로 스스로 걸어 들어갔습니다."

민호는 어릴 때부터 방치됐고 자라면서 여러 가지 약물에 중독되었습니다. "어렸을 때 주변에는 너무나 많은 위험이 도사리고 있었는데 당시에는 아무렇지도 않았습니다. 나이가 들면서 공사장에서 일하기도 하고 다른 사람들이 평소 피하는 일들을 많이 하게 되었습니다. 얼음이 꽁꽁 얼어 미끄러운 지붕 위를 걸어야 하는 일을 하기도 하고, 쥐가 득실거리는 어두운 곳에 기어들어가야 하는 일을 하기도 했습니다. 그런 불편함이 너무 익숙해서 두 번 이상 생각하지 않고 했습니다. 감독관들도 그런 일이라면 다른 사람들보다는 저를 찾았습니다. 심리상담자는 제가 이러한 것들을 모두 견디고 참아내고 있었다는 것을 알게 해주었습니다. 저는 서서히 감독관에게 진절머리 나는 일들을 다른 사람들에게도 맡길 것을 요청하게 되었습니다. 트라우마와 중독은 제 자신을 나약하게 만들어 스스로를 보호하지 못하게 하였습니다. 무언가 위험할 때 직감적으로 느끼는 장치가 제 속에선 꺼져 있는 것과 같았습니다. 그렇게 저 스스로 위험한 길, 나쁜 상황과 관계 속에 걸어 들어갔습니다. 그리고 고단한 삶에 너무 익숙해져 있었습니다. 이 장의 내용은 제가 왜 그랬는지를 알려줍니다. 저는 그리 바보가 아닙니다. 때론 아주 영리한 행동을 하는 경우가 많습니다. 그렇지만 삶을 안전하게 사는 방법을 어릴 때 배우지 못했습니다. 이는 마치 어릴 때 글을 배우지 못한 사람이 어른이 되어서 글자를 하나씩 배우는 것과 마찬가지입니다. 아직 배움의 과정을 밟는 중입니다. 그저 익숙한 대로 살아가는 것이 아니라 최선의 길로 나아갈 수 있도록 늘 찬찬히 살펴서 결정합니다."

이 장의 퀴즈에 대한 제시 답안:

 » 안전함 = 항목 2, 5, 6, 10, 13, 14, 15, 17, 18, 20, 21

 » 안전하지 않음 = 항목 1, 3, 4, 7, 8, 9, 11, 12, 16, 19

8

소망과 현실

때로는 현실을 직면하고서 거부해야 한다.
— 개리슨 케일러GARRISON KEILLOR, 미국의 해학가

트라우마와 중독 문제는 진실을 마주하지 않아서 지속되기도 합니다. 누구나 현실을 받아들이고 싶지 않을 때가 있습니다. 사람마다 그런 '고통스러운 진실'은 다르지만 또 다른 한편으로는 공통적인 부분도 있습니다.

> » 지금보다 상황이 나아지길 바람. "나는 괜찮아.", "나를 때리긴 하지만 그는 나를 사랑해."
>
> » 제어하길 바람. "언제든지 그만둘 수 있어.", "내가 거기에 있었다면 그 친구를 구할 수 있었을 텐데."
>
> » 믿고 싶어 함. "항상 아버지를 좋아한다고 스스로에게 말했지만 실제로는 좋아하지 않았지. 아버지가 가지고 있지 않은 자질들을 아버지에게 부여했고, 실제와는 다른 아버지의 모습을 그렸어."
>
> » 사라져주길 원함. "그것에 대해 생각하지 않는다면, 차츰 잊히고 없는 문제처럼 될 거야."

---

* 이 장은 리자 M. 라자비츠의 『변화 창조하기Creating Change』(길포드 출판사 근간)에서 허락하에 개작되었다.

» 정상이고 싶음. "그건 그저 자라면서 겪었던 과정일 뿐이야.", "다른 사람들도 모
두 이런 식으로 술을 마셔."

» 합리화하기를 바람. "내 잘못이었어.", "나는 그걸 겪어야 마땅해."

» 끼워 맞추기를 바람. "다른 사람들은 모두 괜찮아 보여.", "그래서 나도 괜찮은 척
을 해."

» 지금보다 상황이 나빠지게 만들길 바람. "왜 노력을 하지? 나는 회복할 수 없어."

» 실제보다 강하길 바람. "내 사랑이 그를 치료할 거야.", "음주 문제 정도는 능히 다
룰 수 있어."

» 그 외의 다른 바람들? _____

용 기

트라우마와 중독을 정면으로 대하는 데에는 진정한 용기가 필요합니다. "나는 다시
는 술을 마실 수 없을 거야" 또는 "어머니는 무슨 일이 일어나고 있는지 알았지만 멈
추도록 하지 않았어" 등과 같은 현실을 인정하기가 너무 어려울 수도 있습니다. 여러
분 안에 있는 모든 것이 진실과 싸우려 할 수도 있고, 감당하기에는 너무 버겁다거나
너무 무섭다거나 또는 정반대로 그리 중요하지 않은 것으로 간주하고 넘어가려 할
수도 있습니다. 이 모든 것은 너무 많은 진실로부터 자신을 보호하기 위해 마음을 닫
는 방식입니다. 그로 인해 당신이 살아남을 수 있었다는 점에서 이런 방어기제들도
충분히 존중되어야 합니다.

하지만 지금 눈앞에 있는 과제는 과거에 직면하기 어려웠던 진실의 일부를 자신
의 속도로 또 자신만의 방식으로 직면하게 하는 것입니다. 언제, 무엇을, 어떻게 할지
그 구체적인 방법은 여러분이 정할 수 있습니다. 이 작업은 종종 심리상담이나 가까
운 사람들의 지원을 통해 가장 잘 실행됩니다. 하지만 "울타리가 왜 쳐졌는지 알기

전까지는 울타리를 치우지 말라."라는 서양 속담이 말하듯, 서두르거나 모든 것을 한꺼번에 행할 필요는 없습니다. 가능하면 알고 있는 모든 대처 기술을 동원하십시오('안전한 대처 기술들'(제12장) 참조).

어떤 진실도 직면 가능하다는 점을 명심하십시오. 물론 직면하는 작업이 쉽다는 의미는 아닙니다. 만약 그 작업이 쉬웠다면, 이미 하고 있었을 테니 말입니다. 진실을 마주하는 것은 분노와 수치심과 같은 날카로운 감정을 불러일으킬 수 있습니다. 자신을 나약하게 느끼거나 다른 사람들에 비해 열등하게 느낄 수도 있습니다. 처음 듣는 이야기일 수도 있지만 진실을 마주하는 것은 마치 상처가 난 곳에서 반창고를 떼는 것과 같습니다. 처음에는 아프지만 곧 상처의 치유로 나아가는 길입니다. 진실을 마주하는 일은 좋은 결과를 이끌어낼 수 있습니다.

다만 여러분의 마음은 트라우마와 중독에 대한 진실에서 스스로를 보호하려고 합니다. 따라서 보다 큰 알아차림을 위해서는 그만큼의 추가적인 노력이 필요합니다. 가능하면 사실적인 증거를 많이 찾아보십시오. 그리고 작고 조용한 내면의 목소리를 들어보고, 당신을 잘 아는 지인들의 의견도 경청해보십시오.

진실을 마주하기란

중독 사례

진실 외면하기	대신	진실 마주하기
"내 음주문제는 그리 나쁘지 않아."		"간수치 검사 결과를 보니 무언가 문제가 있어."
"내일 그만둘 거야."		"작은 변화라도 난 오늘 시작해야 돼."
"원하면 언제든 멈출 수 있어."		"도움이 필요해."

트라우마 사례

진실 외면하기	대신	진실 마주하기
"내가 플래시백이나 악몽을 떠올리지 않으면 곧 사라질 거야."		"플래시백과 악몽의 연속이야. 여기에 대해 뭔가 해야겠어."
"그는 사람들이 말하는 만큼 나쁘지 않아. 그가 날 사랑한다는 걸 알고 있어."		"나에게 소리 지르고 때리는 것을 더 이상 용납할 수 없어."
"내가 더 괜찮은 아이였다면 그런 학대를 당하지 않았을 거야."		"아이들은 어떤 경우에도 결코 학대를 당해선 안 돼."

진실과 직면하는 느낌

실제로 진실과 직면하는 과정을 겪은 사람들은 그 느낌에 대해 이렇게 말합니다.

» 더 많이 할수록 점점 수월해집니다. 초기에는 작은 진실이라도 직면하는 데 많은 노력이 필요하지만, 그 과정은 점차 자연스럽게 다가올 것입니다.

» 진실에 저항하지 않고 그냥 내버려두는, 마치 항복하는 듯한 느낌이 있습니다.

» 무거운 아령을 든 것처럼 느껴질 수 있는데, 아닌 척할 필요는 없습니다.

» 조금씩 생기는 새로운 통찰력이 그 다음 통찰로 이끈다는 점에서 종종 양파 껍질을 벗기는 것에 비교되기도 합니다.

» 당신이 밀어내고자 해왔던 것을 바라볼 때 당혹감과 수치심으로 민망함을 느낄 수 있습니다.

» 처음에는 끔찍한 느낌이 들기 때문에 '절망의 시간'이라고 불려왔습니다.

» 긍정적인 감정도 있습니다. 예를 들어, 당신이 앞으로 무엇을 해야할지 분명히 알게 되고, 진실을 대면했다는 자부심도 느낍니다.

» 자유로워지는 느낌도 듭니다.

도움이 되는 질문들

불편한 진실을 막고자 하는 내면의 자연스러운 반응을 극복하기 위해 다음의 질문들을 살펴보십시오. 모든 질문에 하나하나 다 대답할 필요는 없습니다. 단지 읽으면서 자신에게 유용하다고 생각되는 것들을 가벼운 마음으로 살펴보십시오.

» "다른 사람들이 동의하지 않더라도 나는 내 진실을 인정하는가?"

» "내 행동이나 몸에서 어떠한 메시지가 들리는가?"

» "성공한 것처럼 꾸미면서 대가를 치르고 있는가?"

» "내가 믿는 신이나 존경하는 멘토는 뭐라고 말을 할까?"

» "나를 정말로 생각해주는 사람들로부터 어떤 피드백을 듣고 있는가?"

» "어떤 척 가장하는 것을 멈춘다면 어떻게 될까?"

» "증거는 계속 쌓여가는데, 나는 왜 그것을 보고 싶어 하지 않을까?"

» "더 이상 나에게 도움이 되지 않는 무언가에 매달리고 있지는 않은가?"

» "다른 사람들이 내가 지금 이러는 것을 보았다면 뭐라고 할까?"

» "스스로 진실을 받아들이고 인정하면 어떤 일이 벌어질까?"

» "내가 보호하려는 무엇인가가 있는가?"

» "그토록 말하기 어려워하는 것이 무엇인가?"

» "실제보다 더 낫게 하고자 애쓰는 중인가?"

» "실제로 통제할 수 없다면 그것은 무엇을 의미하는가?"

» "생각하기에 금기시되는 것은 무엇인가?"

» "나의 내면에서 내가 접근하길 두려워하는 곳은 어디인가?"

✧ 당신의 진실을 대면하는 것이 어떻게 보다 나은 미래를 만들어줄 수 있을까요?

✧ 이 장의 내용을 공부하면서 당신이 신뢰하는 다른 누군가와 함께 하는 것이 도움이 될까요?

★ 탐사하기 ··· 자신의 진실을 마주할 때의 장점들

이 연습은 중요한 진실에 직면할 때 발생할 수 있는 이점에 초점을 맞춥니다. 직면하기 대신 받아들이기 또는 허용하기/인정하기 등의 용어를 사용해도 좋습니다.

중독행동

1. 자신의 **중독행동**을 직면하는 데 겪는 어려움은 무엇입니까? _____

_____

2. 이 사실을 직면할 때 어떤 **유익함**이 있습니까? _____

_____

예시

1. 음주가 결혼생활을 파괴하고 있다는 것을 직시하는 것이 어렵습니다.

2. 사실을 직면할 때 생기는 유익함은 결혼생활이 더 악화되도록 놔두기보다 지금이라도 어떤 행동을 취한다면 아직 개선할 가능성이 있다는 점입니다.

트라우마

1. 자신의 **트라우마**를 직면하는 데 겪는 어려움은 무엇입니까? _____

_____

2. 이 사실을 직면할 때 어떤 **유익함**이 있습니까? _____

_____

예시

1. 나를 공격한 사람에 맞설 정도로 강하지 않았다는 것을 직면하기 어렵습니다.

2. 이 사실을 직면할 때 생기는 유익함은 나 자신을 덜 비난하는 데 도움이 된다는 점입니다. 나는 당시 압도당하는 위치에 있었고 살아남기 위해 필요한 일을 하였습니다.

회복의 목소리

사라 – "그것은 여러분의 자비심을 키워줍니다."

사라는 아동 학대, 학교 괴롭힘, 중독(알코올, 마약, 인터넷 및 쇼핑)을 견뎌냈습니다. "현실의 온갖 공격을 인정하기 전에 이 '소망 대 현실'의 내용이 현재 일어나고 있는 일을 잘 말해주고 있다는 것은 끔찍하고 무섭도록 슬픈 일이에요. 가끔씩은 그냥 그런 척을 해야 할 때도 있어요. 그냥 길가에 앉아서 넋 놓고 소리를 지를 수는 없잖아요. 먹고 살려면 일을 해야 하고, 교통수단도 이용해야 하고, 집세도 내야 하니 어떻게든 버텨야 해요. 학교에서 괴롭힘당한 일들은 오랫동안 비밀로 해왔어요. 그런데 최근 들어서 무슨 일이 일어났는지 인정할 수 있었고, 심지어 다른 사람들 앞에서 그 일들에 대해 이야기하기도 해요. 가장 중요한 건 제 자신이 지난날에 대해 '그건 그저 놀리는 게 아니었고, 그냥 웃어넘길 농담이 아니었어.'라고 사실대로 인정하고 받아들이는 거예요. 그 전에는 있는 그대로 받아들일 수 없으니 다른 생각은 하지도 못한 채, 억지로라도 놀림이라고 생각했어요. 몇 년 동안 그렇게 생각하며 지냈어요. 하지만 실제로는 전혀 단순한 놀림이 아니었어요. 이러한 사실을 인정하고 나면 자비심이 커지고 그런 일을 겪은 스스로에 대해 친절해질 수 있어요. 사뭇 놀라운 일이기도 하지만, 하고 나면 꽤 많은 이점을 가져다줘요. 현실을 직시하는 것이 너무 괴로울까 봐 억누르는 데 너무 많은 애를 쓰지만, 정작 현실을 인지하는 것이 우리에게 힘을 주고 정신적으로 긍정적인 영양분을 주는 일이에요."

9

그대의 길을 찾아라

모든 환자의 내면에는 자기만의 의사가 있다.
– 알베르트 슈바이처, 20세기 독일 의사이자 노벨평화상 수상자

회복의 방법은 다양합니다. '하나의 여정 다양한 행로'라는 문구는 동일한 목표 아래 다양한 경로가 있다는 의미를 담고 있습니다.

다음은 중독 회복에 대한 연구 결과입니다.

■ 초기에 증상이 점점 악화되는 사람들도 있고, 조기에 문제를 발견하는 사람들도 있습니다. ■ 회복에서 영성을 활용하는 사람들도 있고, 활용하지 않는 사람들도 있습니다. ■ 회복 작업을 하루에 한 번 꼴로 하는 사람들도 있고, 삶 전반에 걸쳐 헌신적인 노력을 하는 사람들도 있습니다. ■ 소위 '12 단계 모임'을 활용하는 사람들도 있고, 그렇지 않은 사람들도 있습니다. ■ 전문적인 도움이나 약물 치료를 받는 사람들도 있고, 그렇지 않은 사람들도 있습니다.

트라우마 회복에 대해서도 비슷한 연구 결과가 나타납니다.

■ 자신의 트라우마를 이야기하는 사람들도 있고, 그렇지 않은 사람들도 있습니다. ■ 가해자를 용서하는 사람들도 있고, 결코 용서하지 못하는 사람들도 있습

니다. ■ 전문적인 도움이나 약물 치료를 받는 사람들도 있고, 그렇지 않은 사람들도 있습니다.

권한 부여

중독과 트라우마는 모두 무력감에 뿌리를 두고 있습니다. 중독은 멈출 수 없음을 의미합니다. 즉, 당신보다 중독이 우위에 있다는 것을 말합니다. 또한 자동차 사고, 폭력, 자연재해, 성폭력 등 그 어떤 것이든 트라우마를 선택하는 사람은 아무도 없습니다. 모두 가해자나 환경으로부터 도망칠 수 없었기에 트라우마를 겪게 된 것입니다.

심한 중독과 트라우마 문제는 당신의 힘을 약화시킵니다. 길을 잃은 것처럼 느껴질 수 있고, 인생을 적극적으로 이끌기보다는 오히려 표류하는 듯 살아갈 수도 있습니다.

따라서 권한 부여empowerment는 매우 중요합니다. 권한 부여는 '권능을 주는 것'을 의미합니다. 여러분으로 하여금 자신에게 가장 좋은 것을 선택하게 하고, 자신에게 도움이 되는 것은 받아들이되 그렇지 않은 것은 거절하는 힘을 갖게 합니다. 이는 자신이 정말로 필요로 하고 원하는 것을 인식하는 것에 관한 것입니다.

"누구에게나 의견은 있다" – 여러 가지 메시지들

권한 부여는 강한 조언이나 상충되는 조언과 마주할 때 특히 중요합니다. 회복 과정에서 올바른 회복법에 대해 많은 의견을 들을 수 있습니다. 어떤 방법을 사용할 때 특정한 방식으로 해야 한다거나 특정 유형의 도움을 청해야 한다고 들었을지도 모릅니다. 좋은 의도라고 해도 그러한 견해는 무력감을 느끼게 할 수 있습니다. 같은 조언이라도 어떤 사람에게는 긍정적인 영향을 미칠 수 있지만 다른 사람에게는 부정적인 영향을 줄 수 있습니다. 연구에 따르면 회복에는 여러 가지 방법이 있습니다. 당신이 겪는 문제와 삶에서는 어떤 방법이 가장 잘 맞는지를 결정하는 것도 주어진 선택입니다.

좋은 의미가 있더라도 솔직히 도움이 되지 않는 메시지를 들을 수도 있습니다. 트라우마와 관련된 이런 예는 다음과 같습니다.

> "너의 트라우마에서 긍정적인 것을 찾아봐."
> "생각을 멈춰. 그러면 사라질 거야."
> "더 나쁘지 않았던 걸 감사히 생각해."
> "시간은 모든 상처를 아물게 하지."
> "누구나 힘든 시기를 겪어."
> "그냥 약을 먹어."
> "트라우마를 드러내놓고 이야기해야 회복할 수 있어."
> "신이 널 벌하고 있는 거야."
> "가해자와 대면해야 해."
> "가해자를 용서해야 해."
> "깨끗하게 술을 끊은 다음 트라우마를 다뤄야 해."
> "당신의 진짜 문제는 중독이지 트라우마가 아니야."

✧ 이 중 실제로 들어본 말이 있습니까?

중독과 관련된 예는 다음과 같습니다.

» "네가 정말로 멈추고 싶었다면 이미 그렇게 했을 거야."

» "내게 효과적이었던 방법이 네게도 효과적일 거야."

» "회복하려면 바닥을 쳐야 해."

» "정신과 약을 사용하는 것도 중독이야."

» "간단해. 그저 술을 마시지 않으면 돼."

» "그건 네 유전자 안에 있어. 그렇게 태어난 거야."

» "만약 문제가 마약이라면, 술을 마시는 건 괜찮아."

» "도박은 따지고 보면 중독이 아니야."

» "한 번 중독자는 영원한 중독자야."

» "문제는 모두 너의 무의식이야."

» "익명의 알코올중독자들 모임AA에 가야 해."

» "네 진짜 문제는 트라우마지 중독이 아니야."

✧ 이 중 실제로 들어본 말이 있습니까?

앞의 모든 메시지들의 공통점은 무엇입니까? 이 메시지들은 일반적으로 사실이 아니며 도움이 되는 것도 아닙니다. 여러분은 또한 살면서 깊은 영감을 주는 멋진 메시지를 들을 기회도 있을 것입니다. 그러니 늘 주의 깊게 듣고 어떤 선택을 할지 잘 생각하십시오.

놀라운 사실들

트라우마 및 중독 문제로 도움을 요청하는 것에 대해 얼마나 알고 있습니까? 다음에 제시된 요점들을 살펴보십시오. 몇 가지 놀라운 사실들이 있을 수 있습니다. 여기 사용된 '도움'이라는 용어는 자조 모임 및 전문적인 치료를 포함하여 모든 형태의 구조화된 도움을 의미합니다.

✧ 읽으면서 과거에 알지 못했던 새로운 부분들을 표시해보십시오.

도움을 받기 위해 문제가 있다는 걸 꼭 인정해야만 하는 것은 아닙니다. 자신에게 중독이나 트라우마 문제가 있는지 의문이 드는 단계일 수 있습니다. 꼭 확신이 생겨야 도움을 청할 수 있는 것은 아닙니다. 가능하면 일찍 도움을 청해서 문제 여부도 빨리 파악하는 것이 중요합니다.

어떤 사람들은 도움 없이 스스로 나아지기도 합니다. 모두가 다 도움을 받아야 하는 것은 아닙니다. 어떤 사람들은 소위 '자연스러운 회복natural recovery'을 할 수 있습니다. 그렇게 하는 사람들은 친구, 가족, 신앙 공동체와 같은 지원 네트워크를 통해 회복을 진행하기도 하고 또는 아주 강한 자기 통제와 동기를 통해 회복하기도 합니다. 그러나 문제가 심각할수록 그리고 그 유형이 문제적일수록 구조화된 도움이 필요합니다. 만약 이런 공식적인 도움 없이 회복하고자 한다면, 나아지고 있는지 나빠지고 있는지를 관찰하는 것을 잊지 마십시오('자신의 행동에 귀를 기울여라'(제7장) 참조).

예전에 사용되던 중독과의 가혹한 직면 방식은 이제 권장되지 않습니다. 중독 치료의 고전적인 이미지인 '새로 쌓기 위해서 다 부수는' 방법도 더 이상 권장하지 않습니다. 새로운 방식은 자비[연민·동정]compassion에 기초한 지원과 책임감을 통해 이루어집니다. 여전히 회복을 위해 필요한 작업을 해야 하지만, 그 접근 방식이 당신을 얕잡거나 약화시키지 않아야 합니다.

트라우마를 이야기하는 것만으로는 충분하지 않습니다. 많은 사람들은 자기 이야기를 쏟아내기만 하면 기분이 나아질 것이라고 믿습니다. 안에 있는 독소를 그냥 밖으로 내쫓는다고 그 독소가 사라지지 않습니다. 트라우마는 과거에 일어난 사실 그 이상입니다. 트라우마는 과거의 일들이 당신에게 지니는 의미, 그 일로 인해 일어나는 감정, 그리고 중독을 포함하여 다른 문제들과 어떻게 관계되어 있는지 그 모두를 포함합니다. 자세한 내용은 '트라우마 심리상담의 두 가지 형태'(제33장)를 참조하십시오.

치료 효과를 위해 동기가 꼭 필요한 건 아닙니다. 그저 그곳에 나타나기만 해도 됩니다. 동기는 때로는 시작부터 생기는 것이 아니라 회복 과정을 진행하면서 차츰 생겨나기도 합니다. 희망이 없거나 우울함을 느낀다면 회복 목표를 향해 힘을 내는 데에는 시간이 걸릴 수 있습니다. 좋은 돌봄은 전문가의 도움이든 자조 모임의 도움이든 현재 서 있는 곳에서 시작하고, 또 여러분의 동기를 촉진합니다.

바닥을 칠 때까지 기다리지 말고, 일찍 시작하십시오. 암이나 당뇨와 같은 신체적인 문제처럼 조기 치료가 최선입니다. 바닥을 치는 경험도 변화를 유도할 수 있지만, 변화하기 위해서 꼭 필요한 것은 아닙니다. 회복은 빨리 시작할수록 좋습니다(제5장 '사람들은 어떻게 변화하는가?' 참조). 중독의 경우, '음주 다시 생각하기Rethingking Drinking' 및 '음주 조절 모임Moderation Management'과 같은 자원들은 조기에 도움을 주기 위해 고안되었습니다(부록 B '자원' 참조).

중독 성격이라는 것은 없습니다. 수십 년 동안의 연구를 토대로 중독을 겪는 사람들에게는 많은 종류의 성격이 있다는 것이 알려져 있습니다. 중독은 성격 문제가 아닙니다. 중독은 유전자 및 생활 경험 – 동료 집단, 스트레스, 트라우마, 문화 등 – 에서 발생하는 의학적 질환입니다.

심리상담을 세 번 정도 받고 난 후 어떻게 느끼는지가 몇 달 후 그리고 심지어 몇 년 후에 어떻게 느낄지를 예측합니다. 심리상담자와 치료에 대해 긍정적인 유대감은 느끼십니까? 만약 세 번째 상담 후에도 느껴지지 않는다면 심리상담자와 의논해보시고 다른 상담자와의 상담 가능성도 고려해보십시오(제32장 '좋은 심리상담자를 찾아라' 참조).

다양한 종류의 치료를 선택해서 혼용할 수 있습니다. 심리상담, 자조 모임, 약물 치료와 같이 다양한 종류의 도움을 동시에 받는 것에 대해 알려진 해로움은 없습니다. 오히려 종종 그 유익함이 드러나고 있으며, 일반적으로 도움의 종류는 다양할수록 좋습니다.

중독 치료를 억지로 받더라도 자발적으로 참석하는 사람들 못지않게 좋은 효과를 거둘 수 있습니다. 흔히 원해서 받는 치료가 아니면 효과가 없을 거라고 믿지만, 연구 결과에 따르면 법적 제재나 고용주에 의해 강제로 치료를 받는 사람들도 스스로 선택해서 참석하는 사람들과 마찬가지로 좋은 성과를 보인다고 합니다. 반면, 트라우마 치료는 다릅니다. 트라우마 치료를 강제하는 것은 그리 권장되지 않습니다.

12단계 자조 모임은 치료에 아주 효과적이지만 그에 못지않은 다른 접근 방식들도 있습니다. 12단계 모임은 이미 수백만 명의 사람들을 통해 증명된 방법으로 관련 자료가 모두 무료로 제공된다는 점에서 아주 독특합니다. 그러나 SMART 회복 모임처럼 영성과 무관한 방식들도 성공적인 회복으로 이끄는 다양한 경로입니다.

중독행동을 완전히 포기하기보다 서서히 줄여나가는 방법을 택할 수 있습니다. 하지만 조심해야 합니다. 특히 이에 대해서는 알코올 및 도박중독과 관련하여 많은 연구가 이루어졌습니다. 만약 초기 증상이거나 덜 심각한 문제의 경우에는 소위 '절제controlled use'를 통해 안전한 수준으로 회복될 수 있습니다. 하지만 심각한 수준이거나 오랫동안 중독 증상을 겪은 경우라면 '금단abstinence'을 실천할 필요가 있습니다. 이는 까다로운 문제이므로 이 상황을 겪는다면 믿을 만한 출처에서 좋은 조언을 구하십시오. 확실하지 않다면 늘 금단이 안전한 선택입니다. 물론 음식이나 일처럼 금단이 불가능한 경우도 있습니다.

회복이 꼭 자기자신을 위한 일이 아니어도 됩니다. 자신을 돕는 방법으로 한다면 그 역시도 대단한 일입니다. 하지만 그렇지 않다고 해도 자기에게 소중한 무엇을 위해 회복을 진행할 수도 있습니다. 어떤 사람들은 아이들이나 남편/아내를 위해 회복을 실천하기도 합니다. 지금 당장은 그 무엇이라도 좋습니다. 치유와 회복이 진행되면서 점차 내면의 깊은 동기를 찾을 수 있습니다.

트라우마를 치유하기 전에 중독 증상이 전혀 없는 '맑고 깨끗한' 상태일 필요는 없습니다. 중독과 트라우마 문제를 둘 다 겪고 있는 경우 그 둘을 동시에 치료하면 회복력을 높일 수 있습니다. 핵심은 그 둘을 어떻게 동시에 치료하는가입니다. 트라우마 치료에서는 '과거(및 현재)에 집중하기' 또는 '현재에 집중하기' 이렇게 두 가지 기본 방법이 있습니다. (자신에게 가장 적합한 방법을 찾으려면 '트라우마 심리상담의 두 가지 형태'(제33장)를 참조하십시오.)

대부분의 공식적인 도움은 똑같이 효과적이므로 좋아하는 방식을 선택하십시오. 여기에서 '공식적인 도움'이란 과학적으로 검증된 구체적인 방법들을 의미합니다. 각기 다르게 불리는 방식들이 모두 똑같이 효과적이라는 말이 놀랍게 다가올지도 모릅니다. 하지만 이름이 다르고 접근 방식도 다르지만 치료의 효과는 동일하다는 측면에서 흔히 '차이 없는 구별'이라고 말합니다. 그러나 치료에 들어가는 비용(어떤 치료법은 다른 치료법보다 더 비싸기도 합니다), 선호도(사람마다 선호하는 치료법이 다를 수 있습니다), 접근성(어떤 치료법은 동료가 수행할 수도 있지만, 일부는 꼭 전문가가 필요하기도 합니다)과 같은 측면에서 중요한 차이가 있을 수 있습니다. 예를 들어, 12단계 모델과 전문적인 치료법은 비슷한 결과를 만들어냅니다.

중독 증상이 있다고 생각하지 않는 경우에도 12단계 그룹에 참여할 수 있습니다. 이 그룹은 무료이며 누구나 모임에 참여할 수 있습니다. 그곳에서 다른 참석자들이 그들의 '경험, 강점, 희망'에 대해 이야기하는 것을 들을 수 있을 것입니다. 물론 모든 참석자가 꼭 발언을 해야 하는 것은 아닙니다. 다만 중독 문제가 심각해지기 전에 모임에 참석하여 중독이 악화되는 것을 막을 수 있습니다.

약물 치료도 고려하십시오. 트라우마와 중독 문제를 치유하는 데에는 기분을 나아지게 하거나 갈망을 줄여주는 등의 효과를 포함하여 여러 약물이 있습니다.

트라우마와 중독 문제를 동시에 겪는 경우에는 약물보다는 다른 종류의 도움이 적절할 수 있습니다. 벤조디아제핀benzodiazepines과 같이 트라우마에 대한 일부 약물은 중독성을 가지므로 좋은 선택이 아닐 수 있습니다. 트라우마 경험을 털어놓는 것을 비롯하여 과거에 초점을 둔 트라우마 상담도 현재 중증의 중독을 겪는 경우에는 지나친 압박으로 다가올 수 있습니다('트라우마 심리상담의 두 가지 형태'(제33장) 참조). 일반적으로 트라우마와 중독 문제를 동시에 겪는 사람들은 12단계 모임을 포함하여 다른 종류의 치료에서 도움을 받는 경우가 많습니다.

더 많은 도움을 얻고, 필요한 치유를 더 오래 받을수록 더 나은 결과를 얻을 수 있습니다. 그 전에 자기에게 가장 잘 맞는 방식을 찾으십시오. 다양한 방식들을 시도하고 난 후 어떤 느낌이 드는지 주의 깊게 관찰하십시오. 좋은 도움은 빠른 치유를 이끌어주지만, 좋지 않은 도움은 오히려 도움을 받지 않는 것보다 못할 수도 있습니다. 당신에게 해로운 치료다 싶으면 과감하게 방법을 바꾸십시오.

도움은 다양한 방식으로 다가옵니다

"중요한 메시지는 그들이 나에 대해 관심을 갖고 있다는 것 그리고 어떠한 경우에도 도와줄 것이라는 점이었습니다. ⋯ 심지어 내가 내 자신을 좋아하지 않아도 그들은 나를 좋아해주는 것 같았습니다. 그들은 내가 삶으로 돌아갈 수 있도록 나를 사랑해주었습니다."

– 마가렛 레슬리Margaret Leslie의 『반복의 고리 끊기: 1권. 관계의 뿌리』 중에서

도움에는 많은 형식과 종류가 있습니다. 할 수 있는 한 당신에게 많이 와닿는 도움을 선택하십시오. 일반적으로 도움은 많을수록 좋다는 점을 기억하십시오.

> ✧ 다음 4개의 섹션을 살펴보면서 시도해보고자 하는 도움의 형태가 있으면 표시해
> 두십시오.

도움의 다양한 형태

» 자조 모임self-help group은 무료로 운영되며 서로의 치유를 돕고자 하는 사람들로 구성됩니다.

» 안내에 의한 자기변화는 스스로 목표를 설정하고 추구할 수 있도록 합니다.

» 전문적인 심리상담은 개인 및/또는 집단으로 진행될 수 있습니다.

» 약물 치료

» 자기계발 도서self-help books

» 온라인 모임 및 지원들

» 치료 프로그램: 재활 치료, 일일 프로그램 또는 병원 등

» 지역 사회의 지원: 맑은 정신의 집sober house, 직업 프로그램 등

» 몸 기반 작업: 요가, 침술 등

트라우마에 대한 다양한 접근방법

» 현재 초점 심리상담: 현재에 중점을 둡니다. 현재의 트라우마 문제에 대처하기 위한 새로운 기술과 정보를 습득합니다.

» 과거 초점 심리상담: 과거에 중점을 둡니다. 예를 들어, 트라우마에 대한 이야기를 자세하게 하고, 그것에 대한 당신의 감정을 탐색하는 작업을 합니다.

» 현재 및 과거 초점 심리상담의 조합: 현재와 과거에 초점을 둔 트라우마 상담 및 특정 모델의 이름에 대한 자세한 내용은 '트라우마 심리상담의 두 가지 형태'(제33장)를 참조하십시오.

» 트라우마 전문 돌봄: 치료 프로그램에 관여하는 모든 전문가가 트라우마를 이해하도록 훈련을 받은 사람들입니다. 목표는 자비로운 보살핌(가혹한 직면이나 강요를 하지 않음)과 트라우마에 대한 집중 치료(모든 내담자의 트라우마를 진단하고 관련된 도움을 제공)를 지원하는 것입니다.

중독에 대한 다양한 접근방법

» 금단: 목표는 중독행동을 완전히 멈추는 것입니다. 특히 약물 중독 및 도박중독을 겪는 경우 금단 치료를 실시할 수 있습니다.

» 손상 감소: '50%라도 해내는 것은 100% 아무것도 하지 않는 것보다 낫다'는 생각에 기초하여 중독행동을 점진적으로 감소시키는 접근법입니다.

» 절제controlled use: 이를 통해 경미한 중독을 가진 사람들은 안전한 사용 수준으로 회복될 수 있습니다.

앞의 세 가지 중독에 대한 접근방법에 대한 자세한 내용은 '국면을 전환시키는 회복 계획'(제21장)을 참조하시기 바랍니다.

» 영성 기반 프로그램으로서 높은 곳의 권능을 강조하는 12단계 모임과 같은 것들이나 '회복을 찬양하라Celebrate Recovery'와 같은 교회 기반 모델

» 생각 및 행동 변화하기로서 SMART 회복 모임, 음주 다시 생각하기, 음주 조절 모임, 재발 예방, 인지행동치료 등

» 신체검사(소변, 호흡, 모발, 혈액 검사 등)를 활용하여 약물 사용을 점검할 수 있

습니다. 그중 소변 검사는 가장 일반적이며, 특히 중독 문제를 안고 있는 자녀를 보호하는 부모가 집에서도 쉽게 할 수 있을 만큼 저렴합니다.

» **중독 전문 치료**addiction-informed care는 널리 사용되는 용어는 아니지만 중독 회복에 대한 가장 좋은 방법을 제공하는 치료 프로그램을 식별하는 데 사용할 수 있습니다. 여기에 동원되는 사람들은 모두 중독에 대한 훈련을 받고 자비로운 접근을 사용합니다. 모든 내담자의 중독 증상을 진단하고 관련된 도움을 제공합니다.

트라우마 및 중독에 대한 다양한 접근법

중독과 트라우마 둘 다 겪는 경우에는 추가로 더 선택할 수 있습니다.

» **통합 치유**integrated care에서는 동일한 심리상담자가 트라우마와 중독을 동시에 치료합니다. 그중 가장 널리 사용되고 연구된 것은 안전기반치료(www.seekingsafety.org)입니다. 그 외 다른 모델들은 '트라우마 심리상담의 두 가지 형태'(제33장)를 참조하시기 바랍니다.

» **순차적 치유**sequential care는 우선 한 가지에 초점을 맞춘 다음, 다른 문제로 넘어갑니다(대개 중독 문제를 먼저 다룬 다음 트라우마 문제를 다룹니다).

» **병행 치료**parallel care는 트라우마와 중독 문제를 동시에 다루지만, 각 문제에 대해 다른 심리상담자나 프로그램을 통해 치료가 이루어집니다. 예를 들어, 중독 프로그램을 진행하면서 외부 심리상담자로부터 트라우마에 관련된 상담을 받을 수도 있습니다.

'무엇'만이 아니라 '누가' – 치료 모델만큼이나 조력자도 중요

전문가에게서 도움을 구하든 자조 모임을 통하든 '누가' 도움을 주는지도 매우 중요합니다. 같은 자조 모임이라고 하더라도 어떤 모임에서는 많은 도움을 받지만 또 다른 어떤 모임은 크게 도움이 되지 않을 수 있습니다. 자신에게 맞는 모임을 찾을 때까지 다른 여러 모임을 시도하십시오. 심리상담과 같이 전문적인 도움의 경우에도 마찬가지입니다. 어떤 사람들은 친절하긴 하지만 그리 효과적이지 않은 심리상담자들과 많은 시간을 보내곤 합니다. 좋은 관계를 맺고 있는지와 더불어 측정 가능한 진전을 보이는지 늘 확인하시기 바랍니다(관련 정보는 '좋은 심리상담자를 찾아라' (제32장)를 참조하시기 바랍니다).

근거 기반 치료

근거 기반 치료란 과학적으로 연구된 공식적인 도움을 말합니다. 그러나 과학적인 연구는 특정한 방법이 많은 사람들에게 얼마나 효과가 있는지 그 평균을 다루기 때문에 각 개인에게 보이는 효과는 사람마다 다를 수 있습니다. 당신에게는 좋은 방법이 다른 사람에게는 효과적이지 않을 수 있습니다. 또한 아직 많은 연구가 진행 중인 새로운 분야이고, 연구의 질도 여전히 향상되고 있습니다. 과거의 일부 연구는 소규모로 진행되거나 여성, 청소년 또는 다양한 인종적 배경을 가진 사람 등 중요한 연구 대상들을 포함하지 않았습니다. 다양한 유형의 도움에 대한 근거를 알아보려면 '자원'(부록B)을 참조하시기 바랍니다. 부록에서는 치료에 대한 정확한 의학적 자료를 무료로 검색하는 방법도 설명하고 있습니다. 현재 심리상담을 받고 있다면, 심리상담자에게 현재 사용되고 있는 접근법의 근거에 대해 물어볼 수도 있습니다. 또한 아직 공식적으로 연구되지는 않았지만 우수한 효과를 보이는 치료법들도 있으니 여러 방법을 시도하면서 자신에게 얼마나 도움이 되는지 확인할 필요가 있습니다(관련 정보는 '좋은 심리상담자를 찾아라'(제32장)를 참조하시기 바랍니다).

★ 탐사하기 … 도움을 구할 때 필요한 12가지 질문

공식적인 도움에 대해 더 많이 이해할수록 도움을 구할 때 유용합니다. 다음은 공식적인 도움에 대해 알아볼 때 필요한 질문들을 소개하고 있습니다.

1. 제가 중독 증상이 재발하게 된다면 어떻게 됩니까? (어떤 프로그램은 재발과 상관없이 머물 수 있지만 또 어떤 프로그램은 여러분이 떠날 것을 요구합니다.)

2. 이 방법을 통해 회복하는 데 얼마나 시간이 걸리나요?

3. 비용은 얼마입니까? 제가 가입한 보험에서 처리가 되나요?

4. 나아지고 있는지 어떻게 알 수 있습니까?

5. 접근 방식에 붙여진 이름이 있습니까? 온라인으로 이 방식에 대해 더 알아볼 수 있습니까?

6. 트라우마를 자세히 이야기해야 합니까? 만약 하고 싶지 않다면 어떻게 합니까?

7. 트라우마와 중독을 동시에 치료하는 것에 대한 선생님의 관점은 무엇입니까?

8. 선생님이 사용하시는 방법에 대한 연구 결과가 있습니까? (아직 연구가 되지 않았을 수도 있지만, 연구 결과가 있다면 조금 더 알아보면 좋겠습니다.)

9. 제가 갖고 있는 문제를 어떻게 식별할 수 있습니까?

10. 제가 치료 작업을 함께할 선생님을 선택할 수 있습니까? 그리고 치료 시작 후 심경의 변화가 생기면 선생님을 바꾸는 것도 가능합니까?

11. 만약 개선되지도 않고 악화되지도 않을 시 제가 택할 수 있는 선택 사항이 있습니까?

12. AA나 여타 자조 모임에 참석하는 것과 같은 별도로 이행해야 할 사항이 있습니까?

자신의 길을 찾기

이 장의 제목에는 여러 가지 의미가 있습니다. 필요한 것에 초점을 맞추어 자신의 길을 찾는 것입니다. 미로에서 사방이 막혀 있지만 여기 저기 시도해가며 길을 찾아내는 것처럼 문제를 해결하는 길을 찾는 것입니다. 당신이 어떤 사람인지부터 알아내십시오. 누구인지를 알고, 자신과 세상의 현실을 받아들이고 긍정적인 방식으로 통합할 때 내 인생의 주인이 되어 보다 즐겁게 살아갈 수 있습니다.

회복의 목소리

다빈 – "탈출구가 있습니다."

"트라우마와 중독이 얼마나 무력감을 느끼게 하는지 잘 아는 저로서는 이 장의 내용을 좋아할 수밖에 없습니다. 이 장의 내용은 트라우마와 중독에서도 벗어나는 탈출구가 있다는 작은 희망을 보게 합니다. 시중에 여러 가지 관련 자료는 많지만 회복하는 법에 대한 잘못된 정보들도 많습니다. 수많은 정신병원, 해독제, 재활시설, 치료 모임 및 많은 치료법에 대한 경험, 그리고 일부는 효과가 있었고 일부는 그렇지 않았던 것을 떠올려보면 한 사람에게 효과적인 방법이 꼭 다른 사람에게도 효과적이라는 법이 없다는 점은 확실합니다. 이 장에는 훌륭한 제안들이 풍부하게 소개되어 있습니다. 치료자를 선택하는 방법을 비롯하여 도움을 구할 때 그저 추측하기보다 면밀히 확인해야 하는 질문사항들도 실려 있습니다. 그리고 여러 가지 선택이 주어져 있다고 느끼게끔 다양한 길이 제시되어 있다는 점도 마음에 듭니다. 제 경험에 의하면 트라우마와 중독은 변화에 필요한 동기를 약화시키는 역할도 하기 때문에, 때론 동기보다는 직접 행동을 취하는 것이 중요하다는 사실이 많은 도움이 되었습니다. 저는 '자신의 행동에 귀를 기울여라'(제7장)를 통해 저의 부정적 행동을 먼저 파악한 다음, 이 장을 통해 그 다음으로 무엇을 해야 하는지를 알아갈 생각입니다. 그렇게 저는 제 회복 프로그램을 설계하는 데 적극적인 역할을 담당합니다."

10

가능성의 나
– 최고의 나, 최악의 나

우리에게는 보통 두 가지 삶이 있다.
우리가 실제로 살아내는 삶과 우리 내면에 있는 살아내지 못한 삶이 그것이다.
– 스티븐 프레스필드STEVEN PRESSFIELD, 미국 작가

우리 모두는 여러 가능한 나possible selves를 가지고 있습니다. 거기에는 되길 희망하는 나와 되길 두려워하는 나가 있습니다. 헤이즐 마커스와 폴라 누리어스는《미국 심리학자American Psychologist》라는 저널의 한 논문에서 "우리가 되기를 희망하는 자아는 성공적인 자아, 창의력 있는 자아, 부유한 자아, 날씬한 자아, 사랑받고 존경받는 자아가 포함될 수 있는 반면, 되기를 두려워하는 자아는 외로운 자아, 우울한 자아, 무능한 자아, 알코올중독 자아, 실업자 자아, 노숙자 자아 등이 될 수 있다."라고 말합니다.

우리는 상황에 따라 좋은 자아의 모습을 보일 때도 있고 나쁜 자아의 모습을 보일 때도 있습니다. 사실 이것은 아주 희망적인 이야기입니다. 왜냐하면 지금 자신에 대해 부정적으로 느끼더라도 바뀔 수 있음을 의미하기 때문입니다. 가장 좋은 면을 계속해서 접하고 드러낼 수 있습니다. 꾸준히 회복을 한다는 것은 올바른 방향을 유지하도록 내면의 좋은 자아가 계속해서 드러나도록 한다는 것을 뜻합니다.

트라우마와 중독을 겪을 때는 자기자신으로부터 격리될 때도 있고, 자신이 어떻게 느끼는지 인지하지 못하고 무엇이 중요한지 모르게 되는 경우가 있습니다. 때로는 원하지 않는 행동을 계속 하게 되기도 하고 더 이상 스스로를 돌보지 않게 될 수도 있습니다. 회복을 하면서 트라우마와 중독보다 큰 자아, 내면의 긍정적 자아를 유지하는 능력을 길러 보다 훌륭한 온전함을 발견하게 될 것입니다.

최고의 나 (회복 과정에 있는)

나는 이런 사람이 되고 싶습니다…

　　… 충동을 느낄 수는 있지만 행동으로 옮기지 않는 나

　　… 신뢰할 수 있는 사람들을 찾는 나

　　… 책임감 있는 나

　　… 자식을 사랑하는 부모

　　… 스스로를 돌보는 나

　　… 필요하고 원하는 것을 말할 수 있는 나

　　… 다른 사람들과 건강한 관계를 유지하는 나

　　…＿＿＿＿＿＿＿＿＿＿＿＿＿＿＿＿＿＿＿＿

　　[그 외 다른 바람이 있다면 여기에 기입해보세요.]

✧ 이 중 어떤 '최고의 나'가 가장 많이 와닿습니까?

최악의 나 (회복 과정에 있지 않은)

나는 이런 사람이 될까 두렵습니다…

　… 사랑하는 사람들을 속이는 나

　… 다른 사람들을 다치게 하는 나

　… 위험한 상황에 처하게 되는 나

　… 어떻게 되든 더 이상 신경 쓰지 않는 나

　… 중독이 지배하는 나

… 적정한 선을 모르는 나

… 감각이 없어지는 나

… _____

[그 외 되지 않기를 바라는 모습이 있다면 여기에 기입해보세요.]

❖ 이 중 어떤 '최악의 나'가 가장 두렵습니까?

연구에 따르면 (1) 더 나은 자아를 상상하면서 (2) 그 방향으로 나아갈 수 있는 구체적인 방법을 떠올리는 사람들이 현실에서 더 나은 자아를 성취할 가능성이 높은 것으로 나타납니다. 더 나은 성취에는 두 부분이 모두 필요합니다.

예를 들어, 미국의 심리학자 다프나 오이서만Daphna Oyserman과 그의 연구진들은 160여 명의 저소득층 학령기 청소년들을 대상으로 조사 연구를 실시하였습니다. 연구 방법은 간단하였습니다. (1) 다음 학년도에 최고의 학문적 성취 자아상을 상상하면서 (2) 그것을 이루기 위해 구체적인 전략까지도 가지고 있었던 학생들이 그저 긍정적인 상상(1)만을 한 사람들보다 실제로 좋은 성적을 거두었다는 결과였습니다.

이러한 사실은 다양한 자아상을 탐구하는 데도 도움이 될 수 있습니다.

» 정서적으로 가능한 자아(감정에 어떻게 반응하는가)

» 관계 가능한 자아(다른 사람에게 어떻게 반응하는가)

» 직장 또는 학교에서 가능한 자아(성취 목표)

» 영적으로 가능한 자아(영적 존재와 어떤 관계를 맺는가)

» 신체적으로 가능한 자아(식이 요법, 운동 등)

» 회복 가능한 자아(트라우마/중독으로부터의 회복)

'어떤 사람이 되고 싶은가'의 예시

"사회 복지를 전공하는 대학원생이 되기를 희망한다.", "코카인 사용을 끊고 abstinent 싶다.", "몸무게를 10kg 빼고 싶다.", "직장에서 부서장이 되기를 희망한다.", "사랑하는 관계를 맺고 싶다.", "매일 명상하는 사람이 되고자 한다.", "약속을 잘 지키는 사람이 되고 싶다.", "현명한 부모가 되길 바란다."

'어떤 사람이 되는 것을 두려워하는가'의 예시

"이혼당하는 것이 두렵다.", "노숙자가 되는 것이 두렵다.", "만성 알코올중독자가 되는 것이 두렵다.", "직장을 잃을까 봐 겁이 난다.", "감옥에 가는 것을 두려워한다.", "대학 중퇴자가 될까 봐 두렵다.", "나쁜 부모가 되는 것이 두렵다."

★ 탐사하기 … 나에게 가능한 자아들

이번 코너는 오이서만 교수와 그 연구진이 함께 고안한 '가능한 자아들 설문조사'에서 인용하고 각색한 내용입니다. 우선 예시를 보여주고 나머지는 여러분이 채워나가도록 빈칸으로 남겨두었습니다.

예시: 최고의 나

질문 1: 어떤 사람이 되기를 희망합니까?

(a) 지금으로부터 1년 후 자신의 모습을 상상해보십시오. 그때 어떤 사람이 되고 싶습니까?

- 내년 이맘때는 내 성질을 통제할 수 있는 사람이 되고 싶습니다.

(b) 그런 사람이 되기 위해 지금 무엇을 하고 있습니까? (관계된 일은 무엇이든 나열하십시오.)

- 분노 조절 수업을 듣고 있습니다.
- 의사에게 다른 약물을 처방해줄 것을 요청하려고 합니다.

(c) 그런 사람이 되기 위해 할 수 있는 다른 일은 무엇입니까? (가능하면 많은 선택안을 나열하십시오.)

- 관련된 자기계발 도서를 읽을 수 있습니다.
- 이 작업에 마음을 모으고 기도를 할 수 있습니다.
- 화가 날 때면 주의를 환기시키고 휴식을 취하는 연습을 할 수 있습니다.

이제 당신의 차례입니다: 최고의 나

질문 1: 어떤 사람이 되기를 희망합니까?

(a) 지금으로부터 1년 후 자신의 모습을 상상해보십시오. 그때 어떤 사람이 되고 싶습니까?

- 내년 이맘때는 _____ 한 사람이 되기를 바랍니다.

(b) 그런 사람이 되기 위해 지금 무엇을 하고 있습니까? (관계된 일은 무엇이든 나열하십시오.)

- _____
- _____
- _____

(c) 그런 사람이 되기 위해 할 수 있는 다른 일은 무엇입니까? (가능하면 많은 선택안을 나열하십시오.)

- _____
- _____
- _____
- _____

예시: 최악의 자아

질문 2: 당신은 어떤 사람이 되는 것을 두려워합니까?

(a) 지금으로부터 1년 후 자신의 모습을 상상해보십시오. 그때 어떻게 되는 것을 두려워합니까?

- 내년 이맘 때 관리비를 낼 수 없는 상황에 처하게 될까 봐 두렵습니다.

(b) 그런 사람이 되는 것을 피하기 위해 지금 무엇을 하고 있습니까? (관계된 일은 무엇이든 나열하십시오.)

- 무언가를 해야 한다는 것은 알지만 현재 아무 일을 하지 않고 있습니다.

(c) 그런 사람이 되지 않기 위해 할 수 있는 다른 일은 무엇입니까? (가능하면 많은 옵션을 나열하십시오.)

- 필요한 경비를 마련할 수 있습니다.
- 저축할 돈을 따로 마련할 수 있습니다.
- 재정을 관리하는 법에 대한 책을 읽고 공부할 수 있습니다.
- 필요하지 않은 옷을 구매하는 것을 멈출 수 있습니다.

이제 당신의 차례입니다: 최악의 자아

질문 2: 당신은 어떤 사람이 되는 것을 두려워합니까?

(a) 지금으로부터 1년 후 자신의 모습을 상상해보십시오. 그때 어떤 사람이 되는 것을 두려워합니까?

- 내년 이맘 때 _____한 사람이 될까 봐 두렵습니다.

(b) 그런 사람이 되는 것을 피하기 위해 지금 무엇을 하고 있습니까? (관계된 일은 무엇이든 나열하십시오.)

- _____
- _____
- _____

(c) 그런 사람이 되지 않기 위해 할 수 있는 다른 일은 무엇입니까? (가능하면 많은 선택안을 나열하십시오.)

- _____
- _____
- _____
- _____

✧ 최고의 나를 이루는 방향으로 나아가기 위해 오늘 무엇을 하겠습니까?

✧ 최악의 나로부터 멀어지기 위해 오늘 무엇을 하겠습니까?

회복의 목소리

성훈씨 – "내가 되고픈 사람으로 나를 이끌어갑니다."

"이 장은 짧지만 매우 중요한 내용을 담고 있습니다. 제시된 내용을 바탕으로 내가 앞으로 어떤 사람이 되고 싶은지에 대한 구상을 하는 동시에, 지금 있는 곳이 어디인지 현재 내 자신을 받아들이는 것 또한 함께 연습해갑니다. 마약을 사용하거나 내 느낌에 충실하지 않은 채 행동할 때는 나를 있는 그대로 받아들이고 사랑하는 것이 어렵게 느껴집니다. 그럴 때는 많은 감정들 사이를 맴돌기만 할 뿐 내 자신을 진정으로 느끼고 인지하기가 어렵습니다. 내가 누구인지도 모르면서 어떻게 내 자신을 사랑할 수 있을까요? 이 장의 내용은 '내가 겪은 트라우마가 곧 나이고, 내가 겪는 중독이 곧 나 자신'이라는 잘못된 믿음을 넘어서게 하는 데 많은 도움을 줍니다. 이 장에 제시된 내용을 보면서 내게 필요한 실습과제를 골라 시도해볼 수 있습니다. 만약 매일 산책을 조금씩 하는 사람이 되고 싶다면, 오늘부터 산책을 시작해야 합니다. 매일 하나의 항목을 정해 그것을 실천하는 연습을 할 수 있습니다. 내가 될 수 있는 최고의 모습과 최악의 모습을 떠올리는 일은 나 스스로에게 어떠한 권한을 부여하는 듯이 느껴집니다. 제 자신의 변화를 주도하는 사람은 바로 나이고, 이 모든 것은 내가 되고 싶은 사람으로 나를 이끌어가는 과정입니다."

11

트라우마와 중독의 언어

내 언어의 한계가 곧 내 세상의 한계다.
— 루트비히 비트겐슈타인, 20세기 오스트리아 철학자

여러분은 트라우마 및 중독의 회복에 대한 언어를 활용하고 계신가요?

언어는 단순한 의사소통의 도구를 넘어섭니다. 언어는 우리가 어떻게 생각하고 느끼는지, 사람들과 어떤 관계를 맺는지 그리고 경험을 어떻게 해석하는지를 결정합니다. 우리가 사용하는 언어는 가족, 공동체 및 지역 사회를 포함하여 우리가 겪는 모든 종류의 문화를 반영합니다. 트라우마와 중독에 대해 종종 오해되는 측면들이 있는데 이는 관련된 언어에도 반영됩니다.

◇ 다음 두 행을 읽으면서 어떤 느낌이 드는지 떠올려보십시오.

(1) 마약중독자, 술꾼, 미치광이, 괴짜, 몹쓸 사람, 호들갑떠는, 불안정한, 부적응하는

(2) 마약 문제, 트라우마 생존자, 정신적으로 아픈, 불우한, 외상 후 스트레스 장애 PTSD, 왕따 당한

긴 시간 방황했던 제니퍼는 이렇게 말합니다. "제 자신을 설명할 때 '희생자'라는 단어를 더 이상 쓰지 않고, 대신 '생존자'라는 말을 사용합니다. 그저 단어 하나만 바꾸었을 뿐인데, 제 삶은 비극에서 승리의 이야기로 바뀌고 저에게 살아가는 힘을 되찾게 해줍니다."

이 장에는 중독 및 트라우마 회복과 관련된 주요 용어들의 목록이 수록되어 있습니다. 이러한 용어들을 아는 것은 자신을 더 잘 이해하는 데 중요한 생각들ideas을 반영하고 있기 때문에 전문적 용어를 그저 배우는 것 그 이상입니다. 또한 "당신이 문제는 아닙니다. 다만 과거의 경험에 의해 문제를 겪고 있습니다."라는 예에서 알 수 있듯이 정확한 언어 표현은 건강한 관점을 구축하는 데도 도움이 됩니다. 정확한 용어와 표현에 대해 더 많이 배울수록 더 건강해집니다.

용어 목록을 그저 읽어 내려가는 것보다 궁금한 내용에 대한 답을 찾는 방식으로 배우면 용어들의 의미와 그 용어가 회복과는 어떤 연관이 있는지를 더 깊이 이해할 수 있습니다. 가장 좋은 방법은 온라인으로 각 단어를 입력하고 의미를 파악한 다음 관심을 끄는 관련 링크가 있으면 따라가 보는 것입니다. 단어의 사전적 의미를 넘어서 사람들이 그 용어를 어떻게 사용하는지, 관련하여 어떠한 관점을 가지고 있는지, 또한 연관된 도움에 대한 자료를 어디서 구할 수 있는지도 알 수 있습니다. 온라인 검색 방법에 익숙하지 않은 경우 공공 도서관에서 사서의 도움을 받는 방법도 있습니다. 알고 보면 간단한 방법으로 새로운 세상을 열어줄 것입니다.

다른 사람들과 함께 찾기 게임을 할 수도 있습니다. 이 게임에 대한 자세한 규칙은 이 장의 끝부분을 참조하시기 바랍니다.

용어의 건조하고 전문적인 의미보다는 그 단어의 뉘앙스가 어떻게 다가오는지 정서적인 방법으로 배워보십시오. 가장 좋은 사고방식은 머리와 가슴을 모두 사용하는 것입니다. 무엇이 당신의 마음을 움직이는지 관찰해보십시오. 우리가 서 있는 이곳은 학교가 아닙니다. 바로 우리의 삶입니다.

★ 탐사하기 ⋯ 중독의 언어

1. 인내tolerance

2. 철회withdrawal

3. '분홍색 구름pink cloud'(현실감을 상실한 상태)

4. 약물 수반 치료

5. 12단계 자조 모임(모두 열거해보세요)

6. 상실한 것들을 되찾으려 애쓰기chasing losses

7. 금단 위반 효과abstinence violation effect

8. 자연스러운 회복natural recovery

9. 충동 타고 넘기urge-surfing

10. 증상 대체symptom substitution

11. 절제controlled use

12. 손상 감소harm reduction

13. 금단abstinence

14. 술은 마시지 않지만 정신은 맑지 않은dry but not sober*

15. 부인denial

_____

* 술 대신 다른 약물을 사용해서 정신이 맑은 상태가 아니라는 의미. – 역주

16. 권능 부여enabling

17. 알코올중독자 가족 모임Al-Anon

18. SMART* 회복 모임

19. 실수slip 대 재발relapse

20. 바닥치기hitting bottom

21. 물질 다중 사용polysubstance use

22. 자가 치료self-medication

23. 그 외 기타 _____

---

* 자기관리와 회복 훈련Self-Management And Recovery Training의 약어. − 역주

★ 탐사하기 … 트라우마의 언어

1. 해리dissociation

2. 트라우마 전문 치유trauma-informed care

3. 분열splitting

4. 재경험re-experiencing

5. 세대 간 트라우마intergenerational trauma

6. 플래시백flashback

7. 재트라우마화retraumatization

8. 배신 트라우마betrayal trauma

9. 도덕적 상처 moral injury

10. 급성 스트레스 장애 acute stress disorder

11. 주기반응 anniversary reaction

12. 경계 boundaries

13. 안정화 작업 grounding

14. 트라우마 trauma

15. 외상 후 스트레스 장애 PTSD

16. 축소된 미래 foreshortened future

17. 과다 경계 hypervigilance

18. 회피avoidance

19. 2차 트라우마secondary trauma

20. 복합 트라우마[외상]complex trauma

21. 재연reenactment

22. 단순 트라우마[외상]simple trauma

23. 그 외 기타 _____

★ 탐사하기 … 용어 정의 찾기 게임

이 게임은 앞에서 소개된 중독 언어와 트라우마 언어를 사용합니다. 이 게임은 물건 찾기 게임 scavenger hunt이라고 불리긴 하지만 실제 물건을 찾는 것이 아니라 용어의 정의를 찾는 게임으로 2명 이상이 할 수 있습니다.

1. 게임의 리더가 게임 시간을 정합니다(예: 1시간, 하루, 일주일 등).

2. 참가자들을 두 개 이상의 팀으로 나눕니다. (참고로 두 사람이 하는 경우에는 한 사람이 한 팀을 이룹니다.) 팀당 최대 5명으로 하는 것을 권하고, 원하는 경우 팀명을 정하는 것도 좋습니다.

3. 각 팀은 위의 목록(중독의 언어, 트라우마의 언어)에 있는 용어에 대해 최대한 많은 답을 찾는 작업을 합니다. 팀원은 자신의 지식을 활용하거나 온라인 또는 도서관에서 검색할 수 있습니다. 각 팀은 순서에 상관없이 목록에 있는 용어들을 찾을 수 있습니다. (다시 말해, 꼭 1번부터 시작해서 22번까지 순차적으로 진행할 필요는 없습니다.) 또한 23번 질문에서는 추가 용어를 찾아온 수만큼 추가 점수가 주어집니다.

4. 시간이 끝나면 두 팀이 모여 각 팀이 찾은 답을 채점합니다. 가장 정확한 답을 많이 가진 팀이 게임에서 승리합니다. 어떤 답이 옳은지 어떻게 알 수 있을까요? 각 팀이 찾아온 답을 모두가 들을 수 있게 크게 읽으십시오. 누군가가 답이 부정확하다고 생각하여 이의를 제기하는 경우에는 게임의 리더가 온라인에서 답을 확인합니다.

게임의 변주: 진짜 답과 가짜 답. 이 게임을 조금 더 흥미롭게 만드는 방법은 각 팀이 마치 진짜 같이 보이는 가짜 답을 사이사이에 끼워놓는 것으로서 이는 '사전' 게임 - 또한 '허튼소리' 또는 '무의미 사전'으로 알려진 게임 - 과 흡사합니다. 그러한 규칙들을 온라인에서 찾아서 이번 장에 소개된 중독 언어와 트라우마 언어에 적용해볼 수 있습니다.

여러분에게 행운이 있기를, 그리고 이 게임이 좋은 학습의 기회를 되길 바랍니다.

회복의 목소리

선혜 씨 – "회복하는 방법입니다."

어릴 때 아동 학대와 방치를 당하고, 이어서 물질 및 쇼핑중독 그리고 음식중독을 겪은 선혜씨는 이렇게 말합니다. "금단 위반 효과 그리고 충동 타고 넘기 등 제가 모르던 트라우마와 중독의 언어는 그 뜻을 찾아보며 공부해갔습니다. 최근 다이

어트 약을 그만 먹게 되었는데, 그만큼 충동 타고 넘기가 효과적이었습니다. 어제 같은 경우에는 제가 원하는 대로 행동할 수 없어서 하루 종일 분노의 감정과 씨름을 했습니다. 종종 그렇게 속에서 맹렬한 기세로 터져 나오는 분노의 기운을 느낍니다. 특정한 누구를 향해 나오는 분노는 아니지만 격렬하게 느껴지는 감정인데, 충동 타고 넘기는 제가 초점을 놓치지 않고 그 감정을 다루고 앞으로 나아가는 것을 도와줍니다. 이 장에서 특히 좋아하는 부분은 배우자마자 바로 실전에 적용할 수 있는 내용들을 다룬다는 점입니다. 무슨 일이 일어나는지 아는 것만으로도 스스로 행동을 조절하게 합니다. 또한 이 장에 소개된 용어들의 정의를 나열하지 않고, 그 개념들이 실제로 어떻게 적용되는지를 알아가게끔 한다는 점이 좋습니다. 권위 있는 전문가가 용어에 내포된 하나의 의미만을 전달하는 것과는 확연히 다른 효과가 있습니다. 새로 배우는 내용을 내 삶에 적용함으로써 체화하는 것, 저는 바로 이것이 회복하는 방법이라고 생각합니다. 도덕적 상해와 같이 어떤 용어들은 내포하는 의미가 풍부하여 아직 더 많은 관련 내용을 읽고 알아가야 할 것 같습니다. 물건 찾기 게임도 새로운 용어를 배우는 데 아주 흥미로운 방법 같습니다."

12

안전한 대처 기술들

우리 모두는 문제를 안고 세상을 살아간다.
우리가 문제를 해결하는 방식이 우리를 다르게 만든다.
-작가 미상

대처법이란 문제에 어떻게 대응하고, 어떻게 해결하는지를 의미합니다.

현재 이혼 소송을 하는 고통스러운 처지에 놓여 있다고 상상해보십시오. 좋지 않은 대처는 술에 자주 취하거나 고립된 생활을 하고 아무 음식이나 먹어 몸무게가 느는 것입니다. 단기적으로 문제를 잊게 할지 모르지만 장기적으로는 상황을 악화시킵니다. 반면 좋은 대처는 나를 도와줄 수 있는 사람들과 연대를 맺고 규칙적인 운동과 수면을 통해 자기자신을 잘 돌보는 것입니다. 이런 대처야말로 장기적으로 상황을 진전시킵니다.

요컨대, 우리에게 일어나는 모든 일을 통제할 수는 없습니다. 그러나 일어나는 일에 어떻게 대응하는지는 선택할 수 있습니다. 늘 건설적이고 도움이 되는 방법을 찾으십시오. 자신과 남을 해치지 않는 대응, 즉 안전한 방법이 좋은 대처법이라 할 수 있습니다.

트라우마와 중독은 좋은 대처를 가로막는 역할을 합니다. 그럼에도 좋은 대처법이 무엇인지 배우고 실제로 적용할 수 있습니다. 이 장에서는 특히 트라우마 및 중독과 관련된 안전한 대처 기술을 80가지 이상 제공합니다. 이러한 대처 기술은 『안전기반치료*seekingsafety*』(www.seekingsafety.org)라는 책을 통해 소개되었고, 현재 전 세계에서 널리 이용되고 있습니다. 다양한 대처 기술을 배우면서 자신만의 대처법이 있으면 그 역시도 목록에 포함하십시오. 이 세상에는 사람 수만큼이나 다양한 대처 기술이 있습니다. 자신에게 어떠한 대처 기술이 효과적인지 파악하고 나머지 방법들은 크게 신경 쓰지 마십시오. 많은 사람들은 대처 기술 목록을 가지고 다니면서 필요할 때 알고 있는 다양한 방법들을 상기하곤 합니다.

★ 탐사하기 … 안전한 대처 기술 목록

다음 내용을 읽으면서 시도해보고 싶은 새로운 대처 기술은 별표로 표시해두십시오. 이미 잘하고 있는 방법 옆에는 체크 표시를 해두십시오. 여기 소개된 방법을 모두 시도해보고 효과가 어떠한지 관찰해보시기 바랍니다. 또한 같은 대처 기술이라도 상황에 따라 다른 효과를 보일 수 있음을 유념하십시오. 어떤 상황에서 좋은 대처 기술이 다른 상황에서는 그렇지 않을 수도 있습니다. 다음에 소개된 대처 기술 중 이해가 되지 않는 방법이 있으면 심리상담자나 신뢰할 만한 사람에게 조언을 구하십시오.

안전한 대처 기술들*

1. **도움 청하기**: 믿을 만한 사람에게 도움을 구하십시오. 2. **스스로를 고무하기**: 평소 긍정적 영감을 주는 것(예: 감명 깊은 시)이나 정신 차리게 해주는 것(예: 마약 과용으로 힘들어하는 사람의 사진)을 들고 다니십시오. 3. **좋지 않은 장소 떠나기**: 무언가 잘못되어가는 듯할 때는 그 자리를 피하십시오. 4. **지속하기**: 절대로, 어떠한 경우에도, 무슨 일이 있어도, 누가 뭐래도, 결코

---

* 이 목록은 저자의 허락을 받아 Lisa M. Najavits의 『안전기반치료Seeking Safety』(Guilford Press, 2002)에서 개작되었다. All rights reserved. 주: 안전한 대처 기술들 중 일부는 Marlatt & Gordon(1985)('후퇴는 실패가 아니다Setbacks are not failures'와 '긍정적인 중독 만들기Create positive addictions')에서, 일부는 AA(예: '중요한 것 작업하기Work the material' and '모임에 참석하기Go to a meeting')에서, 그리고 '어떠한 느낌도 일시적일 뿐입니다No feeling is final'는 라이너 마리아 릴케의 시에서 가져왔다.

포기하지 않습니다. **5. 정직함:** 비밀과 거짓은 트라우마와 중독의 핵심적인 부분입니다. 반면 정직은 이 증상들을 치유합니다. **6. 애도하기:** 울고 싶을 때는 울도록 놓아두십시오. 그 어떤 눈물과 슬픔도 영원히 지속되지 않습니다. **7 . 자기존중 선택하기:** 장차 자신을 좋아하게 만들 일을 하십시오. **8. 몸을 잘 관리하기:** 건강한 식생활, 운동, 안전한 성관계. **9. 선택지 열거하기:** 어떠한 상황이든 여러분에게는 선택안들이 있습니다. **10. 의미 만들기:** 당신이 살아가는 이유(자녀? 애정? 진실? 정의? 신?)를 상기하십시오. **11. 현재 가지고 있는 것을 최대한 활용하기:** 주어진 기회를 최대한 활용하십시오. **12. 경계 설정:** 자신을 보호하기 위해 "아니오"라고 말할 수 있어야 합니다. **13. 자비[연민·동정]:** 존중과 배려하는 마음으로 내면에 귀를 기울이십시오. **14. 고민이 될 때는 가장 어려운 길을 선택하기:** 가장 어려운 길이 언제나 올바른 길입니다. **15. 자기와의 대화:** 어려울 때는 자신과 나누는 대화가 많은 도움이 됩니다. **16. 상상하기:** 느낌을 바꾸어주는 장면들을 머릿속에 떠올려보십시오(예: 안전하고 편하게 느끼는 장소에 대한 기억). **17. 선택 순간 알아차리기:** 아주 천천히 안전하지 않은 행동을 선택했던 그 순간을 슬로우 비디오처럼 정확히 떠올려보십시오. **18. 속도 조절:** 감당하기 어렵다고 느껴질 때 속도를 조절하십시오. 반면 너무 느리다고 느껴질 때는 조금 속도를 올려보십시오. **19. 안전 유지:** 무엇보다 안전을 최우선으로 생각하십시오. **20. 비난하지 말고 이해하기:** 행동에 귀를 기울여보십시오. 비난은 성장을 방해합니다. **21. 한 가지 방법으로 효과가 없으면 다른 방법을 시도하기:** 마치 미로처럼 새로운 길을 계속해서 찾아 나가십시오. **22. 트라우마와 중독을 연결하기:** 중독을 정서적 고통을 완화시키기 위한 행동으로 인식합니다. **23. 혼자 있는 것이 나쁜 관계보다 낫다:** 현재 치료관계자들과 안전하다면, 그것도 괜찮습니다. **24. 새로운 이야기 만들기:** 당신은 당신 삶의 이야기를 직접 쓰는 작가입니다. 그 속에서 삶의 역경을 극복한 영웅이 되십시오. **25. 피할 수 있는 고통 피하기:** 나쁜 상황은 가능하면 사전에 예방하십시오. **26. 다른 사람들에게 물어보기:** 알고 있는 것이 정확한지 다른 사람들에게 묻는 것을 꺼려하지 마십시오. **27. 정돈하기:** '할 일' 목록을 만들거나 집을 깨끗하게 유지하는 것을 통해서 통제할 수 있다는 느낌을 가질 수 있습니다. **28. 위험 신호 주의:** 문제가 커지기 전에 문제에 직면하십시오. 상황이 좋지 않다는 신호를 보내는 적색 경보를 주의하십시오. **29. 무엇보다도 중요한 것은 치유:** 중요한 것에 집중하십시오. **30. 무언가를 행동으로 옮기기:** 오늘 실천에 옮기는 좋은 계획은 아직 실천에 옮겨지지 않은 내일의 완벽한 계획보다 낫습니다. **31.발견과 확인**: 생각이 머릿속에만 맴돌게 하지 말고 사실인지 확인하십시오. **32. 치료 참여하기**: 익명의 알코올중독자들 모임AA, 자조 모임, 심리상담, 약물 치료, 집단 치료 등 여러분을 견디게 하는 것들은 무엇이든 하십시오. **33. 완충 장치 만들기**: 당신과 위험 사이에 무언가를 두십시오(예: 시간, 거리). **34. 생각을 솔직하게 말하기**: 그럴 때 다른 사람들과 더 가깝다고 느낄 것입니다(단, 안전한 사람들에게만 시도하십시오). **35. 무엇을 필요로 하는지 귀 기울이기**: 내면의 목소리를 더 이상 무시하지 말고, 자신이 무엇을 필요로 하는지 귀 기울여 들으십시오. **36. 나의 패턴에 반대로 접근해보기**: 예를 들어, 자신이 너무 의존적일 경우 조금 더 독립적으로 행동하기를 시도하십시오. **37. 장면 회상**: 부정적인 사건을 다시 떠올리며 점검해보십시오. 다음번에 똑같은 일이 일어난다면 그때는 어떻게 다르게 대응할 수 있습니까? **38. 비용 알아차리기**: 삶에서 중독으로 인해 치르는 비용은 얼마입니까? **39. 하루를 체계적으로 보내기**: 생산적인 계획은 하루를 잘 보낼 수 있게 하고 세상과의 유대감을 형성합니다. **40. 행동 계획 수립**: 구체적으로 기한을 정하고 다른 사람들에게 그 계획에 대해 알리십시오. **41. 자신을 보호하기**: 나를 망가뜨리는 사람들, 나쁜 환경, 그리고 중독과 나 사이에 보호막을 놓으십시오. **42. 위로하는 대화**: (친구나 어린아이를 대하듯) 매우 부드럽게 자신과 이야기하십시오. **43. 결과를 미리 상상하기**: 내 행동이 내일, 다음 주, 내년에 미칠 영향을 생각해보십시오. **44. 치유 과정 신뢰하기**: 트라우마와 중독에서 벗어나는 중입니다. 계속해서 앞으로 나아가십시오. **45. 중요한 것 작업하기**: 주어진 과제를 충실히 연습하고 참여할수록 빠른 치유가 이루어집니다. **46. 분열된 자기의 통합**: 자신의 모든 면을 받아들이십시오. 다양한 모습에는 그만한 이유가 있습니다. **47. 성장의 불편한 느낌을 예상하기**: 무언가 어색하고 어렵게 느껴진다면 현재 올바른 방향으로 나아가고 있다는 뜻입니다. **48. 부정적이고 파괴적인 활동 대체하기**: 마약이나 술 대신 사탕을 먹어보십시오. **49. 자기자신을 좋아하는 듯이 행동해보기**: 하루가 얼마나 다르게 지나가는지 느껴보십시오. **50. 현재에 집중하기**: 오늘 할 수 있는 일을 잘 수행하십시오. 과거나 미래를 생각하며 버거워하지 마십시오. **51. 자기 칭찬**: 잘 해낸 일에 주목하십시오. 성장하는 데 가장 효과적인 방법입니다. **52. 반복되는 패턴 관찰**: 반복해서 하는 행동을 알아차리고 이해하려고 노력하십시오. **53. 자기 양육**: 좋아하는 것을 하십시오(예: 산책, 영화보기). **54. 지연해보기**: 현재 하려는 행동이 부정적 또는 파괴적이지만 완전히 막을 수 없다면, 가능한 한 오랫동안 뒤로 미루십시오. **55. 파괴적인 관계 떠나보내기**: 시정하거나 향상시킬 수 없다면 나로부터 떼어내는 것도 하나의 방법입니다. **56. 책임지는 자세**: 수동적이 아닌 능동적인 접근 방식을 택하십시오. **57. 기한 설정**: 무언가 하기로 했다면 날짜를 설정하여 기한을 정하십시오. **58. 진지하게 도전하기**: 회복을 위한 행동을 하겠다고 스스로에게 다짐하십시오. **59. 다시 생각하기**: 생각은 느낌이 좋은 쪽으로 나아가는 방식으로 하십시오. **60. 정서적 고통 벗어나기(안정화 작업)**: 정서적인 고통이 올라올 때는 다른 생각으로 바꾸거나, 일어서서 산책을 나가거나, 채널을 바꿔보세요. **61. 경험을 통해 배우기**: 자신의 경험에 기초하여 앞으로 도움이 될 수 있는 지혜를 얻으십시오. **62. 문제 해결하기**: 일이 잘못되어갈 때 개인적인 것으로 받아들이지 마십시오. 그저 해결책을 찾는 데 집중하십시오. **63. 친절한 언어 사용**: 자신의 언어를 덜 가혹한 방식으로 표현하세요. **64. 증거 확인하기**: 사건의 한 면만이 아니라 앞뒤를 살펴봅니다. **65. 미리 계획하기**: 앞으로의 일을 생각할 시간을 충분히 가지십시오. 이는 충동적인 것과는 반대의 행동입니다. **66. 신념 찾아내기***: 예: 해야 한다. 결핍 추론. **67. 자신에게 보상하기**: 건강한 행동을 장려할 건전한 방법을 찾습니다. **68. 새로운 시나리오 만들기**: 기존의 방식이 아닌 새롭게 사고하는 방식을 연습하십시오. **69. 삶의 규칙 세우기**: 자신에게 효과적인 문구들을 기억하십시오(예: "정신 차려"). **70. 후퇴는 실패가 아니다**: 후퇴는 후퇴에 불과합니다. **71. 느낌 수용하기**: "어떠한 느낌도 일시적일 뿐입니다." - 느낌이 들 때 그냥 인정하고 안전하게 넘어가십시오. **72. 행동을 먼저 하면, 감정은 따라오는 것**: 동기가 생길 때까지 기다리지 마십시오. 지금 바로 시작하십시오. **73. 긍정적인 중독 만들기**: 예: 취미 활동, AA, 스포츠. **74. 의심스럽다면 행동 멈추기**: 위험이 감지되는 경우 멀리하십시오. **75. 촉발요인과 싸워 이기세요**: 자신을 보호하기 위해 적극적인 행동을 취하세요. **76. 출처의 신뢰도를 확인하기**: 비판이나 조언을 받아들이기 전에, 누가 말하고 있는지 눈 여겨 보십시오. **77. 결정 내리기**: 막히면 풀릴 때까지 기다리지 말고 지금 할 수 있는 최선의 방법을 선택하십시오. **78. 옳은 일 하기**: 설령 좋아하지 않는다고 해도 도움이 될 거라고 알고 있는 행동을 하십시오. **79. 모임에 참석하기**: 우선 발을 들여놓은 다음 나머지 일은 모임에서 일어나는 대로 놔두

---

* 잘못되거나 지나친 신념을 찾아낸다는 의미. - 역주

십시오. 80. HIV*로부터 몸을 보호하기: 아주 중요한 부분입니다. 81. 치유를 우선순위로 두기: 무엇보다도 치유를 가장 중요하고 우선되는 목표로 삼으십시오. 82. 공동체의 자원에서 도움받기: 그들에게 기대 보세요! 생각보다 큰 도움이 될 수 있습니다. 83. 다른 사람들이 여러분의 회복을 돕도록 허용하기: 자신이 필요로 하는 것을 사람들에게 말해보세요. 84. 통제할 수 있는 것에 주목하기: 당신이 진정 통제하는 부분들(예: 일자리, 친구 등)을 열거해보십시오.

선택한 이 목록을 보이는 곳에 놓기

- 지갑 속(좋은 대처는 돈보다 가치가 있습니다)
- 거울(변해가는 모습 보기)
- 냉장고 앞(건강한 대처를 도와줍니다)
- 또는 휴대 전화, 자동차 등 쉽게 눈에 띄는 곳 어디에나

✧ 오늘 사용할 수 있는 안전 대처 기술은 무엇입니까?

✧ 이 목록을 계속 사용하기 위해 어디에 보관할 수 있습니까?

✧ 목록을 통해 긍정적인 감정을 느끼십니까?

✧ 이 목록에는 없지만 사용하고 있는 다른 안전한 대처 기술이 있습니까?

---

* 에이즈AIDS 바이러스. – 역주

회복의 목소리

이나 – "지금 내게 선택권이 있어."

"저를 위한 대처 기술은 촉발요인이 느껴질 때 숨을 깊게 쉰 다음 '지금 내게 선택권이 있어'라고 인식하게 해줍니다. 어린 시절 끔찍한 트라우마를 겪고, 그후 느껴지는 공허함을 물건들을 사서 채우곤 했습니다. 제 자신을 방치한 채 그저 외부에 존재하는 무언가에 중독되어 있었던 것입니다. 이것저것 정말 많이 사들였는데, 어느 순간 '외부의 것으로 내면의 공허함을 채울 수 없다'는 사람들의 말이 무슨 뜻인지 알게 되었습니다. 제 경험을 봐도 파산할 때까지 무언가를 계속 살 수는 있었지만 결코 공허함을 채울 수는 없었습니다. 물건을 살수록 자금 사정은 나빠져만 갔고, 결국 제가 사용하는 방식은 안전한 방법이 아니라는 것을 깨닫게 되었습니다. 이 장에 실린 안전한 대처 기술들을 보았을 때 저의 첫 반응은 '바로 이거야!'였습니다. 세상에서 일어나는 일에 어떻게 대응하는지 우리 스스로 결정할 수 있다는 것을 이해할 때 진정한 치유가 시작됩니다. 이 사실은 커다란 충격이었습니다. 이를 바탕으로 여기 소개된 안전한 대처 기술들은 참으로 실용적인 방법들입니다. 주변 일들이 안전하지 않게 흘러가고 원인과 결과가 잘 파악되지도 않는 일들의 연속으로 무언가 엉망진창이라는 생각이 들 때, 막상 어떻게 행동해야 할지가 제게는 큰 과제였습니다. 정작 행동에 변화를 주어야 할 사람은 바로 나라는 것을 깨닫기 전까지는 주변 탓도 많이 했습니다. 물론 그걸 배우기까지 많은 대가를 치러야 했습니다. 점점 나빠진 자금 사정으로 결국 차를 팔아야 했으니까요. 안전 대처 기술 목록을 접한 후로는 늘 가방에 지니고 다녔습니다. 버스 안이든 일터에서든 6개월 동안은 틈만 나면 들여다보곤 했습니다. 새로운 항목을 접할 때면 '이건 어떻게 하는 거지?' 하는 물음을 던졌습니다. 실제로 적용해보는 많은 연습이 중요하다는 것을 알게 되었습니다. 또한 저와 잘 맞는 방법들은 따로 선별하여 조그만 카드로 만들어 대처 기술을 자세히 적어두고 예쁘게 꾸며서 들고 다니기도 했습니다. 안전 대처 기술은 회복에 필수사항입니다. 가만히 앉아서 회복에 대해 골똘히 생각할 수는 있겠지만 그런다고 어떤 변화도 실제로 일어나지는 않습니다. AA에서도 늘 '행동이 먼저'라는 점을 강조하는데 대처 기술에서도 마찬가지입니다. 우선 몸을 움직이면 마음도 뒤따라오게 되어 있습니다. 상황은 매순간 찾아오니 어떻게든 대처는 계속 해나가야 합니다. 안전한 대처를 해나가면 점차 결과는 긍정적으로 바뀌고, 그 긍정적인 결과로 힘을 얻은 우리는 전보다 더 안전한 대처를 많이 해나가게 될 것입니다."

13

사회적 고통

오늘날 가장 큰 질병은 나병이나 결핵이 아니라
자신을 불필요한 존재로 느끼는 감정입니다.
– 마더 데레사, 20세기 알바니아 출신 선교사이자 노벨 평화상 수상자

대부분의 사람들은 고통에 대해 생각할 때 부러진 뼈나 편두통과 같은 육체적 고통을 떠올립니다. 그러나 고통은 신체적일 뿐만 아니라 정서적, 영적일 수도 있고, 사회적일 수도 있습니다.

사회적 고통이란 당신을 비롯하여 다른 사람들이 불의, 배신, 차별, 고립, 박해, 인종 차별, 소외 등의 형태로 사회적인 고통을 겪을 때 느끼는 것입니다. 폭력단 생활, 전쟁 시기, 병든 가족 환경과 같은 상황에서 다른 사람들에게 해를 입히도록 강요당했을 수 있고, 그로 인해 심각한 사회적 고통이 초래될 수 있습니다.

트라우마와 중독은 종종 사회적 고통과 깊은 관련을 맺습니다. 트라우마나 중독을 겪는다는 이유로 부당한 대우를 받을 때도 있고, 존중받지 못하거나 거절당하는 경험을 할 수도 있습니다. 또한 이러한 대우로 인해 트라우마나 중독이 발생할 수도 있습니다. 이렇듯 트라우마, 중독과 사회적 고통의 관계는 깊이 얽혀 있습니다.

타냐: "저는 제가 남자아이가 아니라는 것을 일찍 알게 되었습니다. 그런 용어를 알 나이가 되기도 전에 자연스럽게 말입니다. 아버지는 저를 때려서라도 남자아이처럼 키우려고 했고, 그럴 때마다 '계집아이는 쓸모없다'는 말씀을 하셨습니다. 그 메

시지는 마음에 깊이 사무쳐 노숙 생활, 매춘 생활에 마약중독이라는 수치스러운 삶으로 이어졌습니다. 다행히도 저를 있는 그대로 사랑해준 이모가 계셨습니다. 부모로부터 독립을 하고 제가 여자라는 것을 받아들이기 시작할 때도 (30대가 되어서야 뒤늦게 일어난 일이지만) 이모는 늘 그 자리에서 가족과 세상으로부터 듣는 언어폭력을 막아주는 방패막이가 되어주었습니다. 오랫동안 들어온 이야기와 삶의 방식을 극복하는 데에는 꽤 오랜 시간이 걸렸지만, 이제는 더 이상 술과 마약에 손대지 않고 매춘을 하며 돈을 구걸하지도 않습니다. 이젠 삶에 대한 열정을 가득히 느끼며 건강한 관계를 맺으며 살아갑니다."

✧ 트라우마, 중독 또는 다른 경험의 일환으로 거절당하거나, 괴롭힘을 당하거나, 모욕당하거나, 기피당하는 것처럼 느껴질 때가 있습니까?

✧ 당신이 겪었던 일 때문에 고립되거나 오해받는다고 느낄 때가 있습니까?

✧ 다른 사람들이 심각하게 해를 입거나 학대당하는 모습을 본 적이 있습니까?

✧ 외로움을 많이 느낍니까?

✧ 다른 사람들을 해친 경험이 뇌리를 떠나지 않거나 거기에 사로잡힐 때가 있습니까?

✧ 이 장을 끝까지 다 읽지 않은 상태에서 '사회적 고통'의 의미가 충분히 와닿습니까?

사회적 고통은 실재합니다

뇌 영상 연구에 따르면 사회적 고통은 육체적 고통만큼 실재합니다. 또한 가족, 또래 집단, 교회, 군대, 기업, 학교 등 사회의 전반적인 곳에서 발생합니다. 사회적 고통은 온라인 학대 등 소셜 미디어를 통해 발생하기도 하는데, 연구 결과에 의하면 온라인 학대 역시 직접적으로 당하는 학대만큼이나 피해가 크다고 합니다.

사회적 고통은 다음과 같이 심각한 결과를 초래할 수 있습니다.

» 사회적 고통은 면역 체계를 약화시킴으로써 신체적인 고통을 유발할 수 있습니다.
» 사회적 고통은 공격적인 태도를 자극하여, 존중받기 위해 상대방과 싸우기도 하고 자신을 해치는 사람을 향해 극도의 저항을 촉발할 수 있습니다.
» 사회적 고통은 자기 인식을 왜곡할 수 있습니다. "그저 길을 걸었을 뿐인데, 지나가는 사람들은 모두 내가 어린 시절 학대당했다는 사실을 아는 것 같다."
» 사회적 고통은 고립된 삶을 살게 합니다.

마가렛은 9·11 사건 이후 군대에 입대하였습니다. 그의 아버지는 해군에서 평화 유지 임무를 수행한 적이 있으며, 할아버지는 제2차 세계대전에 참전하였습니다. 그는 군복무를 하는 동안 선임들로부터 훌륭한 평가를 받았고 동료들로부터도 존중받는 군인이었습니다. 마가렛은 평생 군복무를 원했지만 아픈 경험과 함께 5년 뒤 돌연 은퇴를 하게 되었습니다. "5년이 흐르고 보니 저는 더 이상 입대할 때의 제가 아니었습니다. 부대장에게 강간당한 사실을 신고한 후 군 생활은 곤두박질치기 시작했습니다. 평소 저를 존중하던 사람들이 갑자기 비웃기 시작했고, 강간 사건도 제가 만들어낸 것인 듯 받아들였습니다. 곧 나쁜 소문이 돌기 시작했고, 입에 담기도 싫은 농담들을 주고받기도 했습니다. 분명 강간 사건은 비밀리에 처리되

어야 하는데, 마치 모두가 알고 있는 것처럼 보였습니다. 결국 새로운 부대에 배치
되었지만 그곳의 사령관도 골칫덩이를 떠맡은 것처럼 저를 대했습니다. 강간과
관련하여 실제 어떤 일이 있었는지에 대한 제대로 된 조사는 한 번도 이루어지지
않았고, 저는 결국 군대를 떠날 수밖에 없었습니다. 긴 시간 동안 성실히 받은 훈련
과 성공적으로 수행한 임무들을 뒤로한 채 제가 그렇게 빨리 내쳐질 수 있다는 사
실이 커다란 충격이었습니다. 그 사건으로 저는 순식간에 거짓말이나 하는 사람
으로 전락하였습니다. 그렇게 한때의 영웅이 아무것도 아닌 사람이 되어버린 것
입니다."

사회적 고통을 유발하는 다양한 경로들

사회적 고통은 다음과 같이 다양한 경로를 통해 발생합니다.

» **신뢰받지 못함.** 살면서 "지금 그 이야기는 조작하고 있는 것 아니니?" 또는 "만들
어낸 이야기치고 그리 나쁘지 않네."라는 말을 들었을지도 모릅니다. 특히 부
모나 선생님 등 당신을 믿어주어야 하는 사람들에게 인정받지 못하거나 모욕
하는 말을 듣는 것은 아주 고통스러운 일입니다.

» **모욕.** 사람들 앞에서 웃음거리가 되거나, 공개적으로 모욕당하거나, 굴욕을 당
하거나 또는 다른 사람보다 못났다는 말은 심적으로 오랫동안 영향을 줄 수 있
습니다.

» **배신.** 당신이 신뢰하던 사람이 갑자기 당신에게 날카롭게 대하거나, 당신의 비
밀을 다른 사람들에게 발설하거나, 중요한 일에 대해 속임을 당하는 경험은 비
탄에 빠지게 합니다.

» **고립.** 트라우마나 중독을 겪는 동안 또는 그 후에 고립된 생활을 했다면 회복에

필요한 어떠한 도움을 받지 못했을 수 있습니다. 늘 오해받는다고 느낄 수도 있고, 당신의 현실에 대해 의심할 수도 있습니다.

» 금기. 근친상간, 고문, 대량 학살과 같은 트라우마는 매우 극단적이어서 사람들은 등을 돌리거나 심지어 이야기 자체를 거부할지도 모릅니다. 사회적으로 받아들여지지 않는 정도의 중독 현상도 사람들로 하여금 심한 거부반응을 불러일으킬 수 있습니다.

» 희생양 만들기. 집단 내에서 유독 당신만 해를 입은 경험이 있을 수 있습니다. 예를 들어, 가족 내에서도 유독 한 아이만 학대를 당하는 경우가 있을 수 있고, 홀로코스트Holocoust에서도 유대인과 동성애자들이 목표물이 되었습니다. 희생양 만들기는 언제나 불공평합니다.

» 다른 사람들을 해치도록 강요당함. 전쟁 중 잔학 행위를 하도록 명령을 받거나, 아동 학대의 일환으로 다른 형제자매에게 상처를 입히는 등 원치 않게 다른 사람들에게 해를 입히는 경우 깊은 사회적 고통으로 남을 수 있습니다.

» 비난. 당신에게는 아무런 힘이 없었는데도 일어난 일에 대해 비난받는 경우가 있습니다. 일부 문화권에서는 강간 피해자가 가족과 가까운 지역 사회에서 기피당하는 일이 발생합니다. 이러한 진실 왜곡은 심히 파괴적입니다.

✧ 앞의 설명 중 친숙하게 와닿는 것이 있습니까?

사회적 고통에 대해 해야 할 일

사회적 고통에 대한 간단한 해결책은 없지만, 여기 몇 가지 아이디어가 있습니다.

사람들은 사회적 고통을 일으키기도 하지만 동시에 치유를 해줄 수도 있습니다. 여러분을 존중해주는 좋은 사람들을 더 많이 만날수록, 사회적 고통 또한 더 많이 극복할 수 있습니다. 물론 그런 사람을 찾기가 쉽지 않은 일이지만, 신뢰할 수 있는 사람(친구, 심리상담자, 가족, 선생님 또는 종교인 등)이 심지어 단 한 명만 있어도 커다란 변화를 가져올 수 있습니다. 설령 긴급전화hotline나 긴급상담센터 등을 통한 전혀 낯선 사람과 시작한다 하더라도 여러분은 누구에게 손을 내밀 수 있을까요?

비사회적인 방법을 사용할 수도 있습니다. 삶을 긍정적인 방향으로 이끄는 것이면 그 무엇이든 도움이 됩니다. 사회적 고통이라고 해서 꼭 사회적인 방법으로만 해결해야 하는 것은 아닙니다. 자연, 예술, 배움, 신체 활동 및 다른 기타 활동들은 삶에서 사회적 고통의 무게를 줄여주는 새로운 차원을 제시할 수 있습니다.

가능하다면 당신을 다르게 대우해주는 새로운 환경을 찾으십시오. 이는 학교를 바꾼다거나, 직장을 옮긴다거나 또는 이사하는 걸 의미할 수 있습니다. 물론 떠나는 것이 항상 최선의 해결책은 아닙니다. 만약 환경을 바꾸지만 같은 패턴의 문제가 반복해서 발생한다면, 자신을 보호할 새로운 기술을 습득하십시오('인식: 다른 사람들은 당신을 어떻게 바라보는가'(제27장) 참조).

당신만 겪는 문제가 아니라는 것을 아십시오. 모욕이나 거절 등의 사회적 고통을 자신만 겪는다고 잘못 생각하면 곧이어 고립된 생활로 이어집니다. 슬픈 일이지만 우리 역사는 사회적 고통으로 점철되어 있습니다. 왜 사회적 고통이 이리도 흔한지, 다른 상황에서는 어떻게 진행되는지, 할 수 있는 만큼 최대한 많이 이해해보려고 노력하십시오. 눈을 뜨고 세상을 제대로 보는 것만으로도 여러분은 강해집니다.

이상을 지키면서 동시에 현실적이어야 합니다. 사회적 고통은 여러분이 공정함, 정의로움, 선량함에 대해 가지고 있는 이상을 파괴할 수 있습니다. 예상하지 못했던 냉담함과 잔혹함 때문에 눈이 멀게 될 수도 있습니다. 때때로 사회적 고통을 가장 많이 느끼는 사람들은 가장 이상주의적인 사람들입니다. 양 측면 둘 다를 지켜보십시오.

인간에게 가능한 위대함과 끔찍함, 이 두 가지 면을 모두 알아차리려고 노력하십시오.

다른 사람들이 어떻게 대처하는지 알아보십시오. 수치심 극복, 차별 대처 방법, 희생양 만들기에 대한 대처 방법 등에 온라인을 통해 검색해보십시오.

마음속에 특정 대화를 계속 반복하는지 확인하십시오. 복수하는 환상을 반복해왔거나 다른 방식으로 붙들려 있을 수도 있습니다('어두운 감정들: 격노, 증오, 원한, 비통'(제29장) 참조).

회복을 굳건히 할수록 사회적 고통은 줄어듭니다. 회복은 나무 위의 새로운 줄기처럼 과거와는 다른 새로운 경험을 하도록 이끌어줍니다.

◇ 여러분이 겪은 사회적 고통에 대해 진정으로 털어놓을 수 있는 사람이 적어도 한 명 있습니까? 그렇지 않다면 그런 사람을 어떻게 찾을 수 있을까요?

◇ '사회적 고통에 대해 해야 할 일'이라는 절에 소개된 제안들 중 시도해볼 수 있는 방법이 있습니까?

회복의 목소리

제니퍼 – "나를 지켜주는 보호막…"

제니퍼는 15세일 때 갑자기 날아든 총알로 인해 머리에 총상을 입었습니다. 그 결과 심한 외상성 뇌손상과 외상 후 스트레스 장애PTSD를 겪었고, 그 증상에 대처하려고 마약 남용에 빠졌습니다. "총알이 머리에 맞는 그 순간이 저를 여러모로 변화시켰습니다. 우선 제가 제 자신을 바라보는 관점을 완전히 바꾸어놓았습니다. 하지만 그건 제가 어떻게든 노력할 수 있는 부분인데, 다른 사람들의 저를 향한 시선은 여전히 어려운 부분입니다. 심지어 처음 본 사람들도 보자마자 '왜 그렇게 걷니? 혹시 교통사고라도 당했니? 아니면 다발성 경화증이 있니?'라고 묻곤 합니다. 이 러한 경험이 지속되면서 불안감이 생기고, 새로운 관계를 형성하는 것이 어려웠 습니다. 과거에 일어난 일에 대해 어떻게든 제 자신에게 미친 영향을 배제한 채 설 명을 해야 할 것같이 느껴지고, 통제할 수 없었던 일로 인해 사람들이 나를 거부할 지도 모른다는 생각이 듭니다. 과거에 있었던 거절의 경험들도 하나씩 쌓여 어느 덧 제 안에 정서적 상처로 남아 있고, 이는 다른 사람과의 친밀감 형성에 커다란 장 애물이 되고 있습니다. 이는 저만 겪는 일이 아닙니다. 제게는 다른 사람들이 겪는 사회적 고통도 보입니다. 사회 전반적으로 트라우마에 대한 수치심과 낙인이 많 이 존재합니다. 참전 군인과 외상성 뇌손상을 입은 사람들은 미친 사람이나 정신 나간 사람으로 분류됩니다. 성폭행을 당한 사람들은 행동방식이나 옷차림을 이유 로 오히려 문란하거나 그 일을 자초한 것인 양 취급받습니다. 이런 일은 주변에서 아직까지 많이 일어나고 있습니다. 이 장에 대해 제가 높이 평가하는 부분은 이러 한 경험을 적절히 표현할 수 있는 언어를 제공한다는 점입니다. 트라우마와 중독 에 더하여 사회적 고통을 겪으면 엎친 데 덮친 격이 되어 훨씬 더 회복하기가 어려 워집니다. 이를 두고 '만약 당신이 내 신발을 신고 5리를 걸어본다면…'이라고 쓰 인 구절도 있습니다. 우리에게 필요한 것은 이런 문제들을 안고 살아가는 것이 어 떠한지, 또 거기서 회복하려고 노력하는 삶이 어떠한지 잘 들어줄 수 있는 사람들 입니다. 종종 사람들의 무지한 행동과 공감의 부족이 저를 화나게 할 때도 있습니 다. 그러나 그럴 때마다 동시에 깊이 이해하는 사람들 그리고 이해하려고 노력하 는 사람들도 있다는 사실을 스스로에게 상기시킵니다. 저는 이러한 사람들에 둘 러싸여 살아가고자 합니다. 무엇보다 사회적 고통을 줄이는 데 도움이 되는 사람 들과 함께 살아가고 싶습니다. 이들은 무지하고 공감이 부족한 사람들에게서 저 를 지켜주는 보호막입니다."

14

진정한 자기자비/자기연민

다른 사람들이 행복해지길 원한다면 자비를 실천하십시오
자기자신이 행복해지고 싶다면 역시 자비를 실천하십시오
– 제14대 달라이 라마, 티베트 지도자, 노벨평화상 수상자

자비[연민·동정]compassion는 자기자신을 비난하는 대신 이해할 수 있게 해줍니다. 하지만 그것이 자비의 전부는 아닙니다. 자비의 궁극적인 시험 무대는 건강하지 않은 행동을 바꾸는 데 도움이 되는지 여부입니다. 행동 변화가 없는 자비는 아직 충분히 무르익지 않았음을 의미합니다.

진정한 자비는 아주 강한 힘을 지닙니다. 많은 사람들은 자비에 대해 핑계를 대거나 자신에게 관대하여 내버려두는 것 정도로 생각하지만 실제로 자비는 그런 것이 아닙니다. 자기자신에 대한 보다 많은 자비는 변화하고자 하는 동기를 더 강하게 해줄 수 있다는 연구 결과는 자비에 대해 새삼 놀라운 시선을 갖게 합니다.

자기자신을 향한 자비의 예시

자기자비의 예시는 다음과 같습니다.

"오늘 같은 날 정말 술 한잔을 하고 싶지만, 우리 가족의 알코올중독 이력을 볼 때 아마도 나에게 그리 좋은 선택은 아닐 거야. 친구들이 마신다고 해도 나는 안 돼.

어찌 보면 완전히 불공평한 일이지만, 그래도 받아들여야지 어쩔 수 없어. 대신 안전한 다른 무언가를 할 수 있을 거야. 지금까지 겪은 끔찍한 트라우마들을 떠올려볼 때, 이 음주 문제를 해결해가면서도 내 자신에게 친절하게 대하고 싶어."

이 예시가 어떻게 다음과 같은 특성들을 보여주는지 확인해보세요.

» 친절하고 고무적이다("내 자신에게 친절하게 대하고 싶어.").
» 무엇이 안전하고 무엇이 안전하지 않은지에 대해 현실적이다("나에게 그리 좋은 선택은 아닐 거야.", "친구들이 마신다고 해도 나는 안 돼.").
» 보다 폭넓은 관점을 제공한다("우리 가족의 알코올중독 이력을 볼 때", "지금까지 겪은 끔찍한 트라우마들을 떠올려볼 때").
» 새로운 길을 모색한다("안전한 다른 무언가를 할 수 있을 거야.").
» 현실을 받아들인다("그래도 받아들여야지 어쩔 수 없어.").

❖ 이 글을 읽고 조금은 너그러운 마음이 드십니까? 그렇지 않아도 괜찮습니다. 계속해서 읽어보세요

과거에 누군가로부터 자비를 받아본 적이 거의 없다면, 지금 하려고 하는 것이 이해하기 어려울 수 있습니다. 처음에는 불편하게 느껴질 수 있지만, 결국 건강한 삶을 위해서는 자비가 필수적이라는 것을 알게 될 것입니다.

진정한 자비

자비는 단지 응원하거나 자신에게 긍정적인 말을 하는 것이 아닙니다. 단지 좋은 기분을 느끼는 것도 아닙니다. 회복은 때로는 자기희생과 자신에게 인색함을 요구하기도 합니다. 술을 마시고 싶을 때 끝내 참아내는 것은 힘든 일입니다. 해로운 연인과 헤어지는 것도 당시에는 상대방에게 뭔가 잘못하는 것처럼 느껴지지만 마음 깊은 곳에서는 올바른 방향이라는 것을 알고 있습니다. 심리학자 마샤 린네한Marsha Linehan은 이렇게 '올바르다고 알고 있는 것을 실천하는 것'을 '현명한 마음wise mind' 이라고 부릅니다. 자비는 수월한 길을 선택하는 것이 아니라 최선으로 보이는 길을 선택하는 것입니다. 즉, 자비는 최선인 것을 실천하는 것에 관한 것입니다.

자비를 연구하는 심리학자 크리스틴 네프Kristin Neff는 자비에 대해 다음과 같이 기술합니다. "자신에게 자비롭게 대하는 것은 스스로 건강하고 행복한 삶을 살기를 바라는 것이고, 필요할 때 부드럽게 변화를 격려하고 해롭거나 실속 없는 행동을 차츰 교정하는 것을 의미합니다. 따라서 자기자비는 오히려 현재의 자신에 안주하려는 것에서 벗어나게 하는 역할을 합니다."

자비가 아닌 것들

얄궂게도 자비가 아닌 것에 대한 이해는 자비에 대한 깊은 이해를 도와줍니다. 자비가 아닌 것은 다음과 같습니다.

> » 핑계대기
> » 나쁜 선택 정당화하기
> » 잘못에 대한 책임을 모면하기

» 진실에 대해 눈 가리고 아웅하기
» 모든 것이 괜찮은 척하기("장밋빛 안경")
» 오만함("나는 항상 옳아.")
» 이기심
» 불쌍히 여김

늘 당신의 잘못으로 인한 것은 아니더라도 때때로 잘못된 선택을 할 수 있습니다. 안전하지 않은 사람들과 시간을 보내거나, 직장이나 집에서 해야할 일을 하지 않거나, 음주 운전 등을 하는 경우도 있습니다. 특히 트라우마와 중독을 겪는 경우에는 당신과 다른 사람들에게 해를 끼치는 행동을 하는 경우가 생길 수 있습니다.

메스암페타민에 중독되었던 찰스는 이런 말을 종종 하곤 했습니다. "내 마약 거래 상이 우리 형을 죽였어. 표적은 나였지만 실수로 형이 그렇게 된 거야. 결국 내가 우리 형을 죽음으로 몰아넣고 말았어. 나는 내 자신을 용서할 수가 없어."

자비는 실수를 인정하고 어떻게 그 실수를 저지르게 되었는지 넓은 시야에서 바라보며 이해하려는 노력입니다. 노력을 하면 할수록 실수가 반복되는 것을 막을 수 있습니다. 그 과정을 통해 얻는 것은 비난이나 평가가 아닌 이해입니다.

자비를 실천하고 있는지 어떻게 알 수 있을까요? 자신의 행동을 관찰하십시오. 당신의 행동이야말로 나침반이자 진실한 가이드입니다. 진정한 자비는 자기 스스로에게 친절하면서 더 책임감 있게 행동하는 것입니다. 중독행동은 줄이고, 몸은 더 잘 돌보며, 하기로 결심한 일들을 해나가십시오. 이에 대한 자세한 내용은 제7장 '자신의 행동에 귀를 기울여라'를 참조하시기 바랍니다.

자기자신을 향한 자비

자기자신에 대한 자비가 타인에 대한 자비보다 어렵습니다. 이는 대부분의 사람들에게 그러한데, 중독과 트라우마 문제가 있는 경우에는 특히 더 그렇습니다. 스스로에게 엄격한 것이 정상이고 또 그럴 필요가 있다고 믿고 있을지도 모릅니다. 과거에 좋지 않은 대우를 받았다면, 자기자신을 격려하기보다는 미워하는 법을 배웠을 것입니다. 또는 어떤 사람들은 그 반대로 나아가 늘 자신들이 옳다는 오만한 태도를 갖기도 합니다. 자신에 대한 지나친 사랑이나 지나친 미움 모두 동전의 양면과도 같습니다. 건강한 자존감을 가진 사람들은 강점과 약점에 대해 균형 잡힌 시각을 가지고 있습니다.

　진정한 변화는 따뜻한 지원과 확고한 책임감으로 대변되는 사랑과 제한의 균형을 맞출 때 일어납니다. 자기자신에게 지나치게 관대하거나 엄격하면 변화가 생기지 않습니다. 이 둘 사이에 균형을 맞추지 않으면 방종과 가혹함 사이를 반복적으로 오가게 됩니다. 어느 날 기분이 좋지 않다며 도박을 심하게 하고, 다음 날 도박을 한 대가로 자기자신에게 가혹하게 대합니다. 그 가혹함의 후유증으로 도박을 다시 하고, 결국 악순환이 반복되는 패턴을 이어갑니다.

애슐리는 "머릿속으로 나를 끊임없이 증오합니다. '패배자야', '뚱뚱해', '어떤 것도 이루어내지 못할 거야' 등의 메아리들이 머릿속에서 이어져요. 이 메아리들을 없애기 위해 폭식을 하고 또 토해내지만 이 방식으로는 결코 자기혐오를 없애지 못할 거예요."라고 말합니다.

자비를 배우기에 너무 늦은 때는 없습니다. 여러분을 지지해주지만 여러분이 스스로에게 해가 되는 행동을 하도록 놔두지 않는 그런 보살피는 친구처럼 자비는 강

력한 현존presence이 될 수 있습니다.

✧ 어렵게 느껴지더라도 바로 지금 자기자신에게 자비를 갖고 말을 걸어보십시오.

다른 사람들을 향한 자비

다른 사람들을 향한 자비도 당신을 치유할 수 있으며 회복을 촉진할 수 있습니다('상처 입은 이들이 돌려줄 수 있는 것'(제34장) 참조). 그러나 당신을 해친 사람들에 대해 자비로운 시선을 가져야만 하는 것은 결코 아닙니다. 물론 그들을 향한 자비를 기르는 노력을 하는 것은 자유지만, 그건 어디까지나 선택 사항이지 요구 사항은 아닙니다. 가해자에 대한 자비 없이도 회복은 얼마든지 가능합니다.

만약 여러분을 해친 사람에게도 자비를 품기로 결정한다면, 건강한 방식으로 해 나가십시오. 동반[공동]의존codependency(대략적으로 어떤 사람에 대한 중독을 의미) 또는 심각한 관계 트라우마는 관계에서 건강한 경계선을 설정하기 어렵게 합니다. 그럴 때 소위 '어떤 대가도 치르는 사랑'이라는 '자비'로 극단적으로 나아가서 균형을 상실하고, 지나치게 감내하고, 권능을 부여해줄 수 있습니다. 또는 여러분을 계속해서 배신하는 사람들에게 자비를 베풀 수 있습니다. 좋은 관계는 양쪽이 서로 주고받으면서 서로에게 진심으로 관심을 보이는 관계입니다.

자비와 용서는 같지 않습니다. 사람들을 용서하지 않으면서도 자비를 가질 수 있습니다. 누군가 당신에게 왜 해를 입혔는지, 그것이 어떻게 그들 자신의 고통이나 트라우마에서 기인하는지를 이해할 수 있지만, 그렇다고 용서해야 한다는 것은 아닙니다. 치유를 위해서 용서할 필요는 없습니다('자신을 용서하기'(제16장) 참조).

★ 탐사하기 … 당신의 자비 점수는?

자기자비

자기자비 척도Self-Compassion Scale(www.self-compassion.org/test-how-self-wide-you-are)를 통해 자기자비의 정도를 확인하십시오. 익명으로 할 수 있는 이 무료 테스트를 통해 자신에 대하여 얼마만큼의 자비를 가지고 있는지 확인할 수 있습니다. 이 테스트에는 다음과 같은 질문들이 포함되어 있습니다.

- "감정적인 고통을 느낄 때 나 자신을 사랑하려고 노력한다."
- "중요한 무엇인가에 실패할 때, 나는 균형 잡힌 관점을 유지하려고 노력한다."
- "성격 중 내가 좋아하지 않는 부분에 대해 이해하고 인내하려고 노력한다."
- "나 자신의 실패를 인간이 갖는 한계의 일부로 바라보려고 노력한다."
- "어떤 면에서 부족하다고 느낄 때, 그런 느낌은 대부분의 사람들에게도 나타난다는 것을 상기시킨다."

타인에 대한 자비

타인에 대해 가지는 자비도 비슷한 방식으로 측정할 수 있습니다. 누리집 http://self-compassion.org/self-compassion-scales-for-researcher에서 타인에 대한 자비Compassion for Others Scale를 찾아보십시오. 거기에는 다음과 같은 질문들이 포함되어 있습니다.

- "다른 사람들이 아무 말을 하지 않아도 다른 사람들이 당황한 것을 알아차린다."
- "다른 사람이 어려움에 처해 있을 때 함께 있어주고 싶다."
- "다른 사람들이 슬픔을 느낄 때 위로하려고 노력한다."
- "사람은 누구나 때론 좋지 않은 기분을 느낀다. 이는 사람에게 일어나는 현상 중 하나다."
- "사람은 누구나 약점을 가지고 있으며 누구도 완벽하지 않다는 것을 인식하는 것이 중요

하다."

✧ 당신의 점수는 어떻습니까? 당신의 점수는 무엇을 말해줍니까?

✧ 진정한 자비란 무엇을 의미합니까?

✧ 여전히 힘겨운 회복을 하고 있어도 자신에게 친절할 수 있습니까?

회복의 목소리

데이비드 – "세상을 자비의 렌즈를 통해 바라보는 것은 아름다운 일입니다."

"이 장은 제가 가장 좋아하는 장입니다. 이 장에 소개된 내용을 바탕으로 저의 시각으로 자비를 정의해봅니다. 마약을 사용하거나 트라우마를 재경험할 때면 제 자신을 신체적으로 또는 정신적으로 벌하곤 했습니다. 제가 과연 제 친구한테도 그럴 수 있었을까요? 그러지 못했을 것입니다. 제가 제 자신에게 하는 것처럼 다른 어린아이한테도 그럴 수 있을까요? 결코 그러지 못할 것입니다. 그래서 이 장을 읽으면서 저의 세계관을 점검하고, 세상을 자비라는 렌즈를 통해 바라보는 아름다운 일을 할 수 있게 되었습니다. 중독과 트라우마가 진행 중일 때 증상은 매우 내키지 않고, 두려우며, 화가 나는 경험입니다. 반면 자비는 이 모든 것을 극복합니다. 자비를 갖기 위해서는 꼭 실천이 필요합니다. '모든 아이는 탐정이다'(제22장)를 읽으면서 메모해둔 내용을 보며 매일 자비를 실천할 기회를 가집니다. 저의 행동을 자비로운 시선으로 보면서 포용하고 있는지 아니면 그렇게 포용하기 위해서 노력이 필요한지 관찰합니다. 무엇이든 잘 하기 위해서는 연습이 필요합니다. 제가 주로 저지르는 실수는 자신을 너무 혹독하게 대하는 것이기 때문에 저에게는 일상을 보내면서 하루 종일 자비를 기를 수 있는 기회가 있습니다. 자비의 실천을 통해 저의 감정과 행동을 꾸준히 관찰할 수 있습니다. 행동은 결코 거짓말을 하지 않습니다.

제 자신과 다른 사람들을 향한 자비의 실천을 통해 제가 알고 있는 긍정적인 행동을 더 많이 하게 된다면, 자비의 유익함에 대한 증거입니다. 쉽지 않은 자비 실천을 꾸준히 이어가기 위해서는 제 자신을 계속해서 격려해야 할 것입니다. 자비의 마음을 표현하는 문장들을 메모해서 다님으로써 제가 어떤 방향을 계속해서 상기할 수 있도록 할 것입니다."

15

트라우마와 중독의 동반 이유

이해하고 있는 무언가는 반쪽의 진실일 뿐이다.
이해하지 못하고 있는 무언가가 온전한 진실이다.
– 선어禪語

트라우마와 중독은 '오누이 질병'이라고 불릴 만큼 함께 발생하는 경우가 많고, 같은 계열의 증상입니다. 그러나 여러 해에 걸쳐 트라우마와 중독을 겪은 사람들조차도 종종 그 둘 사이의 관계를 알아차리지 못합니다.

알렉스: "술을 자주 마시는 것이 제가 어릴 때 겪은 일들과 관련이 있을 줄 몰랐습니다. 이 둘의 관계를 알고 나니 뭔가 실마리가 풀리는 것 같습니다. 이젠 더 이상 부끄러워하지 않고, 그저 치유를 하기 위해 애쓸 뿐입니다."

중독은 그것(약물, 음식, 성관계) 때문이 아닙니다

사람들은 보통 알코올, 도박 또는 음란물에 중독성이 있기 때문에 알코올중독, 도박중독, 음란물중독이 일어난다고 생각합니다. 그러나 알코올, 도박, 음란물 등을 접하는 대부분의 사람들에게 중독 현상은 일어나지 않습니다. 즉, 대상 자체가 중독성을 가진 것은 아닙니다. 즉, '사람+그것=중독'입니다. 물론 코카인이 시금치보다는 중독성이 더 있고, 어떤 물질은 다른 물질에 비해 중독성을 더 띄는 것이 사실입니다. 같은 경험을 하더라도 트라우마로 경험하는 사람과 그렇지 않은 사람이 있듯이, 중독 역시 같은 물질이라고 하더라도 사람마다 다르게 나타납니다. 심지어 동일한 사람이라고 하더라도 시기와 환경에 따라 같은 대상에 대해 중독적인 반응을 보일 때도 있고 그렇지 않을 때도 있습니다. 삶을 살아가는 동안 자신의 행동이 자신의 삶에 어떤 영향을 미치는지 늘 조심스레 관찰할 필요가 있습니다.

고통의 무감각화: 트라우마가 사람들을 중독에 취약하게 만드는 과정

과거에 겪은 심각한 트라우마는 중독을 겪는 커다란 이유 중 하나입니다. 기분이 나아지는 무언가를 찾는다는 건 너무도 당연하고, 이는 '자가 치료', '고통의 무감각화' 또는 '회피용 사용'이라고 불리기도 합니다. 중독행동은 적어도 잠시 동안은 트라우마에서 벗어나는 해결책처럼 느껴집니다. 심각한 트라우마와 중독을 겪은 많은 사람들은 자신의 행동이 고통에서 벗어날 수 있는 유일한 방법이었기 때문에 계속 유지해왔다고 말합니다. 이러한 과정은 빈곤, 정신건강 문제, 차별, 그리고 사회적 소외와 같은 다른 추가적인 어려움을 만들어내기도 합니다.

전쟁으로 파괴된 나라에서 늘 폭력에 노출된 채 자란 마르코는 대부분의 시간을 긴장과 두려움 속에서 지내야 했습니다. "12살이 되던 해에 처음으로 술을 마셔봤는데, 마시자마자 술이야말로 유일한 해결책이라고 느꼈습니다. 그때까지 제 삶에서 가장 편안하게 느낀 순간이었습니다."

어린 시절 학대를 당하며 자란 스테이시는 이렇게 말합니다. "집에서 괴롭힘을 당하다가 무언가 기분이 좋아지는 물질을 접하면 '바로 이거야! 이것만이 내 마음을 편안하게 해주는 묘약이야'라는 생각을 자연스레 하게 됩니다. 설령 일시적이고,

어쩌면 삶을 망칠지도 모른다는 생각이 들기도 하지만 이내 그 생각은 이미 삶이 망가졌으니 딱히 문제될 것은 없다는 쪽으로 옮겨갑니다. 그렇게 절제 없이 이 약 저 약을 조금씩 양을 늘려가며 사용하게 됩니다."

폴의 어머니는 정신병을 앓고 있었고, 폴에게 심한 언어 학대를 가했습니다. 암울한 어린 시절을 보낸 폴은 아편을 처음 접했을 때를 이렇게 회상합니다. "꼭 첫사랑처럼 무언가 하늘에서 내려온 것 같았어요. 평화를 느끼게 되고, 마음속에서는 사랑이 느껴지는 듯했어요."

– 에드워드 칸치안과 마크 알바네스 저『자가 치료로서의 중독 이해: 고통 뒤에 숨은 희망 찾기』에서 발췌

트라우마와 중독의 관계에 대한 견고한 논리는 연구를 통해 밝혀져 있습니다. 트라우마를 겪는 사람은 그렇지 않은 사람에 비해 다음과 같은 특성을 지닙니다.

» 중독물질 사용을 일찍 시작함

» 중독물질에 대한 긍정적인 견해를 가지고 있음

» 물질 사용에서 중독으로 빠르게 진행됨

» 재발 증상이 많이 일어남

» 코카인, 아편류 및 메스암페타민과 같은 강한 성분의 약물을 더 많이 사용함

» 중독 치료를 받더라도 중독물질 사용을 멈출 가능성이 비교적 낮음

이러한 특징에도 불구하고 당사자가 트라우마와 중독 사이의 관계를 인식하는 데 길게는 여러 해가 걸릴 수 있습니다. 때로는 중독 증상을 먼저 보이고 트라우마 이력은 시간이 지난 다음 인식되기도 합니다.

자기 보호

사람들은 벗어날 수 없었던 트라우마로부터 중독행동을 통해 살아남을 수 있었다고 말합니다. 중독행동이 감정을 마비시켜 자살을 하지 않도록 한 것입니다. 또한 트라우마로 인해 고립된 사람들에게 중독은 유일한 친구로 여겨졌을 것입니다. 중독행동들은 잔인한 현실로부터의 짧은 도피였던 것입니다.

심각한 중독과 가정폭력을 일삼는 남편과 결혼한 마리사의 이야기입니다. "하루도 거르지 않고, 하루 종일 정신이 나갈 때까지 술을 마셨습니다. 남편에 대한 저의 대응방식이었습니다. 아이들은 저희들끼리 알아서 서로를 돌보고, 먹을 것을 찾아서 먹고, 심지어 저를 돌보기까지 했습니다. 남편의 중독이 더 심해지고 폭력이 악화됨에 따라 제 상태도 더욱 나빠졌습니다. 어느 날은 아침에 눈을 떠도 움직일 수가 없고, 지난 날 무슨 일이 있었는지 기억하지 못하기도 했습니다. 그럴 때면 여덟 살 된 아들이 전날 밤 아빠가 때렸다고 말을 해주어야만 했습니다. 또 술이 덜 깬 상태로 일하러 나가기도 했습니다. 그저 술에 취하는 방식으로 현실에 대응해갔습니다."

－'도움 청하기 집단 치유 회기 사례'(저자가 운영하는 '안전기반치료Seeking Safety' 비디오 훈련 중 하나)에서 인용

트라우마와 중독을 유발할 가능성이 높은 집단

트라우마와 중독은 연령, 인종, 민족, 사회 계급, 성별, 교육적 배경을 막론하고 모든 사람에게 나타날 수 있습니다. 다음의 집단들은 트라우마와 중독에 유독 취약함을 보입니다.

» 군인 및 퇴역 군인

» 청소년

» 가정폭력 피해자

» 노숙자

» 노인

» 신체 또는 정신 장애인

» 동성애자, 양성애자, 트랜스젠더

» 범법자

» 성매매 종사자

» 일부 인종 그룹

» 전쟁 피난민

» 소방관, 경찰 및 응급 구조대와 같이 비상 상황 초기에 대처하는 직업군

앞에서 소개된 집단들은 트라우마에 노출된 위험이 높은 만큼 중독에도 취약합니다. 예를 들어, 고령화를 겪으며 노인 학대에 노출되거나 도박 또는 처방 의약품의 오용과 같은 중독 위험에 빠질 수 있습니다. 청소년의 경우 물질 중독, 도박중독 등의 중독행동과 더불어 성적 학대와 폭력에 노출될 수 있습니다. 군인과 소방관, 경찰 및 응급 구조대와 같이 비상 상황에 대처하는 직업군의 사람들은 높은 트라우마 비율을 보이며, 부상을 치료하기 위해서 진통제 등 중독의 위험이 있는 치료제를 많이 처방받을 수도 있습니다.

도날드는 베트남 참전 군인입니다. "전쟁에서 돌아온 뒤에 누군가에게서 명령이나 지시를 받을 수 없는, 예전과 완전히 다른 사람이 되었습니다. 늘 불안한 상태였고, 무엇을 하더라도 쉽게 지루해졌습니다. 모든 것에 화가 난 상태였고, 정부가 뭐

든 하고 싶은 대로 했듯이 저 역시도 그렇게 할 수 있다는 생각이 들었습니다. … 베트남에서 배운 마리화나도 많이 피웠습니다. 베트남에 가기 전까지는 저를 포함하여 주변 사람들 중 마약에 손을 댄 사람은 아무도 없었습니다. 하지만 전쟁 이후 제가 손대지 않은 마약이 없을 정도였습니다. 밤새 머릿속을 맴돌며 괴롭히는 베트남에서의 일들을 잊고 아드레날린에 의해 흥분되는 중독 상태를 불러일으키려고 술과 마약은 늘어만 갔습니다. 전쟁터에서의 아드레날린은 친구나 다름없습니다. 해를 거듭할수록 파괴적인 행동은 더욱 심해졌습니다. 내 인생에서 정상적인 삶이 없어진 그 공허한 공간을 채우기 위해서는 매번 더 강한 흥분을 느껴야 했습니다. 그렇게 참전하기 전과 후에 일어난 내 안의 변화를 제대로 이해하지 못했고, 갈망하던 흥분 상태를 느낄 수만 있다면 내면에 대한 깊이 있는 이해는 그리 신경 쓰이지도 않았습니다."

– 도널드 패런트의 『전쟁 PTSD에서 살아남는 법』 중에서

다양한 경로

만약 트라우마와 중독을 겪고 있다면, 어떻게 시작되었는지 알고 계십니까? 삶의 패턴을 인식하는 것은 회복을 촉진합니다.

트라우마가 먼저 발생한 다음 중독이 생기는 경우. 트라우마와 중독을 겪는 사람들 중 3분의 2에 해당하는 가장 흔한 경우입니다. 기분을 좋게 하는 방법으로 시작된 행동이 결국 중독이 되는 경우로 종종 '자가 치료self-medication'라고 부르기도 합니다. 예를 들어, 아들의 죽음을 견디기가 힘들어 진통제를 남용한 것이 중독의 시작이 된 사례가 있습니다.

중독이 먼저 시작된 다음 트라우마가 생기는 경우. 이런 경우에 중독이 트라우마 발생 확률을 높이는 측면이 있기 때문에 이런 패턴을 '취약함vulnerability'이라고 부릅니

다. 예를 들어, 알코올중독자는 술에 취한 상태로 운전을 하게 될 확률이 높고, 그만큼 교통사고에 쉽게 노출됩니다. 성중독자의 경우 성적 학대에 노출될 위험이 높습니다.

트라우마와 중독이 함께 발생하는 경우. 아이들의 경우 트라우마와 중독이 만연한 가정환경에서 자랄 수 있습니다. 사실 중독과 트라우마 문제를 예측하는 데 가장 중요한 요인 중 하나가 가족력입니다. 유전적인 요인과 사회적인 요인에서 여러 세대에 걸쳐 반복하기도 합니다('몸과 생물학'(제17장), '모든 아이는 탐정이다'(제22장) 참조).

트라우마와 중독이 각기 따로 발생하는 경우. 흔하지는 않지만 마치 당뇨와 암이 서로 무관하지만 같은 사람에게 발생할 수 있는 것처럼, 어떤 사람들은 서로 연관이 없는 트라우마와 중독 문제를 겪기도 합니다. 예를 들어, 카르멘은 아주 오랫동안 음주 문제를 겪어온 노인인데 최근 양로원에서 발생한 화재로 인해 외상 후 스트레스 장애PTSD를 겪고 있습니다. 이는 두 가지 문제가 따로 발생한 경우입니다.

하향 나선과 상향 나선

트라우마와 중독은 소위 하향 나선downward spiral 또는 유독성 피드백 순환toxic feedback loop이라 불리는 구조 속에서 서로를 강화하게 됩니다. 이는 스트레스 위에 스트레스를 더하고, 다친 곳 위에 다시 상처가 나듯 반복되는 구조입니다. 트라우마가 중독을 일으키고, 그 중독이 다시 트라우마를 일으킨 후 더욱 심한 중독으로 이어지거나, 처음에 중독이 시작된 다음 트라우마가 뒤를 잇고 그 트라우마가 더욱 심한 중독을 일으키는 악순환의 고리입니다. 트라우마와 중독은 서로를 악화시키며 빠져나오기 더욱 어렵게 만듭니다. 트라우마와 중독의 문제가 서로 연결되어 있는 것처럼 그로부터 회복하는 것도 서로 연결되어 있다는 점을 기억하십시오. 회복에서는 둘 중 하나를 개선하면 다른 하나도 개선되는 상향 나선 구조를 보입니다.

탐정되기

중독과 트라우마를 둘 다 겪고 있다면 현재 그 둘이 서로 어떤 영향을 주는지 관찰하십시오. 여러 가지 조합이 발생할 수 있습니다. 중독 사용이나 철회withdrawal나 금단은 트라우마 문제를 개선하거나 악화시킬 수 있습니다. 또한 트라우마 문제 및 트라우마 회복 둘 다 중독을 개선시킬 수도, 악화시킬 수도 있습니다. 가령 어떤 사람들은 몇 개월 또는 몇 년에 걸쳐서 중독물질을 근절한 후에야 트라우마 문제가 표출되기도 합니다. 중독물질을 사용하며 밀쳐냈던 기억들이 떠오르고 그에 따른 감정을 알아차리기 시작하기 때문입니다. 또 어떤 사람들은 트라우마에서 회복하면서, 그 과정에서 얻게 된 힘과 대처 기술을 통해 다른 문제들도 잘 다루기 시작합니다. 이렇듯 단순히 하나의 패턴만 있는 것이 아닙니다. 자신에게 어떤 패턴이 일어나는지 꾸준히 관찰할 필요가 있습니다. 시간이 흐르면서 트라우마와 중독 그 둘 다에서 회복을 이루어낼 수 있습니다.

사용의 다양한 이유들 – 트라우마뿐만이 아닌

중독이 늘 트라우마에 의해 생겨나는 것은 아닙니다. 사람들이 중독행동을 하는 데에는 다음과 같은 많은 이유가 있습니다.

  » 축하하기
  » 스릴 찾기

» 재미

» 통찰 얻기

» 긴장 완화

» 다른 사람들과의 친밀감

» 기분 전환

» 성적 흥분

» 더 많은 에너지 느끼기

도취intoxication* – 초월적인 즐거움의 추구 – 는 인간의 기본적인 추동drive입니다. 사람들은 기분이 좋은 상태를 느끼면서 일상적이지 않은 경험을 하기를 원합니다. 인간의 초기 역사부터 대부분의 사회에서 술을 비롯한 중독성 물질의 사용이 목격됩니다. 일부 문화 전통에는 리듬에 맞춘 춤이나 드럼 연주를 통해 초월적인 상태를 경험하는 의식도 있습니다. 성관계, 음식, 놀이 및 다른 즐거운 경험처럼 도취는 많은 사람들에게는 일상생활의 일부입니다. 저녁 식사를 할 때 술을 마시기도 하고, 소량의 돈으로 도박을 즐기는 게 많은 사람의 일상생활입니다. 그 속에서 충분한 만족을 느끼기 때문에 계속해서 사용하지 않습니다. 그러한 도취는 사람들의 일상생활을 방해하거나 심각한 해를 입히지 않습니다. 강렬한 슬픔, 공허함, 외로움을 피하기 위해 중독성 물질, 행동을 이용하지 않습니다.

어떤 사람들은 문제를 겪긴 하지만 스스로 줄여나갑니다. 사용으로 인한 부작용이 나타날 때 알아차리고 스스로 사용을 중단하거나 줄이는 방식으로 '자연스러운 회복'을 합니다. 사실 경미한 음주 문제를 겪는 사람들은 특히 초기에 문제를 인식하는 경우 대부분 스스로 회복합니다. 또 어떤 사람들은 대학 생활 동안 술을 너무 마신

---

* 'intoxication'에는 '중독'의 의미도 있다. – 역주

다든지와 같은 인생의 특정한 기간 동안 너무 심한 사용을 하기도 하지만, 그 뒤에 성숙해지면서 차츰 줄여나갑니다.

그러나 어떤 사람들에게는 도취가 건강하지 않은 집착이 됩니다. 트라우마는 종종 그 패턴의 일부로 나타나기도 합니다.

★ 탐사하기 … 트라우마, 중독 또는 둘 다에 대한 패턴

다음 질문에는 정답이 없습니다. 질문을 통해 자신의 상태를 알아차리는 것이 목표입니다.

1. 다음 중 여러분에게 가장 먼저 나타난 상태는 무엇입니까?

　ㄱ. 트라우마

　ㄴ. 중독

　ㄷ. 트라우마와 중독이 동시에 나타남

　ㄹ. 둘 다 겪고 있지 않음

　ㅁ. 잘 모르겠음

자신의 답변을 탐색해보세요. 트라우마와 중독을 둘 다 겪는 사람들에게 대부분 트라우마가 먼저 나타난 경우가 많습니다. 순서와 상관없이 두 문제를 함께 겪는 경우에는 회복 작업 또한 두 문제에 대해 함께 진행할 필요가 있습니다. 만약 트라우마나 중독 중 한 가지만 겪는 경우에는 둘 다 겪는 경우보다 회복이 더 빠를 수 있습니다.

2. 여러분은 어떤 문제를 먼저 해결하고 싶습니까?

　ㄱ. 트라우마

　ㄴ. 중독

　ㄷ. 둘 다 똑같이

ㄹ. 어느 쪽도 아님

ㅁ. 트라우마와 중독 문제를 겪고 있지 않음

ㅂ. 잘 모르겠음

자신의 답변을 탐색해보세요. 중독과 트라우마 문제를 같이 겪고 있는 경우에는 둘 중 하나를 먼저 해결하고자 동기화되는 것이 일반적입니다. 보통 트라우마 문제는 우울, 악몽, 플래시백과 같은 직접적인 정서적 고통을 유발하기 때문에 해결하고자 하는 데 더 많이 동기화합니다. 중독 또한 고통을 야기하지만, 중독에 대한 인식 거부도 질환의 일부이기 때문에 자신의 중독 문제를 인식하는 데 더 오래 걸리는 경우가 많습니다. 먼저 해결하고자 하는 문제를 시작점으로 삼으십시오. 우선 시작하다보면 다른 문제를 해결하고자 하는 동기를 증가시킬 수 있습니다. 이러한 과정은 "나는 트라우마로 인해 악몽을 꾸곤 하는데, 코카인으로 인해 악몽이 더 심해지니까 코카인 사용을 멈춰야겠어."라는 예에서 알 수 있듯이 한 문제를 해결하는 데 다른 문제를 이용하는 것입니다. 이 방법은 흔히 지렛대 사용하기leveraging라고 불립니다. 만약 두 문제 모두 해결하고자 하는 동기가 아직 느껴지지 않는다면, 더 많이 배우고 탐구할수록 더 많은 동기가 생긴다는 점을 기억하십시오.

3. 현재 당신에게 더 심각한 문제는 무엇입니까?

ㄱ. 트라우마

ㄴ. 중독

ㄷ. 둘 다 똑같이

ㄹ. 어느 쪽도 문제가 아님

ㅁ. 잘 모르겠음

자신의 답변을 탐색해보세요. 어떤 사람들은 한 문제를 다른 문제보다 더 심각하게 겪습니다. 당신에게는 두 문제가 어떻게 영향을 미치는지 꾸준히 관찰해보십시오.

4. 다음 중 가족력에 나타나는 문제는 무엇입니까(친척 중 적어도 한 사람이 겪은 경우)?

　　ㄱ. 트라우마

　　ㄴ. 중독

　　ㄷ. 둘 다

　　ㄹ. 어느 쪽도 아님

　　ㅁ. 잘 모르겠음

　　만약 ㄱ, ㄴ 또는 ㄷ 중 하나를 택했다면, 대략 얼마나 많은 가족이나 친척이 그 문제를 겪었습니까? ＿＿＿＿＿＿＿＿＿＿＿＿

자신의 답변을 탐색해보세요. 가족력은 트라우마와 중독을 예측하는 데 가장 중요한 예측 요인 중 하나입니다. 유전적인 요소와 더불어 사회적인 요소도 영향을 미치기 때문에 이 질문은 비단 혈연관계에만 국한되지 않고 친척까지 그 범위를 넓혔습니다. 만약 가족이나 친척 중 트라우마, 중독 또는 둘 다 겪은 사람이 있다고 하더라도 가족력이 '운명 또는 팔자'가 아니라는 점을 명심하십시오. 오히려 가족력에 당신이 어떻게 반응하는지가 더 중요합니다. 회복하고자 하는 노력이 일찍 시작되고 강하게 진행될수록 그 문제가 다음 세대로 이어지지 않도록 방지할 수 있는 가능성이 높아집니다. 악순환의 고리를 끊는 것은 커다란 자긍심을 부여할 수 있습니다.

5. 여러분의 중독이 트라우마 문제에 미치는 영향은 어떠합니까?

　　ㄱ. 중독이 트라우마를 악화시킴

　　ㄴ. 중독이 트라우마를 순화시킴

　　ㄷ. 아무런 차이가 없음

　　ㄹ. 때에 따라 달리 나타남 - 어떤 때에는 악화시키고, 어떤 때에는 순화시킴

　　ㅁ. 해당 사항 없음(중독성 행동이 없는 경우)

　　ㅂ. 잘 모르겠음

이제 이 질문의 앞뒤 순서를 바꾸어 다시 질문해보십시오. "여러분의 트라우마가 중독 문제에 미치는 영향은 어떠합니까?"

자신의 답변을 탐색해보세요. 트라우마와 중독을 모두 겪는 경우에 두 문제가 서로 어떻게 영향을 미치는지 관찰하십시오. 또한 두 문제에 현명하게 대응하는 법 또한 배울 수 있다는 점을 명심하십시오.

✧ 이 장을 읽으면서 새로운 통찰력을 생겼습니까?

✧ 트라우마와 중독 문제를 겪고 있다면 그 둘은 여러분의 삶과 가족력에서 어떠한 관계를 보입니까?

회복의 목소리

데이비드 – "탐정이 되다."

"이 장에서 제가 겪고 있는 트라우마와 중독이 어떻게 얽혀 있는지 이해할 수 있었습니다. 평소 저의 과거가 현재의 행동을 어떻게 만들어내는지 알기가 어려웠고 생각하면 머릿속이 자욱한 안개처럼 느껴졌는데, 이 장에 소개된 행동 패턴 파악을 위한 간단한 질문들은 많은 도움이 되었습니다. 이 장을 읽어 내려가면 마치 탐정이 된 듯 느껴집니다. 마약을 사용할 때면 어김없이 과거에 겪은 트라우마가 재연되었고, 벗어나기 위해 더 많은 마약을 찾는 등 위험한 상황을 만들었습니다. 이 장의 내용은 스스로 이상하게 느낀 행동들과 내 자신이 더 이상 어떤 괴물이 아니라는 점을 이해하게 해주었고, 그만큼 자신에 대한 자비를 더 많이 느끼게 해주었습니다. 마약과 트라우마 중 제게 무엇이 더 큰 영향을 주는지도 알게 해주었습니다. 트라우마도 고통스러웠지만, 그보다 마약 사용으로 인해 폭력과 자해라는 더 큰 위험에 처하게 되었습니다. 이 장을 통해 배운 내용은 제가 회복 프로그램에서 배운 것을 다듬어주고 다음 단계로 저를 안내합니다."

16

자신을 용서하기

용서는 부서진 것이 다시 온전해 지기를 바라는 아이의 꿈에 대한 응답입니다.
– 다그 함마르셸드, 20세기 스웨덴 외교관이자 노벨 평화상 수상자

자신을 용서하는 것은 회복에서 도전적인 과제입니다. 다음의 항목들에 대해 자신을 용서할 필요가 있을 수 있습니다.

> ■ 내가 한 일 ■ 내가 하지 않은 일 ■ 내가 남에게 상처준 일 ■ 트라우마 동안 내가 반응했던 방식 ■ 다른 사람은 생존하지 못했지만 나는 생존한 것 ■ 내가 저지른 범죄 ■ 나의 자녀나 가족을 망친 것 ■ 내 몸에 내가 저지른 것 ■ 내가 몰랐던 점 ■ 그릇된 판단 ■ 서투른 결정 ■ 수치스러운 느낌 ■ 내 몸의 반응 ■ 중독 문제 ■ 트라우마 문제 ■ 사려 깊지 못함 ■ 시간을 낭비한 일 ■ 잃어버린 것들

◇ 무엇 때문에 나 자신을 용서하기가 어렵습니까?

트라우마와 중독은 종종 수치심, 죄책감, 자책감, 그리고 자기혐오로 이어집니다. 삶이 너무 힘들었거나 나쁜 대우를 받은 경우, 자신을 미워하는 방향으로 나아가는 것은 인간의 본성입니다.

자신을 용서하는 것은 일어난 일을 받아들이고 과거보다 미래를 더 좋게 만들기

위해 최선을 다하는 것을 의미합니다. 과거를 받아들인다는 것은 이미 일어난 상황을 좋아한다는 것도 아니고, 그 일이 옳았다는 말도 아니며, 다음에 똑같은 선택을 되풀이하겠다는 의미도 아닙니다. 이것은 다른 사람들이 나에게 한 짓을 용서한다는 것을 의미하지 않습니다. 이것은 단지 그 상황에 있었던 나의 부분과 화해한다는 것을 의미할 뿐입니다. 이것은 자신에 대한 분노를 내려놓는 일이자, 설령 실수를 했더라도 과거의 당신을 있는 그대로 받아들이는 일이며, 그 경험을 바탕으로 성장하고 앞으로 나아갈 능력이 있는 자신을 존중하는 일입니다.

자신을 용서하는 방법

새로운 진실을 발견하세요. 다음과 같은 통찰들을 얻어서 자신을 해방할 수 있습니다.

» "아무도 나에게 다른 방법을 가르쳐주지 않았어, 그래서 나도 잘 몰랐습니다."
» "나는 좋지 않은 선택을 하기도 했지만, 좋은 선택도 했습니다."
» "나는 다시는 내게 영향을 미치도록 허용치 않을 사람들에게서 영향을 받은 적이 있습니다."
» "나는 배웠고 다음번에는 다른 선택을 할 수 있습니다."
» "나도 다른 사람들처럼 불완전합니다."
» "과거에 내가 무엇을 했더라도 지금은 다를 수 있습니다."
» "저는 끔찍한 상황에서 살아남았는데, 좋은 선택을 할 수 있는 상황이 아니었습니다."
» "나는 혼자였고 그것을 해결하기 위해 최선을 다했습니다."
» "나 스스로를 용서하는 것은 나의 권한입니다."

» "다른 사람들이 나를 용서하지 않더라도, 나는 나 자신을 용서할 수 있습니다."

» "나는 너무 우울해서 더 노력할 용기가 없었습니다."

» "비록 지금은 다르게 생각하지만, 그 당시에는 내가 생각하는 최선의 일을 했습니다."

» "어떤 일이 일어난 이유는 나의 결점 때문만이 아니라, 많은 이유(유전자, 가족력, 문화, 지지부족 등)가 있습니다."

» "일어날 일을 통제할 수 있었으면 좋았을 텐데, 어쩔 수 없었어요."

» "나는 아직 살아 있고 다시 시도할 수 있습니다."

용서를 느껴 보세요. 스스로 용서받음을 느끼도록 해보세요. 용서를 느끼는 것은 일종의 내려놓기로서, 내가 했거나 하지 않았던 것을 받아들이는 것입니다. 마음 내면의 논쟁에서 작을지라도 나의 취약한 부분에 힘이 되어주고 편을 들어주는 것이 필요합니다. 용서는 내가 나와 함께하는 것을 느끼는 것으로서, 그릇된 방식('내가 항상 옳아')이 아니라, 일어난 일의 진실 모두를 조용히 수용하는 것입니다. 용서를 느끼는 것이 처음에는 고통스러울 수도 있지만, 그 고통은 녹아서 알아차림이 됩니다.

다른 사람들을 돕는 방향으로 자신의 길을 열어 나가십시오. 이는 앞을 향하면서 자신이 저지른 잘못을 보상하는 의미로 세상에 도움이 되는 일을 하는 데 보탬이 됩니다. 자신에게 의미 있는 일을 선택해보십시오. 예를 들어, 전쟁 중에 구할 수 없었던 친구 생각에 괴로워하는 참전 군인에게 도움이 되는 일을 자원할 수 있습니다. 그러나 이 접근법을 사용하면서도 늘 속죄가 극도로 치달아 자신과 자신의 삶의 목표에 대한 감각을 잃지 않도록 그 건강한 균형점을 유지하는 데 초점을 맞추어야 합니다.

사과해보세요. 만약 과거에 다른 사람들에게 상처를 주었고 그것이 자신을 용서하는 데 어려움을 주고 있다면, 사과하는 것이 안전할 경우 사과할 수 있습니다. AA의 보상하기 과정은 중독에 대한 사과의 훌륭한 예입니다.

또한 '진정한 자기자비'(제14장)를 참조하십시오. 이 내용은 책임 있는 사람이 되는 과정에서 자신을 친절하게 바라보는 방법을 설명합니다.

다른 사람을 용서하는 것이 꼭 필요한가요?

남을 용서하는 것은 선택이지, 필수는 아닙니다. 그리고 진정으로 용서가 우러나지 않는다면 나를 다치게 한 누군가를 꼭 용서해야 할 필요는 없습니다. 강요할 수도 없고, 사람들이 뭐라고 하든 치유를 위해 필수적인 것도 아닙니다. 사실, 내가 용서를 느끼지 못하는데 용서하기를 강요하는 것은 상처가 될 수 있습니다. 그것은 개인적인 선택이고 나에게 상처를 준 사람들을 용서할지 여부를 결정하는 데 여러 해가 걸릴 수도 있습니다. 다른 사람을 용서하는 것은 심리 치유작업에서 목표나 결론이 아닙니다. 용서가 일어난다면 일어나는 것일 뿐이고, 용서가 일어나지 않는다 해도 여러분은 여전히 치유될 수 있습니다.

트라우마 치유에서 용서가 필수 사항이 아니라 선택이라는 것은 명확합니다. 중독 치유에서는, 용서해야 한다는 말을 더 많이 들을 수 있지만, 이런 개념은 중독 분야가 외상에 관심을 가지기 전에 형성된 것입니다. 용서는 항상 개인적인 선택이라는 것이 요즘의 생각입니다. 타인을 용서하든 하지 않든 여러분은 전진할 수 있습니다.

하지만 자기자신을 용서하는 것은 매우 중요합니다. 그렇지 않으면, 과거의 일부분이 항상 우리를 방해할 것입니다.

★ **탐사하기 ⋯ 자기용서**

이 연습을 둘 중 하나 또는 모두 해보세요.

연습1: 내가 존경하는 누군가로부터 용서 받는 상상을 해보기

　　a) 나를 아껴주는 누군가를 상상해보세요. 그는 참 좋은 사람일 것입니다. 그가 부모님, 친구, 선생님, 멘토, 영적 지도자, 높은 곳의 어떤 권능일 수 있습니다.

　　b) 나 자신을 용서하는 것의 어려움에 대해 그 사람과 대화하는 것을 상상해봅시다. 그 사람에게 어떻게 말하고 싶나요? 그 사람은 나에게 어떻게 말하나요? 그 사람에게 듣고 싶은 말은 무엇인가요? 그들이 나에게 전해주는 느낌은 어떤 것일까요?

연습2: 다음의 문장에 대해 써보세요.

다음 인용문을 읽어보세요. 가능한 한 나 자신에게 아주 따뜻하게 이 내용에 대해서 써보세요.

"… 용서란 과거가 달랐기를 바라는 모든 소망을 포기하는 것이다."

　- 앤 라모트Anne Lamott의 『마음 가는 대로 산다는 것*Traveling Mercies*』 중에서

◇ 자기자신에 대해 무엇을 용서하고 싶습니까?

◇ 자기용서가 여러분의 회복에 어떻게 도움이 될 수 있을까요?

회복의 목소리

보경 - "저는 마음속에 족쇄를 지니고 다녔어요."

"저는 어린아이일 때 성적, 정서적 학대를 당한 생존자입니다. 저는 음식, 소비, 관계, 그리고 정서적 혼란에 중독되어 있었어요. 자기용서는 저의 회복 중 가장 힘든 부분이었습니다. 자기용서는 제가 가장 마지막에 해낸 과정입니다. 제가 다른 사람에게 말하고 싶은 것은, 여러분이 자기용서를 해낼 수 있다는 것을 알라는 것입니다. 그것은 일어날 수 있습니다. 하지만 마음을 열어야 해요. 그리고 그것은 너무

작은 단계에서 발생한다면 알아차리기가 쉽지 않을 수도 있습니다. 이 장에서 제가 좋아하는 한 가지는 여러분이 용서를 느낄 필요가 있다는 것을 어떤 방식으로 전달하는가입니다. 그것은 가장 어려운 부분입니다. 저는 그것을 감정적으로 이해하는 것보다 훨씬 먼저 지적으로 이해했습니다. 저는 다른 사람에게는 용서를 느낄 수 있었습니다. 타인을 돌보는 데 뛰어났거든요. 그러나 저를 위한 용서를 느끼기는 어려웠습니다. 저는 종교, 인정하기, 긍정심리학 등 많은 것을 시도해봤어요. 어린아이와 친절하게 이야기를 나누는 상상을 해보는 연습도 해보았습니다. 심지어 사회 변화운동으로 관심을 돌려서 다른 사람들을 돕기도 했습니다. 그것은 좋은 일이었지만, 더 중요한 것이 있습니다. 어떻게 내가 내 옆에 앉아줄 수 있을까요? 내가 나와 여기에 함께할 수 있을까요? 내가 죽기 전까지 하고 싶은 것은 내 자신과의 관계를 좋게 만드는 것입니다."

"저의 아빠는 잔인했어요. 그는 술에 취한 노동자였어요. 비난하고, 폭력적인 사람이었어요. 제가 다른 트라우마 생존자들의 이야기를 접하며 늘 공감하는 한 가지는 바로 제게 전적으로 극약이 되는 자기혐오입니다. 마치 제가 지구상에 존재할 가치가 없는 사람처럼 느끼는 거죠. 그리고 어떤 종류의 중독이든지, 술이든, 마약이든, 다른 어떤 행동 중독이든지 사람들은 항상 손가락질하며 '흠, 네가 너한테 그 짓을 한 거야.'라고 말하는 것처럼 느껴집니다. 많은 낙인과 비난이 있게 되고, 우리는 그것을 내면화하고서 '그래, 나는 여기서 골칫거리야.'라고 생각합니다. 그래서 제가 시작한 것은 스스로에게 저지르는 자기비난을 알아차리는 것이었습니다. 그리고 제가 다른 사람들에게 말을 하고 스스로 잊지 않으려 노력하는 것은 지옥에서 빠져나오는 데 절대로 너무 늦은 때는 없다는 것입니다. 여러분이 몇 살이든, 여든 살이라 할지라도, 자기용서를 통해서 평화에 도달할 수 있습니다. 그것은 엄청난 일입니다."

"제게 돌파구가 된 장면은 앉아서 창밖의 아름다운 단풍나무를 바라보면서 '오, 세상에! 내가 성인이 된 이후에 (꽤 오랜 시간 동안) 중독자들에게 '당신은 용서 받을 수 있다'는 말을 해왔는데 '정작 내 자신을 돌보지는 못했구나'라는 생각이 들었습니다. 제 자신에게는 '그렇지, 하지만… 그렇지, 하지만…' 항상 이랬습니다. 그래서 저는 마침내 말했습니다. '잠깐만 – 나는 이 일을 통해 많은 사람들을 도왔어. 나는 뭐가 다르지? 나 자신을 비난하고 있는데, 왜 나는 나를 놓아주지 않는 거지?' 저는 마음속에 족쇄를 지니고 다녔습니다. 하지만 저는 모든 사람마다 결정적으로 국면을 전환시켜주는 것이 다르다는 것을 깨달았습니다. 저는 30년 동안 다른 사람들에게 자신을 용서하도록 도왔지만 정작 나 자신에게는 허용하지 않았다는 것을 알아차리는 게 그 전환점이었습니다. 저는 사람들을 죽이는 것과 같은 정말 끔찍한 일을 저지른 사람들과 함께 치유작업을 했습니다. 저는 중독분야에서 치유작업을 했고 끔찍한 이야기들을 들어왔습니다. 그래서 여하튼 그건 진정 나를 위하여 깨달았을 때였습니다. 여기에는 어떤 슬픔이 있습니다. 우리가 잃어버린 시간, 우리가 저지른, 그리고 다른 사람들이 용서하지 않을 수도 있는 일들에 대해 애도하는 것입니다. 하지만 타인이 나를 용서했는지 아닌지는 요점이 아니라는 걸 진정 이해할 필요가 있습니다. 그것은 자신이 스스로를 용서하는가 하는 것입니다. 그리고 또 하나 이해해야 할 중요한 것은 그것이 타인들을 용서하는 것과는 관계없다는 것입니다. 당신은 용서를 하게 될 수도 있고 아닐 수도 있습니다. 중요한 건 당신이 스스로를 용서하는 것인데, 자신을 용서하기 전까지 당신은 함정에 빠져 있는 것이기 때문이고, 그것은 곧 삶이 파괴된 상태이기 때문입니다.

17

몸과 생물학

몸은 말로 형언할 수 없는 것을 표현한다.
 – 마사 그레이엄, 20세기 안무가이자 미국 대통령 자유훈장 수상자

당신의 몸은 무슨 이야기를 해주나요? 그 이야기에서 트라우마와 중독은 어떤 역할을 하나요? 이 장에서는 과거와 현재, 몸과 마음을 연결하는 이러한 질문들을 탐구합니다.

트라우마와 중독이 신체적으로 나타나는 건 자연스럽습니다

외상과 중독은 몸 안에서 경험됩니다. 많은 경우 트라우마는 신체 및 성적 학대, 자동차 사고, 태풍, 심각한 질병, 전투, 화재와 같은 신체[물리]적인 사건들입니다. 정서적 학대는 몸에도 타격을 가합니다.

중독은 지나친 음주, 마약 복용, 과도한 음식, 성관계, 음란물, 쇼핑, 선탠, 운동 그리고 자해와 같은 신체적 과도함에 뿌리를 두고 있습니다. 도박과 같이 신체적으로 보이지 않는 중독조차도 물질 중독과 비슷한 뇌의 패턴을 보여줍니다. 그리고 중독

---

*   이 장은 리자 M. 라자비츠의 『변화 창조하기 *Creating Change*』(길포드 출판사 근간)에서 허락하에 개작되었다.

행동은 때때로 신체상의 문제들에 대처하기 위해 이용되는데 신체상의 질병이나 부상에 대처하기 위해, 살을 빼기 위해, 수면을 취하기 위해, 사춘기나 노화와 관련된 신체 변화에 대처하기 위해서입니다.

이 모든 것은 어떤 의미일까요? 그것은 회복의 일환으로 몸에 철저한 주의를 기울일 필요가 있다는 것을 의미합니다. 우리는 몸에게 좀 더 '경청해줄' 필요가 있습니다. 고통이나 불편함을 느낄 때 그것을 무시하기보다는 그것을 그냥 알아주세요. 건강하게 먹고 운동을 하는 것처럼 몸을 돌보기 위해 더 많은 노력을 하는 것을 의미할 수도 있어요. 몸을 알아차리는 것은 몸을 존중하는 것에 기초하여 몸과 새로운 관계를 형성하는 것을 포함할 수도 있습니다. 아무리 많은 트라우마나 중독 증상이 있어도, 우리는 몸과 조화를 이루며 사는 법을 배울 수 있습니다.

생물학은 중요합니다 – 하지만 절대적이지는 않습니다

이어지는 내용은 외상과 중독으로 인해 생길 수 있는 신체적인 취약성을 설명합니다. 하지만 그 취약성은 영원하지 않습니다. 회복이 진행되면서, 몸과 뇌도 호전됩니다.

몸과의 갈등

자신의 몸이나 몸의 일부분을 싫어할 수도 있습니다. 바늘 자국과 같은 중독에 대한 신체상의 흔적을 보고 후회할지도 모릅니다. 트라우마 사건을 경험하는 동안에 몸이 반응했던 것에, 예를 들면 강간당하면서 성적 흥분이 생기거나 싸우기보다는 얼어붙는 반응을 보였던 것에 대해서 심란할 수 있습니다. 원치 않는 성적 관심을 받으면서 체중이 늘었을 수도('연성 방어soft armor') 있습니다. 자신의 몸이 타인에게 어떻게 보이는지에 대한 왜곡된 인식을 가지고 있을 수도 있습니다.

십대 때, 병희는 주말에 해변으로 가족동반 여행을 가서 가족의 '친구'에게 성폭행을 당했습니다. "그날 밤에 샤워를 아무리 많이 해도 몸이 더러웠어요. 다음 날 제가 가족들과 소풍을 갔을 때, 가족들이 저에게 무슨 일이 일어났는지 한눈에 알 수 있을 것이라고 기대했습니다. 그리고 맥주를 너무 많이 몰래 마셔서 토하기까지 했는데, 가족들은 내가 왜 그랬는지 눈치 채지 못했고, 저는 가족들에게 말할 수 없었어요."

몸은 나를 대변합니다

몸은 우리가 감정으로 드러낼 수 없는 것을 신체적으로 표현할 수도 있습니다. 트라우마를 떠올릴 때 메스꺼움이나 두통을 느낄 수 있습니다. 어떤 사람들은 심각한 트라우마를 겪은 후에 장님이 되거나 벙어리가 되기도 하지만, 신체적인 원인은 밝혀지지 않았습니다. 다른 이들은 트라우마로 인한 '몸의 기억'을 플래시백처럼 숨을 쉴 수 없는 듯한 느낌으로 이야기하는데, 그것은 시각적인 이미지라기보다 신체감각으로 존재합니다. 트라우마와 중독에 대해 치유작업을 해가면서, 내면에서 느끼는 것을 표현하는 법을 익힘으로써, 우리의 신체적인 문제들은 개선될 수도 있습니다.

✧ 정서적인 고통에서 기인한 어떤 신체상의 문제를 알아차리나요?

몸을 느끼지 못함

트라우마와 중독은 신체 알아차림을 저하시킬 수 있습니다. 여러분은 마비되거나, 신체상의 문제를 (치통이나 골절을 무시하면서) 알아차리지 못하거나, 배고픔이나 갈증에 신경쓰지 않을 수도 있습니다. 여러분은 아마도 해리dissociation될 수도 있는

데, 해리는 스트레스에 대한 반응으로 마음이 몸에서 잠시 분리되어서 몸을 느끼지 못하게 되는 상태를 말합니다.

의료 문제

트라우마와 중독을 겪는 사람들은 의료진에 대한 불신이 더욱 커서 의료진의 권고에 잘 따르지 않는(필수적인 검사를 거부하거나, 처방대로 약을 먹지 않는 등) 경향이 있습니다. 어떤 이들은 트라우마와 중독으로 인해 일반인보다 훨씬 더 많이 의료 서비스(응급실에 더 많이 가는 것 등)를 이용하게 됩니다.

성 문제

일부 성 문제는 트라우마 및 중독과 관련성이 있습니다. 성관계 중에 유발되는 감정, 안전하지 않은 성관계, 마약의 대가로 성관계를 맺는 것, 성관계나 음란물중독, 그리고 위험한 사람들과의 성관계 등. 성관계로 자신이 경험했던 트라우마 주제가 재연(반복)될 수 있습니다. 또는 성관계에 대한 두려움, 성적인 감정의 결핍, 그리고 친밀해지는 것에 대한 어려움을 겪을 수도 있습니다. 어떤 사람들은 성관계를 하기 위해 물질을 사용합니다.

신체상의 문제

트라우마와 중독은 몸을 악화시킵니다. 트라우마와 중독을 겪는 이들은 심장 및 위장 질환, 성병, 기력 저하, 두통, 관절통, 간 질환, 골절, 면역력 감소, HIV, 만성 통증, 간염, 임신율 저하 등 신체적인 문제가 더 많습니다. 그리고 어떤 신체 증상은 트라우마나 중독의 직접적인 결과(구타로 인한 뇌 손상, 코카인 사용으로 인한 심장 마비)입니다. 만 명이 넘는 사람들을 대상으로 한 주요한 연구에서, 아이들이 가족 내의 트라우마와 중독에 더 많이 노출될수록, 성장 후 신체 건강은 더 나빴습니다(www.acestudy.org).

몸을 돌보지 않음

트라우마와 중독은 우리를 아주 기운 없게 만들어서 몸에 무슨 일이 일어나는지 신경 쓰지 않을 정도로 만들 수 있습니다. 비위생적인 주사바늘을 다른 이들과 함께 사용하거나, 안전하지 않은 성관계를 하거나, 임신 중에 자신을 돌보지 않기도 합니다. 의료 및 치과 치료를 소홀히 하기도 합니다.

제임스는 2년간 이라크에서 복무했습니다. "나는 거기서 몸은 죽지 않았지만, 마음이 죽었어요. 무고한 아이나 가족들에게 한 짓으로 인해 난 힘들어요. 영혼이 괴로워요. 그 이미지가 평생 떠오를 거 같아요. 예전에는 건강했어요. 하지만 나를 관리하지 않아요. 25kg이나 살이 찌고 당뇨가 생기기 전 단계예요. 너무 많이 담배를 피우고 술을 마셔요. 나이가 서른여덟 살이지만 노인의 몸뚱이 같아요."

신체 통증에 대한 민감성

트라우마 이력이 있는 사람들은 그런 이력이 없는 사람들보다 통증을 더 심하게 느낍니다. 아편 남용과 같은 몇몇 중독이 통증에 예민하게 만들 수 있습니다.

뇌는 변합니다

뇌는 팔과 다리처럼 신체의 한 부분입니다. 여러 물질이 뇌에 미친 영향을 알아보기 위해서, 뇌 검사를 할 수 있습니다. 좋은 소식은 약물 남용을 그만둠[금단]으로써 뇌가 회복되고 다시 정상으로 되는 것으로 보인다는 미국 물질남용연구소(2014)의 연구 결과가 있습니다. 어린 시절에 방치되거나 반복된 학대는 뇌 발달에도 영향을 미치며, 더 자주 일어날수록 충격이 더 큽니다. 트라우마와 중독은 집중력, 주의, 기억, 계획 수립, 판단, 추론, 유연성과 같은 정신 과정을 저하시킵니다(뭔가에 꼼짝 못하게 되어 마음속에서 같은 것만 반복하는 자신을 발견할 수도 있습니다). 그것은 또한 교통사고나 전투 같은 상황에서 겪을 수 있는 외상성 뇌손상TBI과도 관련 있습니다. 어떤 뇌 변화를 겪었든, 새로운 학습은 트라우마, 중독 또는 TBI로 인해 발생한 손상을 상쇄할 수 있다는 것을 기억하세요. 새로운 경험을 통해서 뇌를 건강한 방향으로 바꿀 수 있습니다.

촉발요인

촉발요인triggers은 신체적으로나 정서적으로나 빠르고 강하게 부정적인 반응을 일으킵니다. 이러한 반응은 몸이 나를 보호하기 위한 노력입니다. 갑작스러운 소리, 어둠, 특정 음식 또는 장소와 같은 트라우마 촉발요인에 반응하는 자신을 발견할 수 있습니다. 경계심이 높아지고 쉽게 깜짝 놀랄 수 있습니다. 우리 몸은 어떤 것들이 안전하지 않다는 것을 알게 되고, 이미 반응한 다음에 우리는 그것을 알아차립니다. 회복 뒤 여러 해가 지나도 이런 자동적 반응은 종종 지속된다는 것을 PTSD에 대한 연구를 통해 알 수 있습니다.* 하지만 몸이 본능적으로 반응한다고 해도, 우리는 자신의 행동에 통제력을 가질 수 있습니다.

　중독도 촉발요인이 될 수 있습니다. 중독과 연관된 사람, 장소, 사물 등은 일련의 신체적 반응을 유발시켜서 우리가 어떤 행동에 저항하기 어렵게 만듭니다. 갈망을 알아차리기 전에 뇌가 먼저 반응한다는 것이 연구를 통해 드러났습니다. 하지만 회복 시간이 길수록 촉발의 강도가 낮아집니다.

---

* 　이러한 자동적인 트라우마 반사작용에 대해서는 'Somatic Experiencing, SE', 감각운동 심리치료Sensorimotor Psychotherapy(SP), 트라우마 치유 요가Trauma-sensitive Yoga 등과 같은 신체 심리에 초점을 둔 기법들을 통해 치유작업을 진행할 수 있다. ― 역주

✧ 여러분의 트라우마 촉발 요인은 무엇인가요? 중독의 촉발요인은 무엇인가요? 어떻게 하면 촉발요인으로부터 자신을 보호할 수 있을까요?

스트레스

스트레스는 우리의 몸과 마음이 강한 영향을 받는overwhelmed 상황을 의미합니다. 이러한 신체적 반응으로 인해 인간 또는 동물은 생존율이 높아집니다. 위험에 직면했을 때, 근육은 긴장하고, 호흡이 빨라지고, 뇌가 더 많은 정보를 처리할 수 있도록 더 많은 산소를 사용하게 됩니다. 이를 통해 위협에 잘 대처하고 최상의 행동(도망flight, 싸움fight, 또는 얼어붙음freeze)을 선택하게 됩니다. 간단히 말하면, 스트레스는 도움이 됩니다. 하지만 오랜 시간 동안 고도로 긴장을 유지하면 지치게 됩니다. 결국 정상 상태로 되돌아가는 데 문제가 생깁니다. 지속된 스트레스는 신체적·정서적 문제로 이어집니다. 미국 국립약물남용연구소에 의하면, 스트레스는 중독 재발의 주요 원인이기도 합니다. 그리고 스트레스는 '외상 후 스트레스 장애'라는 용어의 일부입니다. 가능한 한 스트레스를 줄이도록 노력하세요. 어떤 사람들은 스트레스를 너무 오랫동안 느껴서 평온함이 어떤 느낌인지 잊어버리게 됩니다.

✧ 스트레스를 줄이기 위해 오늘 무엇을 할 수 있나요?

유전적 취약성

중독과 트라우마 문제는 가계家系를 통해 흐르는데, 부분적으로는 생물학적인 '혈연'의 친족에게서 물려받은 유전자에 기인합니다. 눈 색깔과 키가 유전자에 기반을 둔 것처럼, PTSD와 (가장 연구가 많이 된 중독인) 약물 남용을 포함한 많은 의학적 질병들에 유전적 요인이 있습니다. 유전적 요인이 있다고 해서 꼭 병에 걸릴 운명이 있다는 것을 의미하는 것은 아닙니다. 하지만 병에 걸릴 가능성이 더 높을 수 있고, 만약 가족력이 있다면 극복하기 위해 더 열심히 노력해야 할 수도 있습니다. 또한 자녀들이 발병하지 않도록 보호하려고 노력하는 것이 중요함을 의미하기도 합니다.

★ 탐사하기 … 나와 몸의 관계

지난 3개월을 생각해보세요. 다음 설문지의 각 줄에서 답을 골라 보세요. 윗줄의 단어(전혀 아니다 / 약간 그렇다 / 적당히 그렇다 / 많이 그렇다)를 참고하세요. 숫자에 의미를 두지는 마세요. 어떤 줄은 숫자를 거꾸로 합산하기도 하니까요.

나와 몸의 관계

	전혀 아니다	약간 그렇다	적당히 그렇다	많이 그렇다
1. 신체적으로 건강합니까?	0	1	2	3
2. 몸을 잘 돌보나요?	0	1	2	3
3. 성관계에 대해 긍정적으로 생각하세요?	0	1	2	3
4. 현재 신체적 중독(예: 물질, 음식, 쇼핑, 성관계, 태닝, 수술, 운동)이 있습니까?	3	2	1	0
5. 일상생활에서 얼마나 많은 스트레스를 받습니까?	3	2	1	0
6. 당신의 몸을 직접적으로 해치는(예: 자해, 가정폭력) 사람(자신 포함)이 있나요?	3	2	1	0
7. 얼마나 몸이 안전하다고 느끼나요?	0	1	2	3
8. 거울을 볼 때, 여러분은 몸(몸의 이미지)에 대해 긍정적으로 느끼나요?	0	1	2	3

9. 위험한 신체 활동(예: 안전하지 않은 성관계, 위험한 스포츠, 무모한 운전, 음주 운전)을 추구하십니까?	3	2	1	0
10. 좋아하는 사람이 자신을 만지는 것이 편안한가요?	0	1	2	3
11. 몸에 대해(몸의 '기분', 감각, 변화들) 얼마나 알고 있나요?	0	1	2	3
12. 필요한 의료 서비스(병원 방문, 의사의 조언을 따르기 등)를 받고 있습니까?	0	1	2	3
13. 신체에 지속적으로 영향을 미치는 의학적 상태(예: 만성 통증, 당뇨병, 암, 외상성 뇌손상 등)가 현재 있습니까?	3	2	1	0
14. 신체에 지속적으로 영향을 미치는 정신건강 상태(예: 섭식장애, 털 뽑기, 피부 벗기기 등)가 현재 있습니까?	3	2	1	0
15. 주의가 필요한 신체의 고통이나 부상을 무시하나요?	3	2	1	0
16. 자신의 몸에 얼마나 감사하고 있나요? 비록 몸에 결함이 있더라도요.	0	1	2	3

채점: 숫자를 더하세요. 합계가 얼마입니까? _____ 합계가 48에 가까울수록 몸과 나의 관계는 긍정적입니다.

✧ 여러분의 몸이 말을 할 수 있다면, 뭐라고 할까요?

✧ 의사와의 진료 예약이 필요하시나요? 지금 전화할 수 있나요?

✧ 만약 자신의 몸을 가장 친한 친구로 가정한다면, 무엇을 다르게 하겠습니까?

✧ 몸이 진정으로 편안할 때 어떤 느낌이었는지 기억이 나나요?

✧ 일상생활에서 더 건강한 식사, 운동, 수면을 어떻게 유지할 수 있을까요?

회복의 목소리

헤리 – "증상은 내 몸이 도와달라는 외침이었어요."

헤리는 군 복무를 하는 동안 신체적·성적·감정적인 상처를 경험한 육군 퇴역 군인이다. "저는 현역 시절 전자 및 기갑 부대에서 일을 했는데, 작업장 사고로 업무를 수행할 수 없을 정도의 큰 부상을 입었습니다. 그런데 처음에는 공식적으로 인정받을 수 없었어요. 그래서 저는 몸이 더 이상 견딜 수 없을 때까지 5년 동안 일을 계속했고, 그 후 장애를 안게 되어 10년 동안 실직상태가 되었습니다. 저는 옷을 입을 수도 샤워를 할 수도 없었어요. 이런 증상은 바로 시작된 것이 아니니 참 나쁜 거지요. '그냥 참아보자'라고 생각했어요. 저는 훈련받은 대로 고통과 증상을 견뎠어요. 저는 일이 더 이상 불가능할 때까지 계속 견뎠습니다. 그러고는 쓰러졌습니다. 신체적인 불평에 대한 군대의 태도는 '약한 것은 골칫거리다'입니다. 부상은 다른 누군가가 내 일을 해야 한다는 것을 의미합니다. 군에서의 각자 임무는 제 기능을 회복하는 것, 각자의 장비—몸 포함—를 유지하는 입니다. 하지만 어느 시점에서 저는 더 이상 걸을 수가 없었습니다. 저는 알게 되었어요. 증상이란 나의 몸이 도움을 요청하는 것이라는 것을요. 여러분의 몸은 결코 무한한 자원이 아닙니다. 여러분이 항상 더 많은 것을 해낼 수는 없습니다."

"저는 제 머릿속에서 조용한 공간을 찾아야 한다는 것을 알았습니다. 그렇게 하지 않으면, 바깥에서 딱 맞는 약, 딱 맞는 처방, 딱 맞는 운동, 딱 맞는 기분전환을 찾으려다가 지쳐버릴 거예요. 내면의 조용한 공간을 찾게 된다면, 이것은 필요할 때 언제나 자신의 것입니다. 여러분은 이것으로 몇 번이고 다시 시작 할 수 있습니다. 제가 그것을 배우기 전에는 술을 마시곤 했어요. 통증을 더 이상 참을 수 없을 때, 소주 한 병이 도움이 되었어요. 술은 제 정신을 바꾸어놓았고 통증을 참을 수 있었어요. 그렇지 않으면 너무 우울하고, 너무 외롭고, 신체적으로 그리고 감정적으로 고통스러웠습니다. 몇 시간 동안 제 정신이 아니게 해줬어요. 온갖 고통과 혼란을 막아준 거죠. 결국 저는 더 나아지고 싶다는 마음을 먹게 되었고, 술은 해결 방법이 아니라는 걸 알았습니다."

"저는 몸의 소리를 많이 듣고 있습니다. 증상이 나에게 무엇인가를 말하려 한다는 것을 압니다. 몸은 무엇을 바라는 걸까요. 어떻게 방어하고 있고, 무엇이 몸을 활성화하나요? 어떤 것이 고요함에 이르는 데 도움이 될까요? 그 목소리를 알아 듣는 것이 나의 일입니다. 즐거운 일도 아니고, 제가 원하는 것이 아닐 수도 있지만, 목소리를 억누르는 것보다는 낫습니다. 저는 이제 증상이 신체적이든 정신적이든 저의 대처능력을 넘어서는 신호라는 것을 압니다. 너무 많은 작업을 수행하면 증상이 나타납니다. 여러분은 이번 인생에서 오직 하나의 몸만 가질 수 있어요. 그러니 몸을 돌보세요. 이것은 전적인 수용입니다. 같은 강물에 두 번 발을 담글 수 없다는 것에 직면해야 했습니다. 예전에는 정상으로 돌아가려고 했는데, 이제는 되돌아갈 수 없다는 것을 알았어요. 여러분은 오늘 시작한 몸을 가지고 새로운 정상성을 향해 나아가야 합니다. 예전에는 '일단 딱 맞는 의사를 찾으면, 다시 일터에 복귀하게 될 거야. … 딱 맞는 약을 찾기만 하면, 딱 맞는 치료법을 찾으면, 딱 맞는 입원실, 딱 맞는 치료자, 무엇이든 딱 맞는 것을 찾으면, 나는 정상으로 돌아갈 거야.'라고 생각했습니다. 하지만 절대로 되돌릴 수 없습니다, 영원히. 우리 뒤로는 세상이 없습니다. 우리에게 있는 것은 우리 앞에 있는 것뿐입니다."

18

고요한 상태에 이르기: 안정화 작업 기술들

느낌이 없다면 죽은 것이다.
– 라이너 마리아 릴케, 20세기 독일 작가

모든 느낌은 정상입니다. 느낌은 인간 존재의 일부입니다. 그러나 트라우마나 중독을 겪으면, 느낌이 너무 과다하거나 너무 적을 수 있습니다. 안정화 작업grounding은 그런 느낌들을 건강하고 적절한 수준으로 되돌릴 수 있습니다.

강한 부정적인 느낌에 사로잡혀 있으면, 안전하지 않은 행동이 많이 발생합니다. 만약 그 느낌들을 줄일 수 있다면, 그런 행동을 줄일 수 있습니다. 안정화 작업은 느낌의 거대한 파도로부터 잔잔한 해안으로 우리를 이끌어주는 도구입니다.

안정화 작업이란, 나의 내부세계보다는 외부세계에 주의를 기울이는 것입니다. 이를 또한 '중심잡기centering', '평온해지기', '안전지대', '외부를 바라보기', '평화로움', '건강한 분리'라고 생각할 수 있습니다.

안정화 작업을 언제나 – 어려운 상황이나 그 전과 후에 – 사용할 수 있습니다. 안정화 작업은 많은 부정적인 느낌 – 공황, 분노, 슬픔, 스트레스, 공포, 갈망, 촉발, 해리, 누군가를 해치고 싶은 충동 등등 – 에 효과가 있습니다. 안정화 작업은 우리가 어디에 있어도 – 대중교통에서, 직장에서, 교실에서, 대화 중에도, 가게의 계산 대기줄에서도 – 사용할 수 있는 간단하지만 강력한 전략들입니다. 안정화 작업은 배울 가치가 있는 가장 중요한 회복기술입니다. 베트남 참전 군인인 마빈 씨는 "20년 전에 안정화 작업을 배웠더라면 좋았겠다."라고 말합니다.

세 가지 형태의 – 정신적, 신체적, 그리고 진정시키는soothing – 안정화 작업이 이
번 장에서 소개될 것입니다. 어느 형태가 나에게 알맞을지 알게 될 것입니다. 실행 전
과 후의 느낌에 점수를 매겨봄으로써, 안정화 작업이 효과가 있는지 검증해볼 수 있
습니다.

건강한 가정에서는 아이들이 불편감이 있을 때 위로를 받으면서, 그리고 타인이
정서를 어떻게 감당하는지를 보면서 은연중에 안정화 작업을 배웁니다. 그러나 우
리가 건강한 가정에서 자라는 행운이 없었다면, 우리의 부정적인 정서를 어떻게 전
환시키는지 배우지 못했을 것입니다. 자신을 진정시키기 힘들 것입니다. 이런 불편
감에 익숙해져서 마치 정상적인 느낌처럼 여겨지기도 할 것입니다.

많은 종교 및 영성 전통은 건강한 거리두기detachment를 중요하게 여깁니다. 한 반
덴 블링크Han van den Blink는 『트라우마와 영성』에서 거리두기를 통해 "우리의 몸과
마음에 너무 많은 생각, 느낌, 기분, 관념, 불안, 걱정, 공포, 분노들이 계속 지나다녀서
알지도 못하는 사이에 우리가 포로가 되는 것에서 해방"될 수 있다고 언급했습니다.

건강한 거리두기는 무감각해지거나, 무관심해지는 것을 의미하는 것이 아닙니
다. 이는 현재와 접촉하면서, 중심을 잡고 평온하게 되는 것입니다. 명상, 마음챙김,
이완훈련 등 많은 방법들이 이런 느낌들을 제공할 수 있습니다. 그러나 이런 방법들
은 강력하고 위험한 충동을 다루도록 설계된 것이 아닙니다. 안정화 작업은 다른 접
근법들보다 더 활동적이고, 눈을 뜨고 환경과 접촉을 유지하게 합니다. 안정화 작업
은 트라우마를 겪은 많은 사람들이 회복하여 자신이나 타인을 해치지 않고 고요한
상태로 머물도록 도움을 줍니다. 만약 물질을 사용하려 하거나, 화가 나서 벽을 치려
고 한다면, 안정화 작업이 효과가 있을 것입니다.

자신을 위해서 다음의 안정화 작업 실습을 시도해보세요.

★ 탐사하기 … 안정화 작업 시도하기

지침

- 언제든지 어디에서든지 남들이 모르게 안정화 작업을 할 수 있습니다.

- 촉발요인과 마주하거나, 플래시백을 경험하거나, 해리, 약물 갈망 또는 (1~10 중) 6 이상
의 스트레스를 받았을 때 안정화 작업을 사용해보세요. 안정화 작업은 우리와 이런 부정
적 느낌 사이에 건강한 거리두기가 될 것입니다.

- 눈을 뜨세요. 방을 천천히 둘러보세요. 현재와의 접촉을 유지하도록 불을 켜두세요

- 이것이 효과가 있는지 확인하기 위해서 실행 전과 후의 기분을 측정하세요. 안정화 작업
을 시작하기 전에 (1~10으로, 10은 강한 스트레스) 측정하세요. 그리고 실행 후 다시 측
정하세요. 점수가 내려갔나요?

- 좋고 나쁘다고 평가하지 말고 중립상태를 유지하세요. 예: "벽이 파란색이네. 난 파란색
을 싫어해. 왜냐하면 우울한 색이니까."라고 하기보다, 단순히 "벽이 파란색이네."라고
말하고 시선을 옮기세요.

- 현재에 집중하세요. 과거나 미래에 머무르지 마세요.

1단계: 적당한 스트레스를 떠올리세요. 최악의 스트레스를 시도하지는 마세요. 1~10 중에, 10
이 가장 최악이라면, 5~7 정도를 떠올리세요.

2단계: 스트레스 수준을 측정하세요. 0(없음)~10(아주 강함). 안정화 작업으로 스트레스가 감
소하는지 확인하려는 의도입니다.

3단계: 10분이 될 때까지 다음의 방법들을 가능한 많이 활용해보세요. 좋다 나쁘다 평가나 판
단을 하지 말고 그냥 따라하세요.

정신적 안정화 작업의 예

- 여러 감각을 활용하여 주변 환경을 자세히 묘사하세요. 예: "벽이 흰색이다. 벽에 다섯 개

의 핑크색 의자가 있다. 벽에는 나무로 된 책 선반이 있다…." 사물, 소리, 질감, 색깔, 냄새, 모양, 개수, 온도 등을 묘사하세요.

- **스스로 범주화 게임을 하세요.** '개의 종류들', '음악가들', 'ㄱ으로 시작하는 말들', '자동차들', 'TV 쇼들', '작가들', '스포츠 종류', '노래 제목', '도시 이름'을 떠올려 보세요.

- **하루 일과를 아주 상세하게 묘사해보세요.** 예, 자신이 요리한 식사를 묘사해보세요(예: "먼저 쌀을 씻고, 냄비에 담아서, …. 물을 끓이고….").

- **상상해보세요.** 이미지를 활용하세요. 나의 고통에서 스케이트를 타고 활주하듯이 멀어지는 이미지, 더 나은 장면이 나오는 채널로 TV채널을 바꾸기.

- **안전한 선언을 만들어보세요.** "내 이름은 _____ 입니다. 과거에는 안전하지 않았지만 지금 나는 안전합니다. 나는 _____(어디)에 있습니다. 오늘 날짜는 _____ 입니다."

- **유머를 사용하세요.** 기분이 전환될 수 있는 재미난 것을 상상해보세요. 또는 코미디를 시청하거나 읽어보세요.

신체적 안정화 작업의 예

- **손을 차갑거나 따뜻한 물과 접촉하세요.**

- **의자를 꽉 잡고서 어떻게 느껴지는지 알아차리세요.**

- **자기 주변의 여러 물체들을 만져보세요.** 볼펜, 열쇠, 나의 옷, 테이블, 벽을 만지면서 질감, 색깔, 재질, 무게, 온도를 알아차려보세요. 만져본 물건들을 비교해보세요. 한쪽이 더 차갑나요? 더 가벼운가요?

- **발뒤꿈치로 바닥에 굳건히 서보세요.** '안정화 작업grounding' 글자 그대로 땅바닥에 붙여보세요! 이 행동을 하면서 발뒤꿈치의 긴장도를 알아차려보세요. 땅과 자신이 연결됨을 느껴보세요.

- **주머니에 안정화 작업 물건을 넣어두세요.** 촉발되는 걸 느낄 때 언제나 만질 수 있는 작은 물체(작은 돌, 찰흙, 반지, 옷이나 천 조각)입니다.

- **아래위로 뛰어보세요.**

진정시키는 안정화 작업의 예

- 작은 아이에게 말하는 것같이 나에게 친절하게 말하기: "너는 시련을 견뎌내는 좋은 사람이야. 너는 잘 이겨낼 거야."
- 좋아하는 것을 상상하기: 좋아하는 색, 동물, 계절, 음식, 하루 중의 시간, TV프로그램, 사람, 영화, 활동, 장소, 명언, 노래 또는 상상할 수 있는 다른 좋은 것들
- 자신이 아끼는 사람(예: 자녀)을 그려보거나, 그들의 사진을 보기
- 힘이 되는 노래 가사나, 명언, 싯구(예: 평화의 기도)
- 안전한 장소를 떠올리기. 위안이 되었던 장소(예: 해변, 산, 숙소)를 묘사해보기
- 대처 문장을 만들기: "나는 해낼 수 있어.", "이 느낌은 지나갈 것이야."
- 다음 주에 기대하는 것을 생각하기: 친구와 시간 보내기나 영화를 보러 가기 등

4단계: 실행 후, 부정적인 느낌을 0~10으로 다시 측정해보세요. 조금이라도 점수가 감소했나요? 처음보다 조금이라도 기분이 나아졌나요? 그렇지 않다면, 10분간 안정화 작업을 더 해보세요. 그리고 부정적인 느낌을 다시 측정해보세요. 만약 충분히 다양한 방법으로 충분히 길게 시도한다면, 효과가 있을 것입니다. 다음의 아이디어를 참고 하세요.

자신의 '안정화 작업' 을 증진시키는 방법*

안정화 작업은 유용합니다! 그러나 다른 기술들처럼, 가능하다면 강력하게 만들도록 연습이 필요합니다. 다음 제안이 도움이 될 것입니다.

- 가능하다면 자주 실습하세요. 필요하지 않더라도, 체득하기 위해서 연습하세요. 다양한 상황에서 - 운전 중 누군가가 끼어들기를 할 때, 우울하거나 스트레스를 받을 때, 잠이 안 올 때 - 시도해보세요.
- 빠르게 실습해보세요. 속도를 빠르게 하면 바깥세상에 빠르게 집중하게 됩니다.
- 아주 기이이이일일일게(20~30분) 시도해보세요. 그리고 반복, 반복, 반복

---

* 이 목록은 저자의 허락을 받아 리자 M. 나자비츠(Lisa M. Najavits, 2002)의 『안전기반치료*Seeking Safety*』에서 차용되었다.

- 어떤 방법이 나에게 잘 맞는지 찾아보세요. 정신적, 신체적, 진정시키는 안정화 작업 또는 조합해서
- 자신만의 안정화 작업 방법을 만들어보세요. 자신이 만들어낸 어떤 방법이라도 이 책에서 제안한 방법보다 더 효과적일 수 있습니다. 왜냐하면 당신의 것이니까요.
- 부정적인 기분 사이클 초기에 안정화 작업을 시작하세요. 갈망이나 플래시백이 형성될 때, 분노가 올라올 때
- 목록을 만들어두세요. 나만의 최상의 안정화 작업방법과 지속할 시간에 대해서
- 안정화 작업을 도와주는 사람을 찾으세요. 친구나 가족에게 안정화 작업을 가르쳐주고, 내가 많이 압도될 때 그들이 배운 대로 나에게 안정화 작업을 안내하게 합니다.
- 미리 준비하기. 집이나, 차 안이나, 일터에 안정화 작업이 기억나게 하는 물건을 놔둘 공간을 마련해보세요.
- 안정화 작업 메시지를 녹음해두기. 필요시 틀어볼 수 있도록. 타인의 목소리로 듣고 싶다면 치료자나 친밀한 사람에게 녹음을 부탁해보세요.
- 안정화 작업이 효과 있는 이유를 생각해보기. 왜 외부로 주의를 기울이면, 내면이 평화로워질까요? 나에게 효과적인 방법을 떠올려 보세요. 왜 이 방법이 다른 방법보다 더 효과적일까요?
- 포기하지 마세요!

안정화 작업은 정서적으로 긍정적인 반사작용으로 저장되어, '근육에 저장된 기억' 처럼, 자신이 원할 때 활용할 수 있습니다.

✧ 자신이 안정되어 고요해지면 몸은 어떤 느낌이 드나요?

✧ 어떤 안정화 작업 방법이 나에게 잘 맞나요?

✧ 어떻게 안정화 작업을 기억해내서 사용할 수 있을까요?

✧ 어떤 상황에서 안정화 작업이 가장 필요할까요?

회복의 목소리

태리 – "내가 대처할 수 있도록 도와준 첫 번째 기술"

태리는 육군에 근무했습니다. "저는 느끼지 않도록 훈련되었습니다. 그것은 강한 군인을 만드는 훈련에서 배우게 되는 정신 단련의 일부분입니다. 저는 동기들 중에 가장 우수했고 그들에게서 존경을 받았습니다. 왜냐하면 많은 남성들이 하는 만큼 할 수 있었기 때문입니다. 저는 그들과 어울렸습니다. 그리고 바에서 한 잔 했습니다. 음주는 저의 군생활의 일부였습니다. 뭔가 아주 좋거나 또는 나쁜 일이 일어나거나, 지루하거나 하면 언제나 우리는 술을 마셨습니다. 그래서 거의 매일 많이 마셨습니다. 잘 조절되어 오다가, 제가 있는 부대의 어느 군인에게 성폭행을 당한 후 흔들렸습니다. 그후 음주는 분노를 감추는 방법이 되었습니다. 저는 그당시 술이 취한 상태였고 비난받을 거라는 것을 알았기에 보고하기가 두려웠습니다. 저는 견디려 했지만, 마음은 힘들었습니다. 더 많이 마시고 결국 음주 운전을 하다가 정차된 차를 들이받아 체포되었습니다. 몹시 부끄러웠습니다. 저는 군병원 정신과에서 치료를 받게 되었고, 트라우마가 어떻게 폭음을 촉발했는지 처음으로 깨닫기 시작했습니다. 술로 인해 제가 멍한 상태가 된다는 걸 그때도 알았더라면 하는 마음입니다. 저는 자동운항autopilot 같은 상태로 있었고, 올라오는 감정을 억누르며 견디려고 애썼습니다. 이게 효과가 없다는 것을 지금은 알지만 그때는 그게 제가 아는 전부였습니다. 안전기반치료의 안정화 작업은 내면으로 집중하지 않도록 하기 때문에, 내가 대처할 수 있도록 도와준 첫 번째 기술입니다. 저의 '내면'은 엉망이었고, 끔찍했습니다. 저 자신의 바깥에 있는 분명한 것들로 주의를 기울이는 안정화 작업을 통해서, 10년 전 그 성폭행이 나에게 빼앗아갔던 통제감을 다시 가지게 되었습니다."

19

침묵을 강요하는 문화

이 일은 당신이 경험하지도 않았고, 일어나지도 않았으며,
당신은 자신이 알고 있는 것도 알지 못한다.
– 『베트남의 아킬레스 전쟁 트라우마와 인성의 회복』(1994)

내가 만약 삼촌이 나를 만질 권리가 없다는 것을 알았다면
그에게 말했을 것이고 그날 밤 소리치거나 비명을 질렀을 것이다.
내가 만약 우리가 하나의 민족으로서 어떻게 여전히 노예제도와 인종 차별주의로 인해
고통받고 있는지 알았다면, 나는 그 비밀이 드러난 후
내 가족의 침묵이 사적인 것이 아니라는 것을 이해했을 것이다.
그것은 여러 해에 걸친 공포와 억압에 의해 초래되었고, 한 세대에서 다음 세대로 전해졌다.
– 로빈 스톤Robin Stone, 『비밀이 없으면 거짓도 없다: 흑인 가족이 성적 학대에서 치유되는 방법』(2007)

다른 많은 문제들보다, 트라우마와 중독은 종종 침묵하라는 강요에 맞닥뜨리게 됩니다. 중독에 대한 반응으로, 가족들은 모든 것들이 무너지고 있을 때도 문제없다는 허구를 만들어냅니다. 트라우마의 경우 의도적인 침묵 강요silencing(피해자에게 말하지 말라고 위협하는 것)가 있을 수 있고, 단순히 어떤 일이 일어나고 있는지 모를 수도 있습니다. 사람들은 여러분의 문제가 그렇게 나쁘지는 않다고 말할 수도 있고, 그것을 잊는 것이 더 낫다고 말할 수도 있습니다. 스포츠 팀, 교회, 대학, 기업, 군대 등 주요 기관에서도 트라우마와 중독에 대한 침묵이 만연하게 발생하고 있습니다.

무슨 일이 일어나고 있는지 그 누구도 인정하지 않을 때, 여러분은 여러분의 현실을 의심하게 될 것입니다. 우리의 생각을 정리하기 위해 다른 사람들에게 의존하기 때문에 이런 상황은 미친 것 같은 느낌이 들게 합니다. 고전 영화인 〈가스등Gaslight〉은 주인공이 반복적으로 자신의 생각이 거부되면서 점점 미쳐가는 내용인데, 이 영화 이후로 그런 상황을 '가스라이팅'이라 부르고 있습니다.

침묵을 강요하는 문화culture of silence라는 문구는 강요된 침묵의 힘이 얼마나 강한지를 보여줍니다. 사람들은, "왜 목소리를 높이지 않았니?" 또는 "누군가에게 말했어야 했는데."라고 말할 수 있습니다. 가족, 공동체 또는 기관에서의 문화가 우리를 온전히 발언할 수 없게 얼마나 엄청난 압력을 가하는지 사람들은 이해하기 힘듭니다. 강요된 침묵을 깨는 것은 종종 위험합니다. 여러분이 거절당하거나, 굴욕을 당하거나, 무시당하거나, 신체적으로 해[손상]를 입을 거라는 묵시적이거나 때로는 직접적인 위협이 있습니다. 그리고 문제가 심각할수록 침묵의 강요는 극단적으로 변합니다. 전통적으로 '나쁜 것은 보지도 말고, 듣지도 말고, 말하지도 말라'는 방식은 문제를 더 심각하게 만듭니다.

강요된 침묵은 또한 트라우마와 중독의 고통을 가중시킬 수 있는 끔찍스러운 고립으로 이어집니다. 만약 여러분이 트라우마로 인해 고립되어 있다면, 여러분이 오해를 받고 있다고 느낄 수도 있고, 여러분의 기억을 의심할 수도 있으며, 결코 지지를 받지 못할 수도 있습니다. 침묵의 강요는 트라우마의 가해자들이 그들이 한 일에서 벗어나려고 하는 주요한 방법입니다. 그들은 피해자에게 협박("만약 네가 입만 뻥긋하면, 내가 …할 거야.")을 하거나 트라우마가 정상인 것처럼 여기며 피해자의 경험을 부정해서 트라우마에 대해 말할 수 없게 만듭니다. 피해자에게 "너는 너무 많은 것을 바라거나 요구하고 있어. 문제는 너지, 내가 아니야."라는 메시지로 피해자를 외면합니다.

일부 트라우마 생존자들은 그들이 발언하지 못한 것에 대해 죄책감을 느낍니다. 그러나 침묵은 깊숙이 있는 앎을 따라간 것 같습니다. 보이지 않는 압력이 있었습니다. 그리고 조용히 있는 것이 더 나쁜 해[손상]로부터 당신을 구했을지도 모릅니다. 여러분은 매우 끔찍한 상황에 대해서 스스로를 해리解離하거나 부인했을 수도 있습니다. 이는 고통이 너무 클 때 자동적인 자기 보호 메커니즘으로서 마음을 닫는 것입니다. 이러한 생존을 위한 타고난 본능은 탈출구가 없을 때의 탈출구를 의미합니다. 주디스 허먼Judith Herman은 『트라우마Trauma and Recovery』에서 이를 가리켜 '자연이 주는 작은 자비 중 하나one of nature's small mercies'라고 말합니다.

어떤 트라우마 희생자들은 자신의 이야기를 되찾기 위해서 심리상담을 하고, 다른 생존자들의 공감 그리고 기타 치료 방법을 경험하면서 한 조각 한 조각 복원하는 과정에 수년의 시간을 쓰게 됩니다. 태풍이나 테러와 같은 트라우마를 공동체의 일원으로서 겪는 사람들은 다른 사람들과 공유하는 현실이 있기 때문에 종종 더 빨리 회복됩니다.

중독에도 침묵의 강요가 있습니다. 이것은 종종 눈에 띄지 않고, 말없이 지나갑니다. 아무도 그것을 문제 삼지 않기 때문에 중독을 드러내지 않도록 길들여집니다. 눈에 띄지 않게 되면서 전적으로 수용되게 됩니다.

혜리는 군대에 복무하면서 관찰했던 음주에 대한 태도를 묘사합니다. "음주가 장려되는 분위기였어요. 생활관에 맥주 자판기가 있었어요. 영화관에서 술을 마실 수 있었고요. 비록 어떤 품목은 배급 제한이 있었지만 원하는 만큼 많은 술을 구할 수 있었어요. 비디오 게임도 역시 그랬어요. 그것은 마치 친구 같았어요. 왜 술이 그렇게 많은 부분을 차지했을까요? 부분적으로는 트라우마가 많이 있었기 때문입니다. '내가 알코올 둘레길을 따라간다면, 보고 싶지 않은 것들을 보지 않아도 돼.' 같은 거죠. 또한 지루함도 있었어요. 할 일이 많지 않았어요. 그리고 술 먹는 게 문제로 보이지 않았어요. 그런 태도는 '저는 단지 알코올을 약처럼 복용하지만 중독자는 아니야.'였습니다. 그건 단지 근무처에 출근하지 않거나 큰 싸움이나 음주운전과 같은 분명하고 명백한 문제가 생길 때만 문제일 뿐이었어요. 사람들이 '실제보다 술을 적게 마신다고 말한 적이 있다면 왜 그랬나요? 술을 덜 마셔야 한다고 생각하세요? 술을 너무 마셔서 실망스럽나요? 술을 덜 마시면 기분이 나아질 것 같나요?'라는 질문을 한다면 도움이 될 거라고 생각해요. 사람들이 문제를 더 빨리 알아차리도록 도울 수 있을 것 같아요."

침묵을 강요하는 문화를 지지하는 깊은 힘의 역학이 있습니다. 1970년대 브라질 교육자이자 철학자인 파울로 프레이리Paulo Freire는 억압받는 사람들에 대한 그의 관찰을 바탕으로 '침묵을 강요하는 문화'라는 표현을 만들었습니다. 사회적 힘이 없는 사람들을 "지배적인 사회 구성원들이 경청하지 않는다."라고 하면서 "힘없는 그들은 자신의 부정적인 이미지를 내면화한다."라고 언급합니다. 트라우마와 중독은 둘 다 무력함에 뿌리를 두고 있습니다. 힘이 없다고 느낄 때, 나의 목소리는 나오지 않습니다. 회복은 그 반대입니다. 즉, 여러분의 진실 속으로 들어가서, 그 진실을 받아들이며, 원한다면 안전한 사람들에게 그 진실을 말하는 걸 선택하는 것입니다.

✧ 자신의 트라우마가 부정되고 있다고 느끼나요? 중독에 대해서도 그런가요?

✧ 자신의 진실을 고수하는 데 어려움을 가지고 있나요?

✧ 자신의 트라우마에 대한 입장이 자꾸 바뀌나요?

✧ 사람들이 여러분의 트라우마를 심각하게 여기고 있다고 느끼나요? 중독에 대해서도 그런가요?

강요된 침묵을 깨고 나의 목소리를 되찾기

강요된 침묵을 깨는 방법에는 여러 가지가 있습니다. 자신의 경험을 특정 사람들에게 공개하는 것을 의미할 수도 있습니다. 자신의 진실을 탐구하기 위해 일기를 쓰는 것을 의미할 수도 있습니다. 그것은 필요하다면 합당한 법적 조치 취하는 것을 의미할 수도 있습니다. 어떤 행동을 선택하든 다음의 제안을 고려하십시오.

작은 실험을 해보세요 누가 신뢰할 만한지, 그들이 여러분을 지지해줄 수 있을지 알기까지는 아주 조금만 이야기해보세요. 아주 천천히 관계에서 신뢰를 쌓고, 나의 취약한 점을 드러내도 안전하다는 것을 확인합니다.

'바보처럼 보일까 봐'라는 걱정은 하지 마세요. 그러면 어려운 주제를 꺼내는 것이 두려울 것입니다. 자신의 목표에 집중하세요.

안전을 평가하세요. 항상 신체적으로나 정서적으로 자신에 대한 잠재적인 위험이 있는지 주의 깊게 평가하세요. 심리상담자, 친구 등 가능한 한 많은 안전한 사람에게 정보를 얻습니다. 만약 여러분이 누군가를 믿을 수 있을지 없을지를 모르겠다면, 앞에 설명된 '작은 실험'을 하세요.

견뎌보세요. 침묵을 극복하는 데는 오랜 시간이 걸릴 수 있으므로, 그것을 연습할 때는 인내심을 가지세요. 발언하기에 안전한 상황이라고 해도 본능적으로 조용히 있을 수 있습니다. 여러분의 반응reactions은 너무 자동적일 수 있고, 따라서 알아차리지 못할 수도 있습니다.

치유작업의 많은 부분이 내면작업이라는 것을 이해하세요. 침묵의 강요 속에서 여러분은 심지어 자기 스스로에게도 감추게 됩니다. 여러분은 "내 트라우마가 정말 문제인가?"라고 궁금해 할지도 모릅니다. "아마 그렇게 나쁘지 않았을 거야?", "정말 중독인 걸까?" 양 극단 사이를 왔다 갔다 하는 것은 흔한 일입니다. "난 괜찮아/난 엉망이야", "끔찍했어/그렇게 나쁘진 않았어", "나는 회복할 수 있어/난 희망이 없어" 여러분은 회복되어가면서, 자신을 일관된 관점으로 바라 볼 수 있는 능력인 더 커다란 온전성wholeness을 발견하게 될 것입니다.

(도)취해intoxicated 있을 때는 절대 심각한 문제를 말하지 마세요. 그때는 그런 말을 하는 것이 당연하다고 느껴질지 모릅니다. 하지만 나중에 후회할 것입니다. 따라서 (도)취한 상태에서는 '취중 문자'나 주요 문제에 대한 논의를 하지 마십시오.

회복의 초기 단계라면 트라우마 가해자와 직면하지 마세요. 만약 해[손상]를 끼친 사람과 직면하면 '항상 바라왔던 사죄를 받을 수 있을 것이다'라는 환상을 가질지도 모릅니다. 하지만 크게 실망할지도 모릅니다. 많은 트라우마 생존자들은 사죄를 받지 못할 뿐만 아니라 직면을 통해서 감정적인, 심지어 신체적 해를 불러일으킬 수도 있다는 것을 알게 됩니다. 가족들은 종종 피해자보다는 가해자 편을 듭니다. 트라우마 가해자를 직면하는 것은 매우 어려운 일이며, 트라우마나 중독에서 회복의 초기 단계라면 직면해서는 안 됩니다. 지금은 자신에게 집중하세요. 유일한 예외는 변호사의 안내에 따라 법적 절차를 수행하기 위해 증언을 해야 하는 경우입니다.

자신의 진실을 말할 때 충동적으로 행동하지 마시고 계획을 세워서 하세요. 수년간의 강요된 침묵을 극복할 때 침묵에서 발언으로 너무 빨리 옮겨가는 일이 흔히 벌어집니다. 그것을 들을 능력이 없는 사람들에게 부적절하게 '쏟아내기'를 시작하고는 합니다. 스스로 자유롭게 표현할 수 있는 심리상담 이외의 상황에서는, 다른 사람에게 어떻게 발언할지 준비해서 성공할 가능성이 최대한 높도록 만드십시오. 여러분의 목표와 여러분이 발언하고 싶은 것을 분명히 하고 여러분이 믿는 사람들에게 그것을 실행하세요.

강요된 침묵을 깨는 방법에 대해 자세히 알아보십시오. 온라인으로 검색하십시오. 어려운 주제를 어떻게 꺼내야 하는지에 대한 다양한 책들도 있습니다.

> ✧ 여러분이 깨고 싶은 침묵이 있나요? 그렇게 해도 안전한가요? 어떻게 할 수 있을까요?

회복의 목소리

백희 – "강요된 침묵에 대해 발언하는 것만으로도 그 침묵은 약해집니다."

"우리 가족은 저의 트라우마를 부인했을 뿐만 아니라(여덟 살부터 열 살까지 형부에게 성추행을 당했어요), 그들은 저에게 가족에 대해 말도 안 되는 말을 하지 말라고 했어요. 그래서 저는 제가 그런가 보다 하고 결론지었어요. 엄마가 저를 병원에 데려갔고 처방을 받고 안정제를 받았어요. 저는 생각했어요. 나한테 무슨 문제가 있는 것 같은데, 그게 뭐지? 뭐가 그렇게 잘못되었기에 가족조차도 내게 일어난 일에 대해 말할 수 없을 정도일까? 여덟 살짜리 아이가 무엇이 그렇게도 매력적이어서 다 큰 남자가 그렇게 나를 추행했을까? 왜 우리 가족은 이런 이야기를 해서는 안 된다고 믿었을까? 저는 술을 마시고, 술이 술을 마시고, 계속 마시면서 중독에 빠졌습니다. 형부는 수년 뒤에 죽었습니다. 그리고 이것에 대해 어머니가 저에게 한 마지막 말은, '우리는 죽은 사람에 대해 나쁘게 말하지 않는다.'였습니다. 그래서 그는 죽었는데도 여전히 나를 침묵시키는 거야? 어렸을 때 저는 학대가 멈추기를 기도했고, 나중에 그는 죽었습니다. 저는 사실이 아니라는 것을 알면서도 기도를 해서 그를 죽인 것이 분명하다고 속으로 생각했습니다. 그리고 45년이 지난 지금까지도 저는 가족들과 그것에 대해 이야기하지 않았습니다. 저는 이제 수십 년간의 트라우마와 알코올 남용에서 성공적으로 회복되었습니다. 그리고 제가 침묵의 강요에 대해 배운 것은 다음과 같습니다. 강요된 침묵을 깨는 것은 힘든 일이지만, '우리가 그것을 언급할 수 있다면, 우리는 그것을 감당할 수 있다.'라고 어린이 TV 쇼 진행자인 로저스가 말했습니다. 저는 가족 밖의 사람들에게 마음을 열고 공개할 수 있었습니다. 많은 사람들이 아니라, 제가 치유되는 것을 도울 수 있을 만큼요. 강요된 침묵에 대해 발언하는 것만으로도 그 침묵을 약화시키고 비밀을 점점 더 많이 드러낼 수 있습니다. 귀 기울여 듣는 것도 치유를 위한 중요한 수단입니다. 회복은 여러분 자신과 다소 비슷한 방식으로 고통받은 사람들에게 귀를 기울이는 데서 일어납니다. 힘든 길이었지만 그만한 가치가 있는 여정이었습니다."

20

동기: 한 문제를 지렛대 삼아 다른 문제를 해결하라

나는 새벽이 언제 올지 몰라서 모든 문을 열어 놓는다.
– 에밀리 디킨슨Emily Dickinson, 19세기 미국 시인

인생을 되돌리려는 의지를 찾기가 어려울 수 있습니다. 지쳐서 절망적일 수도 있습니다.

미영 씨는 열세 살 때 매우 희귀한 약물 알레르기인 독성 표피괴사성 용해 증후군으로 인해 전신 화상 환자처럼 피부 바깥층이 모두 파괴되는 증상을 겪고 생존했습니다. 그는 신체적으로 회복되었지만 수년간 지속된 외상 후 스트레스 장애PTSD 진단을 받았습니다. 그는 이렇게 말합니다. "회복의 시작은 다음과 같았습니다.

1. 일주일에 한 번, 한 시간씩 치료를 받도록 밀어넣었어요.
2. 저는 치료사를 찾아가서 그가 모든 일을 해내기를 기대했어요.
3. 남은 한 주 동안, 저는 다른 할 일이 없는 척 하면서 단지 증상에 대처하면서 하루를 흐느적거리며 지냈습니다.

제가 왜 다른 할 일이 없는 척 했을까요? 왜냐하면 만약 여러분이 잠시 동안 트라우마나 PTSD의 영향을 견뎌봤다면, 잠이 오지 않고, 우울하고, 정서적으로 불안정하고, 무기력하며, 희망이 없고, 때로는 완전히 절망적으로 되는 것이 어떤 느낌인지 알 것입니다. 그런 마음속에서, 저는 종종 저를 구해낼 방법이 없다고 믿었습니다. 저는 제정신이 아니었고, 그런 상태로 영원히 계속될 것 같았습니다.

정신, 신체, 영혼에 대한 트라우마의 영향은 엄청난 피로감을 주기 때문에 동기유발에 필요한 에너지원을 고갈시킬 수 있습니다. 하지만 트라우마와 PTSD를 극복하려면 앞으로 나아가기 위해서 필요한 행동을 추진하거나 의욕을 가질 방법을 반드시 찾아야 합니다."

– 미쉘 로젠탈Michele Rosenthal의 『동기를 이끌어내 PTSD에서 회복하라Get Your Brain Motivated to Recover from PTSD』 중

회복이 지지부진할 때, 마음을 살펴보면 동기가 있는 것 같기도 하고 없는 것 같기도 합니다. 돈은 한번 사라지면 끝입니다. 그렇지만 동기는 유동자산과 같아서, 새로운 방식으로 생각함으로써 동기를 증진할 수 있습니다. 목적이 생기면 방법을 찾을 수 있습니다. 여러분의 동기를 지렛대로 끌어올리는 것이 회복을 위한 중요한 방법입니다.

지렛대 – 하나의 문제를 해결하면 다른 문제가 쉬워집니다

한 문제를 지렛대 삼아 다른 문제의 해결에 이용하는 것은 해결하고자 하는 동기가 더 많은 부분을 발견하고 이것이 동기가 덜한 부분을 치유할 때 힘이 나게 하는 것입니다. – "밀물이 들어올 때 노를 젓는다."는 속담처럼, 1+1 전략입니다.

예시를 들어보겠습니다.

"저는 될 수 있는 한 최고의 부모가 되고 싶습니다. PTSD를 해결하는 것은 어렵지만, 그렇게 하지 않으면 제 아이들은 건강하고 안정적인 부모를 갖지 못하게 될 것입니다."

"저는 정말 인생의 동반자를 찾고 싶습니다. 하지만 성중독을 해결하지 못하면 성관계를 위해 10년간 밖으로만 나다니고, 진정한 관계를 맺지 못할 거예요."

각각의 예에서, 앞 문장은 노력할 동기를 느끼는 무엇인가를 표현합니다(좋은 부모되기, 인생의 배우자를 만나기). 그리고 뒤 문장에서 노력할 동기가 약한 문제상황(PTSD, 성중독)과 앞 문장의 동기를 연결 짓습니다.

> ✧ 다음 문장의 빈칸을 채워보세요: "나는 정말로 _____을 성취하고 싶다. 그렇게 하기 위해서는, 기분이 좋지 않더라도 _____에 대한 작업을 할 필요가 있다."

트라우마와 중독의 회복 동기

만약 여러분이 중독과 트라우마 문제를 둘 다 가지고 있다면, 어느 하나가 다른 것보다 치유노력을 기울이기에 좀 더 의욕이 생길지도 모릅니다. 이것은 흔한 일입니다.

보통 트라우마 치유는 의욕이 더욱 필요합니다. 아무도 트라우마를 선택하지 않으며, 누구도 그 트라우마에서 발생하는 느낌들, 즉 플래시백, 악몽, 우울증, 분노 등을 원하지 않습니다. 중독은 덜 괴로워 보이기도 합니다. 여러분은 마약, 음란물, 신용카드를 집어 들고 중독행동으로 잠시나마 기분이 좋아지는 느낌을 경험합니다. 심지어 문제가 발생하더라도 한참 지난 후에야 알아차리게 될 수도 있습니다. 일반적으로 주변 사람들(가족, 친구, 고용주, 의사 또는 경찰)이 문제를 더 먼저 발견할 수 있습니다.

트라우마나 중독 어느 것이든 치료 의욕이 더 많은 쪽을 지렛대로 사용할 수 있습니다. 예를 들면,

트라우마가 치료 동기가 되는 경우: "나는 생존자입니다. 나는 끔찍한 트라우마를 견디며 지내왔고 그것이 치유되기를 원합니다. 심리상담자는 제가 알코올중독에 대해서도 치료 노력을 해야 한다고 말씀하셨어요. 아마도 그가 옳을 거예요. 둘 다 치료하려는 노력이 회복 속도를 높여줄 것 같습니다."

중독이 치료 동기가 되는 경우: "오랫동안 제 문제는 중독뿐이라고 생각했습니다. 그리고 열심히 노력해왔습니다. 하지만 지금 저는 내면에 있는 트라우마가 중독을 일으킨다는 것을 알게 되었습니다. 두 가지 모두를 치료하기 위해서 노력해야 할 것입니다."

각각의 예시에서, 사람들이 둘 중 한쪽에 치료동기가 더 높지만, 두 가지를 동시에 치료하기 위해 노력을 한다는 아이디어를 떠올리게 되었습니다. 그것이 목표입니다.

'왜곡된' 동기

동기는 복잡한 주제입니다. 중독과 트라우마에서 동기가 건강하지 못한 목표(강박적인 행동 등)를 향할 수 있습니다. 이것은 왜곡된 동기라고 불리는데, 많은 시간과 에너지가 중독이나 트라우마를 증가시키는 결과로 이어집니다.

예를 들어, 강간에서 살아남은 뒤 미령 씨의 삶은 점점 더 좁아졌습니다. 그는 매일 문과 창문의 자물쇠를 확인하고, 각 방을 돌아다니며 아무도 없는지 확인하고, 침입자 흔적이 있는 경우 장애물을 설치했습니다. 그의 일상생활은 그의 트라우마로 인해 강박적으로 변했습니다.

요컨대 여러분은 많은 동기를 가지고 있을 수도 있지만, 그 동기는 여러분을 회복시키기보다 오히려 악화시킬 수도 있습니다. 그래서 여러분의 에너지, 생명력이 여러분을 악화시키기보다 회복시키는 방향으로 작용하게 하는 것이 중요합니다.

★ 탐사하기 ··· 자신의 동기

다음 질문들을 통해서 자신의 동기를 되돌아보면서 회복을 위한 지렛대를 더 많이 만들 수 있습니다. 대답이 옳고 틀린 것은 없습니다. 만약 트라우마 하나만 있거나, 중독 하나만 있는 경우에 해당되지 않는 문항은 건너뛰도록 하세요.

1. 삶의 목표 중에 지금 개선하려는 의욕이 가장 강한 것은 무엇입니까? (예: 더 좋은 부모가 되기? 복학하기? 파트너 찾기? 돈을 더 벌기? 더 좋은 동네로 이사 가기? 다른 사람을 도와 주기?)

   _____

   _____

   가. 중독이 회복된다면 그 목표가 이루어지는 데 어떤 도움이 될까요?

   _____

   나. 트라우마가 회복된다면 그 목표가 이루어지는 데 어떤 도움이 될까요?

   _____

2. 다음 각 항목에 대해서, 치유 작업을 할 의욕이 얼마나 되나요? 0부터 10까지(0 = 전혀 없음, 10 = 아주 많이)

   가. 트라우마 문제? _____

   나. 중독? _____

3. 다음 각 항목과 연관되어, 건강하지 못한 행동을 향한 왜곡된 동기가 얼마나 되나요? 0에서 10까지(0 = 전혀 없음, 10 = 크게)

   가. 트라우마 문제? _____

　　나. 중독? ＿＿＿＿＿＿

4. 하나의 영역이 개선되면 다른 영역에도 도움이 될까요?

　　가. 만약 중독이 개선된다면, 이것이 어떻게 트라우마 회복에 도움이 될까요?

　　───────────────────────────────────────

　　나. 만약 트라우마 문제가 개선된다면, 이것이 어떻게 중독 회복에 도움이 될까요?

　　───────────────────────────────────────

5. 다음 항목을 치유하기 위해서, 동기를 높일 수 있는 힘이 되는 문장, 명언, 사례 또는 아이디어가 있습니까?

　　가. 트라우마 회복

　　───────────────────────────────────────

　　나. 중독 회복

　　───────────────────────────────────────

───────────────────────────────────────

회복의 목소리

태원 - "좀 더 나은 삶을 살 수 있는 기회"

"저는 소방관으로서 좋지 않은 광경을 많이 보았습니다. 수년간 PTSD가 있었던 것 같습니다. 그러나 여전히 최근에도 사람들에게 PTSD에 대해 말하기보다 죽는 게 낫지 않을까 하는 느낌이 듭니다. 일터에서는 신체적 강인함은 칭찬받고 정서적 나약함은 비웃음거리입니다. 저는 코카인을 어느 정도 사용하고 있었고, 이러면 무관용 정책에 따라 해직될 거라는 걸 알았기에 도움을 요청하고 싶지 않았습니다. 그래서 전 입을 다물고 견뎠습니다. 이와 관련된 저의 회피행동은 스스로를 신체적인 것들에 빠뜨리는 것이었는데, 일을 너무 열심히 하고, 너무 많은 교대업무를 지원하는 것이었습니다. 그렇게 하는 것은 아드레날린의 솟구침을 갖다주었습니다. 결국 저는 탈진하였고, 몸과 영혼이 피로해졌습니다. 이 장의 '왜곡된 동기' 부분은 정말 저에게 하는 말 같습니다. 저는 그동안 너무 많은 파괴적인 행동에 동기가 쏠렸습니다. 단지 너무 강렬한 신체활동뿐만 아니라 분노를 폭발시켜서 몇몇 사람들에게 – 제 여자 친구를 포함해서 – 신체적·정서적인 상처를 주었습니다. 이제는 동기가 항상 긍정적인 게 아니라는 걸 알겠습니다. 우리는 오래 견딜 수 있는 그런 선함을 가져다줄 옳은 일들을 향하여 동기화되어야 합니다. 저는 PTSD 회복의 초기단계인데 제가 해낼 수 있을지 모르겠습니다. 저는 실패할 가능성이 있다면 아예 시도하지 않는 것이 좋다고 때때로 생각해요. 하지만 제가 계속 예전의 똑같은 길을 간다면 전소시키거나 소진될 겁니다. 지금껏 해왔던 식으로 계속할 수 없습니다. 이런 것을 동기라고 할 수 있을 것 같은데요. 제가 뭔가 더 나아질 기회가 될 시작점입니다."

21

국면을 전환시키는 회복 계획

항상 기억하라… 당신은 당신이 믿는 것보다 용기 있고,
보기보다 강하며, 당신이 생각하는 것보다 똑똑하다.
– 밀른A.A.Milne, 위니 더-푸Winnie-the-Pooh를 쓴 20세기 영국 작가

회복의 가장 중요한 핵심은 안전한 행동을 강화하고 안전하지 않은 행동을 줄이는 것입니다.

줄이고자 하는 행동은 중독 관련 행동(과다한 음주, 마약, 소비, 식사, 도박 등), 트라우마 관련 행동(고립, 자신 또는 타인을 해치는 것 등) 또는 이들이 혼합된 행동일 것입니다.

목표는 건강한 방향으로 전환하는 것입니다. 이것은 시소에서 안전한 행동 쪽에 무게를 증가시키고 안전하지 않은 행동 쪽의 무게를 감소시키는 것입니다.

감소시킬 (안전하지 않은) 행동보다 증가시킬 (안전한) 행동에 주의를 둠으로써 초기 치료단계에서 느낄 수 있는, 안전하지 않은 행동 없이는 살아갈 수 없을 것 같은 커다란 두려움을 더 잘 관리할 수 있습니다. 누군가는 안전하지 않은 행동을 내려놓는 것이 깊은 심연이나 텅 빈 구덩이를 직면할 것 같고, 공포스러운 감정에 갇혀 견딜 수 없을 것이라고 생각합니다. 그러나 현실은 훨씬 더 역동적이고, 흥미롭고, 긍정적입니다. 이것은 많은 도움을 받아가며 자신을 만들어가는 성장 과정입니다. 우리는 '국면을 전환한다tip the scales'라는 용어를 사용하고 있습니다. 왜냐하면 여러분은 완벽히 해낼 필요가 없기 때문입니다. 이것은 그보다는 실현 가능한 올바른 방향을 지향하게 하는 것입니다.

이 장에서는 여러분 자신이 국면을 전환시키는 것을 도울 여섯 가지 질문이 있습니다. 이것이 효과적이지 않아 보이고, 비슷한 것을 과거에 시도해본 적이 있더라도 앞으로 나아가며 계획을 작성해보세요. 종이에 계획을 쓰고 시도해보는 것은 단순하지만 매우 중요합니다. 이러한 계획들은 당신이 이 연습이 효과가 없을 거라고 생각해도 기분과 기능을 개선하는 데 도움을 준다는 연구결과가 있습니다.

만약 무엇이 안전한 행동이고 무엇이 안전하지 않은 행동인지 명료하지 않다면 '자신의 행동에 귀를 기울여라'(제7장)를 참고하세요. 만약 당신이 '안전한/안전하지 않은'이라는 용어를 좋아하지 않는다면 제7장에 소개된 대체 용어를 사용해도 됩니다.

★ 탐사하기 … 국면을 전환시키는 회복 계획을 만들어보세요

이 연습에는 몇 가지의 질문이 있습니다. 하나씩 답해보세요.

1단계: 안전하지 않은 행동을 감소시키기

다음 세 가지 질문에 답하고 각 질문 아래의 정보를 읽고 계획이 성공하는 데 도움이 되는 지침을 확인하십시오.

(a) 줄이고자 하는 안전하지 않은 행동은 무엇인가? _____

　　예: ▪"너무 과다한 음주" ▪"파트너에게 소리 지르기" ▪"정크푸드 폭식" ▪"폭력적인 사람들과 어울리기" ▪"과도한 게임" ▪"과다한 음란물 시청" ▪"자해" ▪"과다한 인터넷" ▪"고립" ▪"마약" ▪"과다한 TV시청"

　　우선, 안전하지 않은 한 가지 행동에 초점을 맞추세요. 여러분은 나중에 다른 부분을 작업할 수 있습니다. 현재 나에게 또는 내 인생의 다른 사람들에게 피해를 주고 있는 행동을 골라보세요. 그런 행동은 분명 변화가 필요합니다. 필요한 경우, '자신의 행동에 귀를 기울여라' (제7장)를 참조하여 작업할 행동을 골라보세요.

(b) 현재* 매주 안전하지 않은 행동을 하는 비율은 얼마입니까? _____

예: ■ "나는 하루에 와인 한 병을 마신다." ■ "나는 일주일에 약 50만 원을 도박에 소비한다." ■ "나는 일주일에 세 번 정도 폭식한다." ■ "일주일에 평균 2회 자해를 한다." ■ "파티 때 하루 일곱 번 진통제를 복용한다. 일주일에 세 번(밤)이므로 일주일에 21알" ■ "나는 하루에 사탕을 여섯 번 먹는다. 일주일에 약 42회(6×7일)." ■ "하루에 세 번 정도 파트너에게 소리를 지른다. 일주일에 약 21회(3×7일)."

당신의 대답은 행동 유형에 따라 다를 것입니다. 예를 들어, 그것은 일주일에 몇 달러, 몇 병, 몇 알 또는 몇 시간이 될 수 있습니다. 비록 그것이 주마다 다르더라도 여러분에게 전형적인 것에 대해 구체화해서 집중하세요.

잠시 시간을 내어 이 질문에 대해 생각해보십시오. 많은 사람들은 그들이 얼마나 자주 안전하지 않은 행동을 하는지 알지 못합니다. 그들은 단지 그것이 너무 지나치다는 것을 압니다. 안전하지 않은 행동은 여러분이 생각하는 것보다 훨씬 더 많이 일어날 수 있기 때문에 이 질문은 불편하게 느껴질 수 있습니다. 진실이 무엇이든, 여러분은 그것을 더 좋게 만들기 위해 노력할 수 있습니다.

(c) 안전하지 못한 행동에 대한 목표치가 무엇입니까? _____

"나는 나의 _____ 행동을 _____ (으)로 줄이고 싶어요."

예:

■ "나는 나의 <u>TV 시청</u> 행동을 <u>하루 1시간</u>으로 줄이고 싶습니다."

---

* '현재currently'는 지난 한 달 중 가장 전형적인 한 주를 의미한다.

- "나는 <u>자해</u> 행동을 <u>하루 0번</u>으로 줄이고 싶습니다."
- "나는 <u>코카인 사용</u> 행동을 하루에 0회로 줄이고 싶습니다."
- "나는 <u>음주</u> 행동을 일주일에 두 잔씩 3회로 줄이고 싶습니다."
- "나는 <u>도박</u> 행동을 <u>한 달</u>에 3만 원씩 2회(총 6만 원)로 줄이고 싶습니다."

세 가지 유형의 회복 목표

목표를 고를 때, 다음 항목 중에서 자신에게 가장 건전한 것을 선택하십시오.

금단

이 접근방식에서 당신은 위험 행동을 완전히 그만두기로 약속합니다. 금단은 여러분의 생존에 필수적인 음식, 소비, 생계활동보다는 물질 남용, 자해 행동, 도박과 같이 끊어도 되는 행동에 해당됩니다. 할 수만 있다면 금단은 언제나 가장 좋은 방법입니다. 만약 여러분이 행동에 심각한 문제가 있거나 그것이 오랫동안 지속된다면 금단은 필수적입니다.

금단을 선택한 경우, 앞의 질문(c)에 답변은 '0'이 됩니다. 예를 들어, "나는 나의 자해 행동을 <u>하루 0번</u>으로 줄이고 싶습니다."

손상 감소

이 접근방식은 안전하지 않은 행동을 완전히 포기하기보다는 점차적으로 감소시킨다는 것을 의미합니다. 예를 들어, 만약 여러분이 매일 대마초를 피우고 있다면, 여러분은 이틀에 한 번씩 피우는 목표를 세울 수 있습니다. 이를 '손상 감소'라고 합니다. 여러분에게 가능한 어떤 방식으로든 피해를 줄이기 위한 아이디어이기 때문입니다. "무엇인가를 실천한 50%가 실천하지 않은 100%보다 낫습니다." 이 접근법은 일반적으로 금단을 할 의지가 없는 사람들을 위해 사용됩니다. 폐해 경감은 흔히 나중에 금단으로 인도하는 길입니다.

손상 감소를 선택하는 경우 질문(c)에 대하여 여러분의 한도를 기입합니다. 예를 들어, "나는 나의 음주 행동을 <u>하루 소주 두 잔</u>으로 줄이고 싶습니다."

절제

절제는 '가벼운 문제'만 있는 사람들이 안전한 수준의 행동으로 돌아갈 수도 있다는 개념입니다. 만약 여러분이 문제를 조기에 발견한다면, 성공하고 싶은 의욕이 강하다면, 인생의 다른 부분에서 잘 해내고 있다면, 여러분의 문제가 확실히 경미하다면, 절제는 시도해볼 만한 가치가 있습니다. 경미한mild 정도[경증]를 정의하는 방법은 '의학적인 문제이지 당신이 미쳤거나 게으르거나 나빠서가 아니다'(제4장)를 참조하십시오. 만약 여러분의 문제가 심각하거나 오래된 것이라면, 금단(또는 손상 감소를 거친 금단)이 강력히 추천되고 여러분에게 유일한 건강한 선택이 될 것입니다.

비록 여러분이 성공적으로 절제할 수 있다고 믿는다 하더라도, 최소한 30일의 무사용no use으로 시작하고 나서 절제를 시도해볼 것을 강력히 권고합니다. 이것은 여러분이 처음부터 새로운 습관을 만들 수 있도록 함으로써 성공을 촉진합니다. 또한 만약 여러분이 아무런 사용 없이 30일을 견딜 수 없다면, 여러분은 심각한 중독일 것입니다. 이 경우 절제 방식은 유익하지 않을 것입니다.

여러분이 절제를 선택한 경우, 이전 페이지의 질문(c)에서의 제약 사항을 작성합니다. 예를 들어, "다음 달에는 도박을 하지 않을 것입니다. 그 후에는, 나는 <u>도박을 한 달에 2만 5,000원씩 두 번(총 5만 원)</u> 이상 하지 않을 것입니다."

당신의 목표가 무엇이든 구체화하세요. "줄여보겠습니다."라고 말하는 것은 소용이 없습니다. 여러분은 실제로 그것을 덜 할 수 있다고 믿을지도 모르지만, 결국 여러분이 의도한 것보다 더 많이 하게 될 것입니다. 그러니까 목표를 분명히 하세요. 횟수는 얼마나? 양은 얼마나? 이렇게 하면 매주 성공 여부를 측정할 수 있습니다. 실행기간에 대해서는, 여러분에게 가장 좋은 것을 고르세요. 어떤 이들은 하루 동안 여러 번 실행하기도 하고, 어떤 이들은 일주일, 한 달, 때로는 평생 동안 실행하기도 합니다.

2단계: 안전한 행동을 증가시키기

이제 다음의 두 가지 질문에 답하십시오. 지속적인 변화를 만들기 위해서는 안전하지 않은 행동을 감소시키는 것만큼 안전한 행동을 증가시키는 것이 중요합니다.

어디에 주의를 기울이든지, 당신의 에너지는 따라갑니다. 말의 고삐를 잡아당겨 새로운 방향을 향해 나아가게 하는 그림을 그려보세요. 여러분의 에너지는 현재 안전하지 않은 행동을 향해 있습니다. 그래서 방향을 돌려서 그것에서 벗어나는 생각이 필요합니다.

안전한 행동을 통해서 뇌가 '재구축'될 시간을 제공함으로써 시간이 지나면서 안전하지 않은 행동이 그리 강력하게 느껴지지 않도록 합니다. 처음에는 여전히 안전하지 않은 행동에 대한 충동이 생기지만, 그것들은 시간이 지남에 따라 줄어들 것입니다. 모든 사람이 새로운 습관을 만들 수 있습니다. 심지어 가장 심각한 안전하지 못한 행동을 하는 많은 사람들이 성공적인 회복을 구축했습니다. 비록 그런 일이 여러분에게 일어날 것이라고 믿지 않더라도, 이 계획을 계속 추진하세요.

(ㄱ) 어떤 안전한 행동을 증가시키고 싶습니까? (다음에 동그라미 표시)

회복 '근육'을 만들기 위해 활동적이고 안전한 행동은 무엇이든지 할 수 있습니다. 재미있거나 유익하거나 단지 시간을 때우는 활동을 선택합니다. 정신의 공간을 좋은 활동으로 채워서 갈망을 이겨내세요.

여러분에게 현실적이고 건강한 것들을 충분히 동그라미를 치세요.

예: ■ 안전한 친구나 가족에게 전화하기 ■ 다른 옷이나 헤어스타일을 입거나 해보기 ■ 샤워하기 ■ 자신의 방을 페인트칠하기 ■ 도움이 필요한 사람을 돕기 ■ 도서관에 가기 ■ 요리하기 ■ 개를 산책시키기 ■ 세탁물을 분리하기 ■ 나들이 갈 친구들을 모으기 ■ 볼링치기 ■ 새로운 무엇인가를 배우기 ■ 자조 모임self-help group에 나가기 ■ 휴식 취하기 ■ 치료 프로그램에 참석하기 ■ *안정화 작업*하기 ■ 방 청소하기 ■ 과제를 완성하기 ■ 가게를 둘러보기 ■ 이메일 답장하기 ■ 노래나 오디오북을 듣기 ■ 종교시설 가보기 ■ 온라인 수업이나 지역 학교에 출석하기 ■ 야외에 나가서 흥미 있는 사진을 찍어보고 기록해보기 ■ 핫라인 전화하기 ■ 잡동사니들을 분류하기 ■ 안전한 취미 해보기 ■ 그림 그리기, 글쓰기 ■ TV나 영화를 보기 ■ 운동하러 가기 ■ 자원봉사 찾아보기 ■ 온라인(전화) 자조 모임 참석하기 ■ 집에서 수리가 필요한 것을 고치기 ■ 장보기 ■ 인터넷에서 회복 정보를 읽어보기 ■ 타인의 회복과정을 말해달라고 부탁하기 ■ 일정표를 만들어서 확인하기 ■ 아이들과 놀기 ■ 뉴스 읽기

■ 즐거운 목록(좋아하는 것들, 장점, 가고 싶은 장소 등) 작성하기 ■ 게임하기 ■ 콘서트 보러가기 ■ 기도하기 ■ 무언가 만들기(목공 DIY) ■ 자전거 타기 ■ 명상하기 ■ 새로운 요리 시도하기

다른 것이 있다면?

_____

_____

_____

가능한 한 목록이 길어질 때까지 계속하세요.

(ㄴ) i. *현재* 당신은 안전한 행동에 얼마나 많은 시간을 *보냅니까?* _____

ii. 안전한 행동을 하는 데 하루의 몇 시간을 *보내고 싶으세요?* _____

현재의 안전 행동 시간이 얼마이든 간에, 그것들을 늘려보세요. 그러한 시간 확대는 단순하지만 강력합니다. 안전한 행동에 더 많은 시간을 할애할수록 회복력이 더 강해집니다. 그것은 숫자 게임입니다. 여러분의 시간과 에너지를 점점 더 많이 흡수합니다. 그것은 안전하지 않은 행동으로 이끄는 머릿속의 재잘거림에서 여러분을 멀어지게 해줍니다. TV의 다른 채널로 바꾸는 것과 같습니다.

3단계: 안전한 행동과 안전하지 않은 행동 추적하기

한동안 안전한 행동과 안전하지 않은 행동을 추적해보세요. 일주일 동안 시도해보고 어떤 느낌인지 느껴보세요. 완벽할 필요도 없고, 큰 일로 여길 필요도 없습니다. 작은 노력이지만 효과는 큽니다. 보려고 노력하지 않았으면 알아차릴 수 없는 미묘한 변화도 볼 수 있을 것입니다. 이것은 선순환 구조를 형성합니다. 여러분은 행동을 올바른 방향으로 전환하는 것에 자부심을 가질 수 있습니다. 만약 행동 추적하기를 통해서 악화되고 있는 문제를 볼 수 있다면, 당신은 그것에 대해 어떻게 대처해야 할지 알 수 있도록 문제를 일찍 알아차리게 된 것입니다. 어떤 식으로든 이겨내고 전진할 수 있습니다. 알아차림은 회복에 중요한 친구입니다. 좋은 친구처럼, 여러분이 성장하도록 진실로 돕는 것입니다.

여기 추적하기를 유지하는 몇 가지 방법이 있습니다.

- **전자기기 활용**. 온라인에서 '매일일기daily diary'를 검색하면 선택한 행동을 추적할 수 있는 무료 도구를 찾을 수 있습니다. 문자 또는 이메일 안내를 설정할 수 있고, 휴대폰이나 태블릿에 추적내역을 저장할 수 있습니다.
- **타이머 사용하기**. 이것은 매우 만족스러운 방법이 될 수 있습니다. 주방 타이머나 전화 타이머를 설정하고 30분, 1시간 또는 2시간과 같이 시간을 정하고 안전한 행동을 유지합니다. 타이머가 울리면 다음 안전 행동을 결정하고 타이머를 다시 설정합니다.
- **인쇄된 일력calendar 사용하기**. 간단히 인쇄된 일지를 사용하세요. 하루를 진행하면서 일지에 내용을 추가해보세요(가장 좋은 방법입니다). 또는 하루가 끝날 무렵에 작성해보세요.

성공 전략

다음 방법으로 여러분의 계획을 증진시켜보세요. 더 많이 실행할수록, 회복으로 더 많이 전환될 것입니다.

◇ 최소 다섯 가지 방법을 동그라미 치고 시도해보세요.

○ 목적을 설정하세요. 그러면 방법을 찾을 것입니다. 충분히 고생하셨으니까 실행해보세요. 여러분의 아이들이 엄마나 아빠를 되찾게 되니까요. 실행해보세요.

○ 재밌게 해보세요. 놀이하듯 즐기세요. 작은 용기에 종잇조각을 채우세요. 각 종이에는 안전한 행동을 적어둡니다. 무작위로 뽑고 실행하고, 또 뽑고 실행하고, 또 뽑고, 또 그렇게 해보세요. 인터넷에 있는 무작위 선택기와 같은 프로그램을 활용할 수 있습니다(스토어에서 'random picker'를 검색해보세요). 또는

안전한 행동 목록을 작성하세요. 행동 하나를 골라야 할 때 눈을 감으세요. 리스트의 아무 곳이나 찍으세요. 눈을 뜨시고, 그 행동을 실행하세요. 안전하지 않은 행동을 피해야 할 때 사용할 수 있도록 지갑이나 전화기에 목록을 보관하세요.

○ 흑백논리의 덫을 조심하세요. 중독에서, 그것은 **금단위반효과**abstinence violation effect라고 불립니다. 만약 여러분이 실수slip*했다면, '난 내가 세운 계획에 실패했어. 그러니 술을 계속 마시는 게 좋겠어.'라고 생각할 것입니다. 이 문제를 해결하려면 흑백논리의 스위치가 아닌 연속적인 선으로 보세요. 이것은 스키 슬로프와 같습니다. 속도를 늦추고 멈추는 방법을 배우십시오. 그렇지 않으면 내리막길로 미끄러져서 결국 재발하게 됩니다.

○ 당신이 성공하기를 바라는 사람들과 계획을 공유하세요. 계획을 더 많이 공유할수록 그것을 고수할 가능성이 더 높아집니다. 여러분이 성공하기를 바라는 사람들을 선택하세요. 어떤 사람들은 여러분이 앞으로 나아가는 것을 보면 위협을 느끼거나 여러분을 음해하려고 할 수도 있어요.

○ 얼마나 오래하나요? 적어도 한 번에 30분은 하세요. 그것은 대부분의 갈망과 충동을 줄이는 데 걸리는 시간입니다. 30분에 30분을 더해서 계속 쌓으세요. 국면을 전환시키세요.

○ '완벽이 아닌 진전'을 기억하세요. 중독과 트라우마 문제를 가진 많은 사람들은 자신이 힘에 부치면 자기혐오에 빠져듭니다. 계속 노력하시고, 실수를 하더라도 다시 뛰어들어 시도하세요.

○ 일어날 만한 일들을 예상해보세요. 초기에, 여러분은 갈망과 내면의 갈등(어깨

---

* 일시적으로 중독행동을 한 것을 의미한다. 한편 중독행동에 다시 빠지는 것을 재발relapse이라고 한다. 자세한 내용은 제23장 '재발을 극복하는 방법' 참조. – 역주

위의 '천사와 악마')을 겪게 될 것입니다. 또한 쉽게 자극받을 수 있습니다. 석양은 음주를 떠올리게 하고, 컴퓨터는 음란물을 연상시킵니다. 계획을 고수한다면 분명 더 쉬워질 거라는 걸 알아두세요. 회복에 성공한 사람에게 귀를 기울여서 성공이 어떤 것인지 들어보세요. 결국 갈망, 내적 충돌, 촉발요인은 실제로 잠잠해집니다.

○ **치료 프로그램 참가를 고려해보세요.** 만약 여러분이 과다하게 빠져 있거나, 열심히 노력할 때도 중독을 줄일 수 없다면, 치료를 받도록 하세요. 심리상담, 자조 모임, 의사, 중독 재활 치료, 정신과 치료 등이 될 수 있습니다. 혼자 하려하지 마세요. 선택안을 알아보기 위해서 '당신의 행동에 귀를 기울여라'(제7장), '그대의 길을 찾아라'(제9장) 또는 '트라우마 심리상담의 두 가지 형태'(제33장)를 참조하십시오.

○ **계획에 이름을 붙여보세요.** 담대함 계획Here I Am Plan, 국면 전환시키기 일지, 회복 일지 등 무엇이든.

○ **유혹을 제거하세요.** 촉발요인에서 자신을 보호하세요. 여러분의 뇌는 주류 판매점이나 카지노같이 안전하지 않은 행동을 연상시키는 것만으로도 뼈다귀를 발견한 개와 유사한 반응을 합니다. AA에서 "사람, 장소, 사물을 바꿔라."라고 말하는 것처럼, 주류 판매점을 피하기 위해 다른 출근길을 선택하고, 카지노 출입을 자발적으로 금지하는 서류를 제출해서 입장이 거절되도록 하세요('자진 출입제한'이라 불림). 촉발요인에 방해물을 만드세요.

○ **눈에 보이게 하세요.** 당신의 계획을 반드시 가장 중요한 곳에 두세요. 지갑에 복사본을 보관하여 돈을 꺼낼 때 계획을 볼 수 있도록 하고, 전화기에 올려놓고, 달력에 알림을 만들어 매일 주의를 환기시키세요. 당신을 아끼는 사람에게 복사본을 주고 매주 그것을 함께 검토하세요.

○ 당분간 자신의 감정을 무시하세요. "너무 힘들어요.", "너무 우울해서 이렇게 할 수 없어요." 또는 "나는 무감각하고 더 이상 신경 쓰지 않아요."라고 말할지도 모릅니다. 국면 전환 계획은 감정에 관한 것이 아닙니다. 이것은 간단하고 우아한 계획입니다. 안전하지 않은 행동을 안전한 행동으로 지속적으로 바꾸어서 여러분의 뼈에 새겨진 본능이 되게 하세요. 여러분은 계획을 좋아할 수도, 싫어할 수도 있고, 그것에 대해 중립적이 될 수도 있고 또는 두려워하고, 그것에 대해 낙담할 수도 있습니다. 여러분은 어떠한 감정도 가질 수 있지만, 계획을 끝까지 밀고 나가세요.

○ 자신에게 기꺼이 보상해주세요. 매일 또는 일주일 동안 자신의 계획을 고수하고 나서 자신에게 건전한 보상을 해주세요. 만약 목표를 달성하지 못했다면, 여러분이 개선할 수 있는 것을 찾아내고 내일 다시 시도해보세요. 이번에는 새로운 대처법으로요.

○ 뭐든지 실행하세요. 당신에게 안전한 건 무엇이든 계속하세요. 다른 것이 생각이 나지 않는다면 산책이나 운전을 하세요. 음악을 들으세요. 요리를 하세요. 간단한 것을 하고 또 하세요.

○ '설마'에 현혹되지 마세요. 설마는 보통 '(한 잔은) 괜찮지 않을까?'라는 뜻입니다. 현혹되지 마세요. 안전한 것만 하세요.

○ 30일의 시간을 투자하세요. 새로운 습관을 만드는 데 30일이 걸린다는 연구 결과가 있습니다. 포기하지 말고 계속 해보세요.

○ 가능한 모든 대처 기술을 사용하세요. '안전한 대처 기술들'(제12장) 및 '고요한 상태에 이르기: 안정화 작업의 기술'(제18장)과 도전 과제를 해결하기 위한 아이디어를 제공하는 다른 장들을 참조하십시오.

○ 지금 하세요. 나중은 없어요. 여러분은 '내일 그만두겠다' 또는 '한 번만 더'라고

말하고 싶을지도 모릅니다. 지금 당장 시작하고 기회가 있을 때마다 계속 하세요. 안전하지 않은 행동을 안전한 행동으로 바꾸세요. 계속, 계속, 계속.

◇ 행동 계획을 적어도 일주일 동안 시도할 거라고 스스로에게 약속할 수 있나요?

◇ 여러분과 계획을 공유해서 여러분이 계획을 고수하도록 도울 수 있는 사람은 누구입니까?

회복의 목소리

대휘 - "행동은 절대 거짓말하지 않습니다."

"저는 이 장을 정말 감사하게 생각합니다. 이 장은 제가 집중하는 데 도움을 주었습니다. 제 행동은 제가 어떻게 실천하는지 보여주는 최고의 척도입니다. 제 머릿속은 때로 안개가 짙게 드리워진 풍경과 같습니다. 저는 제가 어디로 가고 있는지 알수 없고 제 바로 앞에 잠재적인 위험이 있지만 그것을 알 수 없습니다. 제 행동이 안전한지 안전하지 않은 것인지 추적함으로써 저는 제가 어디에 있고 어떻게 하고 있는지 일종의 지도를 갖게 됩니다. 중독과 PTSD는 거짓말로 가득 차 있기 때문에 제 생각을 신뢰할 수가 없습니다. 국면을 전환시키는 계획은 올바른 방향으로 지향하는 데 효과적인 도구입니다. 그 계획은 타당합니다. 만약 마약을 사용하거나, 음란물에 빠지거나, 자해를 하거나, 폭식하고 토하거나 한다면, 언제 그리고 얼마나 그러한지 계속 추적해보세요. 그러면 가장 고통스러워할 때의 자신의 패턴을 볼 수 있고, 그러면 생각보다 많은 스트레스를 받는다는 것을 알 수 있습니다. 기분이 좋아지거나 때로는 해리解離될 때 시간을 추적하는 것을 놓치기 쉽습니다. 마약, 식사, 음란물, 쇼핑에 얼마나 많은 돈을 쓰고 있는지 등 모든 행동을 추적하는 것은 굉장히 도움이 됩니다. 제가 추적하는 사람이고, 추적 결과는 바로 제게서 나옵니다. 제 자신에 대해 반론을 펴기는 어렵습니다. 시도는 해볼 수도 있겠지만요. 긍정적인 활동을 추적하는 것도 도움이 됩니다. 저는 휴식을 취하지 않는 것, 끼니를 거르는 것 그리고 부정적인 행동 사이의 연관성을 볼 수 있습니다. 행동들에 대해 제 자신을 비난하지 않고, 또 모든 것을 즉시 바꾸도록 저 자신을 밀어붙이지 않도록 말해주는 이번 장을 좋아합니다. 변해야 할 것은 무엇이고 어디서 시작해야 하는지 정확히 알아야 합니다. 이 장에서 가장 도움이 되는 측면은 제가 어디에 있다고 생각하는지가 아니라 제가 어디에 있는지 정확히 판단하는 데 도움을 준다는 것입니다. 스쿠버 다이빙을 생각해보면, 잠수부는 물속에서 어떤 길이 위로 가는 것인지 감각을 잃어버리기 쉽습니다. 만약 잠수부가 수면 위로 가는 대신에 아래로 헤엄쳐 간다면, 그는 죽음에 직면할 수도 있습니다. 그러나 그의 숨에서 나오는 공기방울은 그를 수면으로 인도합니다. 그것은 절대 거짓말을 하지 않습니다. 제 행동들은 제가 지금 어떻게 살고 있는지 정확히 알려주기 때문에, 이 장은 유익하며 접근이 논리적입니다. 제가 하는 말은 가끔 진실을 놓칠 수도 있지만, 제 행동은 절대 거짓말을 하지 않습니다."

22

모든 아이는 탐정이다

모든 가족은 미스터리하고, 모든 아이는 탐정이다.
– 샤론 오브라이언, 미국 작가

가족사는 중독과 트라우마 문제의 가장 큰 예측 변수 중 하나입니다. 만약 우리에게 중독이 있는 친척들이 있다면, 우리의 중독 가능성이 더 높습니다. 그리고 만약 우리 가족이 트라우마 문제를 가지고 있다면, 우리도 트라우마 문제를 가질 가능성이 더 높습니다. 이것은 '세대 간intergenerational' 트라우마 및 중독이라고 불립니다. 이 두 가지는 세대를 건너 물려지는 경향이 있으므로, 회복을 중요하게 여겨야 합니다.

우리는 굴레를 깰 수 있습니다. 이것은 자동적으로 실행되는 인생 각본이 아닙니다. 알코올중독자의 아이들 대부분은 중독적인 문제를 일으키지 않습니다(약 36%만 중독이 됩니다). 그리고 아이일 때 학대받은 대부분의 사람들은 자신의 아이들을 학대하지 않습니다(약 30%만 학대합니다).

이 굴레를 깨는 데 도움이 되는 한 가지 방법은 우리가 자라면서 흡수한 메시지를 알아차리는 것입니다. 우리는 배운 대로 살게 되는데, 대부분은 무의식적으로, 무언중에 배운 것입니다. 이것은 그저 성장 과정의 일부였습니다.

중독에 영향을 주는 메시지는 다음과 같습니다.

» "오늘을 위해 살아라."

» "당신은 재산으로 평가받는다."

» "음식은 사랑이다."
» "알코올은 긴장을 푸는 방법이다."

트라우마에 영향을 주는 메시지는 다음과 같습니다.
» "모든 게 잘 되가는 척하라."
» "폭력은 정상적인 거야."
» "느끼지 마."
» "네 욕구는 중요하지 않아."

이러한 메시지들은 우리의 삶에 강력한 힘의 장을 만듭니다. 이 장의 시작 부분에 있는 인용문 "모든 가족은 미스터리하고, 모든 아이는 탐정이다."는 다음과 같은 생각을 담고 있습니다. 아이들은 가족의 규칙을 알아냅니다. 살아남기 위해서는 그래야만 합니다.

이제 목표는 스스로를 확장시켜 자신에게 영향을 준 상황을 살펴보는 것입니다. 여러분이 흡수한 메시지를 탐구하는 것은 중독과 트라우마 문제의 발전과 지속성을 설명하는 데 도움이 됩니다. 여러분은 가족, 동료, 민족, 성별, 세대, 미디어, 기관(예: 학교, 종교단체, 군대), 여러분이 가지고 있는 직업, 여러분이 접하게 되는 정치적 신념, 여러분의 물리적 환경, 즐겨 듣는 음악 등등 다양한 영향의 결과물입니다. 여러분은 이것들 중 일부만 알고 있을 것입니다. 일반적으로 가장 큰 영향을 주는 것을 우리는 알아차리지 못합니다. 문화는 무의식이라고 합니다. 어떤 문화들은 개인적인 표현을 중요시하고, 다른 문화들은 순응하는 것을 중요시합니다. 어떤 이들은 엄격한 권력구조를 중시하고, 어떤 이들은 평등을 중시합니다. 어떤 문화는 중독행동을 조장하고, 어떤 문화는 단념시킵니다. 여러분이 흡수할 수 있는 많은 문화적 메시지들이 있습니다.

> ✧ 여러분의 가족 또는 공동체에서 흡수한 중요한 메시지 중 **도움이 되는 한 가지**를 찾아보세요. 그리고 흡수한 메시지 중 **도움이 되지 않는** 한 가지를 찾아보세요.

　초기의 사회의 메시지는 '내가 누구다'라는 정체성의 한 부분이 됩니다. 그것들은 의식을 형성합니다. 그것들은 여러분이 하는 선택들, 여러분이 소중하게 여기는 것, 인내하는 것, 좋아하는 사람과 싫어하는 사람, 의사소통 방법 등에서 나타납니다. 사회적 메시지는 시간이 흐르면서 변할 수 있고, 여러분은 어떤 것들은 유지하고 싶을 수도, 어떤 것은 버리고 싶을 수도 있습니다. 어떤 것들은 긍정적인 영향을 줄 수 있고, 어떤 것은 부정적인 영향을 줄 수 있으며, 어떤 것은 중립적입니다. 메시지는 엄격하거나 극단적일 때 건강하지 않게 될 수 있습니다. 그것들은 우리가 다른 상황에 적응하도록 놔두지 않습니다. 유연성은 건강한 생존을 위해 필수적입니다.

　또한 전달하는 사람과 전달 방법에 따라 동일한 메시지가 다른 영향을 미칠 수 있다는 점을 명심하십시오. '음식은 사랑이다'라는 메시지는 식탁 주변에 가족 간의 따뜻한 유대감을 형성할 수 있습니다. 하지만 섭식 장애를 초래할 수도 있습니다. 여러분에게 흡수된 메시지와 그 메시지가 미치는 영향을 살펴보십시오.

★ 탐사하기 … 간직하고 싶은 메시지를 골라보세요

어떤 메시지를 간직하고 싶으세요? 어떤 것이 자신이 원하는 삶을 만드는 데 도움을 줄까요? 다음의 왼쪽 열은 대체로 건강하지 못한 메시지이고, 오른쪽 열은 대체로 건강한 메시지입니다. 하지만 문맥에 따라 다르니 주의 깊게 읽어보세요. 옳고 그른 답은 없습니다. 알아차림하는 게 중요입니다.

1단계: 어릴 때 배운 메시지

여러분이 자라면서 함께한 메시지에 동그라미를 쳐보세요. 이것들은 여러분에게 선택권이 없었던 것들입니다. 그것들은 여러분 환경의 일부였습니다. 그것들에는 아마도 건강한 메시지와 건강하지 않은 메시지가 섞여 있을 것입니다.

2단계: 성인이 되어 살고 싶은 메시지

다음 표를 검토하여 이대로 살고 싶은 문장들 옆에 별표를 치세요. 여러분이 무엇을 가지고 자랐든 여러분은 미래에 지키고 싶은 메시지들을 선택할 수 있습니다.

메시지

건강하지 않은	건강한
사람은 믿으면 안 된다.	좋은 사람은 믿을 수 있다.
음식은 사랑이다.	음식은 음식이다.
감정을 참고 억눌러라.	자신의 감정을 소중히 여겨라.
좋은 말을 할 수 없다면, 아무 말도 하지 마라.	친절하게 말한다면, 무슨 말이든지 할 수 있다.
넌 아무 쓸모가 없어.	너는 많은 것을 해낼 수 있다.
물질[술·약물 등]은 문제를 해결해줘.	물질[술·약물 등]은 진정한 해결책이 아니다.
평지풍파를 일으키지 마.	네가 원하는 것을 위해 노력해라.
성취한 것으로 너의 가치가 결정된다.	너의 가치는 너의 성취 너머에 있다.
주는 대로 받아라.	네가 원하는 것을 요구하라.
원래 다 포기하는 거다.	절대 포기하지 마라.
인생은 쉬워야 한다.	인생은 고투이지만 그러한 가운데 노력해야 한다.
너는 다른 사람들보다 소중하지 않다.	너는 다른 사람들만큼 소중하다.

메시지

건강하지 않은	건강한
너 스스로 조심해야 돼.	우리는 함께하고 있다.
아이들은 말하는 거 아니다.	아이들은 자기자신을 표현할 수 있다.
갈등에 대해서 말하면 안 된다.	갈등은 표현되고 해결될 수 있다.
다른 사람들은 한 번에 다 해낸다.	모든 사람이 고군분투하며 산다.
네가 모은 돈이나 재산이 너의 가치를 결정한다.	네가 모은 돈이나 재산과 상관없이 너는 가치 있는 사람이다.
만약 네가 남들보다 더 많은 것을 성취한다면 타인을 위협하게 된다.	가능한 한 크게 성취하라.
중독은 네 잘못이다.	중독은 의학적 질환이다.
너의 트라우마는 네가 만든 거야.	누구도 트라우마를 선택하지 않는다.
인생은 고통일 뿐이다.	인생에는 기쁨이 포함된다.
권력이 최고다.	정직함이 중요하다.
외모가 전부다.	나의 정체성이 중요하다.

당신이 가족에게서 흡수한 그 밖의 건강한 메시지는? _____

_____

당신이 흡수한 그 밖의 건강하지 않은 메시지는? _____

_____

숙고해보기…

넓은 시야를 가지세요. 사람, 미디어, 공동체, 문화 및 가족사와 같은 어린 시절의 많은 영향을 살펴보십시오.

창피해하지도, 비난하지도 마세요. 마음을 열고 무엇이 여러분에게 영향을 미쳤는지 주목하세요. 그렇게 해서 여러분이 어떻게 지금의 상태에 있게 되었는지에 대해 더 따뜻하게 볼 수 있습니다. 비난하지 말고 단지 알아차리세요.

트라우마와 중독 문제에 대하여 다양한 원인이 있다는 것을 기억하세요. 이 장에서는 하나의 측면, 어린 시절의 사회의 메시지만을 다루고 있습니다.

회복의 목소리

재희 –"그 메시지들은 우리 가족의 사연에 깊이 숨어 있습니다."

"저는 방치되어 자랐습니다. 가족과 같이 있기보다는, 가족 없이 거의 대부분을 배웠습니다. 아무도 제 옆에 앉아서 큰 소리로 이야기하지 않았음에도 불구하고 항상 메시지를 흡수하고 있었다는 것을 이 장에서 알 수 있었습니다. 모범이 되는 어른들과 상호작용하면서 배워야 할 것들을 놓쳤기 때문에, 삶이란 노력의 연속이라는 것을 배우지 못했습니다. 저는 중학교 때 마약을 접하면서 곧장 빠졌습니다. 왜냐하면 제가 항상 기분이 좋아야만 한다고 생각했지만 스스로 기분이 즐거워지게 하는 방법을 몰랐기 때문입니다. 물론 마약은 일시적으로 도움이 되었지만 그게 계속되지는 못했습니다."

"저는 부유한 집에서 자랐지만, 제 부모님은 어느 정도 기능은 하는 알코올중독자였어요. 저는 그 메시지들 중 몇 가지를 너무나도 잘 익혔기 때문에, 마음속의 메시지들을 바꾸는 것이 어려웠습니다. 그것들이 그리 쓸모없는데도 말이죠. 그 중 가장 컸던 것은 '믿으면 안 된다'였습니다. 제가 본 대부분의 것은 가족 안팎에서 결코 약한 모습을 보이지 않고 좋은 표정을 유지하는 것이었습니다. 그것은 게임이나 연극 같았고, 그것을 잘 해내야 했습니다. 공포, 혼란, 수치심, 어색함이란 감정이 어린 시절의 일반적인 감정이었다는 것을 지금은 알고 있지만, 그때는 어떻게 해야 할지 전혀 몰랐습니다. 다른 몇몇 메시지들은 저에게 도움이 되기도 하지만 동시에 상처가 되기도 합니다. 그래서 제가 얼마나 내려놓아야 좋을지 결정하는 것은 어려운 일입니다. '네가 성취한 것으로 너의 가치가 결정된다'와 '갈등은 피해야 한다' 같은 메시지들은 제가 일을 할 때 성공에 도움이 되었지만 대인관계에는 방해물이 되었습니다."

　"이 장의 처음 인용문은 제가 느끼는 감정을 잘 요약하고 있습니다. 실제로 그 메시지들은 우리 가족의 사연에 너무 깊이 숨어 있어서, 중년의 나이가 되어서야 가족의 미스터리를 밝혀낼 수 있었습니다."

23

재발을 극복하는 방법

다시 실패하세요. 더 나은 실패를 하세요
– 사무엘 베케트Samuel Becket , 20세기 아이랜드 극작가, 노벨 문학상 수상자

재발Relapse은 악습으로 되돌아가는 것을 의미하는데, 어느 정도 개선 후에 후퇴하는 것입니다. 한동안 중독행동을 줄였다가 다시 하기 시작한 것입니다. 재발은 중독과 관련하여 가장 많이 논의되었습니다. 하지만 상처를 주는 파트너에게 돌아가거나, 수치심으로 가득 찬 비밀스러운 행동이나 사람들에게 소리치는 것과 같이 우리가 바꾸려고 하는 그 어떤 행동도 재발할 수 있습니다.

실수Slip라는 용어는 덜 심각하거나 강도가 낮은 뒷걸음질에 사용됩니다. 예를 들어, 여러분은 한 잔을 마셨다가 다시 금주의 길로 재빨리 돌아왔을지도 모릅니다. 다음의 조언들은 실수와 재발 모두에 도움이 될 수 있습니다.

중독 재발 후에는 무엇을 할 것인가?

재발 직후는 매우 취약한 시기입니다. 스스로에게 등을 돌리고 비난하기 쉬운데, 이는 종종 더 중독적인 행동으로 이어질 수 있습니다. 다음의 아이디어들 중 어떤 것이든 시도해서 안전함을 회복하세요.

○ 만약 여러분이 이번에 실패했다면, 실패를 통해서 배우세요. 다음번에 도움이 될
만한 새로운 배움이 어떤 것이 있을까요?

○ 충족되지 않은 욕구를 찾아보세요. 재발은 여러분이 무언가를 원했거나 필요로
한다는 것을 의미하며, 그것을 다른 방법으로 어떻게 충족시켜야 할지 알지
못했다는 것을 뜻합니다. 아마 여러분은 휴식을 갈망했을까요? 안도? 흥분?
다른 사람과의 연결? 이해? 자존감? 여러분의 욕구를 잘 알아차리고 건강한
방법으로 반응하세요.

○ 잘 되고 있는 것에 주목하세요. '난 아직 숨 쉬고 있어'처럼 간단한 것일지라도,
실처럼 얇은 줄이지만 생명줄처럼 꼭 붙잡으세요. 아직 살아 있다면 뭔가 잘
한 것이 있을 것입니다. 여러분이 친구, 가족, 직업과 같은 것들을 여전히 가지
고 있는 것을 주목하세요.

○ 생존 기술을 사용하세요. 정글 생존자들은 - 여러분이 재발했다는 것은 정글에
갇힌 것과 유사합니다. - 침착하고, 정신을 차리고, 계획을 짜서, 밀림에서 빠
져나갈 길을 찾는 것이 중요하다고 말합니다.

○ 출혈을 바로 멈추도록 하세요. 가능한 한 재발 기간을 짧게 하세요. 이것은 마치
지혈기와 같습니다. 즉, 빠른 응급 처치는 더 이상의 손상을 방지합니다. 비록
재발하더라도, 우리가 얼마나 빨리 멈추느냐에 따라 많은 차이가 생깁니다.

○ 재발은 켜고/끄는On/Off 스위치가 아니라 밝기 조절 스위치라는 것을 이해하세요.
재발은 (켜고/끄는 스위치를 통해) 한꺼번에 발생하는 것은 아닙니다. 오히려
강도가 서서히 증가하는 미묘한 신호들입니다(조절스위치). 징후로는 스트
레스, 지루함, 짜증, 긴장감, 우울함, 두통이나 복통과 같은 신체적 징후가 있
습니다. 음주 분야에서는 'BUD'는 술 마실 명분의 축적Building Up to a Drink을 의
미하는데 재발을 향해서 가는 과정을 표현합니다. 자신만의 고유한 패턴을

알아차리세요. 만약 위기가 고조되어갈 때 그것을 계속 인지한다면, 더 잘 대
응할 수 있습니다. 무엇이든 해보세요. 운동하고, 산책하고, 애완동물과 놀고,
누군가에게 전화하고, 영화를 보는 등의 행동을 해봅니다.

○ 즉시 재생해보세요. 그 장면을 잘 그려보세요. 재발 전, 중, 후에 어떤 대처 기술을
사용했다면 효과가 있었을까요?

○ 자신과 타협을 하세요. 자신을 비난하는 것을 잠시 중지합시다. 만약 지금 당장
자기비난을 멈출 수 있다면, 한 시간/하루/한 주를 멈출 수 있다면, 그 시간이
끝날 때까지 자신을 미워하지 않겠다고 결정하세요. 그것은 자기비난에 빠져
마비상태가 되어 상황을 더 악화시키기보다는 행동으로 되돌아가려는 목적
에서입니다.

○ 현실입니다. 재발은 중독과 트라우마 문제를 가진 대부분의 사람들이 회복을
하는 여정의 한 부분입니다. 어느 시점에서 그 재발이 마지막 재발이 됩니다.
이번이 자신의 마지막 재발일 수도 있습니다.

트라우마 문제의 재발에 대하여 무엇을 할 것인가?

트라우마 문제의 재발은 중독이 재발하는 것과 마찬가지로 현실적이며, 앞에서 제
안된 중독 재발에 대한 대처방법이 모두 트라우마에 적용됩니다. 그러나 트라우마
문제의 재발은 더 미묘할 수 있습니다. 음주나 약물 복용과 같이 명확히 관찰가능한
행동이 없을 수도 있습니다. 트라우마 문제는, 자신의 어린아이 같은 부분이 공황이
나 두려움에 사로잡히는 것처럼 '어린 자신'으로 퇴행합니다. 더욱 편집증적인 상태
로 돌아갈지도 모릅니다. 또는 성숙한 방식으로 자신을 돌볼 능력이 모자란다고 느
낄 수도 있습니다.

✧ 이 장의 첫 번째 인용문은 무엇을 의미할까요?

✧ 이 장에서 여러분에게 도움이 될 만한 한 가지 제안은 무엇인가요?

회복의 목소리

명희 – "저의 욕구는 정당합니다."

명희는 어린 시절의 방치와 신체적·성적 학대로부터 생존했습니다. 그는 십대부터 시작된 다년간의 과음으로 인해 만성 췌장염을 앓고 있습니다. "급성 췌장염 통증 때문에 병원에 가야 한다는 것을 알아차릴 때마다 저는 다시 아이처럼 됩니다. 어린 소녀처럼 말이죠. 마치 '작은 아이'가 내 안에 들어 있는 것과 같습니다. 저는 (병원에 가지 않으려고) 떼를 쓰고, 짜증을 내고, 남편에게 화를 내며, 모든 것을 끝장내거나 자해를 하는 것에 대해 생각하고(가끔은 실제 시도하기도 합니다), 죽을 것 같아 공포에 휩싸이기도 합니다. 제 남편, 좋은 친구들 그리고 치료자는 제가 이 상태에서 빠져나오도록 도우려고 노력을 합니다. 비로소 저는 과거에 병원에 여러 번 간 적이 있다는 것을, 매번 기분이 나아져서 집으로 돌아갈 수 있었다는 것을 기억해낼 수 있게 됩니다. 왜 제가 저의 내면으로 들어가고 제 몸을 돌봐야 하는지를 상기하기 위해 아들의 사진을 들고 다닙니다. 제가 현재 생각하고, 느끼고, 원하는 것을 계속 알아차리도록 격려해주는 이 장의 내용이 좋습니다. 저의 욕구가 정당하고 현실적이라는 것을 스스로에게 상기시켜야 합니다. 그리고 여러 방법으로 저는 욕구들을 충족시킬 수 있거나, 아니면 적어도 욕구에 공명하는 마음으로 응답하려고 노력할 수 있습니다. 어렸을 때 제 욕구가 충족되지 않았기 때문에, 저는 소리를 지르며 호소하는 어린아이 상태로 급히 전환됩니다. 트라우마가 재발하면, 저는 다시 그 아이가 됩니다. 만약 제가 계속 노력한다면, 저는 어른의 모습을 더 많이 유지할 수 있다고 믿습니다. 금주를 할 수 있게 되어서 너무 자랑스럽습니다. 지금은 트라우마 문제에 대해 열심히 작업하고 있습니다."

24

연결점 알기

용기보다는 호기심이 두려움을 이겨낼 것이다.
— 제임스 스티븐스James Stephens, 20세기 아일랜드 소설가

트라우마와 중독이 매일의 일상에 얽혀 있나요? 연결점을 찾아보세요. 그러면 자신이 무엇을 왜 하는지 알게 될 것입니다. 호기심을 가지는 것은 초기의 반응과 좌절의 근원을 탐색하는 것을 도와줍니다.

★ 탐사하기 … 현재의 중독 및 트라우마의 연결점

1단계: 중독으로 여기지 않더라도, 너무 많이 하는 행동을 골라보세요.

행동이 두 개 이상이면, 이 연습과정을 나중에 반복해보세요.

행동의 예: ■ 술 ■ 마약 ■ 쇼핑 ■ 음식 ■ 도박 ■ 소비 ■ 일 ■ 운동 ■ TV ■ 게임 ■ 자해 ■ 성 ■ 인터넷 ■ 스포츠 또는 취미 ■ 음란물

_____을 너무 많이 사용하게 되는 이유는 무엇인가요?

2단계: 표의 1열에는 앞에서 고른 행동의 이유를 체크하세요.

예를 들어, 만약 술이 문제라면, 여러분은 술을 잠자기 위해 사용하는 건가요? 기억에서 벗어나기 위해서? 느끼지 않고 멍하게 있고 싶어서? 성적 흥분을 즐기려고? 1열의 항목 중에 자신에게 해당되는 것을 있는 대로 고르세요.

3단계: 2열을 보고 트라우마와의 연결을 지어보세요.

<u>1열</u> 원하는 것	<u>2열</u> 트라우마와의 연결 예시
☐ 잠을 자기 위해서	수면장애는 트라우마 후 흔히 발생합니다.
☐ 기억에서 벗어나려고	트라우마의 기억이 너무 고통스러울 수 있습니다.
☐ 생동감을 느끼려고	'내면이 죽어 있다'는 느낌이 들 수 있습니다.
☐ 성적 흥분을 즐기려고	성이 촉발요인이거나, 무섭거나, 따분할 때
☐ 자해나 자학을 하려고	트라우마를 다시 만들기 위해서
☐ 반항하려고	내게 영향력을 갖는 사람들에 대한 반항
☐ 쿨하거나 인기를 느끼려고	아웃사이더처럼 소외감을 느낄 때
☐ 분노를 표현하려고	분노가 사라지지 않을 때
☐ 느낌을 꾸며내려고	정상적으로 보이고자 할 때
☐ 다른 사람과 연결되려고	고립되었을 때
☐ 위험을 경험하려고	위험하지만 매우 익숙한 경험이어서
☐ 멍하게 있으려고	느끼는 것이 너무 힘들 때
☐ 복수하려고	나에게 상처를 준 사람에게

1열	2열
원하는 것	트라우마와의 연결 예시
☐ 긴장을 풀려고	스트레스를 받거나 두려울 때
☐ 과거를 잊으려고	과거가 나를 떠나지 않을 때
☐ 에너지를 얻으려고	트라우마 문제가 나의 힘을 소진시키기 때문에
☐ 파트너에게 친밀감을 느끼려고	진짜 친밀감을 잃어가고 있을 때
☐ 간접적인 자살slow suicide을 하려고	트라우마로 인해 죽고 싶을 때
☐ 스릴감을 얻으려고	흥분은 나쁜 시간들을 만회할 수 있으니까
☐ 증상을 줄이려고	악몽, 플래시백, 긴장감, 분노 증상
☐ 자신에게 보상하려고	견뎌야 했던 것을 만회하기 위해
☐ 삶을 포기하려고	모든 것이 너무 힘겹게 느껴질 때
☐ 강렬함을 느끼려고	트라우마가 자신을 둔화시켜왔을 때
☐ 좋은 기분을 느끼려고	잠시뿐일지라도
☐ 축하하려고	변화를 위한 기쁨을 느끼기 위해
☐ 즐기려고	즐거움은 쉽게 오지 않기 때문에
☐ 공허감을 채우려고	트라우마로 공허함을 느낄 때
☐ 슬픔을 느끼려고	울 수 없을 때
☐ 강력함을 느끼려고	트라우마는 무력감을 느끼게 하니까
☐ 스트레스를 줄이려고	외상 후 스트레스 장애일 때
☐ 고통을 견디려고	과거나 현재의 트라우마 또는 그 영향에 의한
☐ 기억하려고	트라우마에 대한 기억의 공백이 있을 때
☐ 더 느끼려고	분리되고 마비된 느낌이 들 때
☐ 덜 느끼려고	감정에 압도될 때
☐ 통찰력을 확보하려고	'길' 잃은 느낌을 해결하기 위해서

<u>1열</u>	<u>2열</u>
원하는 것	트라우마와의 연결 예시
☐ 대처하려고	하루하루가 투쟁처럼 느껴질 때
☐ 자신의 몸에 머무르려고	자신이 해리됨을 느낄 때
☐ 누군가와 닮으려고	자신에 대한 만족감이 느껴지지 않기 때문에
☐ 스스로를 달래려고	다른 사람들로부터 위로를 받지 못했기 때문에
☐ 몸에서 떠나 있으려고	자신의 몸을 싫어할 때
☐ 일을 완수하려고	생존하기 위해서
☐ 기타 _____	_____

✧ 새로운 통찰들이 생기나요?

✧ 이 연습을 통해 무엇을 느꼈나요?

이 장에서는 여러분이 이미 어느 정도 알고 있는 것을 강화시켜줍니다. 중독행동은 효과가 짧은 단기적인 해결책입니다. 그것은 장기적으로 트라우마를 해결하지 못합니다. 여러분의 욕구를 존중하세요. 만약 여러분이 진정 트라우마 문제가 있다면, 여러분은 진정 도움이 필요합니다. 중독에 대해서도 마찬가지입니다.

✧ 이 장의 시작 부분의 인용구가 당신에게 어떤 의미가 있나요?

회복의 목소리

대현 – "이것은 제가 자책감에서 벗어나도록 도와줍니다."

"저는 중독 따로, 트라우마 따로 치료하기 위해 여러 번 노력했습니다. 때때로 단기적으로는 나아지곤 했지만, 긍정적인 변화를 지속할 수 없었습니다. 마약과 트라우마가 재현되는 것은 저를 더욱 악화시켰습니다. 그래서 저는 더 이상 견딜 수 없었습니다. 이 장에서는 트라우마와 중독이 얼마나 관련이 있는지 보여줍니다. 저는 마약 복용을 중단해야만 했습니다. 왜냐하면 마약은 탈진으로 몰아넣었고, 위험한 트라우마를 재현하게 했습니다. 그리고 트라우마는 제가 쓸모없고, 인생에서 나쁜 일을 당해도 싸다는 믿음을 불어넣었습니다. 이 장은 제가 빠져 있던 자책감에서 벗어나 트라우마와 중독 모두를 다룰 수 있는 기술을 개발하기에 유용합니다. 저는 저의 회복을 앞당길 수 있습니다."

25

연습, 연습, 연습

모든 삶은 실험입니다.
더 많은 실험을 할수록, 더욱 좋습니다.
– 랄프 왈도 에머슨Ralph Waldo Emerson, 19세기 미국 수필가이자 시인

어려운 일에 어떻게 대처하는지를 연습practice하세요. 이 장의 시나리오에서 골라보시거나 자신에게 의미 있는 것들에서 찾아보세요. 실제적이고 생생하게 해보면서 각 단계를 거칩니다. 무엇을 생각하고, 느끼고, 말하고, 어떻게 할지를 그려보십시오.

연습을 많이 하면 할수록 어떤 일이 일어나도 더 잘 대처할 수 있게 됩니다. 느린 동작으로 골프 스윙을 상상하는 운동선수처럼, 그것을 몸으로 기억하세요. 잘 대처하는 선수가 되세요. 트라우마와 중독이 승리하지 못하게 하세요. 여러분이 잘 대처할 때마다 여러분은 회복력을 구축합니다.

여러분이나 다른 사람을 해치지 않는 좋은 대처 방법을 선택하는 걸 기억하세요. 아이디어가 필요하면, '안전한 대처 기술들'(제12장)을 참조하세요.

★ 탐사하기 ⋯ 어떻게 대처하겠습니까?

---

* 이 장은 저자의 허락을 받아 Lisa M. Najavits의 『안전기반치료Seeking Safety』(Guilford Press, 2002)에서 개작되었다.

- 의사가 검사를 필요로 하는 혹을 발견합니다.
- 법원이 당신의 중독 때문에 아이에 대한 양육권을 주지 않을 것입니다.
- 아버지가 당신을 다른 사람들 앞에서 무시했습니다.
- 데이트 상대가 피임기구 없이 성관계를 가지자고 압력을 가합니다.
- 당신은 참전 군인인데 버스에서 누군가가 당신이 나가 싸웠던 전쟁은 쓸데없었다고 말하는 것을 듣게 됩니다.
- 당신은 당신을 사랑하지 않는 사람과 사랑에 빠졌습니다.
- 경찰이 속도위반으로 당신을 멈춰 세우고 인종차별적 발언을 합니다.
- 당신의 친구들은 파티에 초대되지만, 당신은 초대되지 않았습니다.
- 파트너가 바람을 피운다는 것을 알게 됩니다.
- 당신을 공격한 사람이 법정에서 무죄 판결을 받습니다.
- 차가 고장 났는데 감당할 수 없는 수리비 고지서를 받게 됩니다.
- 트라우마를 상기시키는 뉴스 기사에 의해 당신은 촉발됩니다.
- 룸메이트가 집안일을 충분히 하고 있지 않습니다.
- 아이에게 심각한 의료적 문제가 발생합니다.
- 당신은 임대료 낼 돈이 부족하고, 당신의 친구는 현금을 얻을 수 있는 불법적인 방법을 제공합니다.
- 다이어트를 열심히 했음에도 불구하고 체중이 2kg 늘었습니다.
- 업무능력 향상이 필요하다고 상사가 말합니다.
- 전 배우자에게서 괴롭힘을 당하고 있습니다.
- 지갑을 도난당했습니다.
- 동료가 계속 점심을 먹자고 하는데, 당신은 가고 싶지 않습니다.
- 술을 마시지 않으려 노력하지만 계속해서 재발합니다.
- 친구가 항상 '바쁘다'고 해서 함께 만날 수 없습니다.
- 당신을 학대했던 삼촌이 가족 모임에 올 것입니다.
- 교통체증 속에서 누군가가 끼어들어서 거의 부딪힐 뻔합니다.

- 명절이 다가오고 있는데 여러분은 갈 곳이 없습니다.

- 정신과 치료약이 떨어졌는데, 의사 선생님은 출장을 가셨습니다.

- 어머니는 여러분이 성적인 학대를 당했다고 생각하지 않는다고 말합니다.

- 좋은 친구가 당신이 털어놓은 비밀을 다른 사람에게 말해줍니다.

- 당신이 정말 원하는 일자리를 거절당합니다.

- 기타? _____

제안

영화 장면으로 상상해보세요. 그 영화의 주인공인 것처럼 자신이 대처하는 것을 상상해보세요. 또는 배우에게 무엇을 하라고 지시하는 영화감독 역할을 해보세요. 실제로 상상해보세요.

안전한 대처와 안전하지 않은 대처를 비교해보세요. 만약 시나리오가 "의사가 추가 검사를 필요로 하는 혹을 발견한다."라면, 당신의 안전하지 못한 대처는 무엇이 될까요(흥분하는 걸까요? 겁에 질려 최악의 상황을 가정하는 걸까요?)? 여러분이 취할 수 있는 안전한 대처들(가능한 많은 정보를 수집하기? 친구와 이야기 나누기?)과 비교해보세요.

쉽게 시작하세요. 더 어려운 시나리오들까지 점진적으로 구축해갑니다. 이런 방식은 단순한 음계를 연습하다가 결국 복잡한 노래를 연주하는 음악가처럼 숙달된 능력을 만들어냅니다.

피드백 받기. 이것은 운동, 음악, 학업 등 모든 유형의 연습에 중요합니다. 코치는 여러분을 격려하는 동시에 현실적인 피드백을 줍니다. 여러분이 얼마나 잘 대처하고 있는지에 대한 솔직한 피드백을 줄 수 있는 사람들을 찾으세요.

요점만 기억하세요. 어떤 일이 일어나더라도 꼭 안전하지 않은 행동으로 이어져야 하는 것은 아닙니다. 항상 안전하게 대처할 수 있는 방법이 있습니다.

재미있게 하세요. 시나리오를 연습하기 위한 파트너를 찾습니다.

연습할 시간을 마련하세요. 연습을 하지 않으면 배움이 약해집니다. 걷기, 요리, 청소, 운전하기 또는 그날의 일상적인 일을 하는 동안 연습을 해보세요.

✧ 대처 기술을 연습한다면, 여러분의 삶은 일주일, 한 달, 일 년 뒤에 어떻게 나아질
까요?

회복의 목소리

보희 – "연습을 할 때, 여러분은 뇌에 새로운 연결을 만듭니다."

"저는 제 인생의 대부분의 기간 동안 치료를 받아 왔고 트라우마 치유작업을 많이
했습니다. 하지만 제 회복의 또 다른 큰 부분은 순전히 연습이었다고 생각해요. 저
는 제 마음 속에서 작은 시나리오들을 연기합니다. 어떻게 제가 누군가에게 무언
가를 말할 수 있는지 또는 어떤 것을 통해 어떻게 생각할지 또는 어떤 것을 통해 자
신을 지도할지에 대해서요. 이 장에서 말하듯이, 스포츠 심리학에서 말하는 모든
준비를 해내는 운동선수와 같습니다. 그 장면을 상상하는 것, 각각의 움직임을 하
는 것, 그리고 여러분 주변에 혼란이 있을 때 어떻게 침착할 것인가를 상상하는 것.
이것은 근육과 같고, 여러분이 연습을 하지 않는다면 근육은 강화되지 않는다고
자신에게 말합니다. 만약 여러분의 트라우마가 총소리에 관련된 것이고, 길거리
에서 큰 폭발음을 듣게 된다면, 트라우마에 대한 신경생물학적인 작동 방식은, 여
러분이 연습을 하지 않는다면 그러한 고통스러운 상황에서 건강한 방법으로 반응
할 가능성이 없다는 것입니다. 하지만 연습을 한다면, 여러분은 안전하지 않은 중
독이나 트라우마 행동으로 빠져드는 대신, 뇌에 새로운 연결을 만들고 대안을 갖
게 됩니다. 그 신경생물학 부분은 정말 중요합니다. 여러분이 그러한 촉발요인에
역행하도록 스스로를 다시 훈련시키기 전까지는 그런 증상은 여러분의 몸속에 있
습니다. 트라우마와 중독 모두 촉발하고 있고, 저는 여기서 두 가지 임무를 수행해
야 하고, 두 가지 유형의 촉발요인을 모두 연습해야 한다는 것을 알고 있습니다."

26

정체성: 스스로를 어떻게 바라보는가

모든 중요한 전투는 자신의 내부에서 이루어진다.
– 셸던 캅 Seledon Kopp, 20세기 미국 심리학자

당신은 누구세요?

이 장은 정체성에 대한 장입니다. 당신이 누구이며 당신 자신을 어떻게 보는가에 관한 것입니다. 목표는 이러한 핵심적인 이슈에 공감적인 시각을 가지는 것이고, 트라우마와 중독이 하는 역할을 공감적인 관점으로 이해하는 것입니다.

수철은 이웃에게 성적 학대를 당했고 나중에 알코올 문제가 발생했습니다. 36세에 중독치료를 시작했을 무렵 그의 삶은 무너지고 있었습니다. 그는 이혼하기 일보직전이었고 알코올 때문에 비행기 조종사직을 떠나야 했습니다. 그는 친절하고 상냥한 사람이었지만 그의 내면은 황폐해져 있었습니다. "한동안 저는 해안가에서 멀리 떨어져서, 해안가로 돌아오려는 큰 잠수함에 탄 것같이 동떨어진 것처럼 느꼈습니다. 저를 학대했던 이웃이 계속해서 갑자기 떠오르곤 합니다. 저는 '내가 이 모든 것을 지어냈나?' 궁금합니다. 저는 제 자신을 믿기가 두려웠습니다. 한동안 저의 아이들이 촉발요인이었습니다. 저는 술로 그 생각을 떨쳐버리고 싶었습니다. 아무것도 제대로 판단 못 하는 것 같았습니다. 지금은 많이 좋아졌습니다. 제 자신과 연결되고 긴장하지 않는 것이 어색하게 느껴집니다. 마치 낯선 사람 같아요."

  정체성이란 당신 자신의 정신적 형태mental model입니다. 그것은 "당신은 누구세요?"라는 질문에 어떻게 대답하는가입니다. 그것에 대답할 수 있는 방법은 한 가지가 아닙니다. 사실 그것에 대답하는 과정이 자신이 누구인지에 대해서 많은 것을 말해줍니다. 예를 들어, "저는 스물세 살이고 학교를 다닙니다. 저는 친절하고 외향적이지만 사람들과는 별로 친하지 않아요. 저는 대전에서 자랐지만 청주에서 4년 동안 살고 있습니다. 저는 한국인입니다. 저는 똑똑하고 매력적이며 소설을 읽는 것을 좋아합니다…." 또는 "저는 우울하지 않을 때 아주 재미있어요. 직장이나 관계를 유지할 수가 없어요. 정말 엉망입니다…."

  여러분이 누구인지는 여러분의 나이, 성별, 국적, 종교, 민족성, 사회적 계층, 기질, 관계, 자신의 시간을 어떻게 보내는지, 어디에 사는지, 무엇을 가치 있게 여기는지, 어떤 트라우마에서 생존했는지 등등을 보여주는 만화경萬華鏡입니다. 정체성은 여러분의 인생 경험의 핵심을 표현합니다.

  정체성은 우리의 혼란과 복잡성을 감추기 위해 우리가 쓰는 용감한 얼굴, 우리의 고귀한 특징, 우리가 하는 선한 행동만을 의미하지 않습니다. 정체성이 우리의 힘과 잠재력과 관련 있는 것처럼 우리의 그림자, 한계, 상처와 두려움과도 많은 관련이 있습니다. 정체성이란… 나의 유전자적 구성, 나에게 생명을 준 부모의 성질, 내가 자라났던 문화, 나에게 해를 끼친 사람들과 나를 지원한 사람들, 나와 타인에게 행한 선한 일과 악한 일, 애정과 고통의 경험들 등등 내 삶을 구성하는 모든 작용이 모여들어 나self라는 신비가 되는 것입니다.

  - 파커 파머Parker Palmer와 메이건 스크리브너Megan Scribner의 『성찰과 회복의 지도 원리를 가르치기 위한 용기The Courage to Teach Guide for Reflection and Renewal』중에서

✧ 누군가에게 감명을 주거나 특정한 방식으로 보이기 위해서가 아니라, 단지 자신의 관점에서 "당신은 누구세요?"라는 질문에 어떻게 대답하겠습니까?

✧ 다른 사람들에게 자신을 어떻게 묘사하겠습니까?

트라우마 및 중독이 정체성에 영향을 미치는 과정

트라우마와 중독은 우리의 정체성의 많은 부분일 수 있습니다. 그것들은 원하지 않더라도 영향을 미칩니다.

이전 페이지의 수철 씨의 이야기에서처럼, 여러분은 아마도 자신에게서 단절되었다고 느낄 수 있습니다. 자신이 좋아하는 것과 싫어하는 것, 느끼는 것, 자신에게 중요한 것이 무엇인지 확신할 수 없을 것입니다. 특히 트라우마나 중독이 어렸을 때 생겼다면 확고한 정체성을 결코 형성하지 못했을 것입니다. 여러분은 자신만의 관점을 가질 수 있도록 허용되지 않았을지도 모릅니다. 여러분은 일찍 성숙하게 되어서 부모님이나 어린 동생들을 돌봐야 했을지도 모릅니다. 멍하게 되거나, 차단되거나, 기분이 잘 느껴지지 않을지도 모릅니다.

여러분은 또한 강렬한 감정들을 지니고 있을 수도 있지만, 그것들은 여러분 자신에게 적대적입니다. 자기혐오와 자기비난처럼요. 여러분은 무력합니다. 있는 그대로의 여러분의 모습에도 격렬한 비난의 목소리가 여러분을 비난할 것입니다. 이런 경향의 또 다른 영향은 그런 가혹한 감정을 다른 사람들에게로 향한다는 것입니다. 대게 어린이나 배우자와 같이 당신에게 맞설 수 없는 약한 사람에게로 향합니다.

트라우마와 중독은 때때로 여러분의 정체성을 즉시 변화시킵니다. 전투는 여러분을 수족이 없는 장애인으로 바꿔놓을 수 있습니다. 음주운전은 당신을 감옥에 보낼 수도 있습니다. 갑자기 병원에 입원하거나 법정에 설 수도 있습니다. 그런 것들은 원래 여러분의 삶의 일부가 아니었습니다.

또 다른 정체성 패턴은 '트라우마 피해자' 또는 '중독자'와 완전히 합체되는 것입니다. 여러분은 내가 그 문제를 가지고 있다고 생각하기보다 내가 그런 사람이라고 생각하기 쉽습니다. '저는 헤로인 문제를 가지고 있는 사람입니다'보다는 '저는 마약중독자입니다'라고 생각할지도 모릅니다. 다른 극단적인 경우, 자신의 정체성의 진실한 측면을 부인할 수 있습니다. 여러분은 비록 집에 고립되어 있으면서도, 외출하기를 두려워하면서도, "내 트라우마가 그렇게 나쁘지는 않았어."라고 말할 수도 있습니다. 또는 "모든 사람들이 내가 중독되었다고 하지만 나는 그렇지 않아."라고 부인할 수도 있습니다.

또한 '난 괜찮아/난 엉망이야', '내겐 미래가 있어/내 인생은 끝났어', '난 이겨낼 수 있어/그것은 절망적이야', '그건 내 책임이 아니야/그건 전부 내 탓이야'와 같이 양극단을 왔다 갔다 하는 것도 흔합니다. 회복을 위해 노력할 때, 여러분은 자신에게서 보다 큰 온전함을 발견할 것입니다. 그리고 온전함을 통해 트라우마나 중독보다 더 큰 자신을 더 일관되게 볼 수 있습니다.

마지막으로, 트라우마와 중독 모두 '분열splitting'과 연관되어 있습니다. 분열은 자신의 일부분만을 자각하는 조각난 정체성입니다. 분열의 고전적인 예는 (스티븐슨의 그 유명한 책에서) '지킬 박사와 하이드'가 해당됩니다. 한쪽은 지속적으로 상용賞用, using하기를 원하고, 다른 쪽은 회복되기를 원합니다. 외상에서도 분열이 발생합니다. 때때로, 여러분은 어린 쪽이나 화난 쪽처럼 오직 한쪽만 알고 있을 수도 있습니다. 모든 사람들은 각기 다른 시기에 그들이 알고 있는 측면이 있지만, 트라우마와 중독에서 그 분리는 더 극단적이고, 덜 의식되며, 안전하지 않은 행동으로 이어질 가능성이 더 높습니다. 회복이 되면 통합이 되어 자신의 다양한 측면을 균형 있게 알아차리고 그것에 대해서 더 나은 통제력을 가지게 됩니다.

✧ 트라우마와 중독이 자신에 대한 관점에 어떤 영향을 미쳤습니까?

정체성을 활용하여 회복 촉진하기

정체성의 일부 측면은 나이, 성별, 민족성과 같이 타고난 것입니다. 다른 부분들은 좀 더 유연합니다. 예를 들어, 정체성의 일부인 성격기질personality traits은 건강하거나 건강하지 않은 방법으로 드러날 수 있습니다. 건강에 좋지 않은 버전은 너무 지나치거나 가치 없는 목표를 지향합니다.

회복을 위해 당신의 정체성의 그런 측면을 수용하고 건강한 방향으로 조종하세요.

자기self의 해로운 버전	자기self의 건강한 버전
타인을 충족시켜주는 사람: 남들이 나를 어떻게 보는지 너무 염려한다.	조화로운 개인으로써 타인을 존중하고 어울리는 사람
완벽주의적인, 강박적인	질적인 것을 중시하는, 섬세한
활력 없는, 게으른	편안한, 순조로운, 극적이지 않은
비판적인, 평가적인	통찰력 있는, 관찰력 있는
충동적인	자발적인
조종하려는	참여하는, 매력적인, 전략적인
천박한, 지나치게 참는	독립적인, 안전이 중요한
화가 난, 복수심에 찬	활력적인, 옳고 그름에 민감한, 정의감이 강한

이것은 나쁜 것을 좋은 것이라 말하거나, 부정적인 것을 긍정적인 것으로 뒤집으라는 단순한 말 바꾸기가 아닙니다. 자신이 누구인지를 수용하고 자신을 결정짓는

기질들을 운영함으로써 그것들이 문제가 되기보다는 성공의 원천이 되도록 하세요.

예: 노영 씨는 자신이 스트레스 상황에서 '완벽주의적이고 강박적인' 사람이라는 것을 아는 대학생입니다. 그는 사소한 일에 너무 많은 시간을 소비하고, 일을 끝내지 못한 것에 대해 자책하며, 이로 인해 고립되고, 심각한 폭식에 빠져들게 됩니다.

하지만 그가 자신을 더 잘 돌볼 수 있는 것(휴식을 가지고, 할일을 진행할 명확한 목표를 세우고, 잠을 자고, 계속 혼자 있기보다는 사람들과 시간을 보내는 행동)을 할 수 있을 때, 그는 자신을 '질적인 것에 초점을 맞추고, 섬세함을 중시한다'고 인식합니다. 이것들은 그가 학교에서 성공하는 데 도움을 주는 긍정적인 특성입니다. 그는 자신 그대로이지만, 그의 성격 중 이런 부분은 그가 가져올 수 있는 건강하지 않은 버전에 대비되는 건강한 버전입니다. 이 아이디어는 여러분의 정체성의 부분들을 자신을 끌어내리기보다는 향상시키도록 운영하는 것입니다.

◇ 더 건강한 버전으로 변화시킬 수 있는 성격기질이 있나요?

회복에 따른 정체성의 변화

성공적인 회복과정에서, 여러분은 자신이 누구인지에 대해 새롭게 이야기하는 것을 배웁니다. 당신은 자신의 이야기에서 영웅이 됩니다.

» 피해자에서 생존자로

> » 침묵에서 자신의 목소리를 찾는 것으로
>
> » 무력함에서 통제감으로
>
> » 고립에서 연결로
>
> » 숨김에서 알려짐으로
>
> » 파편화에서 온전함으로

✧ 이런 식으로 여러분의 정체성을 바꾸면 어떤 느낌일까요?

✧ 자신의 정체성 중에 어떤 면이 가장 자랑스럽나요?

✧ 여러분은 자신의 이야기의 영웅이라고 생각하나요? 그렇지 않다면 어떻게 그런
　태도를 가질 수 있을까요?

회복의 목소리

선영 – "이제 저의 회복 정체성이 꽤 강해졌습니다."

선영은 아동기 외상, 물질, 자해(자상刺傷), 쇼핑중독, 거식증으로부터 수년간 성공
적으로 회복되었습니다. "저는 트라우마와 중독에서의 회복에 여러 해를 보냈습
니다. 그리고 정체성은 여전히 치유작업 중입니다. 이 책의 다른 부분으로 관심이
넘어갔지만, 정체성은 여전히 치유 중인 작업입니다. 정말 큰 주제입니다. 돌이켜
보면, 저는 다섯 개의 주요 정체성에 대해 시도해보았습니다. 첫 번째는 '종교적인
가톨릭 소녀'였습니다. 그것은 제가 가톨릭 학교 4학년 때 시작되었습니다. 저는
남달리 열정적이었습니다. 저만의 성체를 만들어, 신부님에게 축복을 받고, 그것
을 집으로 가져와서, 옷장에 보관하였습니다. 저는 2년 동안 가톨릭에 매우 열심이
었지요. 가족들이 제게 구마의식exorcism을 하기로 결정한 이후로는 다시 가톨릭으

로 돌아가지 않았습니다. 그 후 저는 마약을 많이 사용하기 시작했고 명확한 정체성이 없다가 '캠브리지의 무신론자 책벌레'가 되었습니다. 그것은 매우 강한 정체성이었고 캠브리지 사람들과 잘 어울렸습니다. 그 다음 '종교적 정통 유대인'이었습니다. 그 다음 '정신과 환자'였습니다. 저는 전문직, 능력 있는 사람으로 입원해서, 퇴행한 상태로 곰 인형을 들고 퇴원했습니다. 이때가 1990년대였습니다. 그 후 저는 교외의 가정주부로 옮겨갔습니다. 그것이 가장 어려웠습니다. 저는 그것이 가장 싫었지만, 가장 안전했습니다. 정체성 문제는 매일 생각합니다. 이 작고 조용한 정체성의 목소리를 지금도 느끼지만, 그것은 여전히 작고 미약합니다. 요가를 하거나 정말 침착할 때 느껴집니다. 정체성은 아마도 대부분의 사람들에게서는 어린 시절에 형성되기 시작하지만, 저는 그러지 못했습니다. 제가 만든 내부 세계는 계속되는 끔찍한 외부 삶에 의한 결과였습니다. 저는 생존에 초점을 두었을 뿐 정체성에 초점을 맞추지 않았습니다. 저는 하나의 중독에서 다른 중독으로 옮겨갔고, 완전히 멍하게 되었습니다. 정체성에 대한 여러 문제들에서 벗어나기 위해 중독에 빠진 것이라고 생각합니다. 만약 멍하게 만들지 않고 내부 세계를 마주한다면, 이건 매우 힘들고, 대처방법을 배워야 합니다. 몰려오는 온갖 문제들에 일일이 대처하지 않으려고 내 마음은 계속 도망칠 방법을 찾고 있습니다. 하지만 저의 회복 정체성이 지금은 상당히 튼튼합니다. 정체성은 고정된 상태가 아닙니다. 저는 여전히 하루 종일 도전을 받지만, 어려운 문제에 직면할 때, 대부분의 경우 회복 정체성을 선택할 수 있습니다. 플래시백이 올 때 저는 술, 알약, 자해에 빨려 들어가서, 편안해 보이는 것을 느끼려 했습니다. 하지만 지금은 플래시백에 대해 더 지속 가능하고, 더 실제적으로 다루는 다른 방법들을 저는 찾습니다. 이 장에서 묻는 '당신은 누구세요?'라는 질문에, 제 대답은 '나는 작지만 매우 강하다'입니다. 저는 에너지가 넘치는 단단한 물질 덩어리와 같은 존재입니다."

27

인식: 사람들은 당신을 어떻게 보고 있는가

우리 모두는 세상이 우리에 대해 믿는 바를 믿는 경향이 있다.
─조지 엘리엇George Eliot, 19세기 영국 작가

다른 사람들이 여러분을 어떻게 보는지에 대해 걱정을 많이 하나요? 트라우마와 중독을 가진 많은 사람들은 직간접적으로 다른 사람들에 의해 부정적으로 인식됩니다. 그것은 '미친 여자', '마약쟁이', '까칠한 참전 군인', '미운 오리 새끼'와 같은 이름일 수 있습니다. 비록 그런 이름을 갖고 있지 않더라도 그런 식의 느낌, 즉 여러분이 더럽고, 나쁘고, 약하고, 위험하다고 여겨진다는 어떤 느낌이 있을 것입니다.

건강하고 지지적인 환경에서는 위와 반대되는 방식으로 나타납니다. 사람들이 여러분을 향해 갖고 있는 이미지는 '조언자', '현자', '가족의 지혜'와 같이 긍정적일 것입니다. 사람들은 여러분을 무리의 소중한 일원이자 좋은 사람으로 볼 것입니다.

다른 사람이 여러분에게 투사하는 이미지는 긍정과 부정의 이미지가 혼합되어 있을 수 있습니다. 그것은 다른 사람에게서 유래된 이미지입니다.

트라우마, 중독, 그리고 사회적 인식

트라우마와 중독을 다루는 것은 충분히 어렵지만, 부정적인 사회적 인식의 층이 더해진다면 훨씬 더 힘들어집니다.

트라우마와 중독은 가장 낙인이 찍히는 정서적 문제 중 두 가지입니다. 트라우마와 중독이 있다는 이유로 거절, 비난 또는 희생양이 된 듯이 느낄 수도 있습니다. 마치 다른 사람들이 여러분을 제대로 보지 않는 것 같습니다. 그들은 캐리커쳐를 보듯이, 생각나는 대로 흑백논리로 보고 있습니다. 그들에게 여러분은 골칫거리이거나 당황스러운 존재이며, 여러분이 어떤 노력을 해도 그 인식을 떨쳐버릴 수 없습니다.

사회심리학자인 어빙 고프만Erving Goffman은 세 가지 부류의 사람에 대해 설명합니다.

1. 낙인찍힌 사람들.
2. 낙인찍히지 않은 **보통** 사람들.
3. 낙인찍힌 사람들을 이해하고 받아들이는 **현명한 보통** 사람들: "현명한 사람 앞에서는 잘못을 저지르는 사람이 부끄러움을 느끼지 않고, 과다하게 자기를 통제하지 않고, 자신의 실패에도 불구하고 평범한 사람으로 보일 것이라는 것을 알 수 있다."

역사적으로 그리고 오늘날에도 몇몇 문화권에서는 강간과 같은 트라우마를 겪는 사람들이 비난받고 기피됩니다. 또는 그 트라우마 생존자들은 지지보다는 두려움의 대상이 됩니다.

중독도 또한 낙인이 되었습니다. 심지어 의사, 건강 전문가 그리고 때때로 다른 중독자들이 중독을 경험하는 사람들을 가혹하게 심판합니다. 트라우마와 중독에 대한 부정적인 사회적 인식은 직장, 학교, 범죄 사법 시스템, 건강관리 시스템, 가정과 지역사회 등 어떠한 사회적 환경에서도 발생할 수 있습니다. 여러분이 양호한 회복과정을 밟은 후에도, 여러분은 과거에 대해 결코 용서받지 못하고, 새로이 시작할 수 없는 것처럼 느껴질 수 있습니다.

비록 몇몇 사람들이 당신에 대해 불공평한 부정적인 인식을 가지고 있을지라도,

더 넓은 세상에는 그렇지 않은 사람들이 있다는 것이 확실합니다. 트라우마와 중독을 이해하는 사려 깊고 현명한 사람들이 있습니다. 단지 그들을 찾는 것이 문제일 뿐입니다. 그리고 그만큼 중요한 것은 자신의 진실, 즉 자기자신에 대해 알고 있는 좋은 것을 신뢰하는 능력을 강화하는 것입니다.

> ✧ 타인이 부당하게 선입견을 가지고 당신이 망가졌다(나쁘다, 나약하다 또는 위험하다)고 보리라고 믿나요?

> ✧ 자신이 '옳은 일을 할 수 없다'고 느끼나요? 즉, 내가 무엇을 하든 사람들이 나를 부정적인 시각으로 본다고 느끼나요?

> ✧ 나에 대한 다른 사람들의 인식이 고통스럽거나 방해가 되나요?

> ✧ 나의 성향을 어떤 사람들은 긍정적으로, 다른 사람들은 부정적으로 해석하나요? (예: 나는 매우 민감한 편인데 어떤 사람들은 그것을 가치 있게 여기지만 다른 사람들은 그것을 얕잡아본다.)

'오류의 시대'

트라우마와 중독 외에도, 사람들이 여러분을 잘 알지 못하면서 자동적으로 부정적으로 반응하는 다른 특징들이 있을 수 있습니다. 장애, 노숙, HIV 또는 다른 질병, 범죄 이력(복역을 마쳤다 하더라도), 가족 내 정신 질환, 성적 지향, 인종, 성별, 민족 또는 직업(예: 성 근로자) 등.

　그렇게 너무 현실을 왜곡하기 때문에 그것은 현명하게도 '오류의 시대'라고 불리었습니다. 비하된 집단의 구성원들이 모두 같을 것이라고 여겨집니다. 단지 그들이 두려워하거나 싫어하는 특성이나 이력만 보일 뿐 거기에 있는 사람을 보지 않는 것입니다.

그것은 모든 사회와 역사를 통해 벌어집니다. 진화에 기초한 설명이 다음과 같이 있습니다. 사람들은 나약하다고 생각되는 사람들과 거리를 두는데, 나약한 이들은 생존에 위협으로 여겨질 수 있습니다. 그것은 사람들이 자신의 약점을 인정하지 못하고, 오히려 다른 사람들을 적대시할 때 발생합니다("종로에서 뺨 맞고 한강 가서 눈 흘긴다.").

사례

PTSD를 겪는 군인은 여러 겹의 오명으로 고통받습니다. 군복무를 하는 동안 그들이 심리상담을 받으려 한다면, 그들은 나약하다고 여겨질 수 있습니다. 그들은 '그보다 더 강인하도록' 훈련받았습니다. 그들이 군을 제대한 뒤 대중들은 그들을 미친 듯이 폭발하기 쉬운 시한폭탄으로 보기도 합니다. 만약 그들에게 중독이 있다면, 낙인이 추가됩니다.

고용주들은 그러한 인식 때문에 퇴역군인들을 고용하는 것을 주저합니다. 그러나 실제로는 대부분의 퇴역군인들은 그 누구도 신체적으로 해치지 않습니다. 만약 그들이 신체적으로 해를 입힌다면, 다른 사람들에게 폭력적으로 되기보다는 자살로 자신을 해칠 가능성이 훨씬 더 높습니다.

그리샴C. J. Grisham은 이라크에서 육군 하사관으로 복무하였다. 그는 전투로 말미암아 PTSD가 발병하게 되었다. 인간 방패로 사용되는 사람을 쏘아야 하는 상황도 있었다. 그의 PTSD에는 플래시백, 우울증, 자살 감정이 있었다. "내 머릿속에는 내가 살아 있을 만큼 충분히 선하지 않다고 말하는 백만 개의 목소리"가 있었다. 그는

친구들이 살아오지 못했는데 자신이 살아남은 것에 대해 이기적이라고 생각하고 우울해진 것에 대해 나약하다고 여겼다. 그는 극도의 불안감을 느꼈다. "나는 사람들로 혼잡한 상황에서 극도로 긴장하게 된다…. 어떤 건물이든 들어가기 전에, 나는 내 주변의 모든 사람들을 재빨리 훑어보고 가능한 모든 출구를 찾아낸다. 나는 사람들이 내게 접근하는 것을 잘 보기 위해서 벽 앞에 앉는다. 나는 예상치 못한 큰 소음에 놀라고 불안해한다. 나는 결코 폭력을 쓰지 않는다. 나는 결코 사람들을 위협하지 않는다."

　－『국민건강*The Nation's Health*』에 실린 샬롯 터커Charlotte Tucker의 「미국의 퇴역군인들은
　　외상 후 스트레스라는 고통스런 낙인과 싸운다: 정신적 건강을 위한 새로운 연구」에서

타인이 말하는 모습으로 살아가는 것

어떤 사람들은 부정적인 인식을 너무 깊이 흡수해서 그런 모습대로 살아갑니다. 이 현상은 자기 충족적 예언self-fulfilling prophecy, 자기 낙인self-stigma, 타인의 투사*대로 실행enacting the projection, 그리고 안이한 편견으로 인한 낮은 기대the soft bigotry of low expectation같은 다양한 이름을 가지고 있습니다. 이건 마치 여러분을 위해 만들어진 대본이 있는 것 같고, 여러분이 그것을 실행에 옮기는 것과 같습니다. 하지만 모든 것이 너무 현실적입니다. 트라우마 경험으로 약물을 남용하고 있는 여성들을 인터뷰한 맥신 해리스Maxine Harris와 동료들은 그것을 통절하게 묘사합니다.

"많은 여성들은 과거의 잘못된 선택들로 인한 무거운 패배감을 묘사했다. 마약과 술을 사용하는 것은 비록 명백히 부정적인 결과들을 초래했지만, 이상할 정도로

---

* 개인 자신의 흥미와 욕망들이 다른 사람에게 속한 것처럼 지각되거나 자신의 심리적 경험이 실제 현실인 것처럼 지각되는 현상(출처: 정신분석용어사전, 미국정신분석학회). ㅡ 역주

편안함을 느끼게 되는 것은 분명히 예측 가능했다. 약을 사용하는 것은 그들 가족 내에서 받아들여지는 일상적인 삶의 방식이었다. 절반 이상의 여성들은 친척들이 마약을 남용했을 뿐만 아니라 팔기도 했고 어른들은 소녀들이 그 습관을 지속하기 위해 결국은 마약을 남용하고 매춘업계로 들어가리라 예상했다고 보고했다. 일부 여성들은 심지어 이미 마약 문화에 젖은 어머니, 사촌, 숙모들이 자신들에게 마약 과 매춘을 소개했다고 말했다. 그런 가정에서 누군가가 중독을 이겨냈다는 소식 은 조롱과 경멸의 대상이 되었다… 마지막으로 몇몇의 여성은 마약 문화에 중독되 는 것 자체에 대해서 말했다. 중독에 수반되는 활동들 자체가 매력이라고 말했다."
ㅡ『정신과학 서비스*Psychiatric Services*』「재발 방지에 관한 특별 섹션」중에서

만약 여러분이 다른 사람들의 부정적인 기대대로 살아왔다면, 여러분은 '나는 좋은 사람이다', '나는 변화를 만들 수 있다', '나는 성공할 수 있다', '나는 좋은 부모가 될 수 있다', '나는 건강한 관계를 찾을 수 있다'와 같은 새로운 방식으로 자신을 보는 것이 어렵다는 것을 발견할 수도 있습니다. 하지만 여러분은 이러한 긍정적인 정체 성을 살아낼 새로운 전략을 배울 수 있습니다.

해야 할 일

다른 사람들의 부정적인 시선은 압도적인 역장力場, force field처럼 느껴질 수 있습니 다. 당신은 그것에 맞서기 위한 강력한 방법이 필요합니다. 다음 아이디어를 조합해 보십시오.

거리두기

부정적인 이미지를 투사하는 사람에게서 거리를 두는 것으로 그들의 기대와 상관 없이 내가 진짜 누구인지 알 수 있는 정서적인 여유를 가질 수 있습니다. 재활 시설에 들어가거나 이사를 가는 것과 같은 실제적인 거리 또는 당신에 대한 부정적인 이미

지를 이용하는 논의에 참여하지 않는 것과 같은 심리적 거리일 수 있습니다. 거리두기는 당신이 달라지기 위한 시간을 벌어줍니다.

✧ 여러분을 이해하지 못하는 사람들과 거리를 두는 것이 도움이 될까요?

'새 마당에서 놀기'

과거의 선입견 없이 지금 그대로 당신을 봐주는 새로운 사람들을 찾아보세요. 그들은 여러분의 최고의 나를 응원하고 여러분이 세우려고 하는 미래를 환영하는 강력한 존재가 될 수 있습니다.

✧ 여러분을 새로운 시각으로 볼 수 있는 새로운 사람들을 어떻게 찾을 수 있을까요?

양면적 특질을 이해하기

다른 사람들이 비판해온 여러분의 특질에 대해 새로운 관점을 취하세요. 예를 들어, 만약 여러분이 매우 민감하다면, 어떤 사람들은 그것을 약점으로 볼 수도 있지만, 또한 고도로 자각적이고 예술적으로 보일 수도 있습니다. 이러한 양면적 특질에 대한 자세한 내용은 '정체성: 스스로를 어떻게 바라보는가'(제26장)를 참조하십시오.

✧ 자신의 양면적 특질을 보도록 노력합시다.

자신에 대한 새로운 인식 강화하기

자신에 대한 새로운 관점을 붙들음으로써 안정감을 가지세요. 그것은 마치 "나는 무슨 일이 일어나도 잘 대처하는 사람이다." 또는 "나는 소리를 지르는 사람이라기보다는 인내심이 있는 사람이다."와 같이 계속 반복되는 TV 광고나 주문같이 하는 것입니다. 이와 같은 이미지를 확장하는 방법에 대한 자세한 내용은 '치유의 심상을 창조하라'(제31장)를 참조하십시오.

◇ 강화하고자 하는 새로운 인식은 무엇인가요?

제2막 계획 만들기

'최고의 나'에 대한 가능한 비전을 명확하게 그려보세요. 이것은 때때로 제2막이라고 불립니다. 당신의 인생의 첫 부분은 제1막이었고, 이제 당신은 다음 부분인 제2막의 작가 겸 감독입니다. 다른 사람들이 준 대본을 받아들이는 대신, 당신이 원하는 것에 대한 비전을 써보세요. 이것은 '자신을 재창조하기reinventing yourself'라고 불립니다. 중요한 것은 이것이 현실적이어서 성취할 수 있어야 합니다.

◇ 여러분의 제2막 계획은 무엇인가요? 자신의 계획에 생기를 불어넣을 수 있는 것은 무엇이든지 그림으로 그리거나, 적어보거나, 이끌어내봅시다.

새로운 계획 살아내기

당신에 대한 부정적인 인식을 극복하는 데 필수적인 부분은 실제로 '다르게 사는 것be different'입니다. 그것은 단순히 말뿐일 수 없습니다. 현실세계에서는 새로운 이미지를 행동으로 분명히 보여야 합니다. 비록 다른 사람들이 그들의 관점을 고수하더라도 당신은 자신의 진실을 고수하고, 그들이 옳다는 것을 증명해주는 행동들로 뒷걸음질 치지 않도록 하는 것이 좋습니다. 새로운 정체성을 얻고 유지하기 위해 할 수 있는 모든 방법을 사용하십시오.

> ✧ 새로운 계획을 어떻게 살아내시겠습니까? 당신의 행동은 어떻게 달라질까요?

역할 모델 찾기

낙인을 극복한 사람들의 예를 찾으세요. 당신이 아는 사람, 책 그리고 온라인상에서 찾아보세요.

> ✧ 스스로를 재창조한 사람들의 고무적인 예를 아십니까?

다른 사람과 함께 사회 정의를 증진하십시요

낙인이 찍힌 다른 사람들을 돕기 위해 후원자나 자원봉사자로 단체에 가입하는 것을 고려하세요. 여러분의 힘겨웠던 경험을 긍정적인 방식으로 활용하세요. '상처 입은 이들이 돌려줄 수 있는 것'(제34장)을 참조하세요.

> ✧ 낙인을 떨치기 위해 다른 사람과 함께 싸우는 것이 여러분에게 도움이 될까요?

회복의 목소리

지나 – "저는 진실을 기억하고자 합니다."

지나는 10대 때부터 정서적으로 학대를 당했고 음식과 마리화나 중독으로 고군분투해왔습니다. "저는 항상 제가 아무짝에도 쓸모가 없다고 느꼈고, 제가 행한 모든 것이 결코 충분히 좋은 것 같지 않았습니다. 저는 그런 말을 여러 번 들었습니다. 그리고 그것은 타고난 것처럼 느껴졌습니다. 어릴 때부터 제가 뭔가 관심 갖는 것에 대해 사람들이 놀리거나 뺏으려고 했던 것을 기억합니다. 저는 아무것에도 관심을 두지 않는 법을 배워야 했습니다. 그 결과, 저는 잘하는 것이 하나도 없고 누구에게도 관심 갖지 않는 것에 정말 익숙해졌습니다. 그러던 어느 날 가족이 항상 나를 보았던 방식과 같이 제가 저를 부정적인 모습으로 본다는 것을 깨달았습니다. 그때가 열네 살이었습니다. 이 장은 제가 전에 하지 않았던 방식으로 이것을 보도록 도와주었습니다. 그리고 집단 치료에서 다른 사람들도 같은 종류의 경험을 갖고 있다는 것을 배웠습니다. 저도 그러했듯이, "너는 형편없어."라는 말을 들은 아이가 결국 어떻게 그 말에 동의하게 되어가는지 보게 된 것은 정말 도움이 되었습니다. 하지만 그 과정이 어떻게 돌아가는지 더 잘 알게 되었기 때문에, 이제 저는 진실을 기억하고자 합니다. 저는 좋은 아이였고 어떤 일에서는 능숙했습니다."

"'보통 사람들, 낙인찍힌 사람들, 현명한 보통 사람들'. 이 세 가지 유형의 사람들에 대해서 흥미롭게 읽었습니다. 이것은 '나는 문제 그 자체야'라는 느낌에서 벗어나게 해주었습니다. 우리 가족은 제가 어른이 되었어도 '미친 것, 형편없는 것'으로 여전히 부정적으로 봅니다. 그러나 지금 이 시점에서도 저는 그리 달라지지 않았습니다. 그것은 그들이 나에게 실망하는 부분적인 이유입니다. 그들은 여전히 제가 그들의 관점대로 믿기를 기대합니다. 저는 단지 그들이 보는 것과는 다른 것을 볼 뿐입니다. 사람들은 우리를 캐리커처로 보거나, 흑백논리로 본다는 문장이 마음에 듭니다. 띠링! 그게 바로 이 느낌이야. 저는 이 주제에 대해 오랫동안 작업해야 할 것입니다. 왜냐하면 제 자신에 대한 긍정적인 시선을 유지하는 것은 매우 어렵기 때문입니다. 저는 진전을 이루어왔지만, 오랜 세월 그들이 저에 대해 말해온 비난에서 유래된 혹독하고 일면적인 심판 속으로 너무나 쉽게 빠져듭니다. 만약 제가 살이 찌거나 무언가에 실수를 한다면, 저는 제 이름을 실망하듯이 부르고, 그것은 저를 더욱 부정적인 행동으로 이끕니다. 저는 이 장의 다양한 부분을 실행할 계획입니다. 특히 저를 수용해주는, 긍정적인 시각으로 보는 사람들 속에 있도록 애쓰겠습니다."

28

성장하겠다는 결단

마음속에 해결되지 않은 모든 것에 인내심을 가져보세요. 마치 잠겨진 방이나 이상한 외국어로 쓰인 책인 양 그러한 의문들에 애정을 가져보세요… 그리고 중요한 것은 하나하나 살아보는 것입니다. 지금 그 의문들을 삶으로 가져오세요. 아마도, 언젠가는, 시간이 많이 흘러 흘러서, 자신도 모르게 점차적으로 당신은 그 해답으로서의 삶을 살아가게 될 것입니다.
– 라이너 마리아 릴케(Rainer Maria Rilke, 20세기 독일 작가

이 장은 인생의 학생이 되는 것에 관한 내용입니다. 비록 여러분이 특별히 학교생활을 잘 하지 못했더라도, 여러분은 삶 자체에 대하여 뛰어난 학생이 될 수 있습니다. 자연 세계를 보세요. 그것은 변화하는 계절, 태어남, 죽음, 재생과 함께 항상 성장하고 있습니다. 그와 같이 여러분은 정서적으로 계속 성장할 수 있습니다. 그리고 여러분이 정서적으로 더 많이 성장할수록, 중독과 트라우마에서 더 튼튼하게 회복될 것입니다.

정서적 성장은 무엇보다도 결단이 중요합니다. 포기할 정도로 너무나 지친 느낌일지도 모릅니다. 여러분의 세상은 아슬아슬하고, 신체적 생존이나 현상 유지가 중요할지 모릅니다. 여러분은 더 이상 무슨 일이 일어나든 신경 쓰지 않을 수 있습니다. 여러분은 차단되고 밀려나는 듯한 하루를 보낼 수도 있습니다. 그럼에도 불구하고 당신이 아무리 기분이 가라앉았더라도 당신은 항상 성장하기로 결단할 수 있습니다. 심지어 가장 심각한 트라우마와 중독을 겪는 사람들도, 희망차거나 또는 절망스러운 그 순간에, 성장하고자 하는 결단을 그 안에서 발견하였습니다. 이는 삶에 "예."라고 하고, 그저 행동해보는 것입니다.

음악가인 파블로 카잘스Pablo Casals는 95세가 되었을 때 기자가 "카잘스 씨, 당신은
아흔다섯이시고 지금까지 살았던 사람들 중 가장 위대한 첼리스트입니다. 왜 아
직도 하루에 여섯 시간씩 연습하세요?"라고 질문했습니다. 카잘스는 "제가 발전
하고 있다고 생각하기 때문입니다."라고 말했습니다.

무엇을 배웠나요?

트라우마와 중독에서 많은 종류의 교훈을 배웠습니다. 비록 여러분이 그것을 알아
차리지 못했더라도 말입니다. 여러분이 환경에 적응했다는 것을 높이 평가하는 것
이 중요합니다. 당신은 생존하기 위해서 최선을 다했습니다. 그러나 "너를 여기로
데려온 것이, 너를 저기로 데려다주지는 못한다."라는 속담처럼, 교훈을 확장하여
회복을 최상으로 촉진하는 것이 이제 새로운 목표입니다.

트라우마를 겪으면서 배운 것들

■ "믿지 마." ■ "아무 일도 일어나지 않은 척해라." ■ "느끼지 않는 게 최선이야."
■ "넌 별로야." ■ "사람들은 너를 이용할 거야." ■ "진실을 드러내서는 안 돼." ■
"혼자가 되는 것이 가장 안전해." ■ "아무도 너를 보호하지 않을 거야." ■ "애쓰
지 마."

중독을 겪으면서 배운 것들

■ "내일 걱정은 하지 마." ■ "이것이 고통을 피하는 방법이야." ■ "상용賞用, using
할 때의 내가 더 좋아." ■ "이것으로 힘든 시간을 이겨낼 수 있어." ■ "상용할 때
는 사람들과 가깝게 느껴져." ■ "문제가 될 리 없어." ■ "나는 약속을 지킬 수 없어."

건강한 환경에서 사람들이 배우는 교훈들

■ "위험한 사람들 가까이 가지 마라." ■ "너 자신으로 살아라." ■ "갈등은 폭력 없이 해결될 수 있다." ■ "도움을 찾아보면, 구할 수 있을 거야." ■ "넌 좋은 사람 이야." ■ "네가 마음을 먹는다면 충분히 나아질 수 있어." ■ "누구든지 실수를 할 수 있어." ■ "자기 몸을 잘 돌봐라." ■ "안전한 사람과 신뢰를 쌓아라."

◇ 여러분이 배운 교훈을 골라 동그라미 치세요.

뇌기능을 향상시킬 새로운 교훈

중독과 트라우마는 직접적인 고통을 겪는 것 이외에도 학습과 뇌기능을 저하시킬 수 있습니다. 양쪽 다 집중력과 기억력에 영향을 미칠 수 있기 때문에 정보를 유지하는 것이 더 어려워집니다. 판단력과 추상적 추론능력을 감소시켜서 결국 자신에게 도움이 되지 않는 충동적인 결정으로 이어질 수 있습니다. 그것은 여러분의 반응 능력을 변화시키고, 때로는 여러분의 반응을 둔화시킬 수도 있고, 어떨 때는 과잉 반응이 나타날 수도 있습니다. 이런 뇌의 변화는 자신도 모르게 일어납니다.

하지만 연구결과, 새로운 학습으로 뇌의 실질적 구조가 변하고 여러분은 여러 영역에서 개선될 수 있습니다.

★ 탐사하기 ··· 스스로 성장하도록 응원하기

가장 빨리, 가장 잘 회복하는 사람들은 과거 경험에서 배운 것을 되돌아보고 의문을 제기하며

"이것이 나에게 도움이 될까?", "이것이 나를 회복시키는 데 도움이 될까?"라고 질문하는 사람들입니다.

학교에서 여러분은 과학, 수학, 역사, 그리고 문학 같은 과목들을 배운 것처럼, 여러분에게 중요한 주제를 결정해서 배울 수 있습니다.

다음 연습은 여러분의 성장을 응원하는 간단한 단계들을 보여줍니다. 나중에는 좀 더 저절로 될 것입니다. 따라서 여러분은 자연스럽게 계속해서 배워나갈 것입니다.

질문 1: 무엇을 배우고 싶습니까?

무엇이든 배울 수 있습니다. 예를 들어, 다음의 것들을 배울 수 있습니다.

- 진정한 친구 찾기
- 갈망 관리
- 자신을 보호하기 위해 "아니오."라고 말하기
- 여러분과 다른 성향의 사람들과 잘 지내기
- 자신을 무시하는 사람에게 대응하기
- 자신을 코칭해서 힘든 시기를 이겨내기
- 화가 났을 때 침착하기
- 안전하게 성관계하기
- 일자리 찾기
- 건강한 식사 및 운동과 같은 새로운 습관 만들기
- 약속을 지키기
- 안전 유지
- 체계화하기
- 자신의 동기를 증진시키기

다른 사람들도 이런 주제를 배웠고, 이는 여러분도 할 수 있다는 것을 의미합니다. 다른 사람들은 더 건강한 환경에서 더 나은 출발을 할 수 있었을 것입니다. 하지만 여러분이 언제든지 배울 수 있고 최상의 자기 모습으로 살 수 있다는 것이 회복의 핵심입니다.

배우고 싶은 주제를 여기에 나열하세요. 앞의 목록에서 선택할 수도 있고 다른 것도 추가할 수 있습니다.

질문 2: 여러분이 가장 잘 배우는 방법은 무엇입니까?

사람들이 어떻게 배우는지에 대한 많은 연구가 있어왔습니다.

학습형태를 연구하는 어떤 접근법은 학습 경로(시각, 문자, 언어 및 촉각 학습자들)의 차이를 강조합니다. 다른 접근법은 **집단 학습**과 **독립적 학습**에 주목합니다. 또 다른 방법은 **하향식 학습**(생각에 기반을 둔 학습)과 **상향식 학습**(경험으로부터 학습)을 다룹니다. **다중 지능**은 다양한 지능이 있다는 생각입니다. 수학, 언어, 사회, 음악, 그리고 신체적 지능뿐만 아니라 정서적 지능이 있고, 정서적 지능은 자신의 감정과 타인의 감정을 이해하는 지능입니다.

이러한 이론들을 검증하기 위해서는 더 많은 연구가 필요하지만, 학습에는 다양한 방법이 있다는 게 이들 이론이 말하는 중요한 요점입니다.

'어떤 방법'으로 여러분이 가장 잘 배우는지 알아냄으로써 학습을 향상시킬 수 있습니다. 다음에 열거된 다양한 학습 방법을 가능한 많이 실험해보세요.

- 다른 사람과 대화하기
- 인터넷 검색(질문 1에 나열된 주제를 사용하여 검색: 예를 들어 '진정한 친구를 찾는 방법' 또는 '체계화하는 방법')
- 독서(자기계발 도서 등을 활용)
- 쓰기(배우고자 하는 주제에 대해 일기를 써보세요.)

- 수업을 듣거나 모임에 참여하여 학습
- 시청각 자료 보기('세상은 당신의 학교다' (제6장) 참조)
- 이 책에 있는 자원들을 참조하세요(부록 B).

목표는 적극적인 학습입니다. 즉, 경험하고 대화하면서 진전을 만들어낼 수 있는 다양한 방법을 시도해보세요. 배움은 수동적인 과정이 아니라 적극적인 과정입니다.

당신이 가장 잘 배우는 방법은 무엇입니까? 질문 1에서 선택한 주제를 어떻게 학습할지를 다음에 서술해보세요.

_____

_____

_____

_____

질문 3: 여러분의 학습을 격려하는 것은 무엇입니까?

배우는 주제와 배우는 방법 외에도 만나게 될 감정에 대비하세요. 배우는 것은 두려움, 흥분, 바보 같은 느낌, 똑똑한 느낌 그리고 다른 많은 감정들을 가져올 수 있습니다. 이 모든 것이 정상이라는 것을 기억하세요.

다음과 같은 방법으로 학습 동기를 유지하세요.

- 작지만 앞으로 추진할 수 있는 작업을 하기
- 자신의 작업 방식에 대하여 타인에게서 피드백받기
- 어디에서든지 교훈을 찾아보기
- 인내심을 갖기: 인생에서 올 A를 받는 사람은 아무도 없다.
- 혼란과 불확실성을 수용하기
- 적어도 일정 시간 동안 학습을 즐기려고 노력하기
- 학습이 때로는 어려운 일이라는 것을 인정하기

- 일이 잘 풀리지 않을 때 자비심을 갖기
- 그냥 떠돌기보다는 적극적으로 노력하기
- 결과를 고려하기
- 배우는 것에 대해 지속적으로 마음을 열어두기
- 서투름(예: 어설픈 시작, 허둥대기)을 견디기
- 배워야 할 것이 항상 더 있고, 이것이 희망이라는 것을 알기

무엇이 여러분으로 하여금 계속해서 배우게 합니까? 앞의 목록을 참조해서 자신만의 것을 추가해보세요.

_____

_____

_____

_____

삶의 모든 것은 실험입니다. 새로운 실험을 통해서 매일 성장하세요.

✧ 새로운 학습에 얼마나 전념하고 있습니까? (0점(전혀 아님)~10점(최대한)으로 표현하세요.) 점수가 낮으면 어떻게 증가시킬 수 있을까요?

✧ 여러분의 회복에 도움이 된 새로운 학습은 어떤 것이 있나요?

회복의 목소리

대휘 – "불편하고 서투르게 느끼는 것은 괜찮습니다."

"이것은 가장 어려운 주제 중 하나입니다. 저에게 그것은 제가 안정 상태에서 벗어

나서 뭔가 해내는 것입니다. 마약 남용과 트라우마의 재연은 믿을 수 없을 정도로 고통스럽고 파괴적이었지만, 저의 기본 상태가 되어 있었습니다. 그것은 저의 기초적인 안정 상태였습니다. 중독에서 깨어 맑은 정신일 때는 불편하고 서투르게 느껴졌어요. 제 집에서 마약과 안전하지 못한 행동을 하게 되었습니다. 불편하고 어색하게 느껴도 괜찮다는 것을 이 장에서 상기시켜주어서 좋습니다. 저는 뭔가 다른 것을 하기 위해 매일 스스로에게 도전할 필요가 있습니다. 약에 취하지 않았을 때, 저는 운동하는 것을 좋아하는데, 근육을 키우는 방법은 근육을 불편하게 만드는 것입니다. 저는 정서적 성장도 유사하다고 생각합니다. 마약과 트라우마는 저에게 두려움을 가득 채웁니다. 하지만 저를 압박해서 새로운 것을 시도하고, 실패해도 괜찮다면, 그 두려움은 시간이 지남에 따라 사라질 것이고 저는 더 강해질 것이라고 생각합니다. 저에게 배움의 비결은 자비를 실천하고, 자신에게 부드럽게 대하고, 작지만 새로운 무언가를 매일 시도하는 것입니다. 제가 알게 된 것은 시간과 경험이 쌓이고 맑은 정신을 유지하면서, 명료해지고, 천천히, 아주 천천히 지혜로워지며, 궁극적으로 겸손하게 된다는 것입니다. 회복의 핵심은 사람이 더 오래 회복을 경험할수록, 말도 안 되는 부정적인 행동을 하는 '휘청거리는' 영역은 더 작아집니다. 저는 여전히 도피하기 위해 밤에 TV를 너무 많이 시청하고, 음란물을 보느라 매일 밤은 아니지만, 그리고 예전에 음란물을 사용하던 방식은 아니지만, 8시간 이상 잠을 자지 못하고 7시간보다 적게 잡니다. 다음 날 저는 늦게 출근하고 주의력을 필요로 하는 서류를 처리할 의욕이 별로 없습니다. 그게 무슨 뜻일까요? 글쎄, 저는 인간이고 성장할 기회가 있다는 것입니다. 저는 규칙적으로 운동하고, 매일 명상하고, 잘 먹고, 하루 내내 틈틈이 기도하고, 그 어느 때보다 더 많은 잠을 자고, 긍정적인 친구들과 정기적으로 연락하고, 직장에 기여하고, 삶에서 마주치는 사람들을 돕기 위하여 최선을 다합니다. 그리고 저는 이 모든 것을 매우 불완전하게 수행합니다."

29

어두운 감정들: 격노, 증오, 원한, 비통

감정은 그들만의 지혜를 가지고 있다.
– 낸시 맥윌리엄스Nancy McWilliams, 미국 정신분석학자

트라우마와 중독은 격노, 증오, 원한, 비통과 같은 어두운 감정을 불러일으킬 수 있습니다. 여러분은 그것들에 대해 자신만의 이름(예: 잔인하고, 괴물 같고, 추악하고, 용서받지 못할, 복수심에 불타는, 분노에 찬, 악의에 찬)이 있을 수도 있습니다.

"나는 고통을 받으면서 고통을 돌려주길 바라지 않은 적이 없었고, 고문을 견디면서 복수를 바라지 않은 적이 없었다."
– 캄보디아 집단학살의 생존자, 『해잉 응고르Haing Ngor: 어느 캄보디아인의 오디세이』
중에서

"저는 이걸 집으로 가져왔습니다. 친구들을 모두 잃었고, 여동생을 때렸으며, 아버지에게 화를 냈습니다. 그냥 아무에게나 모든 것에 화를 냈습니다. 사흘에 한 번은 아무 이유 없이 완전히 폭발하고 이성을 잃곤 했습니다. 가능한 조용하게 있고 싶었지만, 이 괴물은 분노와 함께 나타나곤 해서 사람들 대부분이 제 주위에 함께 있고 싶어 하지 않았습니다. 그래서 그것은 단지 저쪽 멀리 있었던 것이 아닙니다. 제가 돌아올 때 함께 데리고 온 것입니다."
– 베트남 참전 군인, 조나단 셰이Jonathan Shay의 『베트남의 아킬레스: 전쟁 트라우마와 인성의 회복』 중에서

◇ 당신은 분노를 격하게 폭발시킵니까?

◇ 당신은 복수에 대해 생각을 많이 하나요?

◇ 당신은 행복해 보이는 사람들을 보면 화가 나요?

◇ 당신은 비통한 기분입니까?

◇ 그런 감정들을 없애고 싶지만 어쩔 수 없나요?

◇ 이러한 감정들이 당신의 삶에 영향을 미치나요?

　　모든 사람들은 때때로 이런 감정들을 가지고 있지만, 트라우마와 중독으로 인해 너무 격렬하고 통제력을 잃어서 여러분이나 다른 사람들을 놀라게 할 수도 있습니다. 당신은 그것들을 억누르려고 할 수도 있지만, 그런 다음 촉발되면서 폭발할 수도 있습니다. 당신은 복수에 대한 끝없는 생각에 사로잡혀 있을 수도 있습니다. 여러분은 모든 사람에게 화가 날 수도 있습니다. 여러분은 여러분의 어두운 감정을 부끄러워할 수도 있지만 그것들을 어떻게 해야 할지 모릅니다. 사람들은 "그것에 대해 생각하지 마." 또는 "그것에 대해 듣고 싶지 않아."라고 말하고 떠나갈지도 모릅니다. 다른 사람들뿐만 아니라 여러분 자신에게도 어두운 감정들이 향할 수 있습니다.

　　어두운 감정은 자석 같은 끌림이 있습니다. 그리고 어떤 사람들에게는 자석이라는 은유 이상으로 실재적입니다. 어두운 느낌이 들 것 같은 감옥, 지하실 또는 은신처처럼 실제로 어두운 장소로 나타납니다. 어두운 감정은 우리를 마비시키고, 움직일 수 없게 만들기도 합니다. 하지만 이해할 수 있다면, 치료로 나아갈 수 있습니다. 어두운 감정은 관심을 기울여야 할 중요한 감정들입니다.

분노의 다양한 형태

분노에 뿌리를 둔 많은 어두운 감정들은 불건전한 형태로 변합니다. 증오는 더 깊고, 더 극단적인 분노의 형태입니다. 비통함은 분노에 무력함이 뒤섞인 것입니다. 격노는 폭발적인 분노입니다. 경멸은 분노가 타인을 깎아내리는 것으로 변하는 것입니다. 가학성은 내가 느낀 고통을 타인도 느끼기를 바라는 바람일 수 있습니다. '분노'라는 단어는 다른 많은 감정들의 핵심이기 때문에 이 장에서 사용되지만, 여러분에게 맞는 다른 단어로 바꿔서 생각할 수 있습니다.

당신의 느낌은 이해될 만합니다

어두운 감정들이 존재하는 이유가 있습니다. 여러분은 그것들을 잘라내야 할 암인 것처럼 없애고 싶을지도 모르지만, 분노는 그 자체로 나쁜 것은 아닙니다. 그것은 인간의 유전자에 내장되어 야생의 포식자로부터 자신을 보호합니다. 분노는 한 나라의 군대 같습니다. 위협이 있을 때 싸우기 위해 소집됩니다. 당신을 보호하기 위해 존재한다는 걸 존중해주세요. 사실, 화를 느끼지 못하는 것은 너무 많은 분노만큼이나 여러분이 감정에 갇히도록 할 수 있어요. 그러나 분노가 너무 격렬하거나 지속적일 때 그것은 건강하지 않습니다.

승준 씨는 이렇게 말합니다. "우리 아버지는 술에 취했을 때 저를 때리곤 했습니다. 내가 열다섯 살이었을 때, 저는 맞서 싸우기로 결심했습니다. 저는 아버지와 싸우고 싶지 않았지만, 그가 나를 완전히 지배할 수 없다는 것을 느껴보고 싶었습니다. 그것은 제가 살아남는 것에 도움이 되었습니다. 하지만 이것이 친밀한 관계를 유지하는 것을 어렵게 만들었습니다. 왜냐하면 저는 문제가 있을 때 본능적으로 싸

웠기 때문입니다. 소리 지르고 가끔은 난폭해지기도 하죠. 자랑스럽지는 않아요. 싸우지 않으면서 어떻게 함께 살아야 할지 모르겠어요."

✧ 평균적으로, 여러분의 시간 중 얼마나 많은 시간 동안 어두운 감정에 사로잡혀 있나요?

어둠의 감정들에 대응하기

목표는 여러분의 어두운 감정들에 '대응하는respond' 것입니다. 이것은 그것들과 여러분의 관계를 변화시키기 위해 능동적인 방법을 사용한다는 것을 의미하고, 그래서 우리는 그러한 감정들에 의해 덜 사로잡히게 됩니다.

또한 대응하기는 불건전한 극단으로, 즉 너무 적거나 너무 많은 반응을 하지 않는 걸 의미합니다. '너무 적은 것'은 여러분이 어두운 감정을 무시하거나 억누를 때인데, 그리고 나서 어두운 감정들은 폭발하거나 충동적으로 자신이나 다른 사람들을 다치게 하는 것과 같이 어떤 형태로든 터집니다. '너무 많은 것'은 어떤 여과장치 없이 어두운 감정들을 최대치로 내보내는 것을 의미합니다. 그러나 이것은 통제할 수 없게 되고 위험합니다.

에너지 방향을 전환하기

만약 여러분이 어두운 감정의 에너지를 치유의 방향으로 전환한다면, 감정을 더 건강한 상태로 만들 수 있습니다.

미쉘 씨는 이렇게 썼습니다. "저의 PTSD로 겪는 고통 때문에 화를 내곤 했습니다. 저는 트라우마가 생기고 처음에는 화가 났습니다. 아무도 나를 위험에서 보호해 주지 않았습니다. 그 끔찍한 사건이 계속되는 것을 누구도 막을 수 없었습니다…. 그러고 나서 어느 좋지 않은 날, 이미 깊어진 우울증에 강력한 분노를 더했고, 그러고서는 – 조심해! 저는 정말 볼 만했습니다. 내면으로 밀어 넣었던 억압된 분노가 표출되어 주변사람들을 괴롭혔습니다. 분노를 표출한 사람들에게, 특히 저의 가족들에게 미안합니다. 하지만 7년 전 새해 전야에 그 분노 에너지를 긍정적인 방법으로 사용하기로 결심했습니다. 저는 기쁨을 추구하기로 결심했고… 효과가 있었어요! 그 모든 초조한 분노 에너지가 무대 위에 쏟아졌고 제 밖으로 빠져나왔습니다. 저는 더 평화롭고, 더 관대해졌습니다. 화도 덜 내고, 더 행복해졌습니다. 다른 사람들에게 화를 내는 시간과 에너지는… 치유의 방향으로 바꿀 필요가 있습니다. 그 에너지를 우리 자신에게 사용하면 안정을 가져올 수 있습니다. 너무 쉽게 허비하지 말아야 합니다.

– 미쉘 로젠탈Michele Rosental, 『PTSD와 분노: 1부 – 행복한 사람들을 증오할 때』

✧ 여러분의 분노 에너지의 방향을 어떻게 바꿀 수 있습니까?

애도하기

트라우마와 중독은 많은 상실 – 희망, 순수함, 신뢰, 신체적 온전성, 돈, 관계 그리고 자유의 상실을 동반합니다. 우리는 이것을 어떻게 애도해야 할지 모를 수 있습니다. 어느 아동학대 생존자는 "제가 화가 났을 때, 부모님은 '잠을 자거라, 자고 나면 문제는 사라진다'라고 말하곤 했습니다." 『베트남의 아킬레스 건』의 내용처럼, 전쟁 동안 "애도는 두렵고, 형식적이고, 지연되고, 평가절하되고, 조롱받고, 단편화되고, 최소화되고, 회피되고, 무시되고, 안정시켜야 되었습니다." 어두운 감정 아래에는 종종 상처와 슬픔의 깊은 층이 있습니다. 여러분의 깊은 감정을 방출해서 분노를 덜 유독한 형태로 바꾸도록 하세요.

호기심을 가지세요

자신의 패턴을 살펴보세요…

○ 당신은 분노에 중독되어 있습니까? 분노는 다른 중독들처럼 습관이 될 수 있습니다. 복수의 환상은 중독성을 지닐 수 있는데, 복수에 집착하고 너무 많은 시간을 보냅니다. 만약 여러분이 분노에 중독되어 있다면, 보통은 어느 정도의 즐거움이 있습니다. 그 순간에는 기분이 좋고, 힘차며, 정의롭게 느껴집니다.

○ 분노가 물질상용 때문인가 아니면 금단현상인가? 코카인, 메스암페타민 그리고 다른 약들은 통제할 수 없는 편집증과 분노를 일으킬 수 있습니다.

○ 분노가 의학적 질환의 일부인가? 분노와 공격은 갑상선 기능이상, 외상성 뇌 손상, 치매, 자폐증 그리고 다른 조건에 의해 야기될 수 있습니다. 때때로 몇 년 동안 이런 사실을 모른 채 지나가기도 합니다.

○ 어릴 때 배운 태도와 분노가 관련이 있을까요? '분노는 억눌러라. 그러지 않으면 응징을 받거나 벌을 받는다'는 메시지는, 콘크리트를 뚫고 올라오는 잡초처럼 분노를 더 강하게 만들 수 있습니다.

○ 분노를 중시하는 집단문화의 일원인가요? 예를 들어, 폭력배들은 폭력과 협박으로 살아갑니다. 일단 그 문화에 적응하면, 그것은 아무렇지 않게 됩니다.

○ 지속적인 스트레스가 있습니까? 분노가 뿜어져 나오는 것은 도와달라는 호소일 수도 있고, 스트레스가 몰아붙일 때 표출하는 방법일 수도 있습니다. 트라우마와 중독은 스트레스를 줍니다. 그리고 종종 실직, 이혼, 가난, 괴롭힘, 차

별 그리고 상실로부터 스트레스가 가중되기도 합니다.

○ 분노가 여러분에게 경청하게끔 하는 방법인가? 만약 다른 사람들이 여러분을 이 해하지 못한다고 생각되면, 분노는 경청하게 만드는 하나의 방법이 될 수도 있습니다. 하지만 그들은 여러분이 무서워서 덜 경청할지도 모릅니다.

○ 의도치 않게 분노가 일어나서 놀라운가요? 분노는 아무런 경고 없이 일어날 수 있습니다. 예를 들어, 몇몇 퇴역 군인들은 결코 의도하지 않았지만, 잠자는 동 안 파트너를 신체적으로 공격하기도 합니다.

○ 여러분에게 자행된 짓을 거울처럼 따라 하나요? 여러분이 당한 방식대로 증오와 격노가 터져 나올 수 있습니다.

어두운 감정이 생겨난 이유가 무엇이든, 그것에 대해 호기심어린 태도를 가지는 과정에서 어두운 감정들을 다루는 새로운 방법이 드러날 수 있습니다. 중독적인 분노의 경우, 중독치유 과정에서 배운 전략을 분노 다스리기에도 적용해보세요. 만약 여러분의 분노가 스트레스 때문이라면, 스트레스를 다스리는 더 나은 방법을 찾아보세요. 만약 당신이 의료적 문제가 있다면, 그것에 대해 도움을 구해보세요. 만약 의도치 않게 분노가 일어난다면, 더 큰 알아차림을 해보세요. 계속해서 나아가세요.

✧ 여러분의 분노 패턴은 어떠한가요?

분노보다 더 중요한 목표를 찾기

어두운 감정을 가진 사람들은 종종 매우 이상주의적이어서, 존경과 공정함을 중요 시합니다. 트라우마와 중독은 이러한 이상들을 퇴색시키지만, 여러분은 중요한 목 표를 찾는 방법으로 이상적인 것을 다시 일깨울 수 있습니다. 이러한 이상은 익명의 알코올중독자들 모임AA, 음주 운전 방지 어머니 모임, 가정폭력 보호소, 강간 위기 프로그램, 노숙자 프로그램, 그리고 트라우마나 중독에서 회복된 사람들에 의해 만들어지고 유지되어온 모든 종류의 비영리 단체의 출발점입니다. 의미 있는 목표를 추구하는 것은 여러분과 어두운 감정 사이의 거리를 멀어지게 해줍니다. 이로서 어두운 감정이 여러분을 장악하는 것을 감소시킵니다. 어두운 감정에 너무 강하게 사로잡히면 균형감을 잃게 됩니다. 삶의 목표가 균형감을 회복시킬 수 있습니다. 자신의 회복을 강화하면서 타인을 돕는 것에 대한 유용한 내용은 '상처 입은 이들이 돌려줄 수 있는 것'(제34장)을 참고하세요.

✧ 어떤 목표가 여러분의 어두운 감정보다 더 중요합니까?

운동선수와 같은 유연성 배우기

만약 여러분이 감정에 사로잡혀 있다면, 유연해질 필요가 있습니다. 운동선수가 유연성을 얻기 위해서는 많은 실행과 지도, 연습이 필요합니다. 어두운 감정이 어떻게 형성되는지, 어떻게 스스로를 지도해서 이겨나갈지, 어떻게 그것에서 벗어날지, 어떻게 어두운 감정에 휘둘리지 않고 다른 사람들과 함께 있을지를 배우세요. 유연성을 잘 발휘하는 사람들에게서 배우세요. 새롭고 유연한 방법을 계속 배우세요.

✧ 여러분은 어두운 감정에 얼마나 유연하게 대처하나요?

여러분의 격노에서 다른 사람들을 보호하세요

격노와 같은 어두운 감정은 다른 사람들, 특히 여러분과 가까운 사람들을 겁에 질리게 할 수 있습니다. 일단 여러분이 그런 상태라면, 여러분은 더 이상 '자신'이 아닙니다. 여러분은 야생의 두뇌를 사용하고, 최고의 나보다 야생 동물에 더 가깝습니다. 여러분은 정당하다고 느낄지도 모르지만 여러분의 인식은 좁아져서 합리적이고 공정하지 못하게 변합니다. 여러분은 다른 사람의 관점을 이해할 수 없게 됩니다.

그러니 자신이 화를 낼 때 다른 사람들이 어떻게 행동할지에 대해 차분하게 있을 때 미리 준비하도록 하세요. 이것은 그들을 안전하게 하고 중요한 관계를 보존하는 데 도움을 줍니다. 만약 준비가 되어 있지 않다면, 그들은 움츠리고 여러분을 달래려고 하거나, 몰아세워서 화를 더 자극할 수 있습니다.

한 가지 아이디어는 "나는 지금 혼자 있어야 한다." 또는 '안전'과 같은 코드 단어나 문장을 만들어 다른 사람이 원하면 거리를 둘 수 있게 하세요. 그러면 그들은 다른 방으로 가거나, 커피를 사러 가거나 또는 다른 안전한 장소로 갈 수 있습니다. 이것은 그들이 자신을 보호하기 위한 경계境界를 정할 수 있게 해주며, 이로써 여러분은 진정할 시간을 가집니다. 자신의 패턴과 관계의 형태에 따라 다른 계획을 개발해보세요. 정해진 시간 동안 감정에 대해 (소리치는 것이 아니라) 말을 하고는 잠시 멈추세요. 이것은 어두운 감정이 해소되기보다 강화되면서 불평을 끝없이 반복하는 것을 막아줍니다. 또 다른 방법은 TV 시청이나 산책같이 쉽고 절제된 활동들을 함께하기 위해서 협의해보세요. 산책을 할 때 여러분의 감정이 가라앉기 전까지는 무엇 때문에 화가 났는지에 대한 대화는 하지 마세요. 커플상담사나 가족상담사와 치유작업을 하는 것도 도움이 될 수 있습니다.

❖ 이 장의 아이디어를 시도해보세요.

복수의 환상에서 배우세요. 단 행동으로 옮기지는 마세요.

복수의 환상은 충족되지 않은 욕구의 표시입니다. 만약 당신이 그 상상을 제대로 다루면 성장의 원천이 될 수 있습니다. 세 가지 기본 단계가 있습니다.

1. 복수의 환상에 따라 행동해서 실제로 누군가를 다치게 하면 안 된다는 것을 명심하세요. 예를 들어, 복수, 성관계, 소원 성취에 관한 것이더라도 환상은 정상입니다. 누구나 환상이 있습니다. 그러나 비윤리적이고, 불법적이며, 신체적 또는 정서적 손상을 일으키는 어떤 방식으로 행동화하는 것은 결코 용납될 수 없습니다. 게다가 복수에 대한 환상에 따라 행동하는 것은 해로운 사람들과 어울리게 하고, 시간을 낭비하게 하며, 당신을 피해자-가해자 역동 속에 가두어서 무력감을 증가시킵니다. 그것은 또한 실제 세상에서 감옥에 가는 결과로 이어질 수 있습니다.

2. 환상의 근본적인 욕구를 탐구하세요. 복수의 환상 속에서 중요한 욕구는 다음과 같습니다.
   » 다른 사람보다 능력을 가지거나 다른 사람을 무력하게 만들려고
   » 자신이 느꼈던 고통을 다른 사람도 느끼게 하려고
   » 그들이 나에게 무슨 짓을 했는지 다른 사람들에게 알리려고
   » 사과받으려고

3. 욕구를 충족할 수 있는 방법을 실제 삶에서 찾아보세요. 과거를 바꿀 방법은 없지만, 자신의 욕구를 충족하기 위해서 환상에 초점을 맞추기보다는 건강하고 실제적인 방법들을 찾을 수 있습니다.

마이크는 아버지에게 신체적으로 학대를 당했고 중학교 때 나이 든 소년에게 괴롭힘과 굴욕을 당했습니다. "저는 지금 그 아이를 찾아내서 그 녀석 집에 불을 지르고 싶어요. 학교 다닐 때 나를 괴롭혔던 '호모 자식fag'이라는 단어를 검은 글씨로 돌려주고 싶어요." 마이크는 그 남자가 어디에 살고 어떻게 그 행동을 실행할 것인가를 심각하게 생각했는데, 자신의 그런 모습에 놀랐습니다.

마이크는 그 환상에 대해 심리상담자에게 털어놓았습니다. 상담자와 그것에 대해 솔직하게 이야기할 수 있지만 결코 실행하면 안 된다는 것을 확고히 정했습니다(1단계). 그리고 나서 그들은 마이크의 내면의 욕구를 확인하기 위해 노력했습니다(2단계). 그는 굴욕보다 존중을 받고 싶었고, 무력하기보다 강력하고 싶었고, 자신의 성정체성이 수용되기를 원했습니다.

마이크는 현재에서 존경받고 강력하다고 느낄 수 있는 방법을 상담자와 브레인스토밍을 통해 찾으려고 노력했습니다(3단계). 그들은 마이크가 그 소년에게 맞서는 연습을 마음속으로 하도록 시도했고, 그때 일어났던 것과 다른 새로운 결말을 연출했습니다. 마이크는 괴롭힘을 당하고 있는 중학생 소년에게 '큰 형' 자원봉사자가 되어보았습니다. 그들은 그를 괴롭힌 남자에게 편지를 써보았습니다. 하지만 우편으로 부치지는 않았습니다. 마이크는 또한 육체적으로 더 강하게 느끼기 위해 운동을 시작했습니다. 그리고 그와 심리상담자는 아버지의 학대로 어떤 영향을 받았는지 그러고 나서 괴롭힘으로 인해 어떤 영향을 받았는지를 살펴보았습니다. 이러한 다양한 노력으로 복수하는 환상의 강도를 줄이고 그의 에너지를 현재로 되돌려서 성장에 도움이 되도록 하였습니다.

❖ 복수에 대한 환상이 있으십니까? 혼자서 또는 신뢰하는 누군가와 함께 이 세 단계를 수행할 수 있을까요?

폭력의 위험이 있다면 도움을 받아야 합니다

만약 자신이나 다른 사람에게 해[손상]를 끼칠 위험에 처해 있다면, 그것은 당신이 스스로 감정을 관리할 수 없다는 것을 의미합니다. 긴급전화에 연락하고, 응급실로 가거나, 심리상담자와 약속을 잡으십시오. 혼자 어둠에 빠진 것이 아니라는 것을 확인할 수 있는 어떤 방법이라도 도움이 됩니다. 도움을 받으면 더 쉬워질 것입니다.

회복의 목소리

브래드 – "제 감정에 책임을 지려고 지금 정말 열심히 노력하고 있습니다."

"이라크에서 세 번 복무하고, 시민으로 돌아갈 때쯤, 저에겐 엄청난 분노가 있었습니다. 그 분노는 제가 군대에서 해야 했던 일에는 실제로 아주 효과가 있었습니다. 하지만 돌아왔을 때, 일상생활에서 장애를 일으키는 것을 발견했습니다. 제 친구들은 같이 술을 마시길 피했습니다. 하지만 가장 최악은 아내와 아이에게 일어났습니다. 결코 제가 그들을 때리지 않았지만, 예전에 사랑스러움이 있던 곳에서 두려움이 보였습니다. 군대에서 제게 너무나 본능적으로 느껴진 행동으로 인해 우리 가족이 파괴되고 있었습니다. 제가 흉터를 입은 것처럼 가족들에게도 흉터를 남겼으리라는 생각이 들었습니다. 아버지는 제2차 세계대전 당시 육군으로 복무하셨고, 분노중독자가 되어 집으로 돌아오셨습니다. 저는 아버지처럼 되고 싶지 않았습니다."

"이 장은 저만 이런 감정으로 고생하는 것이 아니며, 몇 가지 해결방법이 있다는 것을 알려주었습니다. 이제 어떻게 할 것인가? 무엇이든지 다! 저는 그 분노가 저의 PTSD의 일부인 것을 알았고, 그것에 잠식되고 싶지 않았습니다. 저는 또한 분노발작을 약물 중독과 유사한 중독현상으로 보게 되었고, 이것이 도움이 되었습니다. 제 성장의 가장 큰 부분은 저 스스로의 결점을 받아들이는 것뿐만 아니라 저의 행동을 책임지는 것이었습니다. 제 감정이 앞에 있는 누군가에게 향하게 하기보다는 그 감정을 책임지기 위해 정말 열심히 노력하고 있습니다. 저는 여전히 촉발되기는 하지만, 주변의 사람들을 괴롭히기보다는 폭발하지 않고 긴장을 풀고 스트레스를 다루는 선택을 할 수 있다는 것을 기억하려고 노력합니다. 때때로 저는 사람들에게 화풀이하지 않으려고 산책을 합니다. 저는 제 아내가 하고 있는 노력을 알고 있고, 그런 노력에 대해 그를 사랑하고, 제 아이를 무조건적으로 사랑합니다. 제 아버지의 선택으로 저의 행복이 영향을 받았던 것과 마찬가지로 제 아이의 평생의 행복은 저의 선택에 달려 있을 겁니다. 요즘 우리 가족은 다소 시무룩하고 우울한 남자를 여전히 보고 있지만, 그들의 눈에서 두려움이 사랑으로 변하기 시작하고 있고, 이것은 나에게 매우 큰 의미가 있습니다."

30

상상력을 펼치자

여러분이 상상할 수 있는 그 모든 것이 실재입니다.
- 파블로 피카소, 20세기 스페인 화가

회복으로 이끄는 최고의 도구 중의 하나는 바로 여러분 자신의 상상력입니다. 그것은 여러 가능성과 함께 놀이하는 것이자 아직 존재하지 않는 것을 마음속에 그려보는 것입니다. 상상력은 내가 지닌 전반적인 감정에 대한 내면의 방어벽을 넘어서게 해줍니다. 상상력은 내가 그곳에 있는지 몰랐던 지혜에 다가서게 합니다. 나 자신의 성장에 박차를 가할 수 있는 참신한 시각을 발견하게 됩니다.

상상력이 심신의 건강을 촉진한다는 것을 여러 연구는 증명하고 있습니다. 상상력 기반 게임들이 다양한 건강상태를 위해 개발되어왔고, 질병에 대한 성과에 긍정적인 영향을 증명하고 있습니다. '진지한 게임'으로 불리는 그러한 게임들은 아바타, 상상의 세계에의 몰입, 가상의 탐사와 임무 등을 포함하는 놀이 방법들을 통해 신체적 및 정신적 질환들을 다룹니다. 그러한 게임들은 굉장히 주의를 끄는 방식으로 사람들에게 약을 복용하고, 만성 질환을 관리하며, 식생활과 운동을 개선하도록 상기시켜줍니다. 창조성은 또한 '사람들은 어떻게 변화하는가?'(제5장)에서 심리적 변용transformation을 가져오는 여덟 가지 주요 방법의 하나로 확인되고 있습니다.

이번 장에서는 상상력을 활용해서 중독과 트라우마의 회복을 위한 자원들 - 기술, 방법, 전략, 지지, 영감 - 을 모을 수 있도록 돕습니다. 연습은 재미나게 구성되어 있어서 즐겁게 해볼 수 있습니다.

◇ 자신에게 놀이를 즐기는 아이 같은 측면이 있나요?

★ 탐사하기 … 회복을 상상하며 즐기자

여기 1부에서 연습이 나에게로 자연스레 흘러가게 하면서 연습을 마음속에서 그려보고 느껴보도록 하세요. 좋아하는 부분에서는 좀 더 오래 머무르고 반응이 일어나지 않는 것에서는 옮겨가세요. 그밖에 더 이상 하실 것은 없습니다.

1단계: 회복을 위한 자원들이 가득한 거대한 저장소를 갖고 있다고 상상해보세요.
그 자원들은 다양한 모양, 크기, 색깔을 지니고 있고 또 무척 많아서 그것들을 담아내기 위해 여러분은 거대한 저장소가 필요합니다. 여러분의 저장소는 아마도 커다란 호수일 수도 있고… 스포츠 경기장일 수도 있고… 집 크기의 박스일 수도 있고… 또는 바닥에서 하늘까지 닿는 선반 세트일 수도 있습니다.

2단계: 자신의 저장소에 다가가서 그 안을 들여다보세요.
다섯 가지의 회복 자원이 있는데, 각각은 하나의 핵심 질문에 초점이 맞춰져 있습니다.

(ㄱ) 영감을 주는 책 만들기: 무엇이 나에게 영감을 주나요?
영감을 주는 책에는 고급 잡지나 스크랩북, 중세 수도승의 채색된 필사본처럼 삽화로 된 지면들이 있습니다. 그 내용은 회복을 위한 영감을 주는 것들 – 인용구, 기도문, 시, 진언, 노래, 격언, 그림, 유머, 이야기 – 로 이루어져 있습니다. 그 내용을 훑어보면서 나는 더 가볍고 더 강해짐을 느낍니다. 그 책의 지면들은 장식이 되어 있는데 아마도 광휘로 빛나거나 서예로 꾸며져 있을 것이고, 예술적인 종이, 직물 또는 오래된 두루마리로 만들어진 것입니다. 그 책의 앞면에는 내 이름의 머리글자가 새겨져 있고 그 책을 보호하기 위한 자물쇠가 있습니다.

(ㄴ) 안전망: 무엇이 나를 안전하게 해주나요?

내가 떨어지기 시작한다면 **안전망**이 나를 붙잡아줍니다. 그것은 가늘고 가볍지만 극도의 내구력이 있는 거미집과도 같습니다. 내가 거미집을 짓는 데 더 많은 시간을 쏟으면 쏟을수록 그 거미집은 더욱더 튼튼해집니다. 거미집에는 많은 것들이 있는데, 곤경에 처했을 때 연락할 수 있는 전화번호, 상담 서비스 전화, 응급실, 쉼터, 치료 프로그램 등을 포함합니다. 안전은 회복에서 중요한 과제입니다. 즉, 가능한 한 나 자신을 신체적으로 정서적으로 안전하게 지키는 것입니다. 안전함을 상상해보세요 – 그것은 내 삶 속에서 어떤 모습으로 보이나요?

(ㄷ) 도움을 주는 행동 세트: 무엇이 나에게 기쁨을 주나요?

도움을 주는 행동 세트에는 회복을 더욱 생동감 있게 해주는 즐거운 활동들이 있습니다. 춤, 유머, 게임, 영화, 스포츠, 음악 등등 많은 것들이 있습니다. 그 세트는 어린아이의 꿈과 같아서 집과 야외, 따듯하고 추운 날씨 등 언제든 활용 가능한 활동들로 이루어져 있습니다.

(ㄹ) 치유 심상 모음집: 내가 버틸 수 있게 도와주는 심상은 무엇인가요?

치유 심상 모음집은 나의 가장 깊숙한 이상에 도달하게 해주는 지름길입니다. 시각적 심상은 무엇이 소중한 것인지를 상기하게 해줍니다. 나는 중독의 세력들과 칼을 갖고 전투를 벌이고 있는 전사인가요? 나는 자신의 트라우마를 이해하기 위해 사실과 단서에 주목하는 탐정인가요? 작가인 밀란 쿤데라는 『참을 수 없는 존재의 가벼움』에서 "단 하나의 은유가 사랑을 불러일으킬 수 있습니다."라고 말했습니다. 나에게 의미 있는 심상을 발견하는 것과 관련해서 더 많은 것은 '치유의 심상을 창조하라'(제31장)를 보시기 바랍니다.

(ㅁ) 회복 기술 배낭: 어떤 기술들이 나에게 중요한가요?

회복 기술 배낭은 내가 지지 그룹, 치료 프로그램, 자기계발 도서, 그리고 삶의 경험에서 배워서 가져가는 학습 배낭입니다. 거기에는 연습문제지, 연습, 그리고 '나를 긍정적인 사람들이 둘러싸게 하라', '음주를 늦추는 걸 시도하라', '나의 하루를 구조화해서 집중하는 상태를 유지하라', '촉발될 때는 안정화 작업grounding을 활용하라', '친구에게 연락해서 지원을 받아라'와 같은 기술들을 상기시키는 것들이 있습니다. 그런 것들을 배낭에 넣어둠으로써 내가 그것들이 필요한 때를 위해 가까이 두도록 하는 것입니다. 나는 그 회복 배낭을 온갖 종류의 기술들로 채울 수 있습니다. 그것들은 나를 멀리까지 데려다줄 작거나 큰, 회복 기술에 분명 도움이 될 수 있는 이런저런 것들입니다. 그 배낭은 소중한 것이니 잃어버리지 마세요.

3단계: 자신이 어떻게 느끼는지 알아채세요.

자신이 어떻게 느끼고 있는지 알아보는 시간을 가지세요. 적극적으로 심상화하는 것은 보통보다 밝고 가벼운 감정들을 이끌어냅니다. 그것은 창조적이면서 살아 있음을 느끼게 하는 무한한 모험입니다. 회복의 오르내림 사이에서 상상력은 긍정적인 힘이 될 수 있습니다.

4단계: 자신의 상상력을 행동으로 탈바꿈시키세요.

이제 목표는 진정한 회복 자원들을 구축하는 것입니다. 그렇게 하는 것을 선택할 수 있습니다. 2단계에서 기술된 다섯 가지 중 하나 또는 여러 개를 선택해서 그것에 형식과 내용을 부여하는 작업을 시작해보세요. 각각은 내가 회복하는 걸 지원하고 돕기 위한 어떤 것들의 모음이라는 것을 기억하시기 바랍니다.

> **형식.** 이것은 그 저장소를 의미합니다. 내가 창조하고 있는 회복의 자원들을 저장하는 장소입니다. 내가 그것에 쉽게 되돌아갈 수 있도록 접근하기 쉬운 그런 것을 선택하세요. 시간이 흐르면서 계속해서 담을 수 있도록 충분히 크게 만드세요.
>
> 예: ■ 스크랩북 ■ 박스 ■ 가방 ■ 컴퓨터 폴더 ■ 전자적 수집(예: 구글 드라이브, 드롭박스, 에버노트, 핀터레스트)
>
> **내용.** 이제 계획은 나에게 의미 있는 것들을 가능한 한 많이 그 회복 자원 속에 집어넣는 것입니다. 나는 이미 시작할 어떤 자료들을 갖고 있을 수도 있고 아니면 조사를 시작하길 원할 수도 있습니다. 좋은 내용을 발견할 수 있는 몇 가지 방법들이 여기에 있습니다.

(ㄱ) 영감을 주는 책: 무엇이 나에게 영감을 주나요?

온라인에서나 책방 또는 도서관을 방문해서 회복과 관련된 인용구들, 기도문, 시, 진언, 노래, 격언, 그림, 유머, 이야기 등을 찾아보세요. 3개월 후, 6개월 후, 1년 후 나의 삶이 어떠하기를 원하는지에 대한 비전을 상세하게 써보세요. 전화기에 나 자신이나 다른 사람들이 주는 격려 문구들을 기록해보세요. 내가 회복에서 얻는 통찰들을 일기에 써보세요. 나의 강점 목록을 작성해보세요(그리고 도움이 된다면 기억할 만한 약점 역시).

(ㄴ) 안전망: 무엇이 나를 안전하게 해주나요?

지역 응급실, 쉼터, 치료센터, 쉼터 등의 전화번호와 주소를 찾아보세요. 긴급 상담 서비스 전화번호(자살 예방 핫라인, 가정폭력 핫라인 등) 목록을 작성해놓으세요. 내가 살고 있는 지역에서 열리는 자조 모임들을 찾아보세요. 내가 연락할 수 있는 사람들의 목록을 작성해보세요. 살아야 할 이유들을 목록으로 작성하는 걸 시작해보세요. 심리상담자와 안전계약을 작성해보세요. '최고의 나'로부터 보내는 편지를 쓰거나 음성녹음을 만들어서 내가 왜, 어떻게 안전하게 머물러야 하고 또 머무를 수 있는지 상기하도록 해보세요.

(ㄷ) 도움을 주는 행동 세트: 무엇이 내게 기쁨을 주나요?

재미있는 것들을 찾아보세요. 춤, 유머, 게임, 영화, 스포츠, 음악 등. 새로운 조리법을 시도해보세요. 신문과 밋업meetup.com 모임들을 살펴보고 지역의 재미있는 활동들을 탐사해보세요. 클럽에 가입해보세요. 새로운 스포츠, 언어 또는 기술을 배우기 위한 수업들에 참가해보세요. 당일 또는 주말 여행을 떠나보세요. '재미있게 할 수 있는 것들을 찾는 방법'을 온라인에서 검색해보세요.

(ㄹ) 치유 심상 모음집: 어떤 심상이 나를 지탱하게 해주나요?

심상은 사진이나 그림 또는 어떤 다른 시각적 대상일 수 있습니다. 자연 풍광과 같은 아름다운 사진들을 찾아보세요. 내가 알고 있는 사람들과 유명인들을 포함해서 나에게 영감을 주는 사람들의 사진들을 가까이 간직하세요. 나에게 의미 있는 사물들, 즉 아름다운 돌이나 AA 칩을 사진으로 찍어보세요. 성공적인 회복과 함께 내가 달성할 수 있는 삶의 목표를 표현하는 심상들을 찾아보세요. 즉, 건강한 몸, 갓 태어난 아기, 대학 학위 등. 또한 도움이 된다면 내가 피하고 싶은 것들(예: 묘지, 병원, 과다 복용)을 상기시키는, 회복에 대한 어두운 측면을 표현하는 심상들도 수집할 수 있습니다.

(ㅁ) 회복 기술 배낭: 어떤 기술들이 나에게 중요한가요?
기술들을 발견하는 다양한 방법들이 있습니다. 이 책에서는 '안전한 대처 기술들'(제12장) '고요한 상태에 이르기: 안정화 작업 기술들'(제18장)을 펼쳐보세요. 도서관이나 책방에 가서 자기계발 부문을 살펴보세요. 다른 사람들은 어떤 기술을 사용하는지 물어보세요. '트라우마 회복 팁'과 '중독 회복을 위한 아이디어' 같은 조건을 사용해서 온라인 검색을 해보세요. 치료와 자조 모임에서 연습문제지나 다른 회복 자료들을 수집해보세요.

5단계: 나의 일상적인 삶에 있는 자원들을 받아들이세요.
나의 회복 자원들을 매일 활용하세요. 비록 그것이 단지 3분 정도에 그치더라도. 그 회복 자원들을 살펴봄으로써 그것들이 내 의식 속으로 스며들도록 하세요. 커피를 내리거나 잠들기 전의 시간처럼 가능하다면 매일 같은 시간에 해보세요.

그러한 자원들을 확장하는 것을 계속하세요. 내가 추가하면 할수록 그것들은 더욱 가치 있게 됩니다. 그것들은 나의 비상금이고 보물창고입니다. 그것들은 내가 원하는 삶을 살도록 도와줍니다.

❖ "회복은 창조적인 과정입니다." ─ 이 구절은 나에게 어떤 의미를 갖나요?

회복의 목소리

소희 – "저는 집을 떠나는 걸 상상할 수 있었어요."

"저는 거짓말로 가득한 집에서 자랐어요 – 거짓말을 들었고 또 가족 밖의 사람들에게 거짓말을 하도록 강요받았죠. 그게 우리 집안이 유지되는 방식이었죠. 우리는 진실로 무슨 일이 일어나고 있는지에 대해 이야기하지 못하게 하는 각본을 그저 따르는 연극의 출연진과 같았어요. 그 각본은 아버지의 알코올중독과 그에 따른 온갖 트라우마 같은 거죠. 저는 아주 어렸을 때부터 나이를 충분히 먹는 순간 거기서 빠져나가고 싶어 한다는 깨닫고 있었어요. 제 생각엔 그 깨달음이 병든 가족에게서 제가 살아남도록 정말 도왔다고 봐요. 즉, 집을 떠나는 걸 상상할 수 있었던 거죠. 저의 자매들은 그러지 못했어요. 그들은 집에 머물렀고 그로 인해 커다란 고통을 겪었죠. 각본에는 '피는 물보다 진해. 가족은 함께 머물러야 해. 너는 바깥에서 목숨을 부지할 수 없어.' 등이 쓰여 있어서 머물게 되었다는 게 핵심적인 부분이었어요. 제 가족은 여전히 거기서 모두 살고 있고, 그들의 삶은 비참해요. 제 조카들과 함께 다음 세대로 전해지는 중독 그리고 트라우마와 함께 말이죠. 떠난 건 제가 유일해요. 저는 언제나 거길 벗어나야 한다는 걸 알고 있었죠. 저는 어디로 향하고 있는지는 몰랐지만 어떤 것에서 도망쳐야만 한다는 것만은 알고 있었죠. 거기에는 어떤 작전이나 청사진도 없었어요. 제 가족 그 누구도 제가 대학에 응시하는 데 도움을 주지 않았지만, 어떤 선생님의 도움으로 저는 그 방법을 알아냈고 열여덟 살에 떠났어요. 제가 지닌 상상력이 그들처럼 되는 것에서 저를 구했다고 생각해요. 제가 어떻게 떠나는 걸 상상할 수 있었는지 알 수 없지만 떠남이 제게 명확했다는 것은 알아요. 아이로서 저는 마을을 빠져나가는 버스, 배경으로 사라지는 들판(저는 농장에 살았어요), 그런 것들을 상상했어요. 저는 그런 심상들로 반복해서 상상해보았고 그런 상상 속에서 위안을 얻었어요. 이번 장에서 정말 좋은 것은 상상력이 얼마나 중요한가를 보여주고 있다는 것이죠. 저는 상상력이 그렇게 중요하다는 얘기를 이전에 들어본 적은 없지만 제 자신의 삶에서 우리가 회복을 위해 우리의 상상력을 활용할 수 있다면 그것이 우리가 필요로 하는 것을 얻도록 도울 수 있다는 것을 목격해왔어요. 이번 장의 실용적인 부분 또한 매력적이에요. 그건 바로 상상력이 뭔가 눈에 보이는 것, 뭔가 실재인 것, 즉 회복 자원을 창조하는 방향으로 이끄는 역할을 한다는 것이죠. 저는 항상 어떤 예술적인 기질이 있었고 이런 유형의 연습에서 많은 것을 얻었어요. 저는 회복 자원으로서 영감을 주는 책 작업에 노력을 쏟았어요. 그 책에 대여섯 시간을 쏟았고 앞으로도 계속 작업하고 싶어요. 그렇게 하는 게 안정 상태를 유지하도록 도와줄 거고, 제가 이미 하고 있는 회복 작업이 옳다는 걸 입증해준다고 생각해요. 그건 또한 제가 이룬 진전을 각인시켜주고요. 책의 각 면마다 날짜를 기입하고 있는데, 그 책이 치유의 연대기가 되었으면 해서죠. 일 년에 한 번 정도 들여다보면서 제가 얼마나 멀리 나아갔는지 알 수 있는 거죠. 영감을 주는 책은 제가 사물을 어떻게 바라보는가에 대한 진실을 전해주는 하나의 방식입니다. 그건 제가 자라면서 오염되었던 거짓말에 대한 일종의 해독제입니다."

31

치유의 심상을 창조하라

심상心像이 새로울 때 세상도 새로워집니다.
- 가스통 바슐라르, 20세기 프랑스의 철학자, 시인

시각적 심상visual image은 강력해서 여러분의 마음과 몸을 치유의 방향으로 이끌 수 있습니다. 심상은 이제 의료분야에서 활용되면서 사람들로 하여금 분만, 암 치료, 만성 통증 그리고 여타의 신체적 난제들을 통과하도록 돕고 있습니다. 치유의 심상이 사람들의 신체 통증을 줄여주고 보다 빠르게 회복하도록 돕는다는 것을 연구는 보여주고 있습니다. 긍정적인 심상은 심장 박동률을 낮추어주고, 스트레스를 감소시키며, 소화기능을 향상시킵니다. 부정적인 심상은 그 반대로 영향을 미칩니다. 심상은 또한 수행성과를 향상시킵니다. 음악가들은 어떤 음악 한 곡을 연주하는 걸 상상하면서 연주 능력을 강화합니다. 경기 모습을 심상화하는 선수들은 경기장에서 더 나은 성과를 얻습니다.

심상이 느낌에 어떠한 영향을 주는 알아차리세요

여러분이 심상에 어떻게 반응하는지 살펴보세요. 어떤 사람들은 다른 사람들보다 심상화를 훨씬 더 잘 하도록 타고납니다. 그러니 단지 여러분의 반응을 관찰하세요. 옳거나 그른 것은 없습니다.

✧ 다음의 간단한 연습을 해보세요.

1. 영감을 안겨주는 어떤 심상을 가능한 한 생생하게 그려보세요. 그것은 들판을 질주하는 아름답고 튼튼한 말일 수도 있고 봄날의 졸업식일 수도 있습니다(그 음악을 들을 수 있나요? 허공에 던져진 모자들을 볼 수 있나요?). 잠시나마 그 장면을 진정으로 바라보고 몸과 마음에서 어떻게 느껴지는지 알아보세요.

2. 이제 자신에게 불쾌한 심상을 그려보세요. 그것은 교통 체증일 수도 있고(직장에 늦었는데 이런!) 소풍을 망쳐버리는 비가 될 수도 있습니다. 같은 작업을 해보죠. 그 장면을 진정으로 바라보고 몸과 마음에서 어떻게 느껴지는지 알아보세요.

3. 심상 1과 심상 2를 어떻게 느끼는지 그 차이를 알아차리시나요?

트라우마와 중독을 위한 치유의 심상

이제 이 아이디어를 트라우마와 중독에 적용해봅시다.

✧ 다음 심상 묘사를 읽을 때 어떻게 느끼는지 알아차려 보세요.

» 보호: 갑옷, 고대 도시의 성벽
» 탈출: 공수용 항공기(구)로 탈출, 사다리의 가로대
» 사랑과 양육: 둥지를 짓는 새
» 반격: 마술적인 방패, 검, 전투

» 연결: 사람들이 원을 이루어 춤추는 모습

» 새 생명: 점토 조소, 아기

» 초월: 로켓, 비밀 안전 통로

◈ 트라우마와 중독과 관련해서 영감을 주는 다른 심상들을 제시할 수 있나요?

이번 장의 나머지 부분에서는 나의 회복을 강화하는 심상을 창조하도록 안내합니다. 그 심상은 가장 중요한 것을 되찾아줄 수 있습니다. 만약 트라우마와 중독을 모두 갖고 있다면 그 두 가지 모두에 관련되는 심상을 선택하세요. 그 심상은 사진, 그림 또는 물체일 수도 있습니다. 예를 든다면,

주디는 '나의 아기, 딸의 사진'을 선택합니다. "딸의 눈을 들여다볼 때 저는 저 자신을 보면서 이렇게 말하죠. '난 이걸 해낼 수 있어.' 딸은 제가 해야 할 일을 계속 해나가도록 격려해줍니다. 딸은 제가 치료받으러 가기 싫을 때도 치료에 가도록 합니다."

마고는 '하늘로 날아오르는 열기구'를 선택합니다. "제게 회복이 의미하는 것은 제가 저의 끔찍한 과거를 넘어서서 화창한 하늘을 항해할 수 있다는 것입니다. 제가 이 사진을 바라볼 때 제가 일어서도록 격려를 받아요. 그래서 장의자를 떠나 운동을 하고 저 자신을 더 잘 돌보도록 해줍니다."

데이브는 '내가 들어가고 싶은 학교의 로고'를 선택합니다. "제가 그 학교에 들어갈 수 있다면 어떤 가능성이 있다고 느낄 거예요. 계속해서 마약을 거래하고 훔치며 살고 싶지 않아요. 그건 말도 안 되게 위험한 짓이거든요. 그 로고를 바라볼 때 저는 재빨리 현실로 돌아와 앞으로 나아가기 위해 필요한 계획을 세우기 시작합니다."

각 예에서 세 가지 부분이 있다는 것을 주목하기 바랍니다.

1. 심상

2. 회복을 북돋는 개인적인 의미 부여

3. 특정한 회복 행동

★ 탐사하기 ··· 자신의 치유 심상을 창조하세요

강력한 회복 심상을 창조하기 위해 다음의 네 가지 질문에 답해보세요. 질문 다음에 예시가 제공됩니다.

질문 1: 어떤 회복 심상을 선택하실 건가요?

_____

_____

질문 2: 그 심상은 당신에게 어떤 의미가 있나요?

_____

_____

질문 3: 그 심상에 기초해서 어떤 회복 행동을 할 건가요?

_____

_____

질문 4: 어떻게 당신의 심상을 항상 현존하게 만들 수 있을까요?

_____

_____

예시:

질문 1: 어떤 회복 심상을 선택할 건가요?

"올림픽 수영선수."

질문 2: 그 심상은 당신에게 어떤 의미가 있나요?

"저는 회복의 선수입니다. 저는 매일 밀집 행진lockstep을 반복적으로 수행할 필요가 있습니다. 열심히 연습하고, 몸을 만들고, 정신을 날카롭게 유지하여 경쟁에서 이기기 위해서죠."

질문 3: 그 심상에 기초해서 어떤 회복 행동을 할 건가요?

"저는 매일 회복을 위한 반복 과정을 실습합니다. 제가 그걸 좋아하건 아니건, 매일 아침 정해진 시간에 수영장에 들어가 철썩거리는 수영선수처럼 하는 거죠. 제게 제공되는 어떠한 물질[약물들]도 거부할 겁니다. 저 스스로 저의 약속을 지킬 겁니다. 충분한 수면을 취할 겁니다. 저를 이용하는 그리고/또는 제 목표에서 벗어나게 만드는 사람들과 어울리는 걸 그만 두겠습니다."

질문 4: 어떻게 당신의 심상을 항상 현존하게 만들 수 있을까요?

"현수막과 군중들이 있는 올림픽 시상대 사진. 저는 그걸 제 전화기의 배경화면으로 해서 계속해서 바라볼 겁니다."

그 심상을 지니고 다니세요

그 심상을 기억나게 하는 것을 만들어서 항상 마음속에 간직할 수 있는 심상을 만들어보세요.

- 심상을 전화기나 태블릿 등의 배경화면으로 설정합니다.
- 심상을 침대 옆 탁자, 냉장고 등 집 주변에 둡니다.
- 심상을 열쇠고리 사진으로 활용합니다.

회복의 목소리

선희 – "환상 속에서 살지 않기"

"저는 아빠가 엄마에게 무수한 폭력을 가하는 걸 보면서 자랐어요. 그리고 그 당시 엔 제가 그걸 멈추게 할 수 있는 방법이 아무것도 없었죠. 저 역시 10대 때부터 저 자 신에게 학대를 허용하는 그런 관계를 몇 번 맺었습니다. 이제는 건강한 파트너를 찾는 데 전념하고 있어요. 저는 이번 장을 읽으면서 저의 감정에 좀 더 접촉할 수 있 게 해주는 그런 심상으로 작업해보겠다고 결심했어요. 보통 저는 제가 뭘 원하고 있는지도 모르는 그런 사람에게 너무 몰두하고는 결국 좋지 않은 관계로 끝나고 맙니다. 상처를 받거나 두려움을 느끼면서요. 어떤 갈등이나 의견 충돌이 있을 때 문을 닫아거는 자신을 발견해요. 제가 선택한 심상은 온도계인데, 옛날 구식 온도 계로 더워질수록 빨간 수은이 올라가죠. 상사, 엄마, 친구들과 같은 다양한 사람들 에 대해 제가 어떻게 느끼는지 알아차리려고 노력하고 있어요. 제가 가치 있고 존 중받는다고 느끼는 순간들과 제가 불편하거나 무슨 일이 일어나는지 불확실하다 고 느낄 때, 사람들이 저를 경청하지 않는다고 느낄 때 또는 구박당하거나 통제받 는다고 느낄 때를 알아챌 수 있도록 노력하고 있어요. 저는 온도계 심상을 좋아합 니다. 왜냐하면 그건 단순하고 또 제가 다양한 사람들에 대해 얼마나 좋게 또는 나 쁘게 느끼는지 알아차리게 도와주거든요. 제가 긴장을 풀고 편안하게 있을 때는 온도계가 낮은 상태에 있지만, 긴장될 때는 온도계가 올라갑니다. 스스로 잊지 않 으려고 멋진 복고풍의 온도계 심상을 전화기 배경화면으로 사용하고 있습니다. 저는 순간순간 진정 무엇이 일어나고 있는지 조금씩 점점 더 잘 알아가고 있습니 다. 저는 일어나길 바라는 어떤 것에 대한 환상 속에서 살고 있지 않습니다. 제가 알 아차리게 되었다는 건 커다란 발전입니다. 건강한 관계를 찾는 것에 더 많은 희망 이 느껴집니다."

32

좋은 심리상담자를 찾아라

"제 심리상담자는 추운 겨울날 한 잔의 따뜻한 차와 같아요."

"제 담당 의사는 제가 찾아 헤매던 답을 주었어요. 이젠 제가 미친 건 아닌 거 같아요."

"제 치료자를 만나고 난 다음에 술이 먹고 싶었어요."

"제 심리상담자는 제가 술 먹고 딸을 학대한 것에 대해 비난했어요. 다신 찾아가지 않았죠."

트라우마와 중독을 겪는 많은 사람들은 어느 시점에선가 심리상담과 같은 것들을 받게 됩니다. 자신에게 잘 맞는 조력자helper를 찾는 것이 중요합니다. 그런 조력자는 지지를 해주면서도 안내를 잘 해주어서 내 삶의 진정한 변화를 이룰 수 있도록 해주는 사람입니다. 좋은 전문 조력자는 친절한 친구 이상입니다. 다음과 같은 사람입니다.

- » 명확한 목표를 설정합니다.
- » 내 증상들을 이해하고 추적 관찰합니다.
- » 정직한 피드백을 제공합니다.
- » 선택방안을 제공합니다.
- » 성과를 얻을 수 있는 방법을 사용합니다.
- » 위급 상황을 어떻게 다룰지 알고 있습니다.
- » 내가 순조롭게 진행되도록 해줍니다.

---

* 이 장은 리자 M. 나자비츠의 『변화 창조하기Creating Change』(길포드 출판사 근간)에서 허락하게 개작되었다.

» 안전함을 느끼게 해줘서 내가 심판받는 느낌 없이 뭐든지 말할 수 있습니다.

좋은 심리상담 관계를 맺어가는 과정에서 트라우마와 중독은 도전적인 무언가를 독특한 방식으로 불러일으킵니다. 내가 만약 불안정한 환경에서 자랐다면 긍정적인 양육자에 대한 굶주림이 매우 커서 효과가 없는 치료에 너무 오래 머물러 있을 수 있습니다. 또는 그 반대로, 힘겨운 감정이 올라올 때 그 감정들을 다루는 새로운 방법을 배우기보다는 너무 빨리 치료 관계를 떠날 수 있습니다.

우리는 또한 트라우마와 중독에 대해 잘 알고 있는 사람이 필요합니다.

"전문가들은 사람들의 좌절감, 두려움, 불안, 비탄, 격노/분노, 자해, 자살 생각 등을 어떻게 다룰지 알 필요가 있습니다. 사람들이 그런 것을 느끼는 것에 대해 죄책감을 느끼게 만들거나 '아, 당신은 그런 식으로 느껴선 안 돼요.'라고 반응하는 대신에 말입니다."
    -『그들 자신의 언어로: 그들이 신뢰하는 트라우마 생존자와 전문가들이 무엇이 상처 주는지, 무엇이 도움이 되는지, 그리고 무엇이 트라우마 서비스에 필요한지에 대해 말하다』*에서

중독 역시 전문지식을 요구합니다. 전문지식의 부족을 나타내는 징후에는 중독에 대해 내게 전혀 물어보지 않는 것, [물질] 사용 수준에 대해 추적 관찰하지 않는 것, 모욕적인 태도를 보이는 것("한 번 중독자면 영원히 중독자야.") 그리고 옛날식으로 혹독한 직면을 사용하는 것 등이 포함됩니다. 좋은 조력자는 지지와 책임의 균형을

---

*   원제: In Their Own Words: Trauma Survivors and Professionals They Trust Tell What Hurts, What Helps, and What Is Needed for Trauma Services. (https://www.theannainstitute.org/ITOW.pdf) - 역주

맞추고, 선택방안을 제시하며, 내가 겪고 있는 트라우마 및 중독 둘 다의 관계에서 내가 할 수 있는 '최고의 나'가 되도록 격려해줍니다. 그리고 매우 중요한 것으로서, 좋은 심리상담자는 내가 피드백을 줄 때 경계를 침범하거나 방어적으로 되지 않습니다. 또한 심리상담자는 내게 맞지 않는 것을 고집하기보다 유연하게 다른 전략을 기꺼이 시도하고자 합니다.

안타깝게도 도움이 되지 않는 심리상담자에 대한 너무 많은 이야기가 있습니다. 어떤 여성은 심리상담자가 자신의 트라우마 가해자에게 용서의 편지를 쓰라고 했고, 그렇게 하지 않으면 "영원히 회복하지 못할 것이다."라고 말했다고 합니다. 또 다른 이는 "제 심리상담자는 제게 정말 부정적으로 대하곤 했어요. 그는 저를 싫어하는 것 같았는데, 만약 제가 실수로 술을 마시면 제가 '치료에 저항적이고 순응적이지 않'고 '통찰이 부족하다'고 말하곤 했죠. 그에게서 결코 지지받는다고 느끼질 못했어요." 하지만 심리상담이 잘 될 때는 대단히 도움이 될 수 있고, 심지어는 목숨을 구하기도 합니다.

대부분이 그러하듯 심리상담의 질도 우수함에서 빈약함까지 폭넓습니다. 그리고 겉으로 드러난 특징으로는 그 심리상담자가 얼마나 좋은지에 대해서 거의 아무 것도 알려주지 않습니다. 예를 들면, 연구에 따르면 다음에 열거하는 그 어떤 것도 심리상담자가 그들의 내담자와 얼마나 잘 심리상담을 진행하는지 예측하지 못합니다. 심리상담자의 나이, 성, 민족, 경력 기간, 학위 형태, 상담료 또는 그들 자신이 회복 중에 있는지 여부 등. 평균적으로 볼 때 그들 이름 앞에 '박사'(심리학 박사와 의학 박사)가 붙는 사람들이 그러한 학위가 없는 심리상담자들보다 더 낫지 않습니다. 그래서 심리상담자 자신의 트라우마 또는 중독 내력 또한 강점이 될 수도 있고 약점이 될 수도 있습니다. 그것은 그 사람에게 달렸습니다. 높이 평가 및 추천되는 심리상담자조차도 성격 또는 나의 특정한 이슈에 따라서 내게 잘 맞지 않을 수도 있습니다. 'PTSD 이후 더 많은 트라우마After PTSD, More Trauma'라는 뉴욕 타임스 기사에서 한 해병대 장교가 자신이 어떻게 더 악화되었는지 묘사했습니다. 자신에게 진정으로 귀를 기울이기보다는 PTSD 치료 절차를 고집하는 데에 더 관심이 있는 재향군인사무국 치료자가 자신을 다루는 동안 알코올 사용이 오히려 늘어났다고 합니다.

내게 잘 맞는 심리상담자는 어떤 사람이라고 말할 수 있을까요? 내가 받고 있는 심리상담이 장기적 관점에서 내게 도움이 될지 여부를 평가할 수 있는 간단하지만 신뢰할 만한 방법이 있습니다. 그것은 조력 동맹 척도helping alliance scale라고 합니다. 그것은 내가 경험하고 있는 심리상담의 질적 측면을 측정할 수 있습니다. 그와 같은 척도들은 폭넓은 연구조사에 기초해서 검증되어왔습니다. 놀랍게도 심리상담의 세 번째 회기에서의 측정치는 그 심리상담이 몇 개월 그리고 심지어는 몇 년 후에도 여전히 얼마나 도움이 될지 예측합니다. 이번 장에서의 연습문제는 여러분이 활용할 수 있는 척도를 제공해줍니다.

나의 역할

아무리 최고의 심리상담을 받는다고 해도 나는 그 상담 장소에 나타나고, 새로운 것들을 시도해보고, 피드백에 개방적으로 대하며, 여러 과제를 수행해내는 작업을 할 필요가 있습니다. 회복은 내가 창출해내는 것입니다. 하지만 내가 신뢰하고 나를 도울 수 있다고 느끼는 어떤 이가 내 옆에 있다면 그것은 더 잘 이루어질 수 있을 것입니다. 자신에게 잘 맞는 사람을 발견해내는 식으로 자신에게 투자해야만 합니다. 어떤 사람들은 잘 맞는 심리상담자보다는 스마트폰을 쇼핑하는 데 시간을 더 많이 씁니다.

또한 자신의 심리상담자에 대해 존경심, 분노, 감사, 실망, 친밀감을 느끼는 것이 정상적이고, 특히 장기간의 심리상담일 경우 그럴 수 있다는 것을 알고 있을 필요가 있습니다. 좋은 심리상담은 이러한 감정들에 대해 말할 수 있는 안전한 장소를 제공함으로써 내가 성장할 수 있도록 도와줍니다. 나의 트라우마 그리고 중독 문제가 심각할수록 나의 관계 문제가 나의 심리상담자와의 관계에서 나타날 가능성이 큽니다. 좋은 심리상담자는 그러한 나의 패턴들을 내가 알도록 하고 그것들을 건설적으로 다루도록 도와줍니다.

★ 탐사하기 … 자신이 받고 있는 심리상담을 평가해보세요

다음 쪽의 질문지는 검증된 연구이고 허락을 받아 여기에 재수록하였습니다. 만약 여러분이 심리상담을 받고 있다면 현재 여러분의 심리상담자에 기초해서 체크하세요. 지금 심리상담을 받고 있지 않지만 시도해볼 생각이라면(그건 좋은 생각입니다. 더 많은 도움은 더 좋거든요.), "여러 곳을 돌아보면서" 여러 다양한 심리상담자들을 만나볼 수 있고, 이 척도를 사용해서 누구와 계속할지를 결정하는 데 도움을 받을 수 있습니다.

조력 동맹 질문지 개정판*(내담자용)

안내문: 여러분의 심리상담자와 맺고 있는 자신의 관계를 주의 깊게 고려해서 각 진술문에 얼마나 강하게 동의하는지 아니면 동의하지 않는지 표기하세요. 모든 문항에 표기하시기 바랍니다.

여기서 심리상담자는 여러분과 함께 정서적 문제 그리고 삶의 문제를 다루는 심리상담 회기를 갖는 그 어떤 상담자나 치료자나 기타 전문적 조력자 모두에 해당됩니다. 각 진술문에 대해서 상단에 표기되었듯이 동의하는 정도 또는 동의하지 않는 정도에 따라 각 행에 하나씩 답을 해주세요. 숫자는 신경 쓰지 마세요. 이 작업을 끝내면 여러분의 답을 점수화하는 방법을 안내할 겁니다. 또한 이 척도가 여러분(여러분의 문제, 여러분의 진전 정도)을 평가하는 것이 아님을 기억하시기 바랍니다. 옳거나 그른 답은 없습니다.

여러분이 평가하는 심리상담자의 이름: _____

	매우 동의 하지 않음	동의 하지 않음	약간 동의 하지 않음	약간 동의함	동의함	매우 동의함
1. 나는 이 심리상담자를 신뢰할 수 있 다고 느낀다.	1	2	3	4	5	6
2. 나는 이 심리상담자가 나를 이해하 고 있다고 느낀다.	1	2	3	4	5	6
3. 나는 이 심리상담자가 내가 나의 목 표를 달성하기를 바란다고 느낀다.	1	2	3	4	5	6
4. 나는 때때로 이 심리상담자의 판단 을 믿지 못한다.	6	5	4	3	2	1
5. 나는 이 심리상담자와 공동 노력 속 에서 함께 작업하고 있다고 느낀다.	1	2	3	4	5	6

---

* Lubousky와 동료들(1996)에서. 미국정신치료학회The American Psychiatric Association의 허락을 얻어 재수록하였다.

	매우 동의 하지 않음	동의 하지 않음	약간 동의 하지 않음	약간 동의함	동의함	매우 동의함
6. 나는 우리가 내 문제의 성격에 대해 유사한 생각을 갖고 있다고 믿는다.	1	2	3	4	5	6
7. 나는 이 심리상담자가 나에 대해 지닌 관점을 전반적으로 존중한다.	1	2	3	4	5	6
8. 내 치료에 사용되는 절차들이 나의 필요에 잘 맞지 않는다.	6	5	4	3	2	1
9. 나는 이 심리상담자를 한 인간으로서 좋아한다.	1	2	3	4	5	6
10. 대부분의 회기에서 이 심리상담자와 나는 내 문제에 대해 작업할 방법을 함께 찾아본다.	1	2	3	4	5	6
11. 이 심리상담자는 치료 과정을 늦추는 식으로 나와 관계하고 있다.	6	5	4	3	2	1
12. 내 심리상담자와 좋은 관계를 맺고 있다.	1	2	3	4	5	6
13. 이 심리상담자는 사람들을 돕는 분야에서 경험이 풍부해 보인다.	1	2	3	4	5	6
14. 나는 내 문제들을 제대로 알아내서 해결하고 싶다.	1	2	3	4	5	6
15. 이 심리상담자와 나는 의미 있는 대화를 주고받고 있다.	1	2	3	4	5	6
16. 이 심리상담자와 나는 때때로 쓸데없는 대화를 주고받는다.	6	5	4	3	2	1
17. 때때로 우리 둘 다 내 과거의 같은 정도로 중요한 사건들에 대해 대화한다.	1	2	3	4	5	6
18. 나는 이 심리상담자가 나를 인간적으로 좋아한다고 믿는다.	1	2	3	4	5	6
19. 때때로 이 심리상담자가 거리를 두는 것 같다.	6	5	4	3	2	1

점수매기기: 각 문항에 하나의 답을 했는지 확인하고, 여러분이 표기한 점수를 모두 합산하세요. 총점은 19점에서 114점까지 가능합니다. 총점이 높을수록 여러분의 심리상담자에게서 도움을 받고 있다고 느끼는 것입니다. 여러분의 점수가 높다면 아주 좋은 일입니다. 총점이 85점 이하라면 여러분이 빈약한 동맹을 맺고 있다는 것을 의미하고(여러분의 심리상담자에게서 충분한 도움을 못 받고 있다고 느끼는 것입니다), 따라서 추가적인 행동이 필요합니다. 여러분의 심리상담자와 이야기해보기(높이 추천함), 여러분이 신뢰하는 사람들에게 피드백을 요청하기, 이 장을 더 읽어보기 등을 시도해볼 수 있습니다.

　이 척도는 다음과 같이 변경되었습니다. 즉, 치료자와 환자라는 용어는 심리상담자와 내담자로 변경되었습니다. 또 척도의 역점수는 단순한 배치로 통합되었습니다. 아울러 사소한 문법 오류를 바로잡았습니다. 끝으로 안내문을 더 상세히 만들었습니다.

명심하시길…

○ 모든 심리상담에는 오르내림이 있습니다. 특정 회기가 유익하지 않을 수도 있고 또는 자신의 심리상담자와 순조롭지 않다고 느낄 수도 있습니다. 그렇게 느끼는 것은 정상적이고 오히려 성장의 원천이 될 수도 있습니다. 빈약한 동맹은 심리상담에 대한 계속되는 어떤 느낌이지 통상적 패턴으로서의 단기적 침체가 아닙니다.

○ 심리상담은 따뜻하고 지지적일 수는 있지만 친구와 그저 수다를 떠는 것과는 다르게 느껴져야 합니다. 그 시간은 특정 전략들, 당신의 삶에서의 중요한 주제들에 대한 탐색, 깊은 감정에 대한 주의를 기울이는 것에 초점을 중점적으로 맞추어야 합니다. 심리상담이 계속적으로 피상적이고 수다를 떠는 식이라면 다른 곳을 찾아보아야 합니다.

○ 연구에 따르면 조력동맹에 대한 내담자의 평가는 심리상담자 자신의 평가보다 진

전에 대해 더 나은 예측을 합니다. 따라서 자신이 내리는 평가와 당신 자신의 인식을 신뢰해야 합니다.

○ 자신이 신뢰하는 사람들에게서 피드백을 받으십시오. 트라우마와 중독 때문에 자기자신의 관점에 대해 의문을 품고 혼란을 느낄 수 있습니다. 다수의 사람에게서 의견을 구하십시오. 또한 심리상담 전문가와의 공식적인 상담을 해볼 수 있습니다. 통상적으로 그에 대해 비용을 지불하게 될 수 있습니다.

○ 여러 곳을 둘러보십시오. 여러 심리상담자를 시도해볼 수 있다면 그렇게 해보고 누가 자신에게 가장 잘 맞는지 결정하십시오. 결정하기 전에 각각의 심리상담자에게서 몇 회기씩 상담을 시도해볼 수 있습니다. 무엇을 물어볼지 아이디어가 필요하다면 '그대의 길을 찾아라'(제9장)에서 '도움을 구할 때 물어보아야 할 열두 가지 질문'을 보세요. 법에 규정된 치료 ─ 법원 등에 의해서 참석이 요구되는 ─ 를 받고 있다면, 심리상담자에 대한 선택권이 없을 수도 있습니다. 하지만 그런 상황에서도 치료 상황에 머물러 있는 동안 다른 심리상담자와 작업하는 것을 때로는 요구할 수 있습니다.

○ 심리상담자*는 결코 전문가 윤리를 위반해서는 안 됩니다. 이것은 모든 성적 접촉, 보험사기와 같은 재정적으로 부도덕한 행위, 비밀보장을 위반하는 행위 등을 포함합니다. 여러분은 이러한 문제를 관련 자격 허가 위원회에 신고할 수 있습니다. 만약 심리상담자가 어떠한 형태로든지 성적 접촉을 시도했다면 그 심리상담자와 만나는 것을 즉각 중단하고 다른 곳에서 도움을 받으십시오.

○ 당신의 관계에서 나타나는 문제들을 해결하기 위해 당신의 심리상담자와 터놓고 이야기하십시오. 하지만 그것에 대한 합리적인 시간을 설정하십시오. 그리고

---

* 여기에는 당연히 의사, 간호사, 사회복지사, 임상심리사 등이 포함될 것이다. ─ 역주

죄책감이나 심리상담자에 의한 정서적 압력 때문에 치료에 머물지 마십시오. 심리상담은 당신을 돕기 위한 것이지 당신이 심리치료자의 정서적 욕구에 부응하기 위해 그곳에 있는 것이 아닙니다.

○ 심리상담이 고통스러운 감정들을 불러일으키고 때때로 힘겹게 느껴지게 하는 것은 정상적입니다. 심리상담자가 이런 것들에 대해 당신이 작업하는 것을 돕고 있다고 당신이 믿고 있는 한 이것이 뭔가 잘못 되었다는 것을 의미하지는 않습니다.

○ 연구에 따르면 심리상담자는 심리상담의 유형('상표명')보다 더 중요합니다. 그러나 심리상담자가 특정한 심리상담 방식을 사용하고 있다면 여러분은 그 방식의 명칭과 근거 기반(과학적으로 검증되었는지 여부)을 알 권리가 있고, 그래서 그 방식에 대한 정보를 찾아보고 그 방식에 대해 좀 더 배울 수 있습니다.

○ '조력 동맹 질문지'는 당신이 받고 있는 심리상담에 대한 자신의 인식을 평가한다는 것을 기억하십시오. 당신은 또한 시간이 흐르면서 자신이 개선되고 있는지 여부를 알아보기 위해 자신의 중독 및 트라우마를 측정하는 다른 질문지들에서 유익을 얻을 수 있습니다. 그러한 측정방법들을 알아보기 위해서는 '자원들'(부록 B)을 참고하십시오.

○ 온라인을 검색하십시오. '조력 동맹helping alliance',* '어떻게 좋은 치료자를 발견할 것인가', '자신의 치료자가 좋은지 어떻게 판단할 것인가', '치료가 유익한지 아닌지 어떻게 알 수 있나'와 같은 검색 조건으로 더 알아보시기 바랍니다.

○ 이 책을 더 읽어보십시오. 치료에 초점을 둔 다른 장에는 '그대의 길을 찾아라'(제9장), '트라우마 심리상담의 두 가지 형태'(제33장), '의학적인 문제이지 미쳤거나 게으르거나 나빠서가 아니다'(제4장) 등이 있습니다.

---

* '치료 동맹therapeutic alliance'을 찾아볼 수도 있다. – 역주

✧ 현재 여러분이 심리상담을 받고 있다면, 이번 장에서 자신의 심리상담자와 나누고 싶은 것이 있습니까?

✧ 어떤 주제든 여러분의 심리상담자와 터놓고 이야기할 수 있습니까? 그렇지 않다면, 어떻게 하면 좀 더 신뢰를 키울 수 있을까요?

회복의 목소리

빛나라 – "저는 모든 걸 봤어요. 최고의 심리상담자와 최악의 심리상담자를."

"저는 모든 걸 봤어요. 최고의 심리상담자와 최악의 심리상담자를. 저는 10대부터 여러 번의 성폭력과 음식 및 알코올중독 문제로 심리상담을 받아왔습니다. 한 상담자는 제가 자살하고 싶을 때 저에게 화를 내곤 했어요. '가르쳐준 그 대처 기술을 좀 써 봐요.'라고 말하곤 했죠. 제가 할 수 있으면 그 기술들을 썼겠지만, 마음이 다른 상태에 있을 때, 절망과 자기혐오로 가득 차 있을 때는 그게 그렇게 항상 쉽지는 않다는 것을 그 상담자는 이해하지 못했어요. 그 대처 기술들을 캄캄한 순간에 어떻게 기억해내고 어떻게 활용할지를 알아낼 수 있는 도움이 필요했어요. 제게는 또 대단한 심리상담자들도 있었어요. 비록 그 숫자가 훨씬 적기는 하지만요. 제가 좋아하는 그 분은 몇 년 동안 보았는데 정말 대단했어요. 제가 가져간 문제가 무엇이든 그는 그것에 대해 작업할 방법을 찾아냈어요. 그는 제가 스스로의 좋은 부분들을 보지 못할 때 그것들을 볼 수 있도록 도와주었어요. 제가 살아가야 할 이유들을 발견하기 시작했습니다. 제가 어려서 성적 학대를 당했을 때 생겼던, 저의 취약했던 당시의 끔찍한 기억들이 촉발되어 떠올리게 되면, 그 상담자는 참을성 있게 너무 심하게 밀어붙이지 않으면서 우리가 그것들에 대해 작업하게 했어요. 제가 재발했을 때 다른 심리상담자들은 제가 동기가 충분히 되어 있지 않다거나 제가 '저 스스로에게 태업하고 있다'(그게 무엇을 의미하든지 간에)라고 말하곤 했지만, 그 상담자는 꿋꿋이 버텨주었습니다. 그는 또한 제게 실용적인 기술들을 가르쳐주었는데, 그 기술들은 하루하루를 어떻게 다룰지 그 방법에서 커다란 차이를 만들어냈어요. 그는 진정으로 들을 줄 알았습니다. 저는 좋은 심리상담자는 공감적이고, 내담자가 말하는 것이 내담자가 아는 한 내담자의 진실이라는 것을 믿어 준다는 것을 알게 되었습니다. 다른 이들은 내담자의 말에 반응하기보다는 자신들의 인생 경험에 비추어 그것을 걸러냅니다. 그들은 이해하려고 하기보다는 심판합니다."

"심리상담 관계*에 많은 힘이 실려 있다는 것을 아는 것 또한 중요합니다. 제가 심리상담에서 안전하지 않다고 느낄 때는 언제나 제 심리상담자를 화나게 하거나 심리상담자의 분노나 무관심에서 저 스스로를 보호하는 것에 대해 걱정할 때였습니다. 어떤 심리상담자는 제게 화를 버럭 내면서 소리를 지르는 경우도 있었습니다. 그 누구도 자신을 향해 소리를 지르는 심리상담자와 관계를 가져서는 안 됩니다. 생각해봐야 할 실질적인 문제들이 또 있습니다. 심리상담자들이 병원에서 6개월 단위로 순환근무를 하기 때문에 한 사람 또 다른 한 사람 이런 식으로 휘둘려진 적도 있습니다. 새로운 누군가와 다시 시작하기를 반복하는 것은 어려운 일입니다. 이 장에서 제가 가장 좋았던 것은 실제로 진행되는 것에 대해 매우 사실적으로 기술한 점입니다. 심리상담이 잘 진행되지 않으면 제가 문제라는 식으로 너무도 자주 느끼곤 했습니다. 이번 장은 심리상담이 호혜적 관계와 같다는 것을 아주 잘 보여줍니다. 즉, 내담자와 심리상담자 각자는 각자의 역할을 해내야 합니다. 저는 질문지도 또한 좋았는데, 그것은 치료에 대해 어떻게 생각할지에 대한 굉장히 좋은 도구입니다. 그때로 돌아가 제가 그때 이 장의 내용을 알았으면 좋았겠다는 생각을 해봅니다. 좋은 치료자를 만나는 것은 쉽지 않습니다. 저는 좋은 치료자가 극히 드물다고 생각합니다. 저는 여러분이 신뢰할 수 있는 사람을 만날 때까지 계속해서 찾아보라고 조언하고 싶습니다."

---

* 내담자와 심리상담자의 관계, 즉 조력 동맹 또는 치료 동맹을 의미. – 역주

33

트라우마 심리상담의 두 가지 형태

천천히 성장하는 것을 두려워하지 마십시오
오직 멈춰 서 있는 것만을 두려워하십시오
– 중국 속담

내게 트라우마 문제가 있다면 트라우마 심리상담은 훌륭한 선택일 수 있습니다. 그러나 많은 사람들은 시작하는 데 망설입니다. 다양한 심리상담 방법들 중에서 선택해서 시작할 수 있다는 것을 알지 못하기 때문입니다.

✧ 퀴즈를 좋아한다면, 지금 답할 수도 있고 이 장을 끝내고 할 수도 있습니다. 어떤 방식을 택하든 계속해서 읽기를 바랍니다.

1. "트라우마 심리상담은 나의 트라우마 내력(무슨 일이 있었는지)을 자세히 이야기하는 것입니다."

   참 / 거짓

2. "나는 트라우마에 대해 작업하기 전에 중독행동을 줄여야 합니다."

   참 / 거짓

3. "완전히 회복되기 위해서는 나의 트라우마 내력을 말할 필요가 있습니다."

   참 / 거짓

4. "내가 나의 트라우마 내력을 말할 준비가 되었다고 느낀다면 나는 준비가 된

것입니다."

　　참 / 거짓

5. "나는 중독과 트라우마에 대해 동시에 작업할 수 있습니다."

　　참 / 거짓

6. "내가 나의 트라우마 내력을 말한다면 나의 중독은 사라질 것입니다."

　　참 / 거짓

7. "트라우마 심리상담이 강렬할수록 나는 더 많이 회복될 것입니다."

　　참 / 거짓

해답은 설명과 함께 이 장의 끝부분에 실려 있습니다.

현재 초점 트라우마 심리상담
대
과거 초점 트라우마 심리상담

트라우마 심리상담에는 다양한 '상표들'이 있지만 결국 두 가지 기본적인 형태로 볼 수 있습니다. **현재** 초점과 **과거** 초점이 그것입니다. 각각이 도움이 될 수 있고, 그 둘을 조합하는 것이 필요할 수도 있습니다.

현재 초점 트라우마 심리상담

일곱 번 넘어지면 여덟 번 일어나라[칠전팔기七顚八起]
- 선어禪語

현재 초점 심리상담은 대처 기술을 가르쳐서 현재의 트라우마 문제를 헤쳐 나가게 하는 실질적인 '해법' 치료입니다.

우리는 트라우마 촉발요인을 헤쳐 나가는 방법, 해로운 관계를 떠나는 방법, 트라우마 문제가 올라올 때 자신에게 자비심을 갖고 대하는 방법, 감정이 너무 많거나(압도되는) 너무 적을 때(감각이 마비되는) 감정을 바꾸는 방법, 자신의 욕구가 충족되지 않을 때 자기자신을 표현하는 방법, 중독과 같이 안전하지 않은 행동을 줄이는 방법, 자신의 몸을 더 잘 돌보는 방법, 좋은 관계를 구축하는 방법, 트라우마 신념("나는 결함이 있어.", "사람들은 언제나 내게 상처를 줄 거야.")에 대응하는 새로운 의미를 창출하는 방법을 배울 수 있습니다. 트라우마가 어떻게 자신의 삶 – 자신의 관계, 생각, 행동 – 에 영향을 미치는지 탐색하면서 건강한 방식으로 대처하는 능력을 향상시킬 수 있습니다.

현재 초점 트라우마 심리상담에서 하지 않는 것 역시 똑같이 중요합니다. 나의 트라우마 내력을 상세히 말하도록 요구받지 않습니다. 내가 나의 트라우마 특징에 대해 간단히 나누는 것을 선택할 수도 있지만, 고통스럽고 취약한 세부적인 부분들을 탐색하도록 요구받지 않습니다. 중요한 것은 제목이지 세부내용이 아닙니다. 나는 "저는 어렸을 때 성적으로 학대를 당했어요."라고 말할 수도 있지만, 그것을 길게(정확히 누가 무엇을 했는지, 얼마나 자주 그랬는지, 그 당시 내가 어떻게 느꼈는지 등) 이야기하도록 요구받지는 않습니다.

다양한 현재 초점 트라우마 모델이 있는데, 안전기반치료seeking safety, 현재 중심치료present-centered therapy, 트라우마 회복 및 권능 부여trauma recovery and empowerment, 스트레스 예방 훈련stress inoculation training, 인지치료cognitive therapy, 심상예행연습치료imagery rehearsal therapy, 트라우마 너머beyond trauma, 트라우마 정동 조절: 교육 및 치료를 위한 지침trauma affect regulation: guide for education and therapy 등이 있습니다. 또 다른 널리 사용되는 현재 중심 대처 기술 모델은 변증법적 행동치료dialectical behavior therapy인데, 이것은 트라우마나 PTSD를 위해 개발된 것이 아니고 이에 대한 근거 기반은 아직 없습니다(Harned, Korslund & Linehan, 2014). 또한 대부분의 현재 중심 트라우마 모델은 중독을 지닌 사람들을 위해 설계되지도 않았고 검증되지도 않았습니다. 트라우마 문제와 중독 둘 다를 지닌 사람들을 위해 가장 연구가 많이 되고 근거 기반이 있는 모델은 안전기반치료입니다(www.seekingsafety.org; 세부내용은 Najavits, Hyman, Ruglass, Hien & Read[2017]의 『트라우마 심리학 편람Handbook of Trauma Psychology』에 실린 '물질사용장애와 트라우마Substance Use Disorder and Trauma'에 실려 있습니다. 참고문헌 참조).

현재 초점 모델들은 호전되길 원하지만 강렬한 트라우마 기억들을 탐사하기를 원하지는 않는 – 최소한 지금 당장은 원치 않는 – 사람들에게 도움이 됩니다. 그들은 현재 시점에서 어떻게 대처할 수 있을지를 우선 배우고 싶어 합니다. 현재 초점 모델들은 개인 또는 집단 심리상담에서 진행될 수 있고 누구든지 거기에 참여할 수 있습니다. 이 모델들은 극히 안전합니다.

셸리는 현재 초점 모델인 안전기반치료를 활용하여 어떻게 트라우마와 중독에 대해 작업했는지 설명합니다. "이 치료는 제 생명을 구했어요. 저는 어떻게 그걸 충분히 이야기할 수 있을지 모르겠어요. 이 치료는 제 삶을 바꾸었어요. 제가 제 삶에서 안전의 주체라는 것과 저를 구원할 무언가는 바로 그런 생각이라는 게 결국 저를 구했습니다. 제가 아무것도 할 수 없을 것같이 느껴질 때조차도 제가 취할 수 있는 선택들과 구체적인 방법들이 있다는 것을 알게 되었어요. 치료자와 저는 온갖 종류의 안전기반 대처 기술들에 대해 작업을 했어요. 관계에서 경계 설정하기, 내 몸을 더 잘 돌보기, 도움을 요청하는 방법을 배우기, 나의 회복을 위하여 전념하기, 나 자신을 위한 자비심 계발하기 등등. 그 성과는 거의 즉각적으로 나타났고 저로 하여금 더 해보고 싶게 만들었어요. 시간이 흐르면서 저는 안전에 대한 언어와 느낌과 경험을 계발했습니다. 제 삶은 비극과 극심한 고통으로 가득해서 그것들이 결코 사라지지 않을 거라고 느껴졌습니다. 하지만 예전에 제가 가능하리라 생각했던 것보다 훨씬 더 나은 삶을 벽돌을 쌓듯 점진적으로 재구축했어요. 저는 이제 기쁨을 느낍니다. 저는 저를 사랑해주는 몇몇 사람들을 만났습니다. 그리고 문제가 생겼을 때 본능적으로 저는 문제를 다룰 방법이 있다는 것을 압니다. 제가 예전에 사용하곤 했던 마약, 환상, 자해, 음식 또는 그 어떤 것으로 도피하는 대신에 말이

죠. 아이들이 건강한 가정에서 성장했을 때 얻게 되는 그런 것을 제가 치료에서 얻었던 것 같아요. 제가 결코 얻지 못했던 그런 것을요. 여전히 작업해야 할 것들이 남아 있고 아마도 제 여생 동안 그렇게 해야 할 것 같아요. 하지만 저는 제가 성장의 길 위에 있다는 것을 알고 있습니다."

과거 초점 트라우마 심리상담

치유에 이르기 위해서는 먼저 당신 자신의 심장을 부숴야 합니다.
– 도로시 앨리슨, 미국의 소설가

과거 초점 모델에서 우리는 자신의 트라우마 내력을 상세히 탐색해서 '해결해 나갑니다.' 우리가 트라우마의 기억과 감정에 함께 머물 수 있고, 그것들을 용인할 수 있으며, 마침내는 그것들이 더 이상 우리에게 정서적 힘을 발휘할 수 없게 된다는 것을 우리는 배웁니다. 우리는 과거를 애도함으로써 과거와 함께 평화롭게 존재할 수 있습니다. 우리는 트라우마가 일어났다는 것을 잊지는 않지만, 우리로 하여금 우리의 삶과 함께 계속해서 나아가게 허락하는 보다 깊은 수용의 느낌에 이를 수 있습니다.

과거 초점 모델에는 매우 다양한 형태들이 있습니다. 몇몇은 우리의 트라우마 내력을 큰 소리로 이야기하도록 합니다. 어떤 모델들은 그것에 대해 써보도록 합니다. 또 어떤 모델들에서는 그것을 마음속으로 탐사하게 하지만 소리 내서 말하게 하진 않습니다. 자신의 트라우마 기억을 철저히 탐사해가면서 우리 몸에서 느끼는 것을 관찰하거나 우리가 그 트라우마에 대해 지닌 신념('그건 내 잘못이었어')을 알아채도록 격려를 받을 수도 있습니다. 친밀한 관계, 권력, 침묵의 강요와 같은 트라우마 주제들을 탐색할 수도 있습니다. 치료에서나 과제로서 트라우마를 상기시키는 것들을 살펴볼 것을 요청받을 수도 있는데, 예를 들면 그것과 관한 뉴스 기사를 읽거나 그것을 연상시키는 장소에 가보는 것도 있습니다. 몇몇 모델은 안구 운동(왔다 갔다 하는 것을 시각적으로 추적하는 것)과 같은 기술을 활용해서 우리의 트라우마를 처리하도록 돕습니다. 이 모든 모델들이 공통적으로 가진 것은 어떤 역설입니다. 즉, 고통스러운 트라우마 기억들과 감정들을 극복하기 위한 방법으로서 그것들 속으로 들어가도록 격려한다는 것입니다. 대부분의 과거 초점 트라우마 모델들은 개인 심리상담에서 진행됩니다. 하지만 몇몇은 집단에서도 진행될 수 있습니다.

과거 초점 모델들은 19세기에 지그문트 프로이트와 함께 시작되었고 많은 다양한 이름들이 있으며, 현대에는 증언 치료testimony therapy, 안구 운동 둔감화 및 재처리 eye movement desensitization and reprocessing, 노출 치료exposure therapies(예: 내력 노출 치료 narrative exposure therapy, 장기 노출 치료prolonged exposure therapy, 글쓰기 노출 치료written exposure therapy), 가상현실 치료virtual reality therapy, 인지 처리 치료cognitive processing therapy, 소산적 에고 상태 치료abreactive ego state therapy, 가속화 해결 치료accelerated resolution therapy, 정서 자유 테크닉emotional freedom techniques 등이 있습니다.*

하지만 과거 초점 모델들이 중독, 노숙, 가정폭력, 자살/폭력 충동, 두부외상, 신체상의 심각한 건강 문제 또는 정신증이나 양극성 장애와 같은 주요 정신질환과 같은 심각한 문제를 추가적으로 지니지 않은 사람들을 위해 설계되고 그들에게 주로 검증되었다는 것을 알아두는 것이 중요합니다. 과거 초점 모델들은 이와 같은 종류의 문제들을 가진 사람들에게는 너무 강렬한 것으로 여겨집니다. 동반 발생 중독 co-occuring addiction이 있는 사람들을 위해 과거 초점 모델들을 적용하려는 몇몇 시도들이 최근 몇 해 동안 있었지만, 지금까지의 연구에서 보면 정서적으로 덜 강렬한 현재 초점 모델들보다 더 나은 어떤 결과도 보여주지 못하고 있습니다. 하지만 이 분야는 신생 영역이어서 미래에 이루어질 연구가 이러한 문제들을 명확히 하는 데 도움

---

* 아울러 여기에는 최근 미국 의료체계에서 공식 인정된 내면가족체계치료internal family systems therapy (IFS)를 추가할 수 있다(개발된 지는 40여 년 되었음). IFS는 PTSD, 중독, 우울, 불안 등 다양한 영역에 적용되고 있고, 미국 공식 의료체계에서도 근거 기반 치료로서 공인하고 있다. 트라우마 분야의 최고 권위자 중 하나인 반 데어 콜크도 자신의 오랜 트라우마 치유 경험과 치유 과정을 집대성한『몸은 기억한다』에서 한 장휼을 할애하여 IFS를 소개하고 있다. 기타 다수의 IFS 관련서가 번역되어오고 있다. – 역주

이 될 것입니다. 또한 트라우마 문제와 중독이 있는 어떤 사람들은 과거 초점 모델에서 분명히 유익을 얻습니다.

다니엘은 '변화 창조하기'라 불리는 트라우마와 중독을 위한 과거 초점 모델을 활용하였다. "이 치료에서 최고였던 것은 제공되는 도구들을 활용 및 적용하는 사람은 바로 저 자신이라는 것을 초기에 이해했다는 사실입니다. 제 마음과 기억 속으로 되돌아가서 다중의 트라우마를 다시 방문하는 것이 힘들었지만, 이 치료는 제가 지금까지 열 살짜리의 정신 수준에서 그 트라우마를 다시 방문하고 있다는 것을 가르쳐주었습니다. 이 치료는 저로 하여금 서른여덟 살의 정신 수준에서 그 트라우마를 바라보도록 가르쳐주었습니다. 이것은 학대에 대한 저의 인식을 완전히 바꾸었고, 수치심과 책임감에서 벗어날 수 있었습니다. 그 작업은 몹시 힘들고 고통스러웠지만, 그것을 통과하게 한 것은 오직 잘 살고 싶은 욕구였습니다. 과거와 물질남용을 다루는 것이 좋기만 한 것은 아니지만, 물질에 대한 욕구가 저에게 영향을 덜 미치게 도와줬습니다. 물질남용으로 이끈 것이 PTSD였기 때문에 그것들을 동시에 다루는 것은 완벽하게 이치에 맞습니다. 어떻게 감사를 표해야 할지 모르겠습니다. 당신은 저의 생명을 구했습니다."

– 리자 나자비츠의 「변화 창조하기」(Ouimette & Read, 2014)에서

현재 및 과거 초점 트라우마 심리상담을 결합하기

각각의 형태를 (시도할 수 있다면) 시도해보고, 그러고 나서 자신에게 가장 잘 맞는 것을 선택하는 것에서 유익을 얻을 수도 있습니다. 또는 그것들을 결합해볼 수도 있습니다. 예를 들면, 현재 초점에서 시작한 다음에 과거 초점을 해볼 수도 있고, 그 두 가지(가능하다면 현재 초점의 집단 치료와 과거 초점의 개인 치료)를 동시에 해볼 수도 있습니다.

하지만 두 가지를 결합하는 것에 대한 연구는 거의 없습니다. 몇몇 연구는 현재

및 과거 양측 초점의 요소들을 포함하기 위해 설계된 모델들을 평가하였습니다(단기절충심리치료brief eclectic psychotherapy, 장기 노출을 활용한 PTSD 및 SUD 공동 치료 concurrent treatment of PTSD and SUD using prolonged exposure, 정동 및 대인관계 조절/노출 기술 훈련skills training in affect and interpersonal regulation/exposure, 트라우마 관리 치료trauma management therapy, PTSD를 위한 변증법적 행동치료dialectical behavior therapy for PTSD, 회복력 지향 PTSD 치료resilience-oriented treatment for PTSD, PTSD 및 알코올 사용 장애를 위한 통합 인지 행동 치료integrated cognitive-behavioral therapy for PTSD and alchohol use disorder). 놀랍게도 현재 및 과거 초점 요소들을 결합하는 것이 어느 하나를 단독으로 실행하는 것보다 낫다는 근거는 아직 하나도 나타나지 않았습니다. 이 부분 역시 여전히 더 많은 연구가 필요합니다.

더 나아가서…

심리상담 치료작업의 두 형태

어떤 사람들은 과거 초점 모델들이 최고다, 가장 강력하다 또는 '최적표준gold standard'이라고 말하기도 합니다. 또는 그들은 "당신이 회복되기 위해서는 당신의 트라우마 내력을 반드시 이야기해야 합니다."와 같은 부정확한 메시지를 전달하기도 합니다. 과거 초점 트라우마 심리상담이 현재 초점보다 정서적으로 더 강렬하기 때문에 더 나은 결과를 가져온다고 많은 사람들이 믿습니다. 하지만 연구에 따르면 두 가지 형태의 치료 모두 그들 사이에 현저한 차이가 없습니다. 요점은 우리가 선택권을 갖고 있으므로 우리에게 가장 잘 맞는 것을 선택하면 된다는 것입니다.

일반적으로 현재 초점 트라우마 심리상담으로 시작하는 것이 최선

트라우마 심리상담 분야의 전문가들은 트라우마에 대해서 안전이 최우선이라고 이야기합니다. 현재 초점 트라우마 심리상담은 종종 초기에 할 수 있는 훌륭한 선택으로서 우리가 강력한 대처 기술들로 확실히 준비할 수 있게 해줍니다. 그것은 가속기를 사용하기 전에 제동기를 이용하는 것을 배우는 것입니다. 이것은 특히 우리가 트라우마 문제와 중독을 함께 갖고 있다면, 둘 중 하나가 격심하다면 또는 노숙, 가정폭력, 자살 또는 폭력 충동 또는 주요 정신질환과 같은 심각한 문제들 중 어떤 것이든 현재 갖고 있다면 진실입니다. 중독 치료 프로그램들은 또한 '지금 여기'의 개념과 함께 현재 초점 모델들을 강조하면서, 회복 지원방안들을 구축하고, 중독행동을 대체하기 위한 새로운 대처 기술을 배우게 합니다.

과거 초점 작업은 주의 깊게 해야

과거 초점 트라우마 심리상담에 대해 우리가 준비되어 있고, 우리가 그것을 선택하며, 그 분야에서 훈련받고 어떻게 속도를 조절해야 할지 알고 있는 좋은 심리상담자가 있다면 이 심리상담은 도움이 될 수 있습니다. 하지만 안전장치가 필요합니다. 이 심리상담은 때때로 '판도라의 상자 열기'라고 불리는데, 우리가 다루려고 준비된 것보다 더 강렬할 수 있는 고통스러운 트라우마 기억 및 감정 속으로 들어가기 때문입니다. 목표는 과거 초점 트라우마 심리상담의 긍정적인 측면과 부정적인 측면 둘 다에 대한 균형 잡힌 알아차림입니다. 만약 내가 트라우마 문제와 함께 중독이 있다면 그것이 어떻게 트라우마 작업에 영향을 미치는지 내 트라우마 심리상담자가 잘 알고 있는지 확실히 해야 합니다.

　때로는 선의의 심리상담자와 작업해도 과거 초점 트라우마 심리상담은 다음과 같이 잘못될 수 있습니다. 이러한 심리상담으로 작업하도록 내게 너무 많은 압력을 가하는 것, 과장된 선전("이 방법은 회복을 위한 유일한 길입니다."), 회기를 끝내기 전까지 나의 강렬한 감정을 낮추어주지 않는 것, 내가 악화될 때 조치해야 할 절차의 결여, 중독행동에 대한 부주의, 충분한 지지 또는 시간 여유 없이 진행하기(예: 정기적인 심리상담보다는 잠깐 동안의 집단상담의 일부로서), 초기에 나의 준비 상태를 주의 깊게 평가하지 않는 것 또는 도움이 되지 않음에도 계속 하도록 밀어붙이는 것.

과거 초점 트라우마 심리상담을 하면서 우리가 점점 악화된다면 자신의 심리상담자에게 말해야 합니다. 좋은 심리상담자는 공감적으로 반응하면서 우리가 그것을 다룰 명확한 계획을 내놓도록 도울 것입니다.

★ 탐사하기 ··· 퀴즈: 트라우마 심리상담의 두 가지 형태

이 장의 앞부분에 있었던 퀴즈에 대한 문항과 답변입니다.

1. "트라우마 심리상담은 나의 트라우마 내력(일어났던 일들)을 자세히 이야기하는 것입니다."
   <u>거짓</u>. 그것은 내가 어떤 형태의 트라우마 심리상담을 선택하느냐에 달려 있습니다. 현재 초점 트라우마 심리상담에서는 내 트라우마 내력에 대해 자세하게 들어가지 않습니다. 하지만 과거 초점 트라우마 심리상담에서는 자세하게 들어갑니다. 이 장의 앞부분에서 두 형태에 대한 설명을 보기 바랍니다.

2. "나는 트라우마에 대해 작업하기 전에 중독행동을 줄여야 합니다."
   <u>거짓</u>. 내가 중독행동을 줄일 수 있다면 그건 훌륭한 일입니다. 하지만 연구에 따르면 현재 초점 트라우마 작업(대처 기술)을 하고 있거나, 중독을 함께 지닌 사람들을 위해 응용되거나 강력한 중독 치료의 맥락에서 제공되는 과거 초점 모델을 사용하는 한 트라우마 문제에 대해 작업하기 전에 중독행동을 줄여야 할 필요는 없습니다.

3. "완전히 회복되기 위해서는 나의 트라우마 내력을 말할 필요가 있습니다."

거짓. 어떤 사람들은 거기서 유익을 얻지만 또 어떤 사람들은 그렇지 않습니다. 많은 사람들이 자신의 내력을 이야기하거나 과거에 초점을 맞추거나 하는 일 없이도 회복합니다.

4. "내가 나의 트라우마 내력을 말할 준비가 되었다고 느낀다면 나는 준비된 것입니다."

거짓. 준비상태는 다양한 요인에 기초한 것으로서, 충분히 그 작업을 안전하게 할 수 있을 정도로 안정되어 있는 상태, 자신에게 잘 맞고 그런 작업에 대해 훈련 받은 심리상담자와 함께하는 것, 그리고 강력한 대처 기술들을 지니고 있는 것 등을 포함합니다. 사람들은 종종 그러한 작업이 가져올 것을 과소평가하거나, 그들의 트라우마 내력을 단지 꺼내놓거나 '제거하면' 자신들의 문제가 해결될 것이라는 순진한 관점을 지니기도 합니다.

5. "나는 중독과 트라우마에 대해 동시에 작업할 수 있습니다."

참. 동시에 두 가지 모두 작업하는 것은 현재 초점 모델이나 중독 및 트라우마를 위해 응용된 과거 초점 모델과 함께 가능합니다. 구식 접근은 "먼저 당신의 중독을 통제하고 나서 트라우마를 다뤄라."라는 것이었습니다. 새로운 접근은 치료 시작부터 동시에 두 가지 모두에 대해 작업하는 것입니다. 연구에 따르면 트라우마와 중독 문제를 지닌 사람들은 양쪽을 함께 작업하는 것을 선호합니다.

6. "내가 나의 트라우마 내력을 말한다면 나의 중독은 사라질 것입니다."

거짓. 우리에게 중독이 있다면, 특히 심각한 중독이라면, 단지 과거 초점 트라우마 심리상담을 한다고 해서 중독이 사라지진 않습니다. 우리는 똑같이 중독에 대해 직접적으로 작업할 필요가 있습니다. 몇몇 사람들은 트라우마에 대해 작업하면서 자신의 중독이 개선되는 것을 발견합니다만(이런 일이 일어난다면 그건 대단한 겁니다), 그렇게 가정할 수는 없습니다.

7. "트라우마 심리상담이 강렬할수록 나는 더 많이 회복될 것입니다."

거짓. 많은 사람은 본능적으로 이것이 참이라고 생각하지만("고통이 없으면 얻는 것도 없다."), 연구에 따르면 그렇지 않습니다. 일반적으로 과거 초점 트라우마 심리상담은 현재 초점 심리상담보다 정서적으로 더 강렬하지만, 결과에서는 동일한 효과를 보입니다.

이 주제에 대해서는 더욱더 많은 연구가 필요합니다. 그리고 이 퀴즈에 대한 답은 새로운 연구 결과가 등장하면서 바뀔 수도 있습니다. 지속적으로 관련 정보를 획득할 필요가 있습니다(부록 B '자원' 참조).

출처: 이 장에서 이루어진 논의에 대한 추가 정보를 위해서 참고문헌, 특히 Harned et al.(2014) 및 Najavits & Hien(2013)을 참조하시기 바랍니다.

> ✧ 어떤 형태의 트라우마 심리상담이 자신에게 와닿는가요? 현재 중심, 과거 중심 또는 결합 형태?

> ✧ 트라우마 치료의 여러 형태를 경험해보셨나요? 어떤 것이 가장 많이/적게 도움이 되었나요?

회복의 목소리

사샤 - "그건 믿을 수 없이 자유롭게 해요."

사샤는 극심한 PTSD와 물질 중독이 있었습니다. "다음과 같은 말을 듣는 건 굉장히 중요합니다. '두 가지 접근이 존재합니다. 여러분은 선택권이 있고, 이것 또는 저것을 해야 된다고 압력을 느껴서는 안 됩니다.' 저는 AA 모임에서 굉장히 많은 사람들이 다음과 같이 이야기하는 것을 들었습니다. '저는 다시는 치료 받으러 가지 않을 겁니다. 그들은 저보고 그때의 트라우마에 대해 얘기하라고 시킬 거니까요.' PTSD와 중독을 지닌 제가 아는 거의 모든 사람들은 그렇게 말합니다. 그들은 나아가지 못할 거예요. 그 트라우마에 대해 다시 얘기해야 할 거라고 생각하니까요. 제 자신

현재 초점과 과거 초점 그 둘 다를 해본 경험이 있습니다. 그 둘 다가 진정 도움이 되었고 정말 삶을 바꾸는 그런 것이었지만, 과거 초점은 PTSD와 물질 남용 둘 다에 대해 잘 아는 유능한 누군가에 의해 이루어져야 한다는 것을 알게 되었습니다. 저에게 이렇게 말하는 치료자가 있었습니다. '자, 이제 그 트라우마가 어떤 것이었는지 내게 말해야 합니다. 그렇게 하지 않으면 당신은 좋아지지 않을 겁니다. 따라서 당신의 오빠가 그날 밤 정확히 어떻게 했는지 말하세요.' 따라서 저는 그에게 말했고, 그는 이렇게 말했어요. '그게 다인가요? 음, 법률에 의하면 그건 강간으로 간주되지 않아요.' 저는 완전히 멍해졌죠. 그건 저의 엄마가 하던 말하고 같았어요. 하지만 지금은 그게 전문가의 입에서 나온 거죠. 그건 제가 족히 10년 동안 침묵하도록 만들었어요. 즉, 저는 그것에 대해 더 이상 말하려고 하지 않았고 단지 술만 계속 먹었던 거죠. 결국 제가 다시 치유작업으로 돌아가서 만난 분은 제게는 좋았습니다. 하지만 저는 치료가 대부분 저의 트라우마에 대해 말하는 것이라는 메시지를 일찍이 받았고, 그렇게 하는 것이 제가 해야 할 것이라고 느꼈죠. 그래서 저는 그에게 그 이야기를 했고, 그건 정말 저를 촉발시켜서 매우 잘못된 방향으로 가게 만들었죠. 저 자신 제가 이해할 수 없는 상태에 있었고, 그래서 자해를 하고 술을 마셨어요. 그건 눈덩이처럼 매우 빠르게 커졌지만 그는 어떻게 해야 할지 몰랐죠. 그리고 마침내, 감사하게도 PTSD와 중독에 대해 제대로 아는 치료자를 만났습니다. 우리는 현재 초점에서 시작하였고 그러고 나서 과거 초점으로 옮겨갔는데, 그것은 오직 제가 준비되었을 때 그리고 한 번에 조금씩만 진행했고, 그러면서도 그 둘 사이를 왔다 갔다 하면서 진행하였습니다. 그래서 저는 중요한 것이, 우리가 어떤 형태의 트라우마 치료를 하게 되든지 간에, 치료자가 사람들을 어떻게 안전하게 안내할지 알아야 하고 또 중독에 대해서 정통해야 한다는 것입니다. 그리고 우리의 내력을 말할 필요가 없다는 것을 강조하는 것도 중요합니다. 우리는 그것을 선택할 수도 있고 아닐 수도 있으며, 그래도 여전히 우리는 호전될 수 있습니다. 이것을 안다는 것은 믿을 수 없이 자유롭게 해줍니다."

34

상처 입은 이들이 돌려줄 수 있는 것

어떤 비통한 지혜가 있다. 하지만 어떤 광기의 비통함도 있다. 그리고 어떤 영혼들 중에는 캐츠킬 독수리가 있는데 그는 한결같이 가장 어두운 협곡 속으로 강하할 수 있고, 다시 거기서 나와 태양이 비추는 공간 속으로 사라질 수 있다. 그리고 그가 영원히 협곡 내에서 날아다닌다 해도 그 협곡은 여전히 산 속에 있다. 따라서 이 산독수리가 가장 낮은 곳으로 급강하하였을 때에도 여전히 평지 위의 다른 새들보다 높이 있다. 비록 그 새들이 아무리 높이 솟아오른다 하더라도.
— 허먼 멜빌, 19세기 미국 작가

트라우마와 중독에서의 회복은 종점이 정의되어 있지 않습니다. 부러진 팔은 아물고 그걸로 된 것입니다. 즉, 예전과 같은 삶으로 돌아갑니다. 그러나 트라우마와 중독에서의 회복은 우리를 변용transform*시킵니다. 나는 여전히 나지만, 이제는 나 자신, 세상에서의 나의 위치 그리고 나와 다른 이들과의 연결에 대한 보다 폭넓은 인식을 포함하게 됩니다. 그것은 종종 단련된 강철로 묘사됩니다. 즉, 고난에서 오는 지혜는 우리를 더 강하고 더 회복탄력적으로 만듭니다.** 이것은 또한 우리가 다른 이들의 치유에 영감을 주며 고무할 수 있다는 것을 의미합니다.

우리는 다른 이들을 돕는 데 우리 자신을 헌신하기로 마음먹을 수도 있고 아닐 수도 있습니다. 하지만 우리의 회복이 어떠한 형태를 취하든지 간에 우리의 정서적 상처는 변용될 수 있고 다른 이들에게 강력한 영향을 주는 파급 효과를 창출할 수 있습니다. 피트 윌슨은 다음과 같이 말합니다. "맞아요. 상처받은 사람들이 사람들에

---

* 우리말 '변용變容'은 사전적으로 "용모가 바뀜. 또는 그렇게 바뀐 용모."(국립국어원)를 의미하지만 여기서는 '내적으로 심원한 변화'를 아우르는 의미로 쓰였다. '환골탈태換骨奪胎'라고 볼 수도 있다. — 역주
** '우리를 죽이지 못하는 것은 우리를 더 강하게 만든다.'(니체) — 역주

게 상처를 주는 건 분명해요. 하지만 해방된 사람들이 사람들을 해방시키는 것 역시 똑같이 진실입니다."

상처 입은 치유자wounded healer라는 개념은 샤먼, 신비주의자, 원주민 치유자, 치료 주술사라는 형태를 입은 고대까지 거슬러 올라갑니다. 현대에 와서 그 개념은 조력 전문가들의 중요한 주제로서 20세기 초의 정신과의사인 카를 융이 만든 용어입니다. 스코틀랜드의 앨리슨 바의 심리상담자들에 대한 연구에 따르면 대다수가 자기자신의 고통에서 생겨난 조력에의 비전에 따라 이 영역에 들어온다고 보고했습니다.

트라우마와 중독에서의 정서적 상처들은 변용적인 성장으로 가는, 개인으로서나 사회로서나 '특혜 받은 길'이 될 수 있다고 올리버 모건은『트라우마, 중독 그리고 영성의 상호작용에 대한 고찰』에서 말하고 있습니다. 폴 레비는 자신의 블로그인『꿈에서 깨어나자Awaken in the Dream』에서 날카로운 묘사를 보이고 있습니다.

우리는 우리 자신을 다른 이들에게서 분리되어 있는 개인적인 차원으로 정체성을 확보하는 것에서 벗어나서, 마치 특별히 우리만을 위해 주문된 새 옷을 입듯이, 우리는 좀 더 모두를 아우르는 확장된 정체성을 요청하는 '새로운' 역할을 시작한다…. 우리는 보다 위대한 어떤 보이지 않는 손에 의해 움직이는 도구가 되어 있는 것을 발견한다. 마치 무언가 광대한 것으로서 우리가 예전에 우리 자신이라고 상상했던 것을 넘어서는 더 큰 것이 우리를 통해 육화하는 것이다. 이것을 안다는 것은 우리가 우리라고 생각했던 것에 대해 보다 제약 없이 열려 있으면서 확장된 감각을 얻는 것이고, 우리와 관련된 다른 이들에 대해 우리가 상상했던 것에 대해서도 그렇다.

생존자들이 떠맡는 사회적 목적은 다양해서 공식적일 수도 있고 비공식적일 수도 있습니다. 몇몇 생존자들은 12단계의 후원자sponsor가 되거나 SMART 회복 모임의 촉진자가 됩니다. 어떤 이들은 강간위기센터, 노숙자 쉼터, 자살 긴급전화, 아동학대 프로그램, 가정폭력 쉼터, 무료 급식소 또는 가장 외상이 심한 중독된 사람들이 도움을 요청하러 오는 여타 장소에서 봉사활동을 합니다. 또 어떤 사람들은 전문 심리상담자, 의사 또는 종교 지도자가 됩니다. 어떤 이들의 사명은 영적 믿음에 기반을 두지만 또 어떤 이들은 이타주의 자체를 지도 원리로 하는 비종교인입니다. 이와 같은 삶의 사명을 띤 작업은 다른 이들을 돕고, 똑같이 중요하게도 자기자신의 치유와 지속적인 성장을 강화합니다. 정말 많은 이들이 AA*가 이러한 원칙 위에 세워졌다는 것을 알지 못합니다. AA는 알코올중독자들이 단지 와서 도움을 얻는 지지 모임으로서만이 아니라 다른 알코올중독자들을 회복으로 이끄는 걸 돕는지지 모임으로서 설계된 것입니다. 그 자신과 다른 이의 회복이 지속적으로 서로 맞물려서 짜여나가고 서로 변용해가는 양방향의 치유로서 고안되었습니다.

트라우마 및 중독 회복의 여러 영역은 생존자들 자신에 의해 시작된, 풀뿌리와 같은 '밑에서부터의' 사회 운동들로서 발생하였습니다. AA는 두 명의 알코올중독자인 빌과 의사 밥에 의해 1930년대에 창설되었고, 지금까지 개발된 중독 회복 모델 중에서 가장 널리 보급되었습니다. 가정폭력과 아동학대는 주로 1960년대의 여성운동에 의해서 심각한 문제로 인식하게 되었습니다. 증언치료testimony therapy는 1970년대의 칠레에서 지역사회 전체에 걸친 고문과 대량 학살에 대한 대응으로서 생겼습니다. 베트남 전쟁 이후 재향군인국 체제에서 자신들이 제대로 다뤄지지 못하고 있다고 느낀 참전 군인들은 트라우마 치유를 위하여 그들 자신의 참전군인센터와 '토의 모임'을 만들었습니다.

트라우마와 중독 모두 그 깊은 곳을 들여다보면 그것은 의미의 위기라고 할 수 있습니다. '왜 내가 이런 걸 겪어야 되는 걸까?', '사람들이 어떻게 나를 이런 식으로 취급할 수 있지?', '내게 결함이 있는 걸까?', '나는 이 세상에 홀로 있는 걸까?', '사람들은 선할 수 있을까?' 심리학자인 올리버 모건과 더스티 밀러는 이렇게 말합니다.

---

* Anonymous Alcoholics. 익명의 알코올중독자들 모임. – 역주

"중독과 트라우마 둘 다에서의 회복은 희망의 귀환을 요구합니다…. 의미에 대한 직관적 이해, 관계의 회복 그리고 '사회적 목적에 대한 인식과 결합된 삶에 대한 경건함을 창출하는 것' 또한 아주 중요합니다."

하지만 상처 입은 치유자는 양날의 칼입니다. 강점도 있지만 취약함도 있기 때문입니다. 치유자가 너무 사명에 몰두하여 안식과 휴식에 대한 그들 자신의 욕구를 돌보지 않는다면 그들은 소진될 수 있습니다. 트라우마와 중독을 지닌 이들을 보는 것은 촉발적일 수 있고 재발을 일으킬 수 있습니다. 때때로 치유자는 자신들이 돕고 있는 사람들의 문제들에 의해 '감염될' 수 있습니다. 다른 이들을 진정으로 돕는다는 것은 또한 우리 자신의 회복 작업을 계속해가는 것을 의미합니다.

✧ 다른 이들을 돕는 것이 여러분의 관심을 끄나요?

✧ 다른 이들을 돕는 것이 어떻게 여러분 자신의 회복을 유지시킬 수 있을까요?

회복의 목소리

크레이그 – "저는 그들이 신었던 전투화를 신고 걸어보았어요."

베트남 전쟁 동안 군대에 복무했던 크레이그는 심각한 부상을 입었고, PTSD와 알코올 남용에 빠졌습니다. 그 자신의 회복 작업을 한 다음에 그는 사회복지사가 되었고 마침내는 참전군인센터의 팀장이 되었습니다. "제가 돌려줄 수 있는 것들이 많이 있는데요. 그건 제가 저 자신에 대한 치유작업을 해왔기 때문입니다. 저는 PTSD 치료를 받아왔습니다. 그리고 수년간 AA에 참여하였고 지금까지 20년간 술을 끊었습니다. 그리고 이런 것들 때문에 제가 강력한 치유자가 될 수 있다고 느낍니다. 참전 군인 문제에 대해 많은 통찰을 갖고 있고 많은 공감을 느끼고 있습니다. 전투에 참여했던 것은 제게 체험적 조망을 제공합니다. 상처 입은 치유자인 것, 베트남에 참전했던 군인인 것은 저를 신뢰할 수 있게 해줍니다. 저는 그들에게 그들의 치료자들이 말할 수 없는 것들에 대해 이러니저러니 말할 수 있는데, 그것은 제가 그들이 신었던 전투화를 신고 걸어보았기 때문입니다. 저는 유머를 활용하고 뭐든 굉장히 많은 말을 합니다. 그럼 그 친구들은 마구 웃어대기 시작할 겁니다. 그들은 제가 말하는 걸 알아듣습니다. 만약 전투에 참여하지 않았거나 물질 중독에 빠지지 않았던 누군가가 시도했다면 그렇게 일이 진행되진 않을 겁니다. 그들은 저에게 커다란 경의를 표하는데 그것은 제가 그들이 겪고 있는 고통을 알기 때문입니다."

"우리 상처 입은 치유자들은 대단한 모범이 될 수 있습니다. 특히 이라크와 아프가니스탄에서 돌아온 몇몇 젊은 친구들에게는 말이죠. 그들이 칠십 먹은 저를 보면서 '와, 나도 저 나이까지 살 수 있을 거 같은데.'라고 말합니다. 제가 처음 베트남에서 집으로 돌아왔을 때 이렇게 오래 살 거라고 결코 생각하지 못했던 게 기억납니다. 이건 그들에게 희망을 줍니다. '나는 치유될 수 있어'라는 느낌이죠. 우리는 그들이 회복되는 걸 지켜봅니다. 우리는 외롭고 희망 없던 이런 사람들이 함께 모여서 모임을 만들고, 군대에서의 소대를 재창설하는 것을 지켜봅니다. 저는 부대 지휘관과 같습니다. 그리고 그들은 모두 자신의 동료를 갖게 되죠. 제가 경험한 것들 덕분에 저는 그들에게 매우 유용할 수 있습니다. 저는 제가 얼마나 제 인생, 제 과거를 바로잡았는지에 대해 말합니다."

"그것은 저 자신의 회복에서도 역할을 합니다. 저에게 삶은 하나의 놀랄 만한 성직聖職이 되었습니다. 제가 다른 이들을 돕기 시작했을 때 제 삶은 진정한 의미를 떠안게 되었습니다. 두려움 없이 치유를 추구한다는 것은 바로 AA의 네 번째 단계에서와 같이 정직해지는 것입니다. 제가 생각하기에 그것은 치료자로서 당신이 진정으로 필요로 하는 것들 중 하나입니다. 병리 증상의 정확히 반대편에 있는 그런 정직함입니다. 여러분에게 물질 또는 PTSD 관련 문제가 있을 때 여러분은 자신에게 거짓말을 하게 됩니다. 이 책은 여러분 자신에게 거짓말을 못하도록 도와줄 수 있습니다. 왜냐하면 이 책에 반영된 자신의 모습을 보기 때문입니다. '아, 그래, 그 모습이 나군. 맞아, 나 역시 그래.' 이 책은 그들로 하여금 자신들이 어떤 사람인지 노출하는 것을, 취약해지는 것을 두려워하지 않게 도와줄 수 있습니다. 그걸 아름답게 해냈어요. 이 책을 읽으면서 저는 이런 말이 나왔어요. 와, 이거 정말 멋진데."

35

"우리는 모두 시궁창 속에 빠져 있지만, 그래도 몇몇은 별들을 바라보고 있다."

이 제목의 인용은 트라우마와 중독으로 고통받았던 19세기 아일랜드 작가 오스카 와일드에게서 가져온 것입니다.

이 책은 끝나가지만 회복의 과정은 계속됩니다. 회복은 많은 의미를 지니지만, 가장 심원한 것 중의 하나는 우리가 자신의 *진정한* 정체성을 사랑하는 것을 배운다는 것입니다. 그것은 다음과 같은 것들을 포함할 것입니다. 우리의 트라우마와 중독보다 더 깊이 존재하는 우리 내면의 어떤 부분(표면 밑의 그곳에 언제나 존재하는 그 영원한 나timeless self)을 사랑하는 것. 생존해낸 것에 대해, 그리고 우리가 여전히 어떤 존재가 될 수 있다는 것에 대해 우리 자신을 사랑하는 것. 우리가 여전히 살아갈 삶을 앞에 두고 있다는 사실을 사랑하는 것. 중독 전문가인 샬럿 캐슬은 이렇게 말합니다. "사람들은 두려움 때문에 중독을 포기할 수도 있겠지만, 그들이 치유되는 것은 사랑에 의해서입니다."

이 이야기가 어떻게 들리시나요? 그것은 여러분이 실수를 했을 때 여러분이 스스로를 용서할 방법을 찾으면서도 다음에는 실수를 반복하지 않도록 노력하는 것입니다. 그것은 우리가 중독에 의한 충동에 따라 행동하고자 하는 강한 욕구가 있을 때 그것을 무시하면서 자신에게 친절하지만 확고한 방식으로 이야기하는 것입니다. 그것은 자기 스스로를 자책하기 시작할 때 그러는 자신을 알아차리고 한발 물러

서서 그런 방식이 자신의 행동을 변화시키는 친절한(또는 생산적인) 방식이 아니라는 걸 깨닫는 것입니다. 그것은 자신의 몸과 자신의 주변을 돌보는 것입니다. 그것은 자신이 잘 했을 때는 칭찬을, 잘하지 못했을 때는 정직한 피드백을 자신에게 해주는 것입니다. 그것은 자신에게 분노, 슬픔, 실망감, 상처, 두려움과 같은 모든 감정을 허용하는 것입니다. 그것은 자기자신을 존중하려고 분투하는 것이고, 자신이 행한 모든 것과 자신에게 일어났던 모든 것에도 불구하고 자신에게는 귀중한 근원적인 핵심이 있다는 것입니다. 그것은 다른 이들이 자신을 믿어주지 않더라도 여러분 자신은 자신을 믿어주는 것입니다. 그것은 부드러운 격려를 통해 성격의 결함을 극복하고자 노력하는 것입니다. 그것은 자신이 화가 났을 때 자신의 감정에 귀 기울이되 그에 따라 행동하지는 않는 것입니다. 그것은 자신과 정서적으로 친밀해지는 것이고, 자신의 특질에 있는 양날의 성격을 자각하는 것입니다. 그것은 자신의 약점을 사랑하지 않을지라도 자신을 사랑하는 것입니다. 그것은 자신과 타인들을 명료하게 알고 그러한 지식에 부합하게 행동하고자 분투하는 것을 의미합니다. 그것은 자신에게 지속적으로 높은 기준을 유지하는 것을 의미합니다.

이러한 종류의 사랑은 자기도취narcissism가 아닙니다. 그것은 우리가 하는 모든 것이 대단하거나 우리가 특별한 대우를 받을 자격이 있다고 믿는 것이 아닙니다. 그것은 우리 자신을 격려할 방법을 찾아서 우리 자신을 위한 더 나은 삶을 창조하는 것입니다. 그것은 또한 다른 누군가가 우리를 사랑할 것을 요구하지 않습니다. 진정 우리가 우리 자신에 대한 사랑을 키우면 키울수록 다른 이들이 우리에게 더 이끌리고 우리가 최고의 나를 지원하는 것을 더욱 도와줄 겁니다.

우리가 미래로 더 나아갈 때 삶의 모든 현실들, 삶의 오르내림, 난관과 고통 등이 여전히 있겠지만, 우리가 최고의 나를 향해 추구해가는 과정들은 결코 끝나지 않으면서 지속적으로 서로를 강화해줄 것입니다.

★ 탐사하기 … 자, 이제 여러분은?

여러분은 어느 정도까지 회복이 되었나요? 여러분은 어디를 향하고 계신가요? 다음에서 대답하고 싶은 문항이 있다면 빈칸을 채워보시기 바랍니다.

• 나는 _____
_____을/를 수용하게 되었다.

• 나는 여전히 _____
_____에 대해 궁금하다.

• 나는 _____
_____을/를 더 하고 싶다.

• 나는 _____
_____을/를 가장 자랑스럽게 여긴다.

• 내가 _____
_____을/를 필요로 한다는 것을 나는 알고 있다.

• 아무도 나를 이해하지 못한다 하더라도 내가 나 자신에 대해 알고 있는 것은 _____
_____(이)다.

• 나의 회복은 중요하다. 왜냐하면 _____
_____이기/하기 때문이다.

• 내가 가장 강화하고 싶은 것은 _____

_____(이)다.

• 내가 가장 놓아버리고 싶은 것은 _____

_____(이)다.

• 진정한 차이를 만들어내는 사람들은 _____

_____(이)다.

• 나는 _____

_____에 대하여 희망적으로 되었다.

• 내가 만약 _____

_____한다면, 내 트라우마를 더 많이 치유할 수 있다.

• 내가 만약 _____

_____한다면, 내 중독을 더 많이 치유할 수 있다.

• 내가 회복을 위해 매일 해야만 할 한 가지는 _____

_____ (이)다.

• 나는 _____

_____에서 영감을 얻고 격려받는다.

• 나는 내가 만약 _____

_____한다면 행복할 수 있다고 믿는다.

- 이 책에서 내게 가장 도움이 되었던 것은 _____
_____(이)다.

- 이제 내 자신에게 주는 최고의 조언은 _____
_____(이)다.

- 나의 최고 대처기술들에는 _____
_____ 등이 있다.

- 이 책에서 내가 좋아하는 인용구들에는 _____
_____ 등이 있다.

- 나는 _____
_____을/를 알게 되었다.

- 나는 _____
_____을/를 향한 사랑 안에서 성장해올 수 있었다.

✧ 여러분의 회복을 전진시키기 위하여 다음에는 무엇을 할 수 있을까요?

회복의 목소리

이선 – "회복은 새로운 시작으로 가득 차 있습니다."

"회복은 도달하거나 성취할 수 있는 어떤 것이 아닙니다. 회복은 유동적이고, 역동적이며, 다양합니다. 회복은 삶입니다. 회복은 가능합니다. 하지만 그것은 삶에서 살아내는 것이지 어떤 종점이 있는 목표처럼 성취할 수 있는 것이 아닙니다. 다음은 제가 어디까지 와 있는지에 대한 사례입니다. 아내 노라와 저는 한 달 조금 더 전에 우리의 그레이하운드 윈스턴을 안락사시켜야 했습니다. 우리는 윈스턴과 함께 휴가에서 돌아왔는데(그는 우리가 가는 곳이 어디든 거의 항상 우리와 함께합니다), 그때부터 아프기 시작했습니다. 그 고통을 저는 느낄 수 있었고, 그런 저의 취약함을 노라 앞에서 그리고 노라와 함께 드러낼 수 있었으며, 눈물을 흘릴 수 있었고, 우리가 그를 병원에 데리고 갔을 때 저의 두려움을 보여줄 수 있었습니다. 그 어떤 것도 제가 회복되지 않았더라면 가능하지 않았을 겁니다. 그가 마지막 숨을 거둘 때 윈스턴과 노라, 그들과 함께 있으면서 노라를 위로할 수 있었던 것은 아름다웠습니다. 고통스러웠지만, 아름다웠습니다. 노라와 저는 그 고통을 함께 겪어낸 이후 더 든든한 관계에 있습니다. 이번 금요일에 노라와 저는 제이크라는 이름의 또 다른 그레이하운드를 입양하러 북쪽으로 올라갈 겁니다. 그는 지난주에 만났죠. 삶은 계속됩니다. 노라와 저는 개를 사랑하고, 그레이하운드인 제이크는 가정과 많은 사랑이 필요합니다. 우리의 고통의 깊이는 우리의 기쁨의 깊이와 잠재적으로 같습니다. 그리고 변용transformation 속에서 의미는 창조됩니다. 밤이 낮이 될 때 신뢰는 더욱 빛나게 됩니다. 당신은 그것을 저에게 가르쳐주셨습니다."

부록 A

주변에서 도울 수 있는 방법
– 가족, 친구, 부모, 후원자, 심리상담자

하나의 인간 존재가 다른 존재에게 성공적으로 조언하거나 조력하기 위해서는,
궁극적으로, 그리고 엄밀히 가장 중요한 문제들 속에서 우리는 이루 말할 수 없이 고독하기에,
많은 일들이 일어나야 하고 많은 일들이 올바로 가야 하며,
그러한 일들에 대한 전체적인 그림이 나타나야 하기 때문입니다.
– 라이너 마리아 릴케, 20세기 독일 작가

여러분은 트라우마나 중독 문제가 있는 누군가를 돕고 싶으신가요?

이 부록은 조력자를 위한 조력help for the helper을 제공합니다. 여러분은, 예를 들면 동반자, 가족 구성원, 친구, 심리상담자 또는 12단계 후원자일 수 있습니다. 이번이 조력에서의 첫 시도일 수도 있고 아니면 이미 훌륭한 첫 시작을 했고 이제 더 많은 안내를 받고 싶을 수도 있습니다. 여러분은 또 어떤 좌절의 지점을 겪고 있을 수도 있습니다. 그가 계속 재발을 겪고 있거나, 여러분을 다가서지 못하게 하거나, 자살이나 폭력과 같이 무엇이 다음에 일어날지에 대해 무서울 수도 있습니다.

여러분이 어떤 방식의 관여를 하고 있든지 간에 여러분은 트라우마와 중독 문제를 지닌 그에게 믿을 수 없을 정도로 중요한, 심지어 생명을 구하는 사람일 수 있습니다.

크리스틴은 21살입니다. 그는 고등학교 때 시험 삼아 마약을 해보았지만 심각하게 중독된 것은 마약이 남용되는 댄스 파티rave concert에서 성폭행을 당한 다음부터였습니다. "저는 부모님이 저를 변함없이 지지해주셨던 게 놀라워요. 그분들은 성폭행에 대해 모르셨어요. 저는 그분들께 말씀드릴 수가 없었죠. 하지만 그분들은 제가 내리막길을 내려가고 있다는 걸 아셨어요. 제 성적은 좋지 않았고 그 어떤 것에도 더 이상 신경을 쓰지 않았거든요. 그분들은 제 가방에서 약을 발견하고서 저를

치료받게 했어요. 그래서 저는 처음으로 그분들께 성폭행에 대해 말씀드렸고 거기서 저의 회복이 시작되었어요. 부모님은 제게 필요한 것을 제가 알기 전에 아셨어요."

진퇴양난

트라우마와 중독 문제를 지닌 누군가를 도울 때 진퇴양난의 문제가 많이 있습니다.

- 침범하지 않으면서 어떻게 함께 있을 수 있을지
- 그가 여러분이나 여러분의 가족을 맥 빠지게 만들고 있다면 어떻게 할 것인지
- 부인하는 것에 어떻게 대처할 것인지
- 그가 '바닥을 치도록' 둘 것인지 여부
- 언제 조언을 하고 언제 물러서 있을 것인지
- 그가 화를 내거나 폭력을 행사할 때 어떻게 대응할 것인지
- 여러분 자신의 감정에 대해서, 특히 여러분 자신이 트라우마와 중독의 내력을 지니고 있다면, 어떻게 할 것인지
- 파괴적인 패턴을 강화하지 않으면서도 어떻게 친절하게 대할 수 있을 것인지

형록은 심각한 알코올중독 문제를 지닌 자신의 아내를 다루는 것이 어떠했는지에 대해 말합니다. "아내는 언제나 자신의 음주에 대해 거짓말을 했습니다. 아내는 변화에 저항했죠. 저는 지지적이고 친절했습니다. 아내를 진정으로 사랑했고 아내를 믿고 싶었거든요. 저는 아내에게 모든 기회를 주었지만, 그런 기회를 무산시키길 반복했습니다. 제가 아내의 의도를 의심했을 때 아내는 자신을 의심한 것에 대

해 굴욕감을 느끼고 상처받았습니다. 아내는 저를 자기가 겪고 있는 몰락의 원인으로 보았습니다. 저는 철저히 혼자였고 함정에 빠진 것 같았습니다. 근본적으로 제가 할 수 있는 게 아무것도 없었습니다. 그를 포기하고 싶지는 않았지만, 얼마 뒤에 정말 떠나고 싶었습니다. 모든 것에서 벗어나고 싶었던 거죠. 아내가 회사에서 해고당한 후 제가 정말 냉정을 잃었던 어느 날 저녁에 상황이 마침내 바뀌었습니다. 아내가 재활을 시작하는 것에 우리는 합의했습니다. 그 재활작업은 아내에게 그리 좋은 경험은 아니었으나, 아내가 AA에 참석하도록 해주었습니다. 아내는 전에 AA에 참여했었지만, 그것이 되돌려 '놓지는' 못했습니다. 이번에는 몇몇 괜찮은 사람들을 만났는데, 그들은 아내가 전에 함께 술을 마시곤 했던 사람들과 비슷했습니다. 그들과 진짜 친구가 되지는 않았지만, AA에 진정으로 참여하기에는 충분한 연결감을 주었습니다. 그것은 자기 '부족部族' 사람들을 만난 것이고, 그건 아내의 생명을 구했습니다."

"그 일에 대해 되돌아보면 저는 제 자신에 대한 이미지에 중독되어 있었습니다. 저는 제 자신에 대해 돌볼 줄 아는 관대한 사람으로, 그리고 비겁하지 않은 어떤 사람으로 보길 원했습니다. 즉, '내가 상황을 옳게 다룬다면, 난 이런 것을 다룰 수 있어' 이런 거죠. 하지만 저는 완전히 걸려들었습니다. 진실은 아내가 무서워서 제가 겁을 먹었다는 것입니다. 아무리 열심히 노력한다 해도 다른 사람을 통제하거나 성과를 만들어낼 수 없다는 걸 알게 되었습니다. 정말 제가 지닌 환상들을 떠나보낼 필요가 있었습니다. 현실이 어떠한지 그 실재를 알 수 있는 능력이 필요했습니다. 아내가 도움을 얻도록 하는 실제적인 조치가 제게는 굉장히 힘들었습니다. 제가 아내에 대한 진실과 저 자신에 대한 진실을 받아들일 수 있었을 때는, 바로 제가 아내에게 말할 필요가 있는 것을 마침내 말할 수 있었던 때였습니다."

쉬운 답은 없습니다만, 목표는 가장 성공할 만한 것을 향해 분투하는 것입니다. 여러분은 좋은 의도에서지만 유용하지 못하거나 심지어는 회복을 약화시키게 되는 그런 조력을 할 수도 있습니다. 계속 읽어가면서 어떻게 여러분의 최고의 노력을 투

344 최고의 나를 찾는 심리전략 35

자할지 탐색하면서 여러분이 시도해보고 싶은 아이디어는 무엇이든 표시해보세요.

이 장에 나오는 원칙들은 넓은 범위의 사람들에게 적용됩니다. 여러분이 조력하고자 하는 사람은 단지 중독만 있거나, 단지 트라우마만 있거나, 그 둘 모두 있을 수도 있습니다. 그는 문제 행동이 있거나(덜 심각한), 완전히 진행된 상태일(더 심각한) 수 있습니다. 그는 추가적인 삶의 문제, 즉 재정 문제, 노숙, 신체 질환 또는 법적 문제가 있을 수 있습니다. 그는 물질 남용과 같이 하나의 중독만 있거나 도박, 성, 음란물 또는 쇼핑/소비에 대한 중독과 같이 다중적인 중독 문제가 있을 수 있습니다. 이러한 문제에 대해서는 '의학적인 문제이지 미쳤거나 게으르거나 나빠서가 아니다'(제4장)를 보시기 바랍니다.

여러분 자신의 회복을 위해 이 책을 읽고 계시다면…

여러분은 이 장을 여러분 인생을 함께하는 누군가에게 줄 수 있습니다. 하지만 그가 안전한 사람인지 확실해야 합니다. 즉, 그는

- 현재 여러분에게 해를 끼치고 있지 않습니다.
- 현재 주요 중독과 싸우고 있지 않습니다.
- 상당히 안정적입니다.
- 여러분에게 최고의 이익이 되는 것을 염두에 둡니다.

여러분의 삶에서 그 누구도 안전하지 않다면, 그럼에도 불구하고 여러분은 심리상담자, 12단계 후원자 또는 다른 공식적인 조력자에게서 도움을 얻을 수 있습니다.

그리고 또 여러분은 이 장을 읽어나가면서 다른 이들이 여러분의 회복을 어떻게 지원할 수 있는지에 대해 여러분 자신이 더 배울 수 있습니다.

시작 지점: 조력자를 위한 두 가지 질문

다음의 두 질문에 대해 숙고해보십시오. 여러분의 답이 무엇이든지 여러분은 이 장의 나머지를 읽으면서 조력할 방법들을 탐색할 수 있습니다. 그러나 어느 하나 또는 두 질문 모두에 '아니오'라고 답했다면 주의하시기 바랍니다. 조력의 핵심 원칙에서 최우선은, 해를 끼치지 말라는 것입니다. 즉, 불쑥 끼어들어서 해를 끼칠 수 있는 무언가를 하기보다는 물러서서 아무것도 하지 않는 것이 때로는 더 나을 수 있다는 것을 의미합니다. 여러분에 대한 정직한 자기자각self-awareness이 시작 지점입니다.

질문 1: 여러분은 누군가를 도울 만큼 여러분의 삶에서 충분히 좋은 위치에 있습니까?

"자신이 이미 알고 있지 못한 것을 누군가에게 가르칠 수는 없다."는 말이 있습니다. 여러분이 도와주고자 하는 사람보다 최소한 한걸음 더, 좀 더 안정적으로 앞서 있을 필요가 있습니다. 여러분 자신이 회복 중에 있다면, 그리고 그것이 유지되고 있다면 – 일반적으로 1년 이상 – 그것은 훌륭한 일입니다. 현재 여러분이 주요한 중독, 트라우마 문제, 정신 질환 또는 여러분 자신의 삶에서 이혼이나 실업과 같은 주요한 스트레스 상황에 있다면, 어쩌면 여러분 자신을 먼저 돌보는 것이 필요합니다. 여러분의 안정성에 대한 확실한 본보기를 보이는 게 말로 하는 것보다 더 강력합니다. 즉, 본보기를 보여주십시오. 단지 말로만 하지 마십시오. 여러분 자신을 먼저 도울 필요가 있다면 그 사람으로 하여금 알도록 하십시오. 여러분은 정서적 수준에서 개입하는 것을 시도하는 것보다는, 전화 걸기라든지 교통편 지원이라든지 이런 실용적인 조력을 여전히 제공할 수 있습니다.

질문 2: 여러분이 돕고자 하는 사람과 충분히 좋은 관계에 있습니까?

그 사람이 여러분의 동기를 신뢰하고 최소한 가끔은 여러분의 말을 진정으로 들을 정도로 여러분의 관계는 충분히 튼튼할 필요가 있습니다. 너무 많은 다툼이나 거리두기나 불신이 있다면 여러분은 도울 수 없거나 해를 더 끼칠 수도 있습니다. 단지 여러분을 괴롭히기 위해 그는 행동화를 통해 여러분이 말하는 것과 반대로 행동할 수 있습니다. 그는 여러분이 틀렸다는 것을 증명하기 위해 힘겨루기에 돌입할 수도 있습니다("나는 그 누구의 도움도 필요하지 않아."). 또는 긍정적으로 말은 하지만 아무런 행동을 하지 않을 수도 있습니다("맞아, AA에 가기는 가겠지만 이번 주는 아니야.").

여러분의 관계는 여러분 중 어느 누구도 실패함이 없이 그 사람과 함께 '걸어갈' 정도로 충분히 튼튼할 필요가 있는 바닥재와 같습니다. 이는 관계 속에 긍정적인 에너지가 있음을 의미합니다. 여러분은 서로를 소중히 여깁니다. 여러분은 그 사람의 복지에 마음을 씁니다. 여러분은 서로에게 열려 있습니다. 여러분은 정중하게 의견을 달리할 수 있습니다. 여러분은 신체 또는 정서적인 폭력 없이 갈등을 해결할 수 있습니다.

중요한 변화는 종종 좋은 관계 덕분에 일어납니다. 아마도 여러분은 그렇게 존재할 수 있을 겁니다.

여러분이 전문적인 조력자라면, 여러분의 내담자에게 '좋은 심리상담자를 찾아라'(제32장)에 실린 조력 동맹 질문지를 작성해보도록 요청해보십시오. 강력한 동맹은 치료의 성공과 보다 큰 관련이 있습니다.

조력의 방법

트라우마와 중독에 대해 할 수 있는 한 모든 것을 배우십시오

트라우마와 중독에 대해 여러분이 더 많이 배울수록 여러분의 도움은 더 강력할 수 있습니다. 여러분이 다음과 같은 예를 든다면 놀랄지도 모르겠습니다.

- 중독적 성격으로 밝혀진 것은 없다.
- 사람들은 자신의 트라우마에 대한 고통스럽고 상세한 이야기를 하지 않고도 회복될 수 있다.
- 사람들은 중독을 포기하는 것에 대해 마지못해서나 동기 없이 시작해도 중독에서 회복될 수 있다.
- 트라우마와 중독에 대해 동시에 작업하는 것은 중독을 먼저, 트라우마를 나중에 하는 것보다 권장된다.
- 익명의 알코올중독자들 모임Alcoholics Anonymous(AA)과 같은 12단계 집단들은 강력한 도움이 될 수 있지만 중독 회복에 필수적인 것은 아니다.
- 중독 치료에 오래 머물수록 더 나은 결과를 얻는다.
- 초기에 돕는 것이 가장 좋다. 그가 '바닥을 치는 것hit bottom'을 기다리지 마라.
- 중독 및 트라우마 문제 둘 다 가족들 안에서 흐르며 유전적 기반이 있다.
- 성공적으로 회복하는 길은 많다. "많은 길, 하나의 여정."
- 트라우마가 중독으로 이끌 수 있지만, 중독도 트라우마로 이끌 수 있다.

이 책을 될 수 있는 한 여러 번 읽어보길 바랍니다. 추가로 학습할 수 있는 방법에 대해서는 '자원'(부록 B)을 보십시오. 그리고 부록 D에 있는 퀴즈를 풀어보십시오.

그에게 트라우마나 중독이 얼마나 어려운지 진정으로 이해하려고 노력하십시오

그에게 변화한다는 게 얼마나 어려운 일인지 여러분이 이해하는 것은 중요합니다. 여러분이 중독이나 트라우마 문제를 지닌 적이 없다면 변화한다는 게 훨씬 쉬워 보일 수 있습니다. 여러분은 술을 한 번 마신 후 중단하거나 5만 원어치 도박을 한 뒤 카지노를 떠날 수도 있습니다. 트라우마를 극복하고 넘어갔을 수도 있습니다. 하지만 여러분이 돕고 있는 그는 다를 수 있습니다. 길을 잃고 혼란에 빠져 행동을 취하지 못하거나 결정을 내리지 못할 수 있습니다.

다인 씨는 아이일 때 학대를 당했습니다. "바깥세상에서는 짐작도 하지 못합니다. 그래서 혼자라고, 고립되었다고, 섬뜩하다고, 때로는 미쳤다고 느끼게 됩니다. 그는 자기가 성추행하는 이유가 저를 사랑하기 때문이라고 말하곤 했습니다. 그리고 저는 그를 믿을 충분한 이유가 있었는데, 왜냐하면 제가 그를 아주 좋아했기 때문입니다. 그게 제가 분별력을 발휘하는 걸 막았습니다. 무엇이 실제이고 무엇이 실제가 아닌지에 대한 분별력을 막은 것입니다." 삶의 후반에 다인 씨는 누구를 믿어야 할지 구분할 수 없었습니다. 그는 결정을 내리고 명쾌하게 생각하는 데 어려움을 겪었는데, 그것은 끊임없이 자기자신을 의심했기 때문입니다. 학교의 교사들과 직장의 감독자들은 그의 트라우마 내력을 몰랐기에 그가 단지 똑똑하지 못하거나 열심히 하지 않기 때문인 것으로 추측했습니다.

- 비디오 '대가 치르기: 어린 시절 트라우마의 지속적인 충격Counting the Cost: The Lasting Impact of Childhood Trauma'에서

　이해심과 함께(그리고 또 이해심 없이) 반응하는 것이 어떻게 들리는지에 대해 본서 349~351쪽에 나오는 '도움이 되는 것, 해를 끼치는 것' 절을 살펴보시기 바랍니다.

본 서의 실습문제들을 여러분이 그 사람이 된 것처럼 풀어보세요

본 서의 실습문제들을 하나의 상상 실험으로 시도해봄으로써 그가 어떤 경험을 하고 있는지에 대한 여러분의 이해를 깊게 할 수 있습니다. 트라우마 영역에서 도움이 되는 구절이 하나 있습니다. "세상을 트라우마의 렌즈로 바라보라." 곤란한 행동을 트라우마의 조명 아래서 이해해본다면 더욱 납득할 만합니다. 예를 들면, 전쟁에서 생존한 어떤 이는 다른 사람들을 적으로 볼 수 있습니다. 어린아이일 때 무시당한 경

험이 있는 사람은 '권리를 주장할 자격이 있'고 '쉽게 만족하지 않는' 것으로 보일 수 있습니다. 여러분은 또한 중독의 렌즈를 통해 바라볼 수 있습니다. 어떤 이는 수치심 때문에 중독을 최소화하거나 체면을 살리고자 중독에 대해 거짓말을 할 수도 있습니다. 사람들은 통제할 수 없다고 느낄 때 그것을 숨기고자 하는 것은 이해할 만합니다. 그는 겉으로는 강인해보여도 안으로는 취약합니다.

도움이 되는 것, 해를 끼치는 것

다음에서 여러분이 작업하고픈 것은 무엇이든 체크하세요.

도움이 되는 것	이렇게 말하는 것
심판 없이 경청하기	"당신이 겪고 있는 것에 대해 듣고 싶어요. 저는 단지 경청할 겁니다."
격려	"저는 당신을 믿어요.", "정말 희망은 있어요.", "다른 사람들은 호전되었어요. 당신도 할 수 있어요."
신뢰를 서서히 구축하기	"우리가 서로 신뢰하는 데는 시간이 걸릴 겁니다."
'단 하나의 옳은 길'보다 다양한 선택안을 제공하기	"우리가 여러 선택안을 모아 보면 당신이 선호하는 것을 선택할 수 있습니다."
타당화	"당연히 여러 감정을 느낄 수 있습니다", "당신이 그렇게 느끼는 것은 이해할 만합니다."
개방성	"무엇이 진행되고 있는지 궁금합니다."
질문	"지금 당장 무엇이 가장 도움이 될까요?", "제가 어떻게 지원해드리면 될까요?"
실제적 지원	"언제든 연락하세요. 낮이든 밤이든.", "당신이 원한다면 심리상담자를 찾는 걸 도울 수 있어요."

도움이 되는 것	이렇게 말하는 것
정신적 지원	"어떤 아이도 그런 대접을 받아선 안 되죠.", "당신이 어떤 걸 입고 있든지 그가 당신을 공격할 권리는 없어요."
현재에 초점 맞추기	"무엇이 지금 당신에게 도움이 될지 알아봅시다."
공감	"당신의 목소리에서 슬픔이 느껴지네요."
강점을 알아보기	"당신의 회복탄력성에 정말 감명받았어요.", "당신은 생존자입니다."
접촉하기	"제가 전화해서 확인을 하고 당신의 진행상황에 대해 알아볼 겁니다."

해를 끼치는 것	이렇게 말하는 것
그의 관점이 틀렸다고 입증하기	"그건 단지 핑계에 불과해요.", "그렇게 말하는 건 그만 하세요."
비현실적으로 되기	"그저 술을 들지 마세요.", "곧 기분이 좋아질 겁니다."
트라우마 부인하기	"그것에 대해 잊으세요. 그건 지나갔어요.", "당신은 충분히 젊어요 또 다른 아이를 좀 가져보세요."
중독 부인하기	"누구나 술을 마시죠.", "당신은 중독자처럼 보이지 않네요."
자신에게 들어맞았던 것이 그들에게 들어맞을 거라고 주장하기	"그저 AA에 가세요. 그게 제가 했던 거예요."
추측하기	"당신의 내력을 말할 필요가 있어요.", "당신에게 상처 준 사람을 용서해야만 해요."
거짓 안심시키기	"일어나는 모든 건 이유가 있지요.", "시간이 모든 상처를 치유하지요."
훈계하기	"마약을 사용하는 건 잘못된 거예요.", "그런 식으로 옷을 입어서는 안 되는 거죠."

해를 끼치는 것	이렇게 말하는 것
속상하게 하는 세부 내용을 요청하기	"그 트라우마 동안 일어난 일을 정확하게 말해주세요."
과거에 초점 맞추기	"그 모든 건 당신이 어린애였을 때 시작했죠….", "당신의 부모는 그 이상을 했어야 했어요."
약속 어기기	"병원에 있는 당신을 방문하려고 했는데 제가 너무 바빴어요."
비난하기	"틀림없이 다시 술을 마셨군요.", "그렇게 희생자가 되는 걸 그만두세요."
정보 요구하기	"가족 중에서 누가 당신을 학대했는지 말해주세요"

이러한 사례들이 전하는 것이 무엇인지 알아보세요. 여러분은 다음과 같을 때 가장 도움이 될 것입니다.

- 여러분이 화자talker이기보다는 청자listener일 때
- 여러분이 문제를 진지하게 다룰 때
- 그에게 그것이 얼마나 어렵게 느껴지는지 여러분이 이해할 때
- 여러분이 그의 경계境界를 존중할 때
- 여러분이 진정한 신뢰를 구축하기 위해 분투할 때
- 여러분이 자신의 해법을 제공은 하지만 강요하지는 않을 때
- 여러분이 희망의 분위기를 창출할 때
- 그가 표현하고 있는 감정에 대해 여러분이 경청할 때
- 여러분이 다른 이의 관점에 동의하지 않으면서도 감정을 타당화해줄 수 있음을 이해할 때
- 심란하게 하는 일들에 대해 그것이 심리상담의 맥락에 있지 않고 상호 합의한 것이 아니라면 깊게 탐색하지 않을 때

사랑과 한계에 균형을 취하세요

중독과 트라우마 문제를 지닌 사람들에 대해 흔히 너무 친절하거나 너무 가혹하게 대합니다. 여러분은 이 둘 사이에서 오가고 있는 자신을 발견할 수도 있습니다.

너무 친절한. 여러분은 "사랑은 모든 것을 치유한다."고 믿을 수도 있습니다. 여러분의 지원은 대단한 도움이 될 수 있습니다. 하지만 도가 지나치면 그 사람의 회복을 위태롭게 할 수 있습니다. '권능 부여enabling'는 중독 용어로서 그 사람의 행동을 양해해주는 것을 의미하는데 그것은 중독을 계속되게 만듭니다. 권능 부여는 타당한 경계를 설정하지 않고, 모르는 척하는, 상황이 실제보다 나은 척하는 것입니다. 권능 부여는 또한 트라우마에 대한 반응으로 일어나는데, 누군가가 신체적으로 여러분을 해치는 것을 허용하는 것("사실 그는 정말 커다란 고통 속에 있어.")과 같은 것입니다. 너무 친절한 것은 또한 여러분을 지치게 할 수 있습니다. 한계 없는 사랑을 제공하는 조력자는 탈진하고 억울해할 수 있고 자신의 조력 능력을 감소시키게 됩니다. 따라서 여러분 자신과 다른 이를 위하여 친절하되 진실함을 훼손하면서까지 그래서는 안 됩니다.

너무 가혹한. 이것은 인정 없고, 너무 대립적이며, 과잉통제를 행하는 것입니다. 여러분은 '무관용', '내가 하자는 대로 하거나 아니면 떠나라', '삼진아웃' 그리고 그 밖에 전부 아니면 전무全無 입장과 같은 구절들을 사용할 수도 있습니다. 이러한 엄격한 입장은 일반적으로 너무 냉정해서 그들이 성공하기 위해서 진정성 있게 노력할 때조차도 실패하게 만들 수 있습니다. 그것은 지원을 위한 간절한 욕구에 의해 그들을 길거리로 또는 안전하지 않은 사람들에게로 내몰 수 있습니다. 또한 트라우마 내력이 있는 사람들은 가혹함을 무시나 학대로 받아들일 수 있습니다. 여러분이 그런 것을 의도한 것이 아닐지라도 그럴 수 있습니다. 프랭크는 아편 중독이 있는 남자인데 그의 아버지에 의해 정서적인 학대를 당했습니다. "저는 이미 아버지가 저를 미워하는 것보다 더 스스로를 미워합니다. 아버지가 제게 화가 난다는 식으로 말할 때 그게 저를 바꾸도록 하지 못해요. 그건 단지 아버지한테서 숨어버리고 싶게 해요." 라고 그는 말합니다.

균형. 목표는 사랑과 한계의 균형을 취하는 것입니다. 지원을 하되 여러분의 경계에 대해 명확히 하십시오. 도움을 제공하되 여러분 자신 역시 돌보십시오. 친절하되 정직한 피드백 또한 주십시오. 이것은 트라우마뿐만 아니라 중독을 이해하는 데도 결정적인 지점입니다. 전형적인 중독만의 치유addiction-only care에서 그 사람에게 '바닥을 치는 것'을 겪게 하거나 모든 사람을 모아서 그 중독자를 직면케 하는 개입을 개최하거나 하는 것들은 때때로 그로 하여금 결과를 직면케 해서 마침내 변화를 만들도록 하고자 하는 최후의 시도로써 작동합니다. 하지만 누군가가 트라우마 문제나 여타의 주요 정신건강 문제가 있을 때 그러한 전략들은 종종 역효과를 낳는데, 그것은 정서적 문제들이 다루어지지 않았기 때문입니다. 그 '바닥'은 계속해서 내려가게 되고, 그는 마침내 모든 연락을 단절하거나 완전히 포기하게 될 수 있습니다. 비록 그가 옳은 것을 행하기를 간절히 원한다 해도 정서적 문제들이 장애물이 될 수 있습니다. 그가 중독 회복에 성공할 수 있도록 도울 수 있는, 정서적 문제에 대한 약물 치료와 심리상담이 있습니다. 그러한 약물 치료와 심리상담이 가능하지 않았던 1935년의 AA 설립 이래로 중독 분야는 크게 발전하였습니다. 물질 갈망을 억제하는 약물도 개발되었습니다. 연구에 따르면 가능한 한 오랫동안 가능한 모든 치료를 제공하는 것이 성공적인 회복으로 가는 최고의 길입니다. 새로운 방법들이 계속해서 발전하고 있고, 그래서 어떤 것이 전에는 작동하지 않았더라도, 가용할 새로운 선택안을 찾아보기 위해 노력해야 합니다.

목표는 극단보다는 균형입니다. "당신이 AA에 가지 않으면 당신을 집 밖으로 내쫓아버릴 거야."라고 하는 대신에 계획을 세워서, 이때 심리상담자의 도움을 받을 수도 있는데, 성공에 대한 보상을 마련하는 명확한 단계들 그리고 주의 깊게 계획된 성과의 조합을 강화하도록 시도해보십시오. 성과가 충분히 강력해서 그에게 중요한 수준이 될 필요가 있지만, 너무 강력해서 그를 압도할 정도여서는 안 됩니다. 여러분이 성과를 - 한계나 요구사항을 - 얻지 못한다면, 여러분은 그의 문제를 강화하거나 여러분 자신의 분노를 쌓아올리고 있을 수도 있습니다. 그 성과는 여러분이 누구인가, 그가 누구인가, 여러분의 관계가 어떠한가, 그의 삶에 대한 여러분의 영향력, 그가 얼마나 동기화되어 있는가, 그리고 그 문제가 얼마나 심각한가에 달려 있습니다. 필요하다면 다른 이의 지도를 받아 계획안을 도출하십시오. 여러분은 또한 효과가 있는 해법을 발견하기 위하여 많은 실험을 해볼 필요도 있을 것입니다. 여러분이 도우려는 사람에게 자살이나 타인에 대한 폭력의 내력이 있다면 전문적인 조력을 받아 무엇을 해야 할지 파악할 필요가 있습니다. 여러분 자신이나 타인들을 위험에 처하게 하지 마십시오. 여러분이 정말 개입을 시도하고자 한다면, 오래된 학파의 가혹한 접근보다는 최근에 개발된 보다 온화한 방법들을 탐색해보십시오.

가혹한 직면을 피하세요

가혹한 직면은 중독 치료의 특징이었습니다. "더 강하게 만들기 위해 먼저 해체하라."가 그것입니다. 종종 심각한 중독의 일부인 부인否認에 도전하기 위하여 중독 프로그램들은 '뜨거운 의자hot seat', '정서적 수술', '이발' 그리고 사람들에게 혐오스러운 표지판을 걸치도록 하거나 화장실 청소 같은 벌칙을 감수하도록 강제하는 것과 같은 방법들을 사용하였습니다. 하지만 지난 과거 수십 년간 지지support가 직면cofrontation보다 더욱 도움이 된다는 것을 연구는 보여주었습니다. 심리학자 빌 밀러*와 그의 동료들에 의해 20년도 더 전에 수행된 연구에 따르면 심리상담자들이

---

* 윌리엄 밀러William R. Miller는 스티븐 롤닉Steven Rollnick과 함께 동기면담Motivational Interviewing(MI)을 개발하였는데, 초기에는 중독을 치유하기 위해 개발되었으나 현재를 내담자client 또는 환자의 변화, 의사결정, 의사소통 등을 돕기 위해서 활용되고 있다. 의료, 복지, 심리상담/심리치료, 코칭 등 다양한 분야에서 동기면담을 활용하고 있다. 동기면담은 기본적으로 내담자와의 협동partnership(면담자가 내담자를 그들 인생의 전문가로서 존중하며, 협력을 통해 내담자를 돕고자 함), 내담자에 대한 적극적인 수용

문제 음주자들에게 그들의 음주에 대해 직면하면 할수록 내담자들은 더욱 술을 마신다는 것을 발견했습니다(가혹한 직면 모델들의 역사와 그들을 지지하는 증거의 부재에 대해 기술하는 밀러와 화이트의 대단히 흥미로운 논문에 대해서는 '자원'(부록 B) 참조). 이와 같은 방법들이 여전히 몇몇 프로그램에서 사용되고 있지만, 현재 중독 치료에서 최고의 방식들은 협동, 친절한 방식으로 한계를 유지하기 그리고 실제적인 격려를 제공하기를 강조합니다. 이러한 방식은 중독에 대해 단독적으로도 진실이고, 트라우마, 노숙, 가정폭력, 두부 외상, 중증의 신체건강 문제 또는 정신 질환과 같은 주요한 취약성에 대한 맥락에서는 더욱더 중요합니다.

그에게 권한을 부여하세요

여러분이 돕고 있는 그에게 권한을 부여하기empower 위해 분투하십시오. 선택권을 제공하고("무엇에 대해 이야기하고 싶으신가요?"), 허락을 구하며("우리가 그것에 대해 좀 더 이야기할 수 있을까요?"), 그가 옳다고 느끼는 걸 알아차리도록 격려합니다("심리상담을 해보는 것이 도움이 될까요?"). 이와 같은 협동적인 접근들은 중독과 트라우마 문제가 있는 사람들에게 특히 중요합니다. 둘 다의 특성은 무력감 powerless입니다. 트라우마는 힘의 부재에 뿌리를 두고 있습니다. 사람들은 트라우마를 겪게 되는 걸 선택하지 않습니다. 그리고 많은 트라우마는 고문, 아동학대, 가정폭력과 같은 힘의 남용을 상징합니다. 중독 역시 사람들이 자기자신의 행동을 바꾸는

---

acceptance(내담자의 존재 그 자체로서 절대적인 가치와 잠재성을 존중하고, 선택의 자율성을 인정 및 지지하고, 내담자의 세계관을 이해하기 위해 정확하게 공감하며, 내담자의 강점과 노력을 인정하는 것), 내담자에 대한 동정[자비]compassion(동정: 남의 어려운 사정을 이해하고 정신적으로나 물질적으로 도움을 베풂 – 국립국어연구원), 그리고 내담자가 지닌 자원들을 이끌어내는 유발evocation(내담자에게 이미 존재하는 동기와 자원들을 이끌어내어 내담자가 원하는 변화를 계획하고 추진할 수 있도록 돕는 것) 등 네 가지 정신을 중시하며 이와 관련된 핵심기술들을 근거에 기반을 두어 제시하고 있다. MI에 대한 자세한 내용은 신수경·조성희의 『알기 쉬운 동기면담』(학지사)과 온라인 카페 '동기면담' 등을 참조하기 바란다. – 역주

데 느끼는 무력함을 의미합니다. 하지만 권한 부여는 그들로 하여금 "여러분을 함부로 대하도록" 내버려두거나 그들이 말하는 모든 것에 동의하는 것을 의미하지는 않습니다. 책임성은 똑같이 중요합니다. 책임성accountability은 그들이 안전한, 존중 받을 수 있는, 건강한 방식으로 행동하는 것에 대해 책임이 있다는 것을 의미합니다.

정직해지세요 - 여러분은 어떻게 느끼고 계신가요?

여러분은 그 사람을 향해 긍정적인 감정을 많이 지니고 있을 수 있습니다 − 돌봄, 사랑, 보호. 하지만 여러분이 실제로 느끼는 것보다 더 긍정적으로 느끼길 원하는 것 역시 흔히 있는 일입니다. 여러분은 그의 문제에 대해 화가 나거나 지친 것에 대해 죄책감을 느낄 수도 있습니다. 그가 트라우마로 고통을 받고 있기 때문에 여러분은 '성자'가 되어 언제나 공감적일 필요가 있다고 생각할 수도 있습니다. 그가 계속해서 여러분에게 거짓말을 하더라도 그에게 의혹을 품거나 불신해서는 안 된다고 믿을지도 모릅니다. 혼란스러운 감정들을 갖게 되는 것은 정상적임을 아시기 바랍니다. 여러분의 감정을 큰 소리로 표현할 필요는 없겠으나, 그 감정들을 여러분 내면에서 정말 정직하게 소유할 필요가 있습니다. 여러분의 감정은 여러분에게 온도를 말해주는 온도계와 같습니다. 감정은 여러분이 '날씨에 맞춰 옷을 입도록' 도와줍니다. 즉, 여러분이 그에게 진정성 있는 방식으로 대응할 수 있도록 준비시켜줍니다. 여러분의 몸과 마음에 무엇이 나타나는지 살펴보십시오. 심각한 트라우마 및 중독 문제를 지닌 사람을 다룰 때 흔히 생기는 감정은 다음과 같습니다.

- 여러분이 해줄 수 있는 건 모두 해주고 나서 아주 지쳐버리는
- 그가 고통받는 것에 대한 슬픔
- 그가 이렇게까지 된 것에 대해 가슴이 무너지는
- 배신당한 것 또는 약속이 깨진 것에 대해 격노하는

- '살얼음판을 걷는 것'과 같아서 어떤 말을 꺼내기가 두려운
- 그가 다른 이들에게 상처 주는 것을 바라볼 때 여러분이 느끼는 도덕적 분노
- 여러분이 얼마나 많이 희생해야 했는지에 대해 분하게 느낌
- 그가 여러분을 배제할 때 절망하게 되는
- 그가 다음에 무슨 행동을 할지 몰라서 불안해하는
- 그가 받는 주변의 돌봄을 부러워하는
- 돕고는 싶지만 어떻게 도와야 할지 몰라서 혼란스러운
- 여러분이 했거나 하지 않은 것에 대해 죄책감을 느끼는
- 그가 여러분을 몰락시키고 있는 것에 대해 화나는
- 여러분 자신의 트라우마 또는 중독이 촉발되어 반응하게 되는
- 더 이상 신경 쓰지 않는

중독의 힘을 결코 과소평가하지 마세요

중증일 때의 중독은 꽉 붙잡고 놓아주지 않는 쇠로 만든 갈고리들과 같습니다. 여러분은 결코 그러한 갈고리들보다 강하지 않습니다. 슬픈 일이지만 최악의 경우 중독은 가족, 일자리, 아이들, 그리고 옳거나 그른 것보다 더 중요해집니다. "난 단지 이 사람을 더 사랑할 필요가 있어."라고 여러분 자신에게 말하고 있다면, 여러분은 그 중독된 사람과 마찬가지로 환상 속에 살고 있을 수 있습니다. 최고의 접근은 여러분이 볼 수 있고 검증할 수 있는 행동에 기반을 두어 그에게 대응하는 것입니다. 신용카드 청구서는 도박이나 소비 문제를 드러냅니다. 비어 있는 약병은 약물 남용을 의미합니다. 능동적으로 단서와 정보를 찾아보십시오. 그는 진전이 있다거나 새로운 길에 있다거나 하면서 모든 이들을 설득하려고 시도할 수 있습니다. 하지만 여러분은 단지 말이 아니라 행동을 살펴볼 필요가 있습니다. 중독행동의 증거를 찾게 된다면 어떻게 대응할지에 대해 숙고하십시오. 비난을 쏟아내는 것이 아니라 앞서 설명한 사

랑 및 한계의 접근을 취하십시오. 중독을 지닌 사람들은 회복할수 있습니다. 하지만 그것은 그들이 맡은 부분에서 커다란 노력을 요구합니다. 여러분은 도울 수 있지만, 그들을 위하여 그들의 노력을 대신할 수는 없습니다.

트라우마의 힘을 결코 과소평가하지 마세요

트라우마 문제는 그 누가 예상할 수 있는 것보다 더 오래 그리고 더 강하게 그를 압도할수 있습니다. 문제가 지속된다면 여러분이 할수 있는 한 그에게 많은 전문적인 지원을 제공하고자 시도하십시오. 또한 트라우마는 파급효과를 가질 수 있다는 것, 그래서 가족, 친구, 조력자가 그의 강렬한 감정에 의해 '오염될' 수도 있고, 때때로 그 트라우마화된 사람의 감정들을 반영하는 트라우마 관련 문제들을 발달시킬 수 있다는 것을 알고 있어야 합니다. 여러분은 그의 트라우마와 관련된 악몽을 꿀 수도 있습니다. 여러분은 그 트라우마의 가해자에게 폭언을 퍼붓고 싶을 수도 있습니다. 이것은 변형 트라우마, 접촉에 의한 PTSD 또는 2차 PTSD라고 불립니다. 다른 사람과 마찬가지로 여러분 자신에 대해서도 돌보길 바랍니다.

그가 당신을 싫어하는 것을 기꺼이 받아들이십시오

심각한 트라우마 및 중독 문제를 지닌 사람들은 파괴적인 방식으로 행동하면서도 자신들의 행동에 대해 부분적으로만 인식할 수 있는데, 그것은 도취/중독intoxication, 마비/무감각numbness 또는 해리解離dissociation(심한 트라우마 상태의 사람들에게서 나타나는 멍해짐spacing out) 등에 기인합니다. 그들은 촉발되어 예전의 패턴으로 돌아가자마자 그들이 지닌 좋은 의도는 떨어져 나갈 수 있습니다. 그들은 매우 절망적으로 되어 무슨 일이 일어나든 상관하지 않을 수 있습니다. 때때로 그들은 정서적으로 아이들과 같아서 자기자신을 돌볼 성숙함이 없을 수 있습니다. 조력자로서 여러분의 역할은 친절하지만 단호한 부모처럼 되는 것입니다. 여러분은 현실에 발을 딛고

서 있으면서 그 사람이 안전을 유지하도록 자신이 할 수 있는 모든 것을 합니다. 여러분은 때때로 말하기 어려운 것을 말하고 하기 어려운 것을 해내는 사람입니다. 여러분은 그의 의사에게 전화해서 중독의 정도를 드러내야 할 수도 있습니다. 여러분은 무시당하거나 학대당하는 아이를 보호하기 위한 행동을 취해야 할 수도 있습니다. 그는 그런 순간에 몹시 분해할 수 있습니다. 여러분이 옳은 일을 하고 있다는 것을 여러분이 알고 있다면 그것으로 위안을 삼으세요. 나중에 그는 당신이 해야 할 것을 한 것에 대해 감사하게 될 수도 있습니다. 힘든 순간들이 어떠하든, 그에게 가능한 한 많은 자비[연민·동정]를 베풀어주세요 – 바보를 만들거나 욕을 하지 마시고요.

자조 모임에 참여하세요

자조 집단들은 중독에 대해서는 널리 활용되지만 트라우마 문제에 대해서는 그렇지 않습니다(하지만 여러분은 트라우마 자조 집단에 대해 온라인에서 검색해볼 수 있습니다). 따라서 여기서의 초점은 중독 자조 집단입니다. 우선 그리고 가장 중요하게는 Al-Anon(www.al-anon.org)을 시도해보세요. 이들은 중독을 지닌 사람에 의해 삶에 영향을 받고 있는 사람은 누구든지 지역의 무료 지지 집단support groups을 제공합니다. 심리상담자나 여타 전문가들뿐만 아니라 친구나 가족들 역시 참석할 수 있습니다. 여러분은 경험을 나누면서 중독된 사람에게 어떻게 대응할 것인지 알아볼 수 있습니다. 여러분은 또한 개방된 12단계 모임에 참석할 수 있습니다. 여러분 자신이 중독일 필요는 없으며 거기서 발언할 필요도 없습니다. 자신의 중독과 회복에 대해 말하는 사람들에게 귀를 기울이는 것은 훌륭한 경험이 될 수 있습니다. 사람들이 자신의 '경험, 강점, 그리고 희망'(AA에서 유명한 구절)을 나누면서 모임은 또한 매우 감동적일 수 있습니다. 익명의 알코올중독자들 모임, 익명의 코카인 중독자들 모임, 익명의 약물중독자들 모임, 익명의 일중독자들 모임, 익명의 과식자들 모임, 익명의 성중독자들 모임, 익명의 도박중독자들 모임* 등 매우 다양한 12단계 집단들이 있습니다. 또한 여러분이 사는 곳에 따라 SMART 회복 자조 모임, 이성 회복 자조 모임, 여성금주조직, 여타 12단계 모임의 대안 모임들이 있습니다. 자조 집단을 어떻게 찾을지에 대해서는 '자원'(부록 B)을 보십시오.

위기 대응 계획을 마련하세요

그가 흥분하거나, 자살 충동에 사로잡히거나, 폭력적으로 되거나, 아이들에게 위험한 상태가 되는 무서운 순간들이 일어납니다. 이러한 상황들을 혼자서 다루려고 하지 마십시오. 중독은 그들을 원래의 그가 아닌 다른 사람으로 바꾸어놓을 수 있고, 트라우마 문제와 섞였을 때 상황은 폭발적으로 변할 수 있습니다. 예를 들어 사람들이 취해 있는 상태에서 자살이나 폭력을 더 저지르기 쉽습니다. 심각한 PTSD는 자신의 동반자를 질식시키는 악몽을 꾸다가 깨어나게 만들 수 있습니다. 하지만 트라우마와 중독이 있는 사람들의 대부분은 자신이나 타인을 결코 신체적으로 해치지 않습니다. 그들이 정말 폭력적으로 된다면 그것은 타인보다 훨씬 더 자주 그들 자신을 목표로 하는 것입니다. 따라서 그에 대한 건강하지 못한 두려움에 빠지지 마십시오. 그것은 그가 당신의 도움을 가장 필요로 할 때 거리감을 만들어버릴 수 있습니다. 하지만 만약을 위해서 발생할 수 있는 위기상황에 대해 꼭 대비하시기 바랍니다. 여러분에게서 가장 가까운 응급실이 어디에 있는지, 어떤 긴급전화들이 가능한지, 여러분이 필요할 때 연락할 수 있는 정신건강 제공자가 그에게 있는지 등에 대해 알아놓기 바랍니다. '자원'(부록 B)을 보면서 자살 위기 전화 앱도 확인하시기 바랍니다. 여러분이 위기 대응 계획을 구체화하는 데 도움이 필요하다면 지역의 사회복지사, 정신과 의사 또는 여타 정신건강 관련 전문가와 면담하는 것이 유익할 수 있습니다. 그가 자신이나 타인에게 위협이 된다면 즉각적인 도움을 받으십시오. 결코 위험한 상황

---

* 한국에서는 한국 G.A. 및 단도박 모임(한국GA)이라는 명칭으로 두 개의 모임 운영 중. 다른 중독 모임은 본문과 거의 동일한 명칭으로 운영. 세부 내용은 '자원'(부록 B) 참조. – 역주

이 계속되도록 허용하지 마십시오.

여러분 자신의 역사를 존중하세요

트라우마와 중독은 흔히 있는 것으로, 여러분은 어느 하나 또는 둘 다의 내력이 있을 수 있습니다. 대부분의 사람들은 자신의 생애 동안 트라우마에서 생존해냅니다. 그리고 중독은 널리 퍼져 있습니다. (여러분이 트라우마 또는 중독이 있는지 여부에 대해 불확실하다면, 부록 B '자원'에서 무료이면서 간단하게 해볼 수 있는 온라인 익명 간이 검사를 어떻게 찾아볼 수 있는지 알아보시기 바랍니다.) '여러분 자신의 역사 history를 존중하세요'라는 것은 여러분의 곤란한 경험들을 통해 솟아난 강점들을 알아차리는 것을 의미합니다. 하지만 그것은 또한 누군가를 돕는 것을 방해할 수 있는 미결된 과제가 여러분에게 있을 수 있다는 것을 의미합니다. 여러분이 도우려는 사람에게서 쉽게 촉발되고 당황할 수 있습니다. 이 장의 앞부분에서 묘사된 해로운 메시지 몇몇에 걸려들 수 있습니다. 여러분은 실제로 진행되고 있는 상황에 직면하는 것을 회피할 수도 있습니다.

"베쓰의 부모는 알코올중독이었습니다. 아이로서 그는 좋게 보이거나 좋은 사람이 되기 위해 가능한 모든 것을 하였습니다. 폭력과 징벌은 그의 가족에서 대단히 컸기 때문에 그는 최대한 갈등을 피하고자 했습니다. 학교에서의 특별한 노력, 그의 특별활동, 그의 직업들은 많은 목적에 기여했습니다. 그는 가능한 한 집에서 많이 떨어져 있으려고 했고, 말썽을 일으키지 않았고, 수행을 잘해서 주목을 끌었습니다. 베쓰는 유능했지만 대부분의 시간 동안 능력이 모자란다고 느꼈습니다. 그는 끊임없이 자기자신을 증명해야 한다고 믿었습니다…. 치료에서 베쓰는 [알코올 및 성중독자인 자신의 남편] 관련한 자신의 내력이 시종일관 자기자신의 정체성을 희생했던 과정을 드러낸다는 걸 깨달았습니다. 그건 그러한 관계에 머물기 위해 자기자신의 일부를 포기한 것이었습니다. 이 과정은 다음과 같은 책략들을

포함합니다.

- 나 자신의 의도들을 무시하기
- 자신에게 깊은 상처를 주는 행동에 눈 감기
- 자신이 경멸하는 행동을 숨기기
- 아픔을 느낄 때 기분 좋은 척하기
- 체면을 지키기 위해 갈등을 피하기
- 자신이 반복적으로 경멸당하는 것을 허용하기
- 자신의 기준을 양보하는 것을 허용하기
- 가족의 문제에 대해 자신을 비난하기
- 자신에게 아무런 선택권이 없다고 믿기

베쓰가 행했던 모든 것은 그가 알코올중독 가정에서 아이로서 생존하기 위해 했던 것들과 비슷했습니다."
– 패트릭 칸스의 『그림자 밖으로: 성중독의 이해』 중에서

필요하다면 여러분 자신이 도움을 받으십시오. 여러분이 더 치유될수록 다른 이들을 진실로 더 잘 도울 수 있습니다.

실용적인 지원을 제공하세요

실용적인 지원은 다음과 같이 여러 형태를 취할 수 있습니다.

- 그를 심리상담자, 지지 집단 또는 여타 공식적인 조력에 안내하기
- 그가 어떻게 하고 있는지 점검하고 알아보기
- 위기상황에서 무엇을 할 것인지에 대한 명확한 서면 계획을 만들기

- 그를 치료에 보내기
- 도서 및 온라인 자원을 제공하기
- 아이 돌보는 것을 돕기

강렬한 역동에 대비하세요

그의 트라우마와 중독 이력이 복잡하면 할수록 여러분은 도전적인 역동에 마주할 가능성이 높습니다. 그와 같은 패턴은 그 자신 어떻게 다뤄야 할지 모르는 고통스러운 감정들에서 전형적으로 발생합니다. 자비심을 갖고 효과적으로 대응하기 위해서 분투하십시오. 그것은 한계를 설정하고, 기술을 익히고, 그 사람 그리고 여러분을 위해 도움을 받는 것이 포함될 수 있습니다. 힘겨운 역동들에는 다음과 같은 것들이 있습니다.

- '위험 속으로 걸어 들어가기'. 그는 자기 보호가 부족하고 해로운 사람들과 위험한 상황에 들어가길 계속합니다.
- 빈약한 자기 돌봄. 그는 위생과 영양과 같은 기본적인 것들을 유지하지 않습니다.
- 비난하기. 그는 사람들을 밀어내거나 노여워서 분노를 폭발시키거나 도움을 거부합니다.
- 공감의 실패. 그는 타인의 조망을 취할 줄 모릅니다. 그래서 자신의 아이들의 명백한 욕구를 무시합니다. 범죄 행동을 정당화할 수 있습니다.
- 퇴행. 그는 의존적이고 어린애처럼 행동합니다.
- 불신. 그 누구도 믿을 수 없다고 그는 느낍니다. 그래서 당신을 차단합니다.
- 파괴적인 행동. 그는 음주운전과 같은 부주의한 행동을 하거나, 신체를 칼로 베는 것과 같은 자해를 하거나, 타인에게 해를 끼칩니다(공격, 정서적 학대).
- 너무 많거나 적은 책임감. 책임감이 너무 많은 것은 가혹한 자기 비난을 의미합니다. 책임감이 너무 적은 것은 모든 것에 대해 다른 모든 사람들을 비난하는 것

을 의미합니다.

- **지속되는 위기.** 그는 계속되는 커다란 황폐함 속에 있습니다. 일자리에서 해고 되거나 관계의 격정적인 파탄이 그것입니다. 그와 같은 사람들은 '극적인 것 drama'에 중독된 것처럼 보일 수 있습니다. 하지만 그것은 외면세계에 반영된 그들 내면세계의 혼돈과 고통입니다.

그에게서 좋은 점을 지속적으로 보세요

여러분이 그에 대해 좋아하고 찬탄하는 것을 놓치지 않고 붙잡고 있기 위해 분투하십시오. 그가 더 극단적으로 될수록 여러분의 반응도 더 극단적으로 될 수 있습니다. 여러분은 균형감각을 잃을 수도 있습니다. 하지만 그의 몇몇 측면들이 사랑스럽지 못하더라도 그를 사랑할 수 있습니다. 여러분은 좋은 점들에 대해 무감각해질 수 있습니다.

조력이 심원하게 보답될 수 있음을 기억하세요

조력하는 것은 참된 만족을 가져올 수 있습니다. 예를 들면, 중독과 트라우마를 가진 사람들을 치료하는 심리상담자들은 그러한 치료작업에서 부정적인 것들보다 긍정적인 것들을 상당히 더 보고한다는 것을 연구는 증명하고 있습니다. 회복이 일어나는 것을 지켜보는 것은 영성적인 용어로 하면 은총grace의 펼쳐짐으로 때로는 묘사됩니다. 진실로 회복은 일어나는데, 종종 예상하지 못했던 사람들에게 예상하지 못했던 방식으로 일어납니다.

회복의 목소리

미선 – "그건 이제 더 강력하고 실제적인 사랑이 되었습니다."

미선의 동반자인 조유는 PTSD만이 아니라 신체 부상을 남긴 자동차 사고 이후에 진통제에 중독되었습니다. "이 장은 제가 남편 조유와 함께 겪어냈던 많은 것들을 다시 생각나게 하였습니다. 이 장에는 제가 그때 알기 원했던 지혜가 있습니다. 저는 오랫동안 무엇을 해야 할지 모르는 상태에서 무력함을 느꼈습니다. 제가 보기에는 남편은 그 중독을 그만두는 것에 대해 겁에 질려 있었고, 모든 도구, 그의 병기창에 있는 모든 무기를 의식적이든 무의식적이든 사용해서 그 중독을 계속 유지하고자 했습니다. 남편은 자신이 상황을 통제하고 있다고 계속해서 말하곤 했지만, 저는 여전히 빈 약병들, 그리고 똑같은 진통제들을 처방하고 있는 서로 다른 의사들에게서 온 음성메일과 같은 것들을 계속해서 발견하곤 했습니다."

"제 아버지는 알코올중독이었고 간경변증으로 돌아가셨습니다. 저는 다시는 중독자와 연루되지 않으리라 맹세했습니다. 저는 그런 삶을 다시 살 수 없었습니다. 오르락내리락하고, 약속을 깨뜨리고, 남편이 중독으로 죽어가는 걸 지켜보면서도 그걸 멈출 수 없는 그런 삶 말입니다. 그래서 남편이 중독을 발달시켰을 때 저는 주저앉고 말았습니다. 그때까지 우리는 15년간 함께 했었고, 남편이 없는 삶을 상상할 수 없었습니다. 저는 그 무엇보다도 그를 사랑했습니다. 하지만 저는 아빠에 대한 저 자신의 과거 속으로 촉발되어 빠져들어갔고 저의 운이 다된 것처럼 느껴졌습니다. 제가 너무 오랫동안 미루는 바람에 제대로 기능할 수 없었고, 그건 우리 누구에게도 도움이 되지 않았습니다. 저는 제자리걸음을 계속 했고, 점점 더 우울해졌습니다. 저는 교육받은 사람이고 저 자신을 유능하다고 생각하지만, 제 안에서 어느 정도 포기하고 있었습니다. 남편이 그만두도록 설득하기 위해 제가 어릴 때 부모 사이에서 보았던 그 미친 듯한 논쟁 속으로 들어가고 싶지는 않았습니다. 이 꼼짝할 수 없는 곤경에 머물거나 그를 떠나는 것 – 이건 제 가슴이 찢어지는 일입니다 – 외에는 그 어떤 진정한 선택지도 없는 것처럼 느껴졌습니다."

"마침내 저는 굉장히 우울해져서 정신과의사를 면담하고 항우울제를 먹게 되었습니다. 그게 도움은 되었지만 가장 큰 것은 제가 심리상담을 받도록 어느 사회복지사에게 소개한 것입니다. 그는 남편이 단지 중독이 아니라 PTSD가 있을 수 있다고 조각을 맞추듯 연결하였습니다. 저를 포함한 모든 사람이 남편의 신체 부상과 중독에 너무 초점을 맞추고 있기에 남편의 PTSD를 알아채지 못했습니다. 그 사회복지사는 제가 그걸 알게 했고 남편을 PTSD 치료에 보냈습니다. 저는 이 상황이 저의 아빠와 함께 겪어냈던 것의 반복이 될 필요가 없음을 알게 되어서 안도감을 느꼈습니다."

"저는 제가 남편을 구하지 않았다는 것을 압니다. 즉, 중독과 관련해서 사람들은 그들 자신을 구해야 합니다. 하지만 저는 그 PTSD를 이해하고 나서 새로운 방식으로 남편과 관계를 맺었습니다. 그리고 남편은 그 PTSD가 어떻게 자신의 중독과 관계있는지 알고 나서는 회복에 더 열중할 수 있었습니다. 그것은 제가 교육을 받아가는 것과 남편이 응답하는 것이 결합된 것이었습니다. 그건 천운 또는 행운이었습니다. 남편이 응답하는 게 일어날 수도 아닐 수도 있었습니다. 여러분은 자신의 최선을 다하고 나서 펼쳐지는 것들을 허용해야 합니다. 그 당시에 그것은 괴로웠습니다. 제가 혼자되는 것을 겁냈다는 것, 아무것도 효과가 없을 거라는 것, 그를 영원히 떠나야 할 수도 있다는 것을 인정해야만 했습니다."

"돌이켜보면 그건 제 삶에서 목격한 기적과도 같은 것이었습니다. 그 기적은 어떤 사람이 실제로 바뀐 것입니다. 삶에서 여러분이 과거에 베팅을 하게 되면 아무도 진정 변하지 않는 것처럼 보이게 됩니다. 변화는 어려운 일이고, 예상하기 힘든 일입니다. 하지만 저는 그게 일어나는 걸 보았습니다. 아빠에게는 아니었지만 남편에게는 일어났습니다. 저는 남편이 자랑스럽습니다. 저는 남편이 해낸 것에 대해 그 공로를 크게 인정합니다. 그리고 저는 저 자신에게 옳은 일을 해냈다고 느낍니다. 우리 둘 다를 향하여 더욱 많은 자비심을 지니고서 저는 팽팽한 줄타기 줄을 걸었고, 미로에서 길을 찾아다녔으며, 거기서 빠져 나오게 되었습니다. 주저앉아 우울에 빠지거나 격렬한 분노를 내버려두기보다는 여러 선택지가 있다는 것을 알게 되었습니다. 남편은 5년 동안 약물을 끊었고 다시 직장에 다니고 있습니다. 남편은 이제 자신의 감정에 대해 책임을 진다는 것에 대해 알고 있습니다. 그것에 대해 매일 흥분하지 않습니다. 때로는 엿 같지만, 약물을 통해 도피하지 않고 일어나는 것들을 다루고 있습니다. 그리고 남편은 여전히 때때로 힘겨워합니다. 누군가 자신에게 동의하지 않으면 남편은 힘들어합니다. 남편은 그걸 잘 받아들이질 못합니다. 우리는 여전히 우리 사이에 다뤄야 할 문제들이 있습니다. 하지만 지금 남편이 이루어낸 모습, 그리고 요즘 우리가 여러 가지 일에 대해 이야기를 나누는 걸 지켜보면 굉장하게 느껴집니다. 그것은 더욱 튼튼하면서도 더욱 실제적인 사랑으로서, 갈등을 회피하고 어려운 일에서 숨어버리지 않는, 그 무엇보다도 더욱 강력한 것입니다."

조력자를 위한 요점 정리

- 여러분이 여러분 자신의 인생에서 충분히 좋은 위치에 있는지 그리고 여러분이 돕고자 하는 사람과 충분히 좋은 관계에 있는지 아는 것에서 출발하십시오.
- 이해는 조력의 주춧돌입니다. 도움이 되는 메시지 대 해를 끼치는 메시지를 알아차리고 있길 바랍니다.
- 본 서에 있는 실습문제들을 여러분이 돕고자 하는 그 사람인 것처럼 모두 풀어보길 바랍니다. 그의 눈을 통해 세상을 보십시오.
- 여러분의 모든 감정에 대해 정직해지길 바랍니다.
- 필요하다면 여러분 자신의 트라우마 그리고/또는 중독에 대해 도움을 받으십시오.
- 무엇보다도 사랑과 한계에 대해 균형을 취하십시오.
- 가혹한 직면을 사용하지 마십시오. 구식의 '더 강하게 만들기 위해 먼저 해체하라'는 더 이상 권장되지 않습니다.
- 중독이나 주요한 트라우마 문제들을 결코 과소평가하지 마십시오.
- 조력자로서의 여러분을 위한 지원을 얻기 위해 Al-Anon 모임에 참여해보고, 익명의 알코올중독자들 모임과 같은 12단계 집단에 가서서 중독된 사람들이 나누는 '경험, 강점 그리고 희망'에 대한 감동적인 이야기들을 들어보십시오.
- 정서적 지원은 물론이고 실제적인 지원을 제공하십시오.
- 위기 대응 계획을 세우셔서 폭력이나 자살과 같은 심각한 상황을 다루는 데 도움을 받으시기 바랍니다.
- 계속해서 배우십시오. 트라우마와 중독에 대하여 놀라운 발견들이 많이 있습니다.
- 그에 대해 사랑스럽게 생각하는 것들을 기억하십시오.

부록 B-1

자원(한국)

여기 자원들은 무료이면서 공신력 있는 정부 또는 비영리기관의 자료입니다. 목록에는 긴급 전화, 정보, 지원, 평가 도구 등이 있습니다. (더 포함시킬 곳을 알려주시면 감사하겠습니다.)

트라우마/PTSD

재난정신건강 정보센터

재난정신건강 정보센터는 재난과 관련된 정신건강문제, 재난으로 인한 심리사회적 영향, 회복방안 등에 대한 정보와 자원의 제공을 목적으로 합니다. 스트레스, 우울장애, 외상 후 스트레스 장애PTSD, 알코올 사용장애에 대한 온라인 자가진단과 관련 정보를 제공합니다.

www.traumainfo.org

국립트라우마치유센터

국립트라우마치유센터는 국가폭력 생존자와 가족들의 정신적 외상 치유를 담당하기 위하여 현재 설립을 추진 중에 있습니다.**

---

* 본 자료는 원서에는 없는 내용이나 국내 독자를 위하여 역자가 정리하였다. – 역주

** http://www.hani.co.kr/arti/society/area/879471.html(2019.9.14. 검색) – 역주

광주트라우마센터

광주트라우마센터는 5·18 민주화운동 관련자 등 국가폭력 생존자와 그 가족을 위한 치유센터입니다. 다양한 치유활동과 함께 관련 자료들을 제공하고 있습니다.

www.tnt.gwangju.go.kr/

안산정신건강트라우마센터[안산온마음센터]

안산정신건강트라우마센터는 4·16참사 유가족을 비롯한 재난 피해자를 대상으로 전문적 심리 지원 및 지역사회 회복을 돕는 기관입니다. 스트레스와 외상 후 스트레스에 대한 무료 온라인 자가진단을 제공합니다.

www.ansanonmaum.net

통통톡通統talk[사회활동가와 노동자 심리치유 네트워크]

해고자, 비정규직, 장기투쟁사업장 노동자, 시민사회단체 활동가 및 가족에게 개인 심리상담, 집단 프로그램, 심리검사, 방문상담 등을 무료로 제공합니다.

(010-7502-2767, jinsol1998@hanmail.net)

cafe.daum.net/tongtongtalk

중독/물질남용

중독센터

인터넷에서 '중독센터'를 검색하시면 각 행정구역별로 중독센터를 찾아보실 수 있습니다(세부 명칭은 센터별로 다소 상이).

한국마약퇴치운동본부

한국마약퇴치운동본부는 마약류 및 약물남용의 예방과 치료, 재활사업 및 사회복귀를 위한 사회복지사업을 시행하고 있습니다. (☎ 1899-0893)

www.drugfree.or.kr

스마트쉼센터

스마트쉼센터는 한국정보화진흥원에서 운영하는 조직으로 인터넷·스마트폰 과의존 예방과 치유를 위해 예방교육, 가정방문상담, 캠페인 등과 함께 과의존 온라인 진단도 제공하고 있습니다. (☎ 1599-0075)

www.iapc.or.kr

한국도박문제관리센터

한국도박문제관리센터는 「사행산업통합감독위원회법」 제14조 제1항에 의거하여 사행산업 또는 불법사행산업으로 인한 중독 및 도박 문제와 관련한 예방·치유를 위한 상담·교육·홍보 및 관련 프로그램의 개발·보급 등을 하고 있습니다. (☎ 1336)

www.kcgp.or.kr

한국마사회 유캔센터

유캔센터는 한국마사회에 의해 운영되는 도박중독 치유센터입니다.

www.kra.co.kr/ucan/

강원랜드 중독관리센터

도박 관련 예방 및 치료 활동을 지원하고 전문 치료 기관과 연계하고 있습니다.

klacc.high1.com

희망길벗 경륜·경정중독예방치유센터

희망길벗 경륜·경정중독예방치유센터는 사행성 게임에 대한 지나친 몰입으로 인해 심리·사회·경제적인 어려움과 고통을 경험하는 개인과 가족을 대상으로, 예방·상담 등을 제공하고 있습니다.

http://www.krace.or.kr/contents/clinic/adviceInfo.do

정신건강센터

인터넷에서 '정신건강센터'를 검색하시면 각 행정구역별로 정신건강센터를 찾아보실 수 있습니다(세부 명칭은 센터별로 다소 상이).

건강가정지원센터

전국의 건강가정지원센터는 가족문제의 예방과 해결을 위한 가족돌봄나눔사업, 생애주기별 가족교육사업, 가족상담사업, 가족친화문화조성사업, 정보제공 및 지역사회 네트워크 사업을 추진하고 있습니다. (☎ 1577-9337)

www.familynet.or.kr

자살 예방

중앙자살예방센터

중앙자살예방센터는 「자살예방 및 생명존중문화 조성을 위한 법률」(2011.3.30)에 근거하여 설치·운영되고 24시간 자살예방 상담을 제공합니다. (☎ 1393)

www.spckorea.or.kr

한국생명의전화

한국생명의전화는 24시간 365일 어려움에 처한 사람들을 상담하고, 생명존중문화 확산과 자살예방을 실천하는 국제 NGO입니다. (☎ 1588-9191)

www.lifeline.or.kr

HIV/AIDS

한국에이즈퇴치연맹

에이즈예방을 위한 홍보·교육, 상담·검진, 조사연구 그리고 국제협력사업을 하고 있습니다. 에이즈 관련 정보를 제공하고 있습니다.

www.kaids.or.kr

자조 모임

익명의 알코올중독자들(www.aakorea.org), 익명의 약물중독자들 한국(www.nakorea.org), 단도박 모임(한국GA)(www.dandobak.co.kr), 한국G.A. & Gam-Anon(www.dandobak.or.kr), 익명의 성중독자 모임(saoffline.modoo.at) 등

부록 B-2

자원(미국)

여기 자원들resources은 무료이면서 공신력 있는 정부 또는 비영리기관의 자료입니다. 목록에는 스마트폰 앱app, 긴급전화, 정보, 지원, 치료 이관referral to treatment, 평가 도구 등이 있습니다. 각 절에서는 또한 온라인 검색 용어를 제공해서 더 많은 것을 찾아볼 수 있도록 돕습니다. 관련 도서에 대해서는 참고문헌을 보십시오.

주: 긴급전화hotline 또는 도움전화helpline가 제공되는 자원에는 별표(★) 표시함.

트라우마/PTSD

앱Apps

6의 순환Circle of 6, PTSD 코치PTSD Coach, 마음전환Mindshift, T2 기분 추적자T2 Mood Tracker 등과 같은 무료 앱을 시도해보십시오.

온라인 검색 용어

트라우마 치료나 지원을 위해서는 '트라우마를 위한 조력help for trauman', '트라우마 생존자 지지 집단trauman survivors support group', 'PTSD 지원PTSD support', 'PTSD 치료PTSD treatment' 등을 검색해보십시오. 여러분이 트라우마 문제가 있는지 확인을 도와주는 도구를 찾기 위해서는 '무료 트라우마 검사free trauman screening'와 '무료 PTSD 검사free PTSD screening'를 검색하십시오.

기관

유년기 역경 경험 연구Adverse Childhood Experiences Study

이 누리집website은 아동 학대와 무시가 어떻게 이후의 삶의 문제(의료 질환 포함)의 원인이 되는지에 대한 정보와 함께 온라인 무료 검사를 제공합니다.

www.acestudy.org

미국불안·우울협회Axiety and Depression Association of America

이 누리집은 PTSD에 대한 온라인 검사, 무료 소책자, 기타 정보를 제공합니다.

www.adaa.org/screening-posttraumatic-stress-disorder-ptsd

행동건강 치료 탐색기Behavioral Health Treatment Locator

물질 중독 및 정신건강 서비스국은 지역별 치료 프로그램을 찾도록 돕는 온라인 도구를 제공합니다.

http://findtreatment.samhsa.gov

전국정신질환연합National Alliance on Mental Illness

이 누리집은 PTSD를 포함한 정신 질환 관련 지원과 이관을 제공합니다.

www.nami.org

국립PTSD센터National Centers for PTSD

이 보훈 누리집에서는 참전 군인과 PTSD 관련 자원들을 제공합니다.

www.ptsd.va.gov

*아동트라우마전국망*National Child Traumatic Stress Network

이 누리집은 트라우마로 고통받는 아동, 청소년, 가족에 대한 돌봄이 향상되도록 도와주는 정보를 제공합니다.

www.nctsn.org

★*국립재난곤경도움전화*National Disaster Distress Helpline

물질중독및정신건강서비스국은 허리케인, 집단폭력, 홍수, 지진, 들불 등의 재난 뒤에 공동체를 돕기 위하여 이와 같은 위기 지원 도움전화를 제공합니다.

Toll free: 800-985-5990

www.samhsa.gov/find-help/disaster-distress-helpline

★*전국가정폭력긴급전화*National Domestic Violence Hotline

가정폭력 피해자는 이 무료 긴급전화를 24시간 연중무휴로 이용할 수 있습니다.

Toll free: 800-799-7233

www.thehotline.org

*국립정신건강연구소*National Institute of Mental Health

이 누리집은 트라우마, PTSD, 기타 정신건강 문제에 대한 정보를 제공합니다.

www.nimh.nih.gov/health/topics/post-tromatic-stress-disorder-ptsd/index.shtml

*전국가정폭력자원센터*National Resources Center on Domestic Violence

이 누리집은 가정폭력 예방 및 치료에 대한 정보를 제공합니다.

www.nrcdv.org

중독/물질남용

앱Apps

음주 잔 수를 세고(예: AlcoDroid), 도박 갈망을 감시하며(예: MYGU), 회복 교육을 제공하는 무료 앱을 이용할 수 있습니다.

온라인 검색 용어

치료와 지원을 위해서는 '중독 조력addiction help', '중독 문제 지원 모임support groups for addiction'(또는 '알코올' 등)을 검색하십시오. 여러분에게 중독 문제가 있는지 여부를 확인하기 위한 도구에 대해서는 '무료 중독 검사 도구free addiction screening tools'(아울러 '무료 알코올 검사 도구free alcohol screening tools', '약물 검사 도구drug screening tools', '도박 검사 도구gambling screening tools' 등)을 검색하십시오.

기관

12단계 중독 자조 모임Twelve-step addiction self-help groups

12단계 프로그램을 활용하는 무료 지역 및 전화지지 모임.
알코올(www.aa.org), 도박(www.gamblersanonymous.org), 과식(www.oa.org), 과소비(www.debtorsanonymous.org), 성(www.sa.org), 코카인(www.ca.org), 마약(www.na.org), 니코틴(www.nicotine-anonymous.org), 그리고 가족 구성원을 위해서는(www.al-anon.org). 온라인 검색을 통해 12단계 지지 모임을 추가로 찾을 수 있습니다.

손상감소동맹Harm Reduction Coalition

이 누리집은 약물 사용자들을 위하여 과복용 예방 및 낙인 경감에 대한 정보를 제공합니다.

www.harmreduction.org

전국알코올중독및약물의존협회National Council on Alcoholism and Drug Dependence

물질 남용 문제가 있는 사람들 및 그 가족들을 위한 정보 및 이관 자료.

www.ncadd.org

★국립도움전화National Helpline

물질중독및정신건강서비스국에 의해 운영되는 24시간 연중무휴 도움전화로서 물질 남용 및 정신 질환에 대한 정보와 치료 이관을 제공합니다.

Toll free: 800-662-HELP

www.samhsa.gov/find-help/national-helpline

국립알코올남용및중독연구소National Institute on Alcohol Abuse and Alcoholism

이 누리집은 알코올 남용에 대한 정보를 제공합니다.

www.nidaa.nih.gov

국립약물남용연구소National Institute on Drug Abuse

이 누리집은 약물 남용에 대한 정보를 제공합니다.

www.nida.nih.gov

음주 다시 생각하기*Rethinking Drinking*

국립알코올남용및중독연구소에 의해 운영되는 이 누리집은 상호작용 도구를 제공하여 알코올 문제의 보유 여부를 확인하고, 알코올 사용(칼로리, 비용 등)을 모니터하며, 치료 이관 등의 지원을 합니다.

www.rethinkingdrinking.niaaa.hih.gov

SMART 회복 모임*SMART Recovery*

SMART 회복은 AA의 대안을 제공하면서 기술 연마와 세속적(비영성적) 접근에 초점을 맞추는 자조 조직입니다. 이 누리집은 지역 및 온라인 무료 모임들의 목록을 제공합니다.

www.smartrecovery.org

참전 군인의 변화*Vet Change*

참전 군인의 변화는 참전 군인들에게 PTSD 및 물질 남용에 대한 온라인 자조 도구들을 제공합니다.

www.vetchange.org

자살 예방

앱*Apps*

*MY3, 한 친구의 질문*A Friend Asks, *살아 있어라*Stay Alive, *연락/접촉 작전*Operation Reach Out 등과 같은 많은 무료 앱이 있습니다. '무료 자살 예방 앱free suicide prevention apps'과 같은 용어로 관련 앱을 추가로 검색해보십시오.

온라인 검색 용어

'자살 예방', '자살 위험 있는 사람을 위한 도움help for suicidal person', '자살 사고suicidal thoughts' 등과 같은 용어로 검색해보십시오.

기관

미국자살예방재단American Foundation for Suicide Prevention

이 누리집은 자살을 예방하기 위한 교육과 지지advocacy를 제공합니다.

www.afsp.org

★전국자살예방생명전화National Suicide Prevention Lifeline

24시간 연중무휴 운영되는 이 긴급전화는 자살 충동을 느끼는 사람들을 위한 즉각적인 자원이 됩니다.

Toll free: 800-273-TALK

www.suicidepreventionlifeline.org

HIV/AIDS

HIV/AIDS를 위한 자원은 여기에 싣는데, 트라우마와 물질 남용 같은 몇몇 중독은 둘 다 HIV/AIDS 위험을 높이기 때문입니다.

온라인 검색 용어

'HIV 도움', 'HIV 예방', '에이즈AIDS 치료' 등을 검색해보십시오.

기관

★*질병통제예방센터*Centers for Disease Control and Prevention

이 누리집은 HIV 및 STD(성병sexually transmitted disease — 역주) 검사를 받는 곳을 찾기 위한 무료 긴급전화를 제공합니다.

800-CDC-INFO

http://gettested.cdc.gov

★*건강자원서비스국: HIV/AIDS 프로그램*Health Resources and Services Administration: HIV/AIDS Programs

이 누리집은 각 주의 HIV/AIDS 무료 긴급전화 목록을 제공합니다.

www.hab.hrsa.gov/gethelp/statehotlines.html

*국립의학도서관*National Library of Medicine

이 누리집은 HIV/AIDS 정보 자원들을 제공합니다.

http://sis.nlm.nih.gov/hiv

*AIDS환자를 위한 예방자원*Prevention Resources for People Living with AIDS

이 누리집은 HIV 전염의 예방을 돕는 정보를 제공합니다.

www.cdc.gov/actagainstaids/campaigns/hivtreatmentworks/resources

*보건사회복지부*U.S. Department of Health and Human Services

이 누리집은 각 지역의 HIV 검사 받는 곳과 HIV 정보를 찾을 수 있는 무료 온라인 도구를 제공합니다.

www.hiv.gov

추가적인 의학 정보

여러분은 어떠한 신체 또는 정신건강 문제든지 그에 대해 배울 수 있는 세계 의학 문헌을 검색할 수 있습니다.

예를 들면, PTSD를 위한 약물 치료medication 정보를 원한다면 다음의 어느 자원이든 활용해서 '약물 치료 및 PTSD'를 쳐보면 됩니다. 그러면 이 용어들을 사용하는 그런 종류의 논문들을 가져올 것입니다. 요약 논문을 찾기 위해서 '리뷰review'라는 용어를 사용할 수 있습니다(예: 'review and medication and PTSD')

구글스칼러Google Scholar

이 누리집은 의학 문헌에 대해 무료 온라인 접속을 제공합니다.

http://scholar.google.com

펍메드Pubmed

펍메드는 미국국립의학도서관의 의학 논문들의 요약문에의 무료 온라인 접속을 제공합니다. 이 누리집의 지침서tutorials는 단계별 검색 안내를 제공합니다.

www.ncbi.nlm.nih.gov/pubmed

부록 C
과도한 행동 척도

파트 A: 과도한 행동 유형

거의 모든 행동이 문제가 될 수 있는데 그런 행동에 지나치게 많이 관여할 경우에 그렇다.

예를 들면, 어떤 사람들은 과도한 도박, 식사, 성, 쇼핑, 일, 운동, 인터넷 사용, 음란물, 모발 뽑기, 피부 벗기기, 태닝, 문신하기 등에서 문제가 있을 수 있다.

여러분은 다음에 열거하는 것 중 하나 또는 모두에서 여러분 자신의 과도한 행동을 알아챌 수 있다.

- 그것에 너무 많은 시간을 쏟기
- 스스로 중단할 수 없다는 느낌
- 여러분의 삶에서 요구되는 대가, 즉 돈 문제, 가족 또는 사회생활 문제(그 행동에 대해 불평하는 사람들) 또는 의학이나 법률문제 등
- 통제 문제: 때때로 여러분은 통제감을 더 느끼기도 하지만 다른 때는 통제력을 잃은 것 같음
- 그것을 하려는 충동

- 그것에서 여러분이 얻는 쾌감

아래 표에서 지난 한 해 동안 적어도 한 달 동안 여러분에게 과도하였다고 할 수 있는 행동들에 체크하세요. *여러분은 그것에 대해 확실할 필요는 없습니다.* 여러분은 그것을 여러분 자신에 대해 알아차린 것이나 다른 이들이 여러분에 대해 말하는 것에 기초할 수 있습니다. 당황스럽거나 불확실하더라도 정직하시기 바랍니다. 이 조사는 비밀이 전적으로 보장됩니다.

	지난 한 해 동안 최소한 한 달간의 과도한 행동
a. 도박(복권, 키노, 스포츠 베팅, 포커 등)	네 / 아마도 / 아니오
b. 알코올 또는 약물(코카인, 마리화나, 헤로인, 옥시코돈 등) 해당 약물 적어보기(한 가지 이상이면 가장 심각한 것을 적음):	네 / 아마도 / 아니오
c. 일하기	네 / 아마도 / 아니오
d. 레저 활동(TV, 스포츠 관람, 낚시 같은 취미, 영매/무당 찾아가기, 가상 풋볼 게임 등과 같은 것들) 적어보기:	네 / 아마도 / 아니오
e. 운동 또는 스포츠하기(달리기나 야구 같은 것들) 적어보기:	네 / 아마도 / 아니오
f. 음식(너무 많거나 너무 적게 먹는 것, 즉 폭식하기 또는 제한하기) 적어보기:	네 / 아마도 / 아니오
g. 전자기기 사용(문자 보내기, 이메일, 웹 서핑, 컴퓨터 게임) 적어보기:	네 / 아마도 / 아니오

	지난 한 해 동안 최소한 한 달간의 과도한 행동
h. 신체 개량(문신하기, 성형 수술, 태닝 같은 것들) 적어보기:	네 / 아마도 / 아니오
i. 신경질적 습관(모발 뽑기, 피부 벗기기, 얼음 깨물기 등과 같은 것들) 적어보기:	네 / 아마도 / 아니오
j. 성 관련 활동(음란물, 성관계, 성적인 페티쉬 같은 것들) 적어보기:	네 / 아마도 / 아니오
k. 돈과 관련하여 '너무 헤픈'(쇼핑이나 과소비 같은 것들) 적어보기:	네 / 아마도 / 아니오
l. 돈과 관련하여 '너무 쥐어짜는'(돈 벌기 또는 돈 축적하기 같은 것들) 적어보기:	네 / 아마도 / 아니오
m. 자신이나 타인을 신체적으로 상처 입히기(커팅cutting, 태우기, 때리기 등) 자신인지 타인인지 적어보기: 행동 유형 적어보기:	네 / 아마도 / 아니오
n. 범죄 행동(훔치기, 방화 등과 같은 것들) 적어보기:	네 / 아마도 / 아니오
o. 관계('동반[공동]의존' 또는 '사랑 중독') 적어보기:	네 / 아마도 / 아니오
p. 특정 정서(분노 또는 슬픔 등) 적어보기:	네 / 아마도 / 아니오
q. 기타? 적어보기:	네 / 아마도 / 아니오

파트 B: 검사 문항

1단계: 파트 A에서 '네' 또는 '아마도'라고 표시한 첫 과도한 행동을 택해서, 다음의 8개 문항 격자표에 그 행동과 관련해서 답하세요.

예를 들어, 도박에 '네' 또는 '아마도'라고 표시했다면 도박과 관련해서 다음의 8개 문항 격자 표에 답하길 바랍니다.

'설명'란에는 여러분의 답을 명확히 하도록 돕는 어떤 세부내용이든 적을 수 있습니다.

지난 한 해 동안 그 행동에 대해 내가 최악의 달*이라고 생각할 때	0 전혀	1 약간	2 많이	3 아주 많이	설명?
1. 나는 그 행동(그것을 하는 것, 그것에 대해 생각하는 것 등)에 얼마나 '몰두해' 있었나?					
2. 그 행동에 대해 얼마나 수치심을 느끼는가/느꼈는가?					
3. 그 행동은 얼마나 심각한 문제였는가?					
4. 그 행동으로 인하여 내게 손실이 있었는가? (예: 관계, 일자리, 가정, 시간, 돈, 신체 또는 정서적 건강, 기회)					
5. 그 행동을 감소시키는 데 얼마나 성공적이었나?					
6. 나는 그 행동에 대해 얼마나 통제력을 발휘하였나?					

지난 한 해 동안 그 행동에 대해 내가 최악의 달*이라고 생각할 때	0 전혀	1 약간	2 많이	3 아주 많이	설명?
7. 다른 사람들은 그 행위와 관련된 문제가 내게 얼마나 있다고 말하였나?					
8. 그 행동이 과도했다고 할 다른 어떤 표시가 있는가? 　그 표시 적어보기: 　척도로 평가하기:					

* **'최악의 달'** 은 여러분의 행동이 가장 과도했던 달을 의미합니다. 예를 들면, 그 행동이 도박이라면, 지지난 한 해 동안 여러분이 가장 많은 시간/돈을 소비했거나 도박으로 인해 가장 혹독한 결과(도박한 것에 대해 중요한 싸움을 하게 된 것, 도박으로 일자리를 잃은 것 등)를 초래했던 달이 해당됩니다. '최악' 이라는 말이 여러분에 대한 심판이 아님에 주의하십시오. 그것은 단지 여러분의 의견으로 그 행동이 가장 심각했던 달을 의미하는 것입니다.

2단계: 채점하기. 높은 점수일수록 여러분은 그 행동과 관련해서 문제가 있을 가능성이 높습니다. 이 척도는 여전히 연구되고 있습니다. 업데이트를 원한다면 이메일을 보내주세요: info@treatment-innovations.org.

3단계: 이제 파트 A에 있는 여러분의 목록으로 되돌아가서, 여러분이 '네' 또는 '아마도' 라고 표시한 다음 행동을 택하고, 그 행동에 대해 동일한 8개 문항 격자표를 작성하십시오. 그 다음에 여러분이 파트 A에 '네' 또는 '아마도' 라고 표시한 각 행동에 대해 격자표를 작성하는 것을 계속하십시오.

부록 D

트라우마와 중독에 대한 간단한 퀴즈
– 아는 것이 힘이다

이 퀴즈는 트라우마와 중독에 대한 열두 가지 핵심 사항을 강조합니다(하지만 본 서의 전체 내용을 반영하는 것은 아닙니다). 해답은 설명과 함께 맨 뒤에 있습니다.

1. 중독에서 회복하기 위해서는 '바닥을 치는 것'이 필수적이다. 　　　　　　참 / 거짓

2. 대부분의 사람들은
  ㄱ. 트라우마를 경험한다.
  ㄴ. PTSD가 생긴다.
  ㄷ. ㄱ과 ㄴ 둘 다를 경험한다.
  ㄹ. ㄱ도 ㄴ도 경험하지 않는다.

3. '많은 길, 하나의 여정'은 회복의 길이 하나뿐임을 의미한다. 　　　　　　참 / 거짓

4. 완전히 치유되기 위해서는 자신의 트라우마 내력을 이야기해야 한다. 　　　참 / 거짓

5. 중독이 있는 사람들의 대부분은 중독적인 성격을 갖고 있다. 　　　　　　참 / 거짓

6. 다음 중 어떤 것이 먼저 발생하는가?

    ㄱ. PTSD

    ㄴ. 중독

    ㄷ. 둘 다 동시에

    ㄹ. 어느 것도 아니다

7. 어떤 물질이나 행동도 그 자체로 중독적이지는 않다.   참 / 거짓

8. 다음 중 누구에게 가장 PTSD가 생길 것 같은가? [해당되는 모든 것을 체크]

    ㄱ. 중독 내력의 가족이 있는 사람

    ㄴ. 심각한 트라우마를 겪은 사람

    ㄷ. 어린 시절 트라우마를 겪은 사람

    ㄹ. 반복적인 트라우마를 겪은 사람

    ㅁ. 앞의 모든 것

9. '권한 부여'는 부여받는 사람의 의견이 옳음을 의미한다.   참 / 거짓

10. 중독 치료가 잘 진행되기 위해서는 내담자/환자에게 동기가 있어야 한다.   참 / 거짓

11. 트라우마는 여러분에게 다음 중 ( )를 제외한 모두에 대해서 위험을 증가시킬 수 있다.

    ㄱ. 급성 스트레스 장애

    ㄴ. 중독

    ㄷ. 약시

    ㄹ. 불안

12. 트라우마와 중독에서 치유되기 위해서 여러분은 (   )해야 한다. [해당되는 모든 것을 체크]

ㄱ. 여러분의 중독행동을 감소

ㄴ. 다른 사람들을 용서

ㄷ. 여러분의 트라우마 내력을 이야기

ㄹ. 치료에 참석

ㅁ. 앞의 모든 것

퀴즈 해답 및 설명

1. 중독에서 회복하기 위해서는 '바닥을 치는 것'이 필수적이다.   **거짓**

회/복과 관련됨. 바닥치기는 주의를 촉구하는 모닝콜과 같습니다. 그것은 일자리나 동반자나 여러분의 집을 잃어버리는 것, 음주운전으로 적발되는 것 또는 내과적 문제가 생기는 것과 같이 중독에 의한 심각하게 부정적인 결과로 고통받는 것을 의미합니다. 바닥치기는 또한 '자포자기의 지점the point of despair'으로 불리기도 합니다. 그것은 진정 사람들로 하여금 자신의 중독을 계속해서 부인하기보다는 자신에게 중독이 있다는 것을 마침내 받아들이도록 도와줍니다. 하지만 많은 사람들은 바닥치기 없이 성공적으로 회복하게 되는데, 그것은 그들이 그 문제를 조기에 발견하기 때문입니다. 이 경우 '바닥 세우기raising the bottom'라고 불립니다. '그대의 길을 찾아라'(제9장)와 '사람들은 어떻게 변화하는가?'(제5장)를 참조하십시오.

2. 대부분의 사람들은.

ㄱ. 트라우마를 경험한다.

ㄴ. PTSD가 생긴다.

ㄷ. ㄱ과 ㄴ 둘 다를 경험한다.

ㄹ. ㄱ도 ㄴ도 경험하지 않는다.

회복과 관련됨. 대부분의 사람들은 그들의 생애 동안 하나 이상의 트라우마를 겪게 됩니다. 애석하게도 트라우마는 흔합니다. 하지만 대부분의 사람들은 그로 인해 PTSD나 다른 주요 문제로 발전하게 되지 않습니다. 트라우마 동안 또는 이후에 당황하게 되는 것은 흔하지만 보통 한 달에서 세 달 이내에 감소하게 됩니다. 왜 이 사실이 중요할까요? 그것은 여러분이 트라우마를 겪는다고 해도 그것 때문에 지속적인 문제를 갖지 않을 수 있다는 것을 의미합니다. 예를 들어 일반적으로 트라우마를 겪는 대부분의 군대 장병들에게 PTSD가 생기지는 않습니다(부분적으로는 그들이 사전에 PTSD에 대비하여 훈련을 받기 때문입니다). PTSD가 생기는 데는 많은 요인들이 작용합니다. '의학적인 문제지 미쳤거나 게으르거나 나빠서가 아니다'(제4장)를 참조하십시오.

3. '많은 길, 하나의 여정'은 회복의 길이 하나뿐임을 의미한다.　　　　　　　**거짓**

회복과 관련됨. '많은 길, 하나의 여정'은 그 여정(회복)이 다른 길들을 통해 이루어질 수 있음을 전달하는 데 기억할 만한 구절입니다. 그것은 중독과 트라우마 둘 다에 대해 진실입니다. 예를 들면, 어떤 사람은 단지 자조 모임이 필요할 수도 있습니다. 또 어떤 사람은 단지 심리상담에 갈 수도 있습니다. 또 다른 사람은 약물 치료를 받을 수도 있습니다. 또 다른 이는 이 모든 것을 해볼 수도 있습니다. 여러분에게 효과가 있는 '길들'을 선택하십시오. 여러분이 할 수 있는 한 많은 것을 시도해보십시오. '그대의 길을 찾아라'(제9장)를 참조하십시오.

4. 완전히 치유되기 위해서는 자신의 트라우마 내력을 이야기해야 한다.　　　　**거짓**

회복과 관련됨. 많은 사람들이 이렇게 믿고 있지만 연구에 따르면 그것은 진실이 아닙니다. 그것은 선택사항이지 필수사항이 아닙니다. 어떤 사람들은 자신의 트라우마 내력을 이야기함으로써 도움을 받지만, 다른 사람들은 그것이 자신에게 지나치게 불편하거나 도움이 되지 않는다는 걸 압니다. 다른 이들은 지금은 준비가 되어 있지 않아서 그것을 나중에 하길 원할 수 있습니다. 그들은 먼저 자신의 중독을 통제하거나, 일자리를 얻거나, 자신의 삶을 궤도에 올리는 등 다른 방식으로 먼저 하길 원합니다. 만약 여러분의 트라우마 내력을 나눌지 여부 그리고 그렇게 한다면 언제 나눌 것인지는 여러분에게 달려 있습니다. 여러분은 현

재에 머물면서 대처 기술에 집중하는 만큼 트라우마에서 치유될 수 있습니다. '트라우마 심리상담의 두 가지 형태'(제33장)를 참조하십시오.

5. 중독이 있는 사람들의 대부분은 중독적인 성격을 갖고 있다.　　　　　　**거짓**

회복과 관련됨. 수십 년간의 연구 결과에 따르면 중독적인 성격은 따로 없습니다. 중독은 모든 성격 유형과 결합합니다. 외향과 내향, 대담함과 신중함, 능동성과 수동성 등과는 관계가 없습니다. 중독에 대한 취약성은 유전 및 사회적 요인들과 삶의 체험에 기초하고 있지만 특정한 성격 유형은 해당되지 않습니다('그대의 길을 찾아라'(제9장)를 참조하십시오).

6. 다음 중 어떤 것이 먼저 발생하는가?

ㄱ. PTSD

ㄴ. 중독

ㄷ. 둘 다 동시에

ㄹ. 어느 것도 아니다

회복과 관련됨. 트라우마와 PTSD가 일반적으로 먼저 발생하고 그 다음에 중독이 발생합니다. 이러한 패턴에 대한 주된 설명은 자가치료self-medication입니다. 즉, 트라우마 이후에 위안을 얻기 위해 중독행동을 이용하는 것입니다. 납득이 가는 설명입니다. 사람들은 자신들의 기분이 더 나아지는 것을 향해 손을 뻗으니까요. 그것이 음식, 알코올, 도박, 음란물 또는 그 어떤 여타의 잠재적인 중독행동이 되었든지 간에 말입니다. 그것이 바로 본 서가 대처할 수 있는 건강한 방식들을, 여러분의 존립을 장기간에 걸쳐 지지해줄 수 있는 방식들을 찾는 데 집중하는 이유입니다('트라우마와 중독이 함께하는 이유'(제15장)를 참조하십시오).

7. 어떤 물질이나 행동도 그 자체로서 중독적이지는 않다.　　　　　　**참**

회복과 관련됨. 그 어떤 것도 그 자체가 중독적이지는 않습니다. 많은 사람들이 물질을 사용하고, 도박을 하고, 쇼핑을 하고, 일하고, 먹고, 성관계를 하고, 기타 등등의 행위들을 하지만 문제가 생기지 않습니다. 중독은 어떤 행동 및 그것에 취약한 사람의 조합이 원인이 됩니다. 예를 들면, 많은 청소년들과 성년 초반의 사람들은 물질들을 시험해보지만 대부분은 중독이 생기지 않습니다. 미국 성인 인구의 대부분은 알코올을 사용하지만 오직 소수에게만 알코올 문제가 생깁니다. 어떤 사람들이 다른 사람들보다 중독에 더 취약하게 만드는 것은 무엇일까요? 트라우는 하나의 중요한 요인입니다. 다른 요인들에는 유전, 정신 질환, 이른 시기의 물질 사용, 사회적 영향들이 있습니다. 하지만 몇몇 행동들은 다른 행동들보다 더 중독적으로 되는 경향이 있습니다. 브로콜리를 먹는 것보다 헤로인을 섭취하는 것이 더 중독적인 것이 그 예입니다('트라우마와 중독이 함께하는 이유'(제15장)를 참조하십시오).

8. 다음 중 누구에게 가장 PTSD가 생길 것 같은가? [해당되는 모든 것을 체크]

ㄱ. 중독 내력의 가족이 있는 사람

ㄴ. 심각한 트라우마를 겪은 사람

ㄷ. 어린 시절 트라우마를 겪은 사람

ㄹ. 반복적인 트라우마를 겪은 사람

ㅁ. 앞의 모든 것

1. *회복과 관련됨.* 모든 트라우마가 동일하지는 않습니다. 예를 들면, 강간은 토네이도를 목격하는 것보다 PTSD를 초래할 가능성이 더 높습니다. 심각하고, 반복되고, 격렬하며, 신체적인 손상을 주는 트라우마는 보다 가벼운 트라우마보다 PTSD를 초래할 가능성이 더 높습니다. 또한 어떤 사람들은 다른 사람보다 PTSD가 생길 가능성이 더 높습니다. 예를 들면, 저학력, 많은 스트레스, 정신 질환 또는 중독 그리고 어린 시절 트라우마를 지닌 사람들이 그렇습니다. 여러분에게 PTSD가 있다면 여러분은 혼자가 아니라는 것을 알고 계십시오. 여러분이 그런 방식으로 반응한 것에는 타당한 이유가 있습니다. PTSD는 '비정상적 사건들에 대한 정상적 반응'으로 불렸습니다. 여러분이 트라우마로 인하여 정서적 문제가 발생할 수 있다는 것은 이해할 만한 일입니다('의학적인 문제이지 미쳤거나 게으르거나 나빠서가 아니다'(제4장)를 참조하십시오).

9. '권한 부여'는 부여받는 사람의 의견이 옳음을 의미한다.   **거짓**

회복과 관련됨. '권한 부여'는 여러분에게 선택 권한이 있음을 의미합니다. 하지만 여러분은 여전히 좋지 않은 선택을 할 수도 있습니다. 그것이 여러분이 다른 이들에게 귀를 기울이고, 여러분의 선택지를 숙고해보며, 충동적인 결정이 아니라 명확하고 의식적인 결정을 하는 게 중요한 이유입니다. 무엇보다도 여러분의 행동을 관찰해보세요. 여러분은 나아지고 있나요, 아니면 나빠지고 있나요? '그대의 길을 찾아라'(제9장) 및 '당신의 행동에 귀를 기울여라'(제7장)를 참조하시기 바랍니다.

10. 중독 치료가 잘 진행되기 위해서는 여러분에게 동기가 있어야 한다.   **거짓**

회복과 관련됨. 여러분이 중독행동을 감소시키고자 동기화되어 있다면 그것은 대단한 것입니다. 그것은 가능한 최고의 시나리오입니다. 하지만 동기화는 회복 노력의 시작점보다는 그 결과로서 생겨날 수 있습니다. 중독 회복에 오랫동안 참여할수록 중독을 줄이고자 하는 동기가 더욱 생긴다는 것을 많은 사람들이 깨닫고 있습니다. 국립약물남용연구소The National Institute on Drug Abuse는 중독 치료에 참석하도록 강제된(법으로 규정된) 사람들도 자발적으로 참여하는(법으로 규정되지 않은) 사람들만큼 잘 해낸다는 것을 발견했습니다. 이것은 고무적인 발견인데, 여러분의 현재 동기 수준이 어떻든 상관없이 여러분은 더욱 좋아질 수 있다는 것을 의미하기 때문입니다('그대의 길을 찾아라'(제9장)를 참조하십시오).

11. 트라우마는 여러분에게 다음 중 (   )를 제외한 모두에 대해서 위험을 증가시킬 수 있다.
    ㄱ. 급성 스트레스 장애

    ㄴ. 중독

    ㄷ. 약시

    ㄹ. 불안

회복과 관련됨. 트라우마는 여러분 삶의 많은 부분에 나쁜 영향을 줄 수 있습니다. 급성 스트레스 장애와 외상 후 스트레스 장애PTSD는 트라우마에서 생길 수 있는 두 가지 정신건강

문제입니다. 하지만 트라우마는 또한 중독, 우울, 불안, 신체건강 문제, 사회생활 문제(예: 고립 및 불신), 직장 문제(예: 집중 곤란, 법적 문제) 등과 같은 여타 문제들로 이어질 수 있지만, 약시로 알려진 시야 문제는 아닙니다. 하지만 여러분은 트라우마가 건드리지 못하는 강점들 역시 갖고 있음을 기억하십시오. 날카로운 유머 감각, 예술적인 재능, 운동 기술 등을 갖고 있다면 그와 같은 강점들은 일반적으로 지속적입니다. 트라우마의 영향을 살펴볼 때 트라우마가 만들어낸 문제들에 대해 정직하게 유의해야겠지만 또한 여러분의 회복을 도와줄 수 있는 긍정적인 특질들을 인지하시기 바랍니다. 여러분은 여러분의 트라우마와 중독 그 이상의 존재입니다('첫발을 내딛기'(제2장)를 참조하십시오).

12. 트라우마와 중독에서 치유되기 위해서 여러분은 (   )해야 한다. [해당되는 모든 것을 체크]

ㄱ. 여러분의 중독행동을 감소

ㄴ. 다른 사람들을 용서

ㄷ. 여러분의 트라우마 내력을 이야기

ㄹ. 치료에 참석

ㅁ. 앞의 모든 것

회복과 관련됨. 앞의 목록에서 유일하게 필수적인 것은 여러분의 중독행동을 감소시키는 것입니다. 중독을 지속시키는 것은 여러분이 트라우마에서 회복하는 것을 보다 어렵게 만들고 중독 관련 문제들 그 자체를 만들어냅니다. 여러분이 중독행동을 일찍 중단하거나 줄일수록 더 좋습니다. 하지만 목록의 그밖의 어떤 것도 회복에 필수적인 것은 아닙니다. 그 모든 것이 선택지로서 누군가에게는 도움이 되지만 다른 누군가에게는 도움이 되지 않을 수 있습니다. 예를 들면, 여러분은 타인들에 대한 용서(선택지 'ㄴ')를 선택하지 않은 이상 용서할 필요가 없습니다. 여러분의 트라우마 내력을 이야기하는 것(선택지 'ㄷ')은 어떤 사람들은 돕지만 다른 사람들에게는 그렇지 않습니다. 심리상담에 참석하는 것(선택지 'ㄹ')은 권장되지만, 특히 주요 중독 또는 트라우마 문제가 있는 경우 권장합니다만, 사람들은 전문적인 치료 없이 회복될 수 있습니다. 따라서 그들은 지지적인 사람들, 자조 집단, 자기계

발 도서, 여타 자원들에 의지하길 선택할 수도 있습니다. 회복으로 가는 길은 많습니다('그 대의 길을 찾아라'(제9장) 및 '자신을 용서하기'(제16장)를 참조하십시오).

참고문헌

Alcoholics Anonymous. (2004). *Alcoholics Anonymous: The story of how many thousands of men and women have recovered from alcoholism* ["The Big Book"] (4th ed.). New York: Alcoholics Anonymous World Service. A.A연합단체 한국지부 역. 익명의 알코올중독자들. 서울: 한국 A.A. GSO, 2002.

American Psychiatric Association. (2013). *Diagnostic and statistical manual of mental disorders* (5th ed.). Arlington, VA: Author. 권준수 외 공역. 정신질환의 진단 및 통계 편람(제5판). 서울: 학지사, 2015.

Barr, A. (2006). *An investigation into the extent to which psychological wounds inspire counsellors and psychotherapists to become wounded healers, the significance of these wounds on their career choice, the causes of these wounds and the overall significance of demographic factors.* Unpublished master's thesis, University of Strathclyde, Scotland.

Bonds Shapiro, A. (2012). The power of imagery: Can we imagine ourselves well? Psychology Today. Retrieved from *www.psychologytoday.com/blog/ healing-possibility/201206/the-power-imagery.*

Burroughs, A. (2003). *Dry: A memoir.* New York: St. Martin's Press.

Carnes, P. (2001). *Out of the shadows: Understanding sexual addiction.* Center City, MN: Hazelden. 신장근 역. 그림자 밖으로: 성중독의 이해. 서울: 시그마프레스, 2011.

Cavalcade Productions. (1995). *Counting the cost: The lasting impact of childhood trauma* [Educational video]. Nevada City, CA: Author.

Davis, B. (2006). Psychodynamic psychotherapies and the treatment of co-occurring psychological trauma and addiction. *Journal of Chemical Dependency Treatment, 8(2),* 41-69.

Department of Mental Health and Addiction Services, State of Connecticut. (2000). *Trauma: No more secrets* [Video]. Hartford, CT: Author.

Evans, A. C., Lamb, R. & White, W. L. (2014). *Promoting intergenerational resilience and recovery: Policy, clinical, and recovery support strategies to alter the intergenerational transmission of alcohol, drug, and related problems.* Philadelphia: Philadelphia Department of Behavioral Health and Intellectual Disability Services. Retrieved from *www.williamwhitepapers.com.*

Freire, P. (1970). *Pedagogy of the oppressed.* New York: Continuum. 남경태, 허진 공역. 페다고지 (50주년 기념판). 서울: 그린비, 2018.

Foxhall, K. (2001). Learning to live past 9: 02 a.m., April 19, 1995. *Monitor on Psychology, 32*, 26.

Goffman, E. (1963). *Stigma: Notes on the management of spoiled identity*. New York: Simon & Schuster. 윤선길, 정기현 공역. 스티그마: 장애의 세계와 사회적응. 오산: 한신대학교 출판부, 2009.

Goleman, D. (1989, January 24). Sad legacy of abuse: The search for remedies. The New York Times. Retrieved from *www.nytimes.com/1989/01/24/science/sad-legacy-of-abuse-the-search-for-remedies.html*; see also the University of Minnesota Longitudinal Study of Risk and Adaptation (www.cehd. umn.edu/icd/research/parent-child/ *publications/maltreatment.html*).

Harned, M. S., Korslund, K. E. & Linehan, M. M. (2014). A pilot randomized controlled trial of dialectical behavior therapy with and without the Dialectical Behavior Therapy Prolonged Exposure protocol for suicidal and self-injuring women with borderline personality disorder and PTSD. *Behaviour Research and Therapy, 55*, 7-17.

Harris, M., Fallot, R. D. & Berley, R. W. (2005). Special section on relapse prevention: Qualitative interviews on substance abuse relapse and prevention among female trauma survivors. *Psychiatric Services, 56(10)*, 1292-1296.

Herman, J. L. (1992). *Trauma and recovery*. New York: Basic Books. 최현정 역. 트라우마: 가정폭력에서 정치적 테러까지. 파주: 열린책들, 2012.

Hilts, P. (1994, August 2). Is nicotine addictive? It depends on whose criteria you use. *The New York Times*. Retrieved from *www.nytimes.com/1994/08/02/science/is-nicotine-addictive-it-depends-on-whose-criteria-you-use.html*.

James, W. (1958). *Varieties of religious experience: A study in human nature*. New York: Mentor. (Original work published 1902) 김재영 역. 종교적 경험의 다양성. 서울: 한길사, 2000.

Jennings, A. & Ralph, R. O. (1997). *In their own words: Trauma survivors and professionals they trust tell what hurts, what helps, and what is needed for trauma services*. Augusta: Department of Mental Health, Mental Retardation and Substance Abuse Services, State of Maine.

Kasl, C. (1990). *Women, sex, and addictions: A search for love and power*. New York: HarperTrade.

Khantzian, E. J. & Albanese, M. J. (2008). *Understanding addiction as self-medication: Finding hope behind the pain*. Lanham, MD: Rowman & Littlefield.

Knapp, C. (1997). *Drinking: A love story*. New York: Bantam. 고정아 역. 드링킹. 서울: 나무처럼 (알펍), 2009.

Lamott, A. (1999). *Traveling mercies: Some thoughts on faith*. New York: Anchor Books. 이은주 역.

마음 가는 대로 산다는 것. 서울: 청림출판, 2008.

Lamott, A. (2005). *Operating instructions: A journal of my son's first year*. New York: Anchor Books.

Leslie, M. E. (2007). *The breaking the cycle compendium: Vol. 1. The roots of relationship*. Toronto: Mothercraft Press.

Levy, P. (2010). The wounded healer: Part 1. Retrieved from *www.awakeninthedream.com/the-wounded-healer-part-1*.

Luborsky, L., Barber, J. P., Siqueland, L., Johnson, S., Najavits, L. M., Frank, A., et al. (1996). The revised Helping Alliance questionnaire (HAq-II): Psychometric properties. *Journal of Psychotherapy Practice and Research, 5*, 260-271.

Marantz Henig, R. (2004, April 4). The quest to forget. *The New York Times*. Retrieved from *www.nytimes.com/ 2004/04/04/magazine/the-quest-to-forget.html*.

Markus, H. & Nurius, P. (1986). Possible selves. *American Psychologist, 41(9)*, 954.

Marlatt, G. & Gordon, J. (1985). *Relapse prevention: Maintenance strategies in the treatment of addictive behaviors*. New York: Guilford Press.

Miller, D. (2002). Addictions and trauma recovery: An integrated approach. *Psychiatric Quarterly, 73(2)*, 157-170. Cited in Morgan, O. J. (2009). Thoughts on the interaction of trauma, addiction, and spirituality. *Journal of Addictions and Offender Counseling, 30(1)*, 5-15.

Miller, W. R., Benefield, R. G. & Tonigan, J. S. (1993). Enhancing motivation for change in problem drinking: A controlled comparison of two therapist styles. *Journal of Consulting and Clinical Psychology, 61*, 455-461.

Miller, W. R. & C' de Baca, J. (2001). *Quantum change: When epiphanies and sudden insights transform ordinary lives*. New York: Guilford Press.

Miller, W. R. & White, W. (2007). The use of confrontation in addiction treatment: History, science and time for change. *Counselor: The Magazine for Addiction Professionals, 8(4)*, 12-30.

Morgan, O. J. (2009). Thoughts on the interaction of trauma, addiction, and spirituality. *Journal of Addictions and Offender Counseling, 30(1)*, 5-15.

Morris, D. J. (2015, January 17). After PTSD, more trauma. The New York Times. Retrieved from *http://opinionator.blogs.nytimes.com/2015/01/17/after-ptsd-more-trauma*.

Najavits, L. M. (2002). Clinicians' views on treating posttraumatic stress disorder and substance use disorder. *Journal on Substance Abuse Treatment, 22*, 79-85.

Najavits, L. M. (2002). Seeking Safety: A treatment manual for PTSD and substance abuse. New York: Guilford Press. 이은아 역. 안전기반치료: PTSD 및 물질남용에 대한 치료 매뉴얼. 서울: 하나의학사, 2017.

Najavits, L. M. (2005). *Example of a group session: Asking for help* (Seeking Safety video training series). Newton Centre, MA: Treatment Innovations.

Najavits, L. M. (2010). *Excessive Behavior Scale.* Unpublished manuscript, Treatment Innovations, Newton Centre, MA.

Najavits, L. M. (2014). Creating Change: A new past-focused model for PTSD and substance abuse. In P. Ouimette & J. P. Read (Eds.), *Trauma and substance abuse: causes, consequences, and treatment of comorbid disorders* (pp. 281-303). Washington, DC: American Psychological Association Press.

Najavits, L. M. (forthcoming). *Creating Change: A past-focused treatment manual for trauma, addiction, or both.* New York: Guilford Press.

Najavits, L. M. & Anderson, M. L. (2015). Psychosocial treatments for posttraumatic stress disorder. In P. E. Nathan & J. M. Gorman (Eds.), *A guide to treatments that work* (4th ed., pp. 571-592). New York: Oxford University Press.

Najavits, L. M. & Hien, D. A. (2013). Helping vulnerable populations: A comprehensive review of the treatment outcome literature on substance use disorder and PTSD. *Journal of Clinical Psychology, 69,* 433-480.

Najavits, L. M., Hyman, S. M., Ruglass, L. M., Hien, D. A. & Read, J. P. (2017). Substance use disorder and trauma. In S. Gold, J. Cook & C. Dalenberg (Eds.), *Handbook of trauma psychology* (pp. 195-214). Washington, DC: American Psychological Association.

National Institute on Drug Abuse. (2012). *Principles of drug addiction treatment: A research-based guide* (3rd ed.). Washington, DC: Author. Retrieved from *www.drugabuse.gov/publications/principles-drug-addiction-treatment-research-based-guide-third-edition/principles-effective-treatment.*

National Institute on Drug Abuse. (2014). *Drugs, brains, and behavior: The science of addiction.* Washington, DC: Author. Retrieved from *www.drugabuse.gov/publications/drugs-brains-behavior-science-addiction/treatment-recovery.*

Neff, K. D. (2003). Development and validation of a scale to measure self-compassion. *Self and Identity, 2,* 223-250.

Ngor, H. (1988). *Haing Ngor: A Cambodian odyssey.* New York: MacMillan.

O'Brien, S. (2004). *The family silver: A memoir of depression and inheritance.* Chicago: University of Chicago Press.

Ouimette, P. & Read, J. P. (Eds.). (2014). *Handbook of trauma, PTSD and substance use disorder comorbidity.* Washington, DC: American Psychological Association Press.

Oyserman, D., Bybee, D., Terry, K. & Hart-Johnson, T. (2004). Possible selves as roadmaps. *Journal of Research in Personality, 38(2),* 130-149.

Palmer, P. J. & Scribner, M. (2007). *The courage to teach guide for reflection and renewal.* San Francisco: Jossey-Bass.

Parent, Jr., D. G. (2012). *The warzone PTSD survivors guide.* North Charleston, SC: Create Space.

Rosenthal, M. (2012). *Before the world intruded: Conquering the past and creating the future, a memoir.* Palm Beach Gardens, FL: Your Life After Trauma.

Rosenthal, M. (2013). Get your brain motivated to recover from PTSD. Retrieved from www.healthyplace.com/blogs/traumaptsdblog/2013/12/25/how-your-brain-develops-motivation-in- ptsd-recovery.

Rosenthal, M. (2014). PTSD & anger: Part 1. When we hate happy people. Retrieved from *www.healmyptsd.com/ 2014/07/ptsd-anger-part-1-when-we-hate-happy-people.html.*

Shaffer, H., LaPlante, D. & Nelson, S. (Eds.). (2012). *American Psychological Association's addiction syndrome handbook.* Washington, DC: American Psychological Association.

Shay, J. (1994). *Achilles in Vietnam: Combat trauma and the undoing of character.* New York: Simon & Schuster.

Siegel, R. K. (1989). *Intoxication: Life in pursuit of artificial paradise.* New York: Dutton.

Stone, R. (2007). *No secrets no lies: How black families can heal from sexual abuse.* New York: Harmony.

Stromberg, G. & Merrill, J. (2007). *The harder they fall: Celebrities tell their real-life stories of addiction and recovery.* Center City, MN: Hazelden.

Tucker, C. (2012). U.S. veterans struggle with pain, stigma of post-traumatic stress: New research aimed at mental health. *The Nation's Health, 42,* 1-12.

van den Blink, H. (2008). Trauma and spirituality. *Reflective Practice: Formation and Supervision in Ministry, 28.*

van der Kolk, B. (2014). *The body keeps the score: Brain, mind, and body in the healing of trauma.* New

York: Penguin. 제효영 역. 몸은 기억한다: 트라우마가 남긴 흔적들. 서울: 을유문화사, 2016.

Wayne, J. (2017). Definition of synergy in marketing. Retrieved from *http://smallbusiness.chron. com/definition- synergy-marketing-21786.html.*

Weiss, R. & Schneider, J. R. (2015). *Always turned on: Sex Addiction in the digital age.* Carefree, AZ: Gentle Path Press.

White, W. L. (2014). Recovery conversion. Retrieved from *www.williamwhitepapers.com/blog/2014/ 11/recovery- conversion.html.*

Wilson, P. (2013). Two kinds of hope. Retrieved from *www.petewilson.tv/2013/09/25/two-kinds-of-hope.*

찾아보기

저자 소개

리자 나자비츠(Lisa Najavits) 박사

메사추세츠 의과대학 정신의학 겸임 교수, 치료혁신LLC의 책임자로서 정신건강 및 중독 관련한 연구 및 훈련을 실시. 하버드 의과대학 및 보스턴 의과대학의 교원으로서 25년간, 보스턴 재향군인 건강관리체계에서 12년간 근무. 임상가이자 연구자로서 포상 경력이 있고, 정신건강 전문가들의 베스트셀러인 『안전기반치료*Seeking Safety: A Treatment Manual for PTSD and Substance Abuse*』 및 『*A Woman's Addiction Workbook*』의 저자.

역자 소개

신인수

<심리상담 온마음The Whole Mind Counseling> 대표. 대학원에서 심리상담, 자아초월심리학, 명상 등을 공부. 한국심리학회, 한국인지행동치료학회, 한국트라우마스트레스학회 등 정회원. 『내 마음 내가 치유한다: 알기 쉬운 인지행동치료CBT』, 『내면가족체계IFS 치료모델: 우울, 불안, PTSD, 약물남용에 관한 트라우마 전문 치료 기술훈련 안내서』, 『자아초월심리학 핸드북』, 『나쁜 마음은 없다: 하버드대 교수의 내면가족체계IFS 이야기』(근간), 『무너진 삶을 다시 세우며: 하버드대 교수의 복합 PTSD 및 해리성 장애 치료하기』(근간) 등 공역. 최근 리처드 바크의 『갈매기의 꿈』 이후 이야기이자 심리영성 소설인 『환상: 어느 마지못한 메시아의 모험』을 새롭게 옮겨 펴냄.

blog.naver.com/wholemindcounseling

이승민

정신건강의학과 전문의. 국제공인 Somatic Movement 교육자/치료자RSME/T, 타말파연구소 프랙티셔너, 인지행동치료전문가, 이승민 정신건강의학과의원 원장(MinClinic.net), 영남대학교 의과대학 졸업, 국립의료원 신경정신과 전공의 수련, 수용전념치료, 애착성장 프로그램 진행, 신체기반치료, 애도 워크숍 진행, 한국임상예술학회Somatic 특임이사, 한국인지행동치료학회 정회원, 한국표현예술치료학회 정회원, 대한불안의학회 정회원, 성인ADHD 연구회/ 마음의 신경과학 연구회 회원, 역서『성인ADHD 안내서』.

국혜조

Somatic Experiencing Practitioner. Expressive Art Therapist (in Korea), Marin Institute Projective Dream Work Certified, Tamalpa Practitioner, NLP Practitioner, Academia dell`Arte. Masked Theatre Certified, 몸과마음심리상담센터 소장, 미국 California Institute of Integral Studies. Somatic Psychology. MA. 신체기반 심리상담, 신체감각을 통한 몸의 증상 완화 및 트라우마 치유, 그룹투사 꿈 투사, 감각기반 창의력 코칭, 운동선수 심리지원 프로그램, 펫로스. 한국표현예술치료학회 정회원. 역서『다채로움 몸 다양한 몸작업』(근간).

최고의 나를 찾는 심리전략 35

트라우마와 중독을 넘어 치유와 성장으로!!!

초 판 발 행 2019년 11월 13일
초 판 2 쇄 2022년 11월 15일

저　　　자 리자 나자비츠(Lisa Najavits)
역　　　자 신인수·이승민·국혜조
펴　낸　이 김성배
펴　낸　곳 도서출판 씨아이알

책 임 편 집 박영지
디　자　인 백정수, 윤미경
제 작 책 임 김문갑

등 록 번 호 제2-3285호
등　록　일 2001년 3월 19일
주　　　소 (04626) 서울특별시 중구 필동로8길 43(예장동 1-151)
전 화 번 호 02-2275-8603(대표)
팩 스 번 호 02-2265-9394
홈 페 이 지 www.circom.co.kr

I S B N 979-11-5610-788-0 (03180)
정　　　가 18,000원